U0782843

新闻学与传播学"十三五"规划教材·案例型系列教材

网络传播学

苏宏元 于小川 / 著

中国传媒大学 出版社

·北京·

图书在版编目（CIP）数据

网络传播学 / 苏宏元，于小川著. ——北京：中国传媒大学出版社，2020.9（2023.6 重印）

新闻学与传播学"十三五"规划教材. 案例型系列

ISBN 978-7-5657-2458-9

Ⅰ. ①网…　Ⅱ. ①苏…　②于…　Ⅲ. ①网络传播—高等学校—教材　Ⅳ. ①G206.2

中国版本图书馆CIP数据核字（2019）第035636号

新闻学与传播学"十三五"规划教材·案例型系列教材

网络传播学

WANGLUO CHUANBO XUE

著　　者	苏宏元　于小川	
责任编辑	张莉莉	
特约编辑	裴向敏	
封面设计	拓美设计	
责任印制	李志鹏	

出版发行	中国传媒大学出版社				
社　　址	北京市朝阳区定福庄东街1号		**邮　　编**	100024	
电　　话	010-65450532　65450528		**传　　真**	65779405	
网　　址	http://cucp.cuc.edu.cn				
经　　销	全国新华书店				

印　　刷	北京中科印刷有限公司			
开　　本	787mm×1092mm　　1/16			
印　　张	17			
字　　数	402千字			
版　　次	2020年9月第1版			
印　　次	2023年6月第3次印刷			

书　　号	ISBN 978-7-5657-2458-9/G·2458		**定　　价**	59.80元

本社法律顾问：北京嘉润律师事务所　郭建平

序　言

　　如果说传播学是一门交叉学科，网络传播研究则更是一个内容庞杂、涵盖面极广的领域，这是因为新媒体和网络传播已经或正在对人类社会生活产生全方位的渗透和不可逆转的影响。由此而言，美国加州大学伯克利校区城市与区域规划学系社会学教授曼纽尔·卡斯特尔（Manuel Castells）所描述的"网络社会的崛起"并非虚言。

　　除了曼纽尔·卡斯特尔那部花费 12 年写就且被安东尼·吉登斯誉为可与马克斯·韦伯《经济与社会》相媲美的雄心之作——"信息时代三部曲"以外，新媒体和网络传播研究的探索性成果可谓角度各异，精彩纷呈。其中影响较大的如《自由的技术》（1983）、尼葛洛庞帝的《数字化生存》（1995）、比尔·盖茨的《未来之路》（1996）、埃瑟·戴森的《2.0 版数字化时代的生活设计》（1997）、克里斯·安德森的《长尾理论》（2004）等。这些著作尽管不乏深刻的思想和闪光的智慧，但大多是技术专家和业界人士带有预言性质的"煽情"之作，较少有严密的论证和深入的理论分析。稍后，从不同学科背景出发，探讨新媒体和互联网的学术著作中也出现了不少名作，如《网络共和国》（凯斯·桑斯坦）、《代码：塑造网络空间的法律》（劳伦斯·莱斯格）、《互联网心理学》（Patricia Wallace）、The Network Society（Jan van Dijk, 1999）、Digital Democracy: Discourse and Decision-making in the Information Age（Barry N. Hague, Brian D. Loader, 1999）、Social Transformation in an Information Society（William H. Dutton, 2004）等，林林总总，不胜枚举。还有那本由利亚·A. 列伍罗沃（Leah A. Lievrouw）和索尼亚·利文斯通（Sonia Livingstone）主编的《新媒体手册》（The Handbook of New Media, 2002），汇集了海外新媒体学术研究领域一批一流专家的论文，是一本具有某种里程碑意义的内容广泛的权威之作，可惜尚未有中译本面世。

　　国内的研究情况也大体类似，学界、业界、新闻界，甚至政界各显其能，政治学、法学、社会学、经济学、伦理学、哲学、文学艺术等领域遥相呼应。新闻传播学界更是不甘落后，教学、研究、研讨或者出版，可谓热闹。此外，相关的译作也是络绎不绝。

　　上述出自不同专业领域或者包罗万象的综合性著作为网络传播学研究提供了切实宽广的基础。但综观国内外的研究状况，仅就较狭义的网络传播而言，实质性的成果其实很少。所谓网络传播学，很难说已构成一个相对成熟完整的体系，或者一个崭新的研究范式已经浮现出来。究其原因，首先，网络传播涉及面极广，许多内容与其他学科交叉，边界很难划分；其次，网络传播实践变动不居、日新月异，处于某种开放、流动的状态；最后，传播学和大众传播学业已积累了丰厚的理论成果，体系相对完整，网络传播研究时日尚短，难以很快有突破性的进展，另起炉灶更是不易，抑或也无此必要。因此，目前国内外涉及网络传播的相关研究大多"寄身"于传播学的基本架构之内（或者选取某一视角或要素加以探讨），即使以网络传播（或"在线传播"，或"以计算机为中介的传播"）命名的专著也大多依据传播学理论的基本框架展开，少见面目焕然一新的开拓性力作。但欧美某些学者的相关研究或以理论探究取胜（如本书的德文参考文献之一 Online-Kommunikation），或以实证功夫见长（如美国学者凯茨和莱斯的《互联网使用的社会影响》），或者挟着技术专家的优势赫然亮相（如罗杰·菲德勒的《媒介形态变化——认识新媒介》）。总之，思路活跃，眼界开阔。

国内的网络传播研究也已有不少成果积累，如彭兰女士的《网络传播学》（2001）、匡文波先生的《网络传播学概论》（2001）、杜骏飞先生的《网络传播概论》（2003）、闵大洪先生的《数字传媒概要》（2003）等，均在本专业领域进行了有益的探索，对本书轮廓的最终成形不无启发。民间社会对互联网使用和探讨的内容也很丰富，可惜未能深入了解。港台也出版了不少相关论著。

本书的努力方向之一是在紧紧围绕网络传播这一"本体"展开的同时，尽可能汲取与网络传播相关的某些交叉性学科的研究成果，也包括国内外较新的理论成果，并力求添加最近几年网络传播实践领域的相关例证和数据，以求新意和形成特色。本书的努力方向之二是尽可能做平实的陈述和理论阐释，避免不必要的资料或数据的堆积，这不等于说本人意欲写一本枯燥无味的读物，而是相反，但这需要不凡的才华和功力，所愿是否已部分实现，还需读者的验证。

目　录

Chapter 1
第一章　传播技术的演进

本章要点

- "前网络传播时代"包含的几个阶段以及各个阶段的显著特征
- 互联网及万维网的诞生和发展历程；互联网的普及化
- 下一代互联网的关键技术
- 互联网的典型应用形式

互联网（Internet），也称因特网或网际网路，是全球规模最大的计算机网络系统。它通过TCP/IP协议（Transmission Control Protocol/Internet Protocol，传输控制协议/因特网互联协议）将世界上数以亿计的计算机和其他网络设备彼此相连，以实现互联网信息资源的传输与共享。有学者认为，互联网是继"火的使用"后，第二件对全人类产生重大影响的科技事件，甚至比18世纪工业革命对社会产生的影响更大。尽管这种说法有些夸张，但互联网确实在现代社会中扮演着不可或缺的角色。

第一节　前网络时代的人类传播

互联网起源于20世纪60年代美国国防部的一项军事试验，该试验的目的是研制出一种功能强大的军事通信系统，使其能够在"冷战"中抵御来自敌方的攻击。互联网是人类信息技术长期发展和演变的结果，它让信息传播的速度、广度和深度都得到空前提升，信息资源突破了时间和空间的限制，被传递到世界的各个角落。

人类传播能够发展到网络时代绝不是一蹴而就的，而是经历了一个漫长而复杂的过程。从原始农业社会到近代工业社会再到现代信息社会，每一次传播技术的变迁都会引发媒介形态的深刻变革。按照传播媒介的不同，可以将人类迄今为止的信息传播活动简单划分为五个阶段，即口语传播时代、文字传播时代、印刷传播时代、电子传播时代和网络传播时代（信息传播的五个阶段）。需要特别注意的是，各个阶段之间并没有互相取代，而是处于平行叠加发展的状态（如图1-1）。

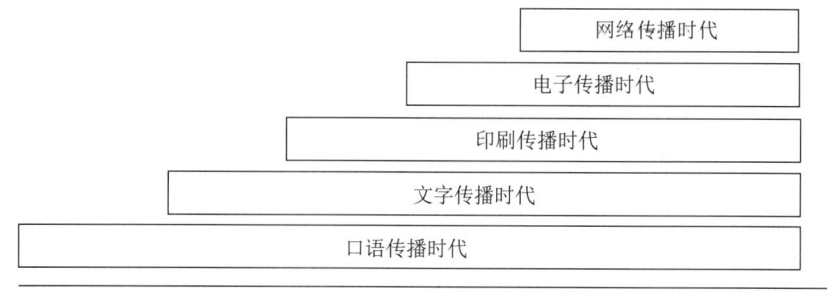

图1-1　人类信息传播活动的发展历程

作为一种新的媒介形式，互联网具有一些全新的媒介特性，尤其是它的"网络传播"特性。为了便于区分和理解，本书将互联网出现以前的四个传播阶段（口语传播时代、文字传播时代、印刷传播时代、电子传播时代）合称为"前网络传播时代"。前网络传播时代各个阶段的特征和发展轨迹是本节要论述的重点内容，系统学习并掌握这部分知识，对我们全面理解互联网的传播机制具有重要意义。

一、口语传播时代

早在原始社会，人类的传播活动就已经开始了，这一时期的自然条件极其恶劣，社会生产力水平也非常低下，人类依靠弱小的个体力量根本无法生存，必须结成氏族或部落，共同对抗复杂多变的外部环境，以求得生存和延续。出于生产协作的需要，成员之间需要进行群体沟通，例如，告知群体狩猎和采集的地点，以及向群体发出危险警报等。此时真正的语言尚未出现，人类只能依靠手势、动作、表情、吼叫等非语言符号进行交流，这种符号所能传递的信息非常有限，信息在解码的过程中极易被曲解，传播效果很不理想。

非语言符号在传播过程中存在缺陷，因此大约在 6 万到 10 万年前，口语开始出现。和原始人使用的声音符号不同，口语是一套依靠人类的发声和听觉器官对信息进行编码解码的完整符号系统，它在结构上是开放的，处于不断发展和变化之中，人类可以根据需要添加新的词汇和语句。口语是人类传播史上第一座里程碑，对于人类信息传播具有非常重要的意义，而口语传播也是人类传播的第一个发展阶段。

在口语传播时代，"说话"是人们最基本的沟通手段。虽然口语增强了人类传播的效果，但它的缺陷也是显而易见的。口语作为一种声音符号，对信息的记录是线性的、不可恢复的。在没有电子录放设备的古代，信息只能依靠人脑来记忆、通过口耳来传播，无论是保存性还是可传递性都很差，极大地限制了信息传播的时空范围。因此，除了口语之外，人类还使用了很多辅助性的传播手段。

二、文字传播时代

文字是在原始图形和象形符号的基础上发展演变而来的，是一种记录语言的书写符号。文字与一般符号的区别在于，文字往往与语言相连，很多文字都能够找到至少一种语言与之对应，它把语言由听觉符号转化为视觉符号，所以，文字可以看成是口语的一种视觉化表达。和语言相比，文字对信息的保存和传递更加可靠。文字是人类传播史上的又一座里程碑，它使人类有了记录和保存信息的强大工具，人类传播也开始进入第二个阶段——文字传播时代。需要注意的是，在印刷术和印刷机普及之前，人类所有的文字传播都特指手抄传播。

世界上的文字种类繁多，按照形式不同，可以分为表音文字和表意文字两大类。表音文字是一种通过音符来记录语言的文字，世界上的大多数文字都属于表音文字，如日语的假名、朝鲜语的谚文和拉丁字母等；表意文字则是一种用符号表示语义的文字，汉字就是一种典型的表意文字。无论是表音文字还是表意文字，一般都由字母、音节或单字构成，并且有一套固定的语法规则，既和它所记录的语言相适应，也便于人类学习和理解。

事实上，早在公元前 3200 年左右的新石器时代，文字就已经出现了。生活在美索不达米亚平原（幼发拉底河和底格里斯河的中下游地区）的苏美尔人使用的楔形文字是目前世界上已知最古老的文字。在公元前 1000 年左右的地中海东岸地区，古代腓尼基人发明了用来书写和记录的腓尼基字母，古希伯来字母、阿拉伯字母和希腊字母都是由腓尼基字母衍变而来的。

书写材料的演变也对文字发展产生了重要影响。在纸张发明以前，古代人写字常常就地取材，使用的书写材料也是五花八门。例如，在古代的中国，人们在龟甲、兽骨、青铜器和

图 1-2　古代苏美尔人刻在泥板上的楔形文字

陶器上写字，甲骨文、金文、陶文等古代文字也因此得名。此外，竹简和木牍也是古人常用的书写材料。这些书写材料有的成本高昂，有的太过笨重，有的不能长期保存，给书写造成很大的不便。直到东汉时期，宦官蔡伦改进了造纸术，制成了轻便实用的纸张，纸张很快就成了主流的书写材料。

文字和书写材料的改进还刺激了早期新闻传播业的产生。如中国古代的《邸报》、近代欧洲的手抄新闻等。虽然，手抄新闻已经具备大众传播的一些特征，但它和现代意义上的报纸还是有区别的，主要缺点是生产成本高、效率低，影响的范围非常有限，是一种比较简陋的新闻传播形式。早期互联网上有 90% 的内容都是文本信息，因此，文字传播时代奠定了互联网文本信息的基础。

三、印刷传播时代

在文字传播时代，虽然已经出现了手抄形式的报纸，但这种手抄传播主要依靠人工作业，效率很低，做不到规模化生产，无法满足人类信息传播的需要。这种情况随着印刷术和印刷机的出现得以改观，印刷传播是通过纸质印刷品进行的信息传播活动，这里的纸质印刷品主要是指机印报刊和图书。在印刷传播时代，书籍和报刊被大批量印制与传播，极大地推动了人类传播的发展，也加速了大众传播时代的到来。

印刷术是印刷传播得以产生的重要前提。大约在公元 1040 年，北宋的毕昇发明了胶泥活字印刷术，这种印刷术中的每一个字都是独立的，能够随意排列组合，极大地提高了印刷的效率，降低了印刷成本，但泥活字在使用过程中遇到墨水容易损毁，无法长期保存。到了后来，元朝的农学家王祯改进了活字印刷术，发明了木活字，他还设计了一种转轮排字盘，将所有的木活字放在这个排字盘上，按照发音分区，方便工人捡字和排版。活字印刷术是中国古代的四

大发明之一，它的出现是印刷史上的一次伟大革命，但中国的活字印刷术并没有用于新闻传播领域，最早用来印刷报刊的活字印刷术出现在西方。

1440 年，约翰内斯·古登堡（Johannes Gutenberg）在德意志地区的美因茨（Mainz）发明了西方活字印刷术，开启了近代欧洲的印刷时代。古登堡是一位金匠，他将当时欧洲普遍使用的用于制作葡萄汁和橄榄油的压榨机加以改造，用铅合金制成金属活字（这种金属活字比泥活字、木活字和青铜活字更适合印刷，制成的印刷品质量也更高），并用油性油墨替代水性油墨，设计出一套功能完整的印刷设备。与欧洲传统的雕版印刷相比，金属活字印刷的效率更高，也更耐用，制成的印刷品清晰美观，实用性强。1455 年，古登堡利用活字印刷术在美因茨印制了《四十二行圣经》（42-line Bible），这套《圣经》是西方现存最古老的印刷书，也被后人称作"古登堡《圣经》"（Gutenberg Bible）。人们通过这本《圣经》，了解了活字印刷术的优势，古登堡的活字印刷术很快在欧洲得到普及，为现代印刷业的出现奠定了基础。

西方印刷术的发明，彻底改变了中世纪知识生产和传播的方式，促进了欧洲思想和文化的传播，开启了人类传播的印刷时代。活字印刷术的广泛应用降低了印刷书籍和报刊的成本，提升了印刷效率，使书籍和报刊可以被大量复制和传播，普通民众也有机会接触书籍和报刊，了解其中的思想与文化。

总之，印刷媒介对人类社会的政治、经济和文化产生了深远影响。不仅如此，随着电子信息技术的发展，现代印刷业已经进入了数字印刷时代，继续在人类传播活动中扮演重要角色。

四、电子传播时代

电子传播主要是指依靠无线电广播和电视进行的传播活动。文字传播和印刷传播让信息的远距离传输成为可能，而电子传播则进一步扩展了人类传播活动的领域。电子媒介出现后，人类传播活动开始进入高速发展阶段。

广播是一种利用无线电波携带声音信号来传递信息的传播模式，由无线广播发射器和接收器（收音机）组成，本质上是对口语传播的一种扩展。

1864 年，英国物理学家詹姆斯·克拉克·麦克斯韦（James Clerk Maxwell）在总结前人研究的基础上，提出了完整的电磁波理论。他预言了电磁波的存在，认为电磁波和光具有相同的传播速度，可以在自由空间内快速传播。1887 年，德国物理学家海因里希·鲁道夫·赫兹（Heinrich Rudolf Hertz）通过一系列的试验，证实了电磁波的存在和麦克斯韦理论的正确性。

电磁波被发现以后，许多科学家都开始致力于无线电的研究，尝试利用无线电波实现远距离通讯，这些研究为无线广播的发明奠定了基础。1894 年，意大利电气工程师古列尔摩·马可尼（Guglielmo Marconi）开始研究基于电磁波的无线电报收发装置。1895 年，马可尼的装置研制成功，这是世界上最早的无线电报收发装置。1899 年，马可尼在英国和法国之间架设了无线电报线路。1901 年，马可尼成功进行了跨越大西洋的无线电报通讯。1909 年，马可尼获得诺贝尔物理学奖。

到了 20 世纪，尤其是在第一次世界大战期间，无线电报技术被广泛应用于军事通讯领域，这反过来也促进了无线电技术的发展。真空管的发明大幅增加了无线电的发射频率，使无线电开始从实验阶段转向民用阶段。1906 年的圣诞前夜，加拿大科学家雷金纳德·费森登（Reginald Fessenden）向外成功播送了一首圣诞颂歌和一段《圣经》朗诵，这是人类历史上第一次人声广播，也是第一次使用调幅（AM）技术的广播。1912 年 4 月 14 日，由英国南安普敦驶往美国纽约的巨型邮轮泰坦尼克号（RMS Titanic）在航行途中撞到了冰山，船员利用船上的无线电装置向周围的船只发出求救信号 "S.O.S."，拯救了船上几百名游客的生命。第一次世界大战结束后，无线电正式进入民用领域，商业化的广播电台也开始出现。

1933 年，美国无线电工程师埃德温·H. 阿姆斯特朗（Edwin H. Armstrong）发明了调频（FM）广播技术，广播信号的噪音减少，清晰度明显改善。1937 年，美国联邦通讯委员会（FCC）正式批准建立世界上第一个 FM 实验电台。第二次世界大战结束以后，FM 广播成为主流的广播制式。与此同时，世界各国纷纷建立广播电台，广播成为人们获取外界信息的主要渠道，并逐渐发展为公共事业。

相比广播，电视的发明过程则要相对复杂，是众多科学家和工程师共同努力的结果。

1884 年，德国人保罗·尼普科夫（Paul Nipkow）发明了一种叫作"尼普科夫圆盘"的装置。这是一种可以旋转的圆盘，上面有很多小孔，这些小孔可以将图像分解成若干条线，然后再转换为电信号。虽然由该圆盘生成的图像非常粗糙模糊，但其却为解决机械电视扫描问题提供了一种经典方法，在电视机发明史上具有重大意义。

到了 20 世纪 20 年代，晶体管的应用加速了电视机的发明进程。英国发明家约翰·罗杰·贝尔德（John Logie Baird）将尼普科夫圆盘应用到自己发明的装置中，在 1926 年 1 月成功通过无线电传输了一幅动态画面，这是人类历史上第一次成功的电视画面传输。1936 年 8 月，德国通过电视现场转播了当年的柏林奥运会。同年 11 月 2 日，英国广播公司（British Broadcasting Corporation，BBC）正式向公众定期传送电视信号，这是世界电视业的开端。随后，英国、美国和加拿大等国都陆续开办了电视台，定期制作和传输电视节目，人类开始进入影像时代。

广播和电视的出现是人类进入电子传播时代的标志，电子传播在人类传播史上扮演着非常重要的角色。第一，电子媒体为人类提供了确凿的声音和影像资料，让人类对信息的记录和感知更加直观；第二，电子传播扩展了大众传播的范围，各个年龄层次和文化层次的受众，都能通过广播和电视获取信息；第三，电子传播推动了计算机和互联网技术的产生，为即将到来的网络传播时代做了准备。

第二节　互联网技术的发展与演变

从 20 世纪中期开始，随着计算机和互联网技术的相继问世，人类终于进入网络传播时代。与文字、印刷、广播、电视等传统信息传播技术一样，互联网技术也经历了一个比较复杂的发展过程。要想全面把握互联网技术的本质，就要对其产生、发展和普及的过程有所了解。

一、互联网的诞生

互联网在本质上是计算机网络，所以电子计算机的问世是互联网技术得以产生和发展的前提。1946 年，由美国宾夕法尼亚大学（University of Pennsylvania）研制的计算机"埃尼阿克"（ENIAC）问世，这是继阿塔纳索夫－贝瑞计算机（Atanasoff-Berry Computer，ABC）后世界上第二台电子计算机，同时也是第一台通用电子计算机。这台计算机最初被应用于军事，却在无意中推动了民用终端和互联网的发展。

从某种意义上讲，互联网是"冷战"时期的产物。20 世纪 50 年代后期，美国空军试图研制一种通信系统，使其能够在遭受敌人的核武器攻击后保持正常运行。当时美军通讯主要依靠的还是高频率无线电，在遭到核攻击后会立即陷入瘫痪状态，且在很长时间内都无法恢复，这种情况在战争中无疑是致命的。到了 20 世纪 60 年代中期，受雇于美国兰德公司（RAND Corporation）的波兰裔工程师保罗·巴兰（Paul Baran）在研究过程中提出了"分组交换"的概念。"分组交换"是一种网络通信技术，原理是将需要传输的数据分成若干个数据包，然后通过计算机网络进行储存和转发，从而提高传输线路的带宽利用率，降低通信响应时间。与此同时，英国国家物理实验室的唐纳德·戴维斯（Donald Davis）也提出了相同的构想，他第一次提出了"包"（Packet）的概念[1]，并将这一技术正式命名为"包交换"技术。巴兰和戴维斯等人对于包交换技术的研究成果，为后来互联网通信技术的发展做出了重要贡献。

互联网的前身是阿帕网（ARPANET）。在包交换技术出现以前，所有的语音和数据信息的传输都是基于电路交换网络的，包括电话和电报线路，这种线路的连接方式是"点到点"的，线路在通信过程中的利用率较低。针对这种情况，在美国国防部高级计划研究局（Defense Advanced Research Projects Agency，DARPA）的推动下，阿帕网被研制出来。1969 年 10 月，阿帕网成功连接了加州大学洛杉矶分校和斯坦福研究所的计算机主机。同年 12 月，这个网络又加入了两个节点，组建了一个由四台终端构成的小型局域网。到了 20 世纪 80 年代，阿帕网的节点数量已经达到 200 多个。阿帕网是世界上第一个使用 TCP/IP 协议的计算机网络，对后来 Internet 的发展和普及具有非常重要的意义。

在互联网的发展史上，TCP/IP 协议的制定是一个具有里程碑意义的事件。1973 年，DARPA 的研究员罗伯特·卡恩（Robert E. Kahn）和文特·瑟夫（Vint Cerf）开始着手研究阿帕网的下一代网络协议，用来取代当时阿帕网正在使用的 NCP（Network Control Program）协议。卡恩和瑟夫将传输协议分为两部分，分别是传输控制协议（TCP）和互联网协议（IP），就是我们今天所说的 TCP/IP 协议。随后，阿帕网全面开始使用 TCP/IP 协议，该协议也逐渐成为今天互联网的基础性协议。卡恩和瑟夫也因此被人们称为"互联网之父"。

由于当时所有基于阿帕网的互联网都是由政府和军方出资支持的，用户仅限于少数几所大学和科研机构，且只能用于非商业化的科学研究，其他用途是被明令禁止的，因此阿帕网的实际使用者并不多。直到 20 世纪 80 年代中期，几个政府机构开始研究阿帕网的替代产品。

---

[1] 虽然是保罗·巴兰较早地描述了包交换技术的原理，但他一直将该技术中的分组数据称为"信息块"（Message Block），从未正式使用过"包"（Packet）这一术语。

例如，美国国家航空航天局（National Aeronautics and Space Administration，NASA）就组建了 NASA 科学网（NSN），用于空间科学信息资源的交流和共享。1981 年，在美国国家科学基金会（National Science Foundation，NSF）的支持下，计算机科学网（Computer Science Network，CSNET）成功组建。CSNET 通过 TCP/IP 协议与阿帕网相连，主要为那些从事计算机科学研究的大学和机构提供网络接入服务。1986 年，NSF 建立了连接各大计算机中心的网络 NSFNET，NSFNET 很快就取代阿帕网成为主干网络。1989 年，NSFNET 正式开始使用 Internet 这一名称，随后，世界各地的计算机网络陆续接入，Internet 成为全球主流的计算机网络。1990 年，阿帕网完全被新网络取代，彻底退出了历史舞台。

二、互联网的普及化

尽管早期的互联网发展迅速，但使用者基本上都是政府和科研机构的人员，普通人想要接触互联网并不容易，而且当时的互联网还没有图形界面，操作非常烦琐，对使用者有一定的技术要求。为了解决这个问题，1989 年，英国科学家蒂姆·伯纳斯 – 李（Tim Berners-Lee）发明了"万维网"，并在 1990 年开发了世界上第一个 Web 浏览器。万维网（World Wide Web，WWW）是利用超文本链接的方式储存互联网文档和数据的信息空间，它不仅支持文本信息，还支持图像、声音和视频等多媒体信息。简单来说，万维网就是互联网的一种友好界面，使用者可以通过 Web 浏览器，随心所欲地阅读、聆听、观看和保存各种形式的信息与文件。

万维网常常被简称为"Web"，我们常说的 Web 客户端、Web 服务器、Web 2.0、Web 3.0 等概念就出自这里。万维网是互联网的重要组成部分，也是信息时代的核心技术。目前，世界上大多数网民都是通过万维网来获取互联网信息的。万维网主要以超文本链接语言（Hyper Text Markup Language，HTML）和超文本传输协议（Hyper Text Transfer Protocol，HTTP）为基础，所以我们在日常浏览网页的时候，经常需要在网址前面加上"http://"才能正常访问。在万维网上，不仅有文本信息，还包括图片、声音和视频等多媒体信息。此外，一个 Web 页面上还有许多超链接，用户只要点击这些超链接，就可以跳转到相关页面或者下载文件，十分方便。一般来说，在万维网上，一个包含各种内容的页面被称作"网页"，而"网站"则指包含若干个具有相同主题或相同域名的网页的集合。根据内容的不同，网站可以被划分为很多类型。

需要特别说明的是，万维网并不等同于互联网，和电子邮件一样，万维网也是在互联网上运行的一项应用服务。互联网是连接全球计算机和其他网络设备的数据通信网，而万维网只是连接全球文本和数据资源的网络，二者的功能和地位不同。万维网主要依靠超文本传输协议（HTTP）来连接互联网信息，HTTP 协议是众多互联网协议中的一种。使用互联网时，一般需要在互联网浏览器的地址栏中输入"统一资源定位符"（URL）或者"网址"，然后浏览器就会依据地址来呈现用户请求的页面信息。通过 Web 浏览器检索互联网信息的行为被称为"浏览网页"或"网上冲浪"。

1993 年，美国国家超级计算机中心（National Center for Supercomputing Applications，NCSA）推出了一款名为"马赛克"（Mosaic）的 Web 浏览器。这是第一个拥有图形界面的互联网浏览器，可以显示网页上的图片，对万维网的普及起到了十分重要的作用。网络浏览器的出现，使互联网开始进入普通人的生活，极大地推动了互联网的发展。

1994 年 10 月，蒂姆·伯纳斯 – 李在麻省理工学院的计算机科学实验室创立了万维网联盟（World Wide Web Consortium，W3C），这个组织旨在为万维网的运行和发展设置标准，提升和改善万维网的服务质量。蒂姆没有为万维网申请专利，而是开放给所有网民免费使用，这一举动从根本上推动了互联网的大众化。随着万维网的普及和万维网标准的广泛建立，Web 网站像雨后春笋般在世界各地建立起来。

万维网的出现对互联网的发展具有非常重要的意义，是互联网技术的一次飞跃：第一，万维网使互联网信息的传播和扩散变得更加方便灵活，极大地推动了互联网的普及进程；第二，万维网使用超链接技术将原本分散和零碎的信息连接起来，使互联网信息浏览变得更加便捷。万维网让互联网真正实现了大众化，极大地推动了互联网的发展。

第三节　新一代互联网技术

一、3G 和 4G

（一）3G

3G 即第三代移动通信技术（the third generation of mobile telecommunications technology），是一种支持高速数据传输的移动通信技术。1985 年，国际电信联盟（ITU）提出了 3G 的概念，当时被称为未来公众陆地移动通信系统（FPLMTS），1996 年更名为 IMT-2000（International Mobile Telecom System-2000，国际移动通信 –2000）。欧洲的电信巨头们称其为 "UMTS"（Universal Mobile Telecommunications System，通用移动通信系统）。国际电联接收的 3G 标准分为三种，分别是 WCDMA（欧洲标准）、CDMA 2000（美国标准）和 TD-SCDMA（中国标准）。2009 年 1 月 7 日，工业和信息化部分别向中国联通、中国电信和中国移动发放了上述三种制式的 3G 牌照，拉开了中国新一轮互联网发展浪潮的帷幕。

第三代移动通信系统在前代移动通信系统的基础上，提升了系统容量和网络传输速度，具有系统稳定、通话质量高和安全性强等特点，不仅可以处理图像、音乐和视频流，还能为用户提供高速网页浏览、视频通话和无线下载等服务。

（二）4G

4G 全称第四代移动通信技术（the fourth generation of mobile telecommunications technology），是 3G 技术的发展和演进，属于全新一代移动通信技术。相比前代移动网络通信技术，4G 具有传输速度快、智能程度高和兼容性强等优点。4G 网络的下行速率最高可达 100Mbps，比一般家庭有线宽带的速度还要快数倍，可以满足高清视频播放、手机网络游戏和移动下载等应用对高带宽的需要。

目前，4G 的主要制式有两种，分别是 LTE-FDD 和 LTE-TDD（商业名称为 TD-LTE）。两者都是长期演进技术（Long Term Evolution，LTE）的重要分支，其中 TD-LTE 技术标准主要由我国参与推动，是当前主流的 4G 移动通信标准。

目前，随着网络基础设施的不断完善，移动通信的网络质量正在不断提升。根据 2016 年 7 月发布的《第 38 次中国互联网络发展统计报告》显示，截至 2016 年 6 月，我国手机网民通过 3G 或 4G 上网的比例已达 91.7%，3G 和 4G 已经成为移动互联网的主要技术形式。

从 20 世纪 80 年代的模拟通信技术（1G）到 20 世纪 90 年代的数字通信技术（2G），再到 21 世纪的 3G 和 4G 的移动多媒体通信技术，移动通信技术经历了几次重大演进和飞跃，每一次移动通信技术的变革都带来了网速的巨大提升。第五代移动通信标准（5G）的网络速度又将远远超过 4G。

二、IPv6

IPv6（Internet Protocol version 6）是互联网通信协议（IP 协议）的最新版本，是由互联网工程任务组（Internet Engineering Task Force，IETF）制定的下一代互联网通信协议，主要用来取代目前正在广泛使用的 IPv4 协议（Internet Protocol version 4），以解决 IP 地址资源枯竭的问题。

IP 地址是互联网通信协议的重要内容。基于这一协议，互联网会为每一台计算机和网络设备分配一个身份编码，正因为有了这个编码，互联网才能够准确识别和定位目标计算机，从而保证网络传输的准确无误。然而，目前互联网上使用最广泛的还是第四版互联网通信协议，即 IPv4。IPv4 的地址长度是 32 位（4 字节），仅能提供大约 2^{32}（大约 43 亿）个 IP 地址，而随着互联网的迅速发展，IPv4 的地址资源已经枯竭。早在 2011 年 2 月 3 日，国际互联网名称与数字地址分配机构（ICANN）就发布公报，称最后 5 组 IP 地址已经分配完毕，基于 IPv4 技术的地址资源耗尽。而在网民数量第一的中国，IP 地址资源更是捉襟见肘，数量远远不够，因此普及新一代 IP 协议迫在眉睫。

1998 年 12 月，为了解决地址枯竭的问题，国际互联网工程任务组（IETF）正式推出 IPv6 协议，意为"第六版互联网通信协议"。IPv6 采用 128 位地址，拥有比 IPv4 大得多的编码空间，可以提供 2^{128} 个 IP 地址，是 IPv4 协议所能提供的地址数量的许多倍，资源总量几乎是无穷无尽的。有人曾经打过比方——IPv6 技术可以为"地球上的每一粒沙子分配一个 IP 地址"，基本上解决了互联网 IP 地址不足的问题。

除了能够提供更大的地址空间之外，IPv6 还拥有安全性高、可扩展性强等优势。在下一代智能互联网络"物联网"中，设备必须拥有唯一的 IP 地址才能被识别和控制，IPv4 有限的地址数量远远不能满足这一需求。因此，IPv6 也是物联网所依托的主要技术之一。

三、物联网

物联网（Internet of Things，IoT）就是以互联网为基础，连接各种常规设备的数据网络。物联网可以将家用电器、汽车等普通设备纳入互联网之中，使它们可以被识别和远程控制，从而使工作效率得到显著提升。物联网主要依靠传感器和内部的嵌入式计算机来实现对设备的自动化控制，依托的是现有的互联网，而不需要另外架设网络。物联网可以被应用到人们生产生活的各个领域，智能家居、智能电网控制、智能交通、智能城市等都可以通过物联网技术实现。

物联网的概念在 1999 年被美国工程师凯文·阿什顿（Kevin Ashton）正式提出。他认为可以将射频识别（RFID）技术安装在日常物品上，使物与物之间可以进行信息交换和通信。此外，物联网还可以通过条形码、二维码等编码来获取互联网信息。2005 年 11 月，在突尼斯举行的"信息社会世界高峰会议"（World Summit on the Information Society，WSIS）上，国际电信联盟又发布了《ITU 互联网报告 2005：物联网》，全面分析了物联网的概念和应用前景。

总的来说，物联网就是利用传感器、网络协议和应用程序，将各种物品连接到互联网，从而进行通信和信息交换的新一代智能互联网络。在这里，物联网中的"物"已经不是一个单纯的概念，而是包含硬件、软件和互联网数据服务的混合体，拥有一般物体无法实现的功能。随着智能城市和智能家居设备的普及，物联网将成为连接这些设备的重要平台和枢纽。物联网不仅使人们的生活更加方便，而且在环境监测、公共管理、能源、交通和医疗等领域也将发挥重要作用。

然而，物联网在使人们的生活便利化的同时，在安全性和可靠性上依然存在隐患，如不法分子可以利用物联网设备盗取用户隐私，这是我们在开发和使用物联网的过程中需要格外注意的。

四、云计算

云计算（Cloud Computing）是一种基于互联网的数据处理方式。通过云计算，处理后的信息和数据可以分享给其他计算机和网络设备。云计算依托互联网强大的传输能力，使计算和数据变得无时不有、无处不在，真正实现了互联网和计算机技术的深度融合。

云计算的核心技术是虚拟化技术（Virtualization）。虚拟化技术将一个计算机物理设备分成多个虚拟设备，每一个虚拟设备都能够单独执行计算任务，从而提升了计算设备的使用效率，降低了计算机的使用成本。相比传统的计算技术，云计算拥有很多独特的优势。

性能更强。云计算依托虚拟化技术，可以提供数百倍于普通计算机的计算能力，甚至可以和一些超级计算机相媲美。

成本更低。云计算一般由第三方的数据中心和平台提供，这从根本上降低了设备运营和维护的成本。

安全性更高。由于云计算的数据被分散储存在各个计算机中，因此也就降低了服务器损毁导致数据损毁的风险，即使一处储存设备损坏，也不至于造成全部数据的缺失，这极大地提高了数据的抗风险能力。

维护更简便。由于数据被分散储存在各处，用户可以从任何一个地方通过互联网来访问这些数据，这大大降低了数据维护的难度。

五、语义网

语义网（Semantic Web）是互联网的创始人、万维网联盟（World Wide Web Consortium，W3C）的主席蒂姆·伯纳斯－李在 1998 年提出的一个概念。其主要内容是通过给万维网上的信息添加元数据（Meta Data），赋予其相应的语义，从而让计算机能够真正理解互联网上的内容，扩展互联网的功能和适用范围。语义网是 Web 3.0 的核心组成部分，主要用来修正当前万维网存在的一些缺陷。

万维网自 20 世纪 80 年代问世以来，已经发展成全球最大的信息资源网络，是互联网最重要的应用之一，但万维网也存在着一个明显的缺陷：计算机不能理解网页上的内容和信息。其原因在于目前万维网主要使用的是超文本标记语言（Hyper Text Markup Language，HTML）。这种标记语言最早是为了便于人类理解互联网信息而设计的，并非一种计算机语言。因此，人类用户可以理解互联网上的文字、图片、声音和视频等多媒体信息，而作为机器的计算机却不能理解网页信息的实际含义，计算机和互联网之间拥有一道难以跨越的屏障。

万维网的这种缺陷直接反映在网络搜索应用上。互联网上的信息是海量而庞杂的，用户要想检索到特定的内容就必须借助搜索引擎，而万维网的这种缺陷会使用户搜索到大量的冗余信息和垃圾信息，降低了网络搜索的效率和精准度，让信息检索变得异常困难。

为了解决这一问题，蒂姆·伯纳斯－李提出了"语义网"的概念，他还设计了一种可扩展标记语言（XML）来识别网络中的多种数据。这样一来，计算机不仅能够处理文本，还能够理解文本背后的含义，甚至可以像人类一样去推理和演绎信息。

总的来说，语义网技术是把众多存在于万维网上的信息整合成一个巨大的数据库，使万维网变得更加智能。

第四节　互联网的应用形式

从互联网用户的角度出发，互联网是一个非常宽泛的概念，它不仅包括互联网本身，还包含各式各样的网络应用。相比传统的大众媒体，互联网提供了更多不同的应用形式，如数字电视、移动电视、IPTV、在线即时通信、虚拟社区、博客、播客、微博、搜索引擎、简易聚合（RSS）、电子邮箱和门户网站等。其中，既有计算机硬件，也有软件，或是新媒体服务形式和经营模式。总之，互联网涉及信息的生产、发布、显示、储存等各个环节。

随着网络传播技术的演进、网络商业服务形式的嬗变，以及 Web 2.0、Web3.0 概念的出现，网络传播及其应用形式日益多样化，呈现出日益复杂的面貌。这些应用形式提供了各类信息和各种服务，共同发挥着互联网独特而强大的信息传播功能。

一、门户网站

所谓门户网站，是一种从互联网上收集、汇总各种信息，并将这些信息分类储存和呈现的网站。广义的门户网站有很多类型，如综合门户网站、政府门户网站、区域门户网站、企业门户网站、分类信息门户网站和个人门户网站等；狭义的门户网站特指综合门户网站。门户网站是互联网重要的早期服务形式，也是最常用的一种互联网应用。

门户网站，在英语中对应的单词是"Portal Site"，或者"Web Portal"。"portal"源于拉丁语"porta"，与英文单词"gate"的含义十分相近，都指门或入口。因此，门户网站就是用户进入互联网的入口或起点。

门户网站最早出现于 20 世纪 90 年代中期，源于那些在互联网上收集、加工和提供信息的互联网内容供应商（ICP，Internet Content Provider）。后来，随着 Web 浏览器的兴起，越来越多的互联网公司都开始建设门户网站来吸引用户。很快，门户网站就成了互联网上最流行的应用形式之一。具体来说，互联网内容供应商将各种互联网资源汇集到一个信息管理平台，并以统一的用户界面提供给用户。早期的门户网站主要提供网站分类目录（Web Directory，如被称为门户网站鼻祖的 Yahoo!）、搜索引擎（如早期的 Excite、Lycos、Infoseek 和 Google 等）和互联网接入服务。随着市场竞争的日渐激烈，尤其是 Web 2.0 的迅速发展，门户网站也相应地推出了各种新的服务形式和功能，从相对单一的网络接入和信息检索服务扩展到集搜索引擎、新闻信息、电子邮箱、网络论坛、电子商务、虚拟社区、网络游戏等各种服务和应用于一身的互联网信息综合体，因而门户网站被称为网络世界的"百货商店"或"网络超市"。门户网站既是互联网信息资源和服务的大门，同时也是枢纽，能够为用户提供一站式的互联网信息服务，因而被定义为"一网打尽"（All In One）。

国外早期的门户网站有 AOL、Excite、Google、MSN、Lycos、Rediff、Yahoo! 等。国内则以新浪、网易、搜狐、腾讯这四家大型的门户网站为主。从 1998 年开始，国内几大门户网站陆续设置新闻频道，涉足长期以来一直属于传统媒体独占的新闻业务，或者说突破了中国新闻界官方媒体一统天下的格局。在经历了 21 世纪初的"互联网泡沫"以后，这些商业网站找到了以增值服务、网络游戏和网络广告为主的多元化经营模式，2004 年以后，这些商业网站又相继推出了博客、播客、微博等名目繁多的服务形式。与此同时，凤凰网、新华网、人民网等一批新的门户网站与传统四大门户网站展开了激烈竞争。

由于门户网站内涵和外延的拓展，其服务形式日益繁多，主要可以分为两大类，即平行型门户网站（Horizontal Portal）和垂直型门户网站（Vertical Portal）。平行型门户网站大多覆盖面广泛，内容和服务全面，因而具有很强的综合性。譬如在大型分类查询搜索引擎基础上发展起来的搜狐网，目前就提供新闻、军事、文化、历史、体育、财经、科技、数码、汽车、时尚、健康、旅游、教育、公益、娱乐、音乐等频道，并陆续推出搜狐博客、搜狐邮箱、搜狐视频等各种服务和应用项目，为广大用户提供了一个大型的信息聚合和资源交流平台。因而，平行型门户网站通常也被称为综合门户网站。垂直型门户网站通常针对某些特定用户群或者地域，聚焦某一特定的信息资源或服务领域，如 IT、汽车、娱乐、体育、旅游、房地产等。垂直型门户网站其实是网络信息资源和市场服务细分化的结果，因此并不求大求全，而是努力体现网站的专业性和在某一特定领域里的权威性。国内较有特色和影响力的垂直型门户网站有携程旅行网、搜房网、易车网和中关村在线等。

个人门户网站区别于传统的商业门户网站，是面向个人用户的互联网入口网站，它提供给用户能够自定义连向其他内容的路径，并向用户和访客提供个性化的功能。早期典型的个人门户网站是网址导航站，如 hao123、2345 网址导航、265 上网导航等。这些门户将某些具有代表性的网址分门别类地整合到一个管理平台，从而方便用户寻找自己想去的网站。个人门户网站的发展趋势是高度的个性化，即用户可以根据自己的需求预先定制互联网信息窗口，以便迅速地把信息资源聚合起来（优化信息获取的渠道），实现互联网信息和服务的"一站式"体验，免去了无谓的"冲浪"和信息泛滥之弊。此外，用户也可以对页面的布局以及模块的外观进行个性化设定。个人门户系统通常使用各种不同的"网络微件"（Web Widget）实现大量的信息资源服务功能，如 RSS 订阅、电子邮箱登录、搜索集合、书签、博客、个人日程管理、用户可能需要的其他服务（如天气、股票、星座占卜、便签小工具等），以及把个人资料（图片、音乐和文件等）存储到网络硬盘上。由于技术和市场的驱动，个人门户网站将可以利用更为多样化的平台，如 PC、智能手机或者平板电脑等。

此外，分类信息网站也在近年来异军突起，成为门户网站的重要组成部分。分类信息又称分类广告，是 Web 2.0 时代的衍生品。与传统的报纸、电视广告不同，分类广告是一种被动的广告投放方式，它不会像传统网站那样把广告强行推销给用户，而是将招聘、二手买卖、租售房屋等信息分类存放在网站上，等待用户主动查询。国外比较著名的分类信息网站有 Craigslist 和 eBay，国内则以 58 同城、赶集网和百姓网为代表。

二、电子邮件

电子邮件（Electronic mail），也称电子邮箱或电邮，是一种通过互联网在计算机之间交换信件、数据、资料等信息的通信方式，简称 E-mail，标志为 @。电子邮件是最早的互联网应用形式之一，具有速度快、覆盖范围广和价格低廉等特点，也是目前使用范围最广的互联网服务形式。电子邮件不仅可以传递文字，还可以实现图片、声音和视频等多媒体信息的点对点传输，极大地促进了人与人之间的沟通和交流。很多邮件管理系统还提供各种个性化服务，如个性信纸、邮件签名、加急或定时发送等。

关于世界上第一封电子邮件，存在两种说法，第一种说法是 1969 年 10 月 29 日，在美国加利福尼亚大学洛杉矶分校（UCLA）和斯坦福大学（Stanford University）研究所之间，相隔数百里的两台电脑主机进行了第一次连接。这次试验由加州大学洛杉矶分校雷纳德·克兰罗克（Leonard Kleinrock）教授主持，大学生查理·克莱恩（C.Kline）负责网络终端的操作。据克莱恩回忆，克兰罗克教授打算传输的是 5 个字母"LOGIN"（登录），以确认分组交换技术的传输效果，结果在成功传输了"LO"两个字母后，系统就瘫痪了。这是世界上第一次互联网通信试验，克兰罗克教授也因此被人们称为"电子邮件之父"。

第二种被更多人认同的说法是，1969 年，美国工程师雷·汤姆林森（Ray Tomlinson）决定开发一款程序系统，这个系统将邮件软件和一个文件传输系统捆绑在一起，邮件发送者在预先获知邮件接收者的标识账号和计算机地址的前提下，通过计算机局域网向对方发送邮件。1971 年，他第一次在邮箱的用户名和机器名之间使用了 "@" 符号，该符号后来成为电子邮件地址的标准符号。根据《吉尼斯世界纪录》记载，汤姆林森发送的第一封邮件的内容是 "QWERTYUIOP"（电脑键盘主键盘区最上方的一排字母），汤姆林森所使用的邮箱地址（tomlinson @ bbn-tenexa）也是历史上第一个电子邮箱地址。

1972 年，汤姆林森开发了两款软件 READMAIL 和 SNDMSG（即 Send Message），前者用于查阅电子邮件，后者用于发送电子邮件。这两款软件组成了最早的电子邮件系统。1975 年，约翰·维托尔（John Vittal）又编写了一款名为 MSG 的软件，为电子邮件系统增加了邮件地址回复和邮件转寄等功能。这是世界上第一个功能完备的电子邮件应用软件。1989 年，华盛顿大学（University of Washington）开发了另一个互联网新闻和电子邮件程序 PINE（Program for Internet News & Email）。这个程序是专门针对那些不谙计算机信息输入的人而设计开发的，它集成了一个简单的文本编辑器，并且拥有易于操作的菜单系统。这个程序从技术上为电子邮件的普及创造了条件。

1989 年，CompuServe 和 MCI 两家公司最早向公众提供电子邮件服务。1993 年，美国在线（America Online，AOL）也将自己在美国国内的电子邮件服务和其他业务整合在一起，推出了拥有图形化界面的电子邮件服务，进一步促进了电子邮件的普及。从 20 世纪 90 年代后期开始，很多网站（尤其是门户网站）也为用户提供基于互联网的电子邮箱服务，使用者可以在任何地方使用任何浏览器登录电子邮箱系统，而且无须付费。免费使用可以说是电子邮件在早期得以大范围普及的主要原因。1996 年，美国电子邮件的通信量超过了传统邮件。据中国互联网络信息中心（CNNIC）2016 年 7 月发布的《中国互联网络发展状况统计报告》显示，2015 年中国网民电子邮件使用率为 36.8%（26 143 万），而在接入互联网的企业中，89% 的企业在过去一年中使用过互联网收发电子邮件，有 62.1% 的企业有企业邮箱。还有研究发现，网民学历越高，电子邮件的使用率越高；职业分类中的办公室文员、管理者、大学生等群体电子邮件的使用率明显高于其他人群。据该报告预计，未来电子邮件的使用人数会继续增长，由于低学历人群不断涌入互联网用户大军，未来的电子邮件使用率有走低的趋势。

在互联网上，每一个电子邮箱的地址都是唯一的，其格式为 username@host.domain。username 即用户名，host 即机器名（通常为邮箱服务商），domain 为域名，后缀部分一般代表了域名的性质与地区的代码，如 com、edu、gov、org 等。电子邮件系统的传播模式与邮政系统非常相似，其关键是与网络相连的服务器（ISP 主机，即互联网服务提供商，类似邮局的角色，被称为 "电子邮局"，即 Electronic Post），通过 SMTP（Simple Mail Transfer Protocol，简单邮件传输协议）和 POP（Post Office Protocol，邮局协议）协议，发送和接收电子邮件。早期电子邮件的使用过程烦琐，需要邮件的发送者和接收者同时在线才能发送成功，而现在的邮件服务器有代收、储存和转发邮件的功能，只需要用户短暂登录系统就可以正常收发邮件。目前，国外主要的电子邮件服务商有 Gmail、Outlook.com、Yahoo！Mail、Hotmail 等，国内有 163 邮箱、126 邮箱、新浪邮箱、QQ 邮箱和搜狐邮箱等。这些服务商大多推出了基于 Web 的邮箱服务，用户不需要下载客户端软件，只要登录网页就可以收发邮件，十分简单便捷。此外，用户还可以在智能手机上通过各种 App 使用电子邮件服务，随时随地查看和发送电子邮件，这极大地拓宽了电子邮件的使用渠道。

电子邮件综合了电话交流和邮政信件的特点，是一种低价质优的通信方式。与面对面交流和电话交流不同，电子邮件是一种异步传播方式，发送者和接收者均可控制传播过程。电子邮件也可以发展成为点对面的交流工具，如编辑邮件通讯录或者使用群发功能。借助互联网，任何一封电子邮件都可以在很短的时间内被传送到地球上任何一台联网的终端。不过，垃圾邮件泛滥（据统计，目前全球大约有 54.19% 的电子邮件是垃圾邮件）和安全性不足是目前电子邮件困扰全球用户的两个主要问题。

三、即时通信

即时通信（Instant Messaging，简称 IM）是一项互联网终端应用，是允许两人或多人使用互联网建立联系并进行实时信息交流的系统。用户通过即时通信可以即时发送和接收来自其他用户的信息。因此，同是网络人际交流工具，即时通信以其即时性区别于电子邮件，是一种基于互联网的双向同步传播模式。随着即时通信技术的快速发展，即时通信软件不再是一个单纯的发送信息和聊天工具，而已经成为集在线聊天、新闻资讯、网络社区、游戏娱乐、电子商务、办公协作和企业客户服务等多种功能于一体的综合化信息平台。

即时通信软件脱胎于互联网早期的在线交流模式"聊天室"。二者最大的不同在于，聊天室内的对象一般是匿名的，而即时通信软件的对象往往是已知身份的"联系人"或"好友"。用户在使用即时通信软件之前，一般需要在计算机或移动设备上安装由运营商提供的客户端。除了发送文字信息以外，即时通信软件还能通过摄像头、麦克风实现语音聊天和视频聊天。

即时通信软件出现的时间比因特网还要早。1971 年，美国人默里·特沃夫（Murray Turoff）为紧急情况防备办公室（Office of Emergency Prepardeness，OEP）开发了"紧急情况信息管理系统及参考索引"（Emergency Management Information System And Reference Index，EMISARI），以满足美国政府处理紧急情况的需要。实时通话即是这一系统的功能之一，设计该功能的初衷是以更简便的方式取代电话会议，以便分散在各地的人员交流调查意见，因而该功能也被称为 Party Line。

世界上第一个公共聊天软件叫作"交谈"（Talk）。跟 Party Line 一样，用户必须登录同一台计算机，然后才可以向其他已登录的用户发送文本信息，用户终端的屏幕上会相应地弹出窗口提示，这是现代即时通信系统的先兆。1988 年，芬兰人贾科·奥卡瑞伦（Jarkko Oikarinen）发明了一种网络聊天协议即互联网中介聊天系统（Internet Relay Chat，IRC）。该协议支持文本聊天，但不支持好友列表功能。同年，美国在线公司（America Online，AOL）在 Netscape 浏览器中嵌入了 IM 功能，并提供了个性化的好友名单（Buddy list），用户可以知道名单上的其他 AOL 用户是否在线。这个美国在线即时通信软件（AOL Instant Messenger，AIM，中文曾用名：AOL 快信信使）促使即时通信发展起来并为更多的用户所熟识。20 世纪 90 年代初期到中期，出现了支持群体对话的互联网中介聊天系统，也出现了为非 AOL 用户设计的 IM 软件，即由一家名为 Mirabilis 的软件公司于 1996 年 11 月发布的 ICQ。Mirabilis 公司是由 4 名以色列年轻人于 1996 年 7 月建立的。ICQ 是英文中 I seek you 的谐音，意为"我找你"。在短短的 6

个月内，ICQ 注册用户达到 85 万，1998 年达到 1 200 万，随即该公司被 AOL 以 2.87 亿美元的天价收购。2000 年，互联网上出现了至少 5 种不同的 IM 系统并存的局面，它们根据所支持的操作系统不同（Windows、MacOS、Linux）拥有多个版本。目前，全球范围内著名的即时通信软件有 WhatsApp、Facebook Messenger、QQ、Wechat（微信）、Skype、Line 等。腾讯 QQ 是目前中国使用人数最多的即时通信软件。

从 20 世纪 90 年代开始，由于商业风险资金的推动，即时通信走向了网络应用的前台，并且发展迅速。个性化的好友名单和即时的信息交流是即时通信最主流的服务项目，从某种角度而言，即时通信发展的历史即是不断完善这两项基本服务的历史。一些在线社交网站也推出了站内即时通信服务，如 Facebook Messenger 和 Twitter 的站内私信功能。即时通信软件由 PC 端向手机移动客户端转移也是其发展的总体趋势，如腾讯公司在 2011 年推出的"微信"（Wechat），就可以实现文字消息、语音对讲、语音通话、视频通话等多种通信方式及无缝链接的多种信息接收，用户可以随时随地与好友保持畅通有效的沟通。

即时通信的实际应用日益广泛，可以分为个人即时通信（如腾讯 QQ、微信、易信、百度 Hi、飞信、米聊等）、商务即时通信（如阿里旺旺、腾讯 TM 等）、企业即时通信、行业即时通信（如 YY 语音、QT 语音等，主要在网络游戏内小范围使用）以及泛即时通信。泛即时通信指某些带有即时通信基本功能的软件，但以其他类别的使用为主，如视频会议。这种即时通信形式在一定程度上对功能单一的传统即时通信软件构成了挑战。与此同时，即时通信软件也面临着互联互通、免费或收费问题的困扰。即时通信的安全威胁包括：账号被盗、隐私泄密、病毒威胁等。因此，即时通信用户应注意遵循一些安全准则，以保护自身的网络安全和隐私。譬如：不随意泄露用户名和密码、定期更改密码；不在第三方网站登录网页版即时通信软件；谨慎使用未经认证的即时通信插件；在即时通信设置中开启文件自动传输病毒扫描选项；不接收来历不明或可疑的文件和网址链接。

目前，即时通信与搜索引擎、网络新闻和网络社交一起，已经成为当今社会最主要的互联网应用形式。未来，即时通信将作为最基础的互联网应用类型，在日常生活中继续发挥信息交流平台的功能。

四、搜索引擎

搜索引擎（Search Engine）是指依照一定的规则，帮助用户在互联网上检索和查找信息的系统，也是最重要的网络应用之一。目前，互联网上最常用的搜索引擎是基于万维网的 Web 搜索引擎。

从 20 世纪 90 年代开始，随着互联网的迅速发展，网络信息也开始急剧膨胀，用户想要找到自己需要的信息变得越来越难，搜索引擎的出现就是为了解决这个问题。搜索引擎起源于 1990 年加拿大麦吉尔大学（University of McGill）计算机学院 3 名学生（Alan Emtage、Peter Deutsch、Bill Wheelan）开发的 Archie（Archie FAQ）。Archie 是一个可搜索的 FTP（File Transfer Protocol）文件名列表，用户必须输入精确的文件名，然后 Archie 会告诉用户哪一个 FTP 地址可以下载该文件。因为 Archie 搜集的信息资源不是网页（HTML 文件），所以其还称不上是真正的搜索引擎，但其基本的工作方式与搜索引擎是一样的：自动搜集信息资源、建立索引、提供检索服务。1993 年 2 月，6 名斯坦福大学（Stanford University）的本科生开发了 Architext 系统。他们最初的设想是通过统计分析字词关系来提高互联网信息的搜索效率。这一系统后来成为 1995 年 10 月发布的以概念搜索闻名的 Excite 搜索引擎的前身。

搜索引擎通常由页面搜索器、索引数据库、搜索界面和相关软件组成。搜索器即"蜘蛛"（spider）、"爬虫"（crawlers）或者"机器人"（robot）。这是一些能以极快的速度重复执行某项任务的自动程序。由于这些"机器"在网络间不停地爬来爬去，因此被形象地称为"蜘蛛"或者"爬虫"。世界上第一个蜘蛛程序是麻省理工学院的学生马修·格雷（Matthew Gray）于 1993 年开发的 World Wide Web Wanderer，直译为"万维网漫游者"。开始，它仅仅用来统计互联网上的服务器数量，后来也可以捕获网址（URL）。由于超链接在互联网上的普遍使用，从理论上讲，相关主题的绝大多数网页都能被蜘蛛程序搜集到，并被增加到搜索引擎的索引目录上。同年 12 月，3 个更为成熟的搜索引擎机器人出现在网上，即 Jump Station、World Wide Web Worm 和 Repository-Based Software Engineering（RBSE）。紧接着，在 1994 年 4 月，斯坦福大学的两名博士生大卫·费罗（David Filo）和杨致远（Jerry Yang）共同创办了超引目录索引"Jerry's Guide to the World Wide Web"（后来演变为雅虎网 Yahoo！）。这是一个区别于 Wanderer 的、对网络地址进行分类整理的检索系统。雅虎目录（Yahoo! Directory）也是门户网站 Yahoo！的基本功能之一。这样的分类目录的优点在于，它主要通过人工方式汇编信息，"因此出现主题分类错误的可能性较小"，其搜索效率也明显提高，但花费更大也更耗时，而且难以做到信息的实时更新。Google 就借用开放式网站目录提供分类查询，像 Yahoo！这些老牌目录索引则通过与 Google 等搜索引擎合作扩大搜索范围。

由于网络信息浩如烟海、杂乱无序，搜索引擎为网络用户提供了进行信息检索的必要工具。搜索引擎既是一个可供用户使用关键词输入寻求特定网页内容的程序，也是为用户提供网页目录的一个万维网站点。搜索引擎一般会向用户提供一个界面，这个界面包含搜索分类和搜索框，用户只要选定相应的分类并在搜索框内输入关键词，搜索引擎就会以列表的形式反馈相应的结果。简言之，搜索引擎是一个服务于网络用户的网络信息检索系统。按照收集信息和用户查找信息方法的不同，我们可以把搜索引擎分为不同的类型。

（一）全文索引

全文搜索引擎是从互联网提取各个网站的信息（以网页文字为主），建立数据库，并通常根据页中关键词的匹配程度、出现的位置及频次、链接质量等，计算出各网页的相关度及排名等级，然后按一定顺序将这些网页链接返回给用户。根据搜索结果来源的不同，全文索引可分为两类：一类拥有自己的检索程序，可以自建网页数据库，搜索结果直接从自身的数据库中调用，著名的谷歌（Google）和百度（Baidu）搜索即属此类；另一类则是租用其他搜索引擎的数据库，并按自定的格式排列搜索结果，如 Lycos 搜索引擎。

（二）目录索引

目录索引是一种最早的网络信息搜索方式，它虽有搜索功能，但严格意义上不能称其为真正的搜索引擎。目录索引是将互联网上的资源服务器的地址搜集起来，按照不同类型划分为不同的目录，以及一层层具体的细目，因此相当于按目录分类的网站链接列表。用户可以按照分类目录找到所需的信息，不需要依靠关键词进行查询。雅虎、新浪分类目录搜索以及搜狐均属于目录索引的代表。

（三）元搜索引擎

华盛顿大学硕士生艾瑞克·赛尔伯格（Eric Selberg）、博比·卡利利（Bobby Kalili）和教授奥伦·埃齐奥尼（Oren Etzioni）于 1995 年开发的 MetaCrawler 是世界上第一个元搜索引擎。元搜索引擎没有自己的索引数据库，而是处于其他搜索引擎之上，因此也被称为搜索引擎的搜索引擎。搜索时，元搜索引擎将用户的查询请求提交给多个预先选定的独立搜索引擎，然后将所有反馈结果处理后再返回给用户。在搜索结果排列方面，有的直接按来源排列搜索结果，如 Dogpile；有的则按自定的规则将结果重新排列组合，如 Vivisimo。其他著名的元搜索引擎有 360 综合搜索、Jopee 元搜索等。元搜索引擎可以同时获得多个搜索源的结果，是一种综合性的搜索，也因此难以发挥其他独立搜索引擎的技术优势和个性特色，目前所占的市场份额很小。与元搜索引擎相似的另一种集成搜索引擎（All-in-One Search Page）即"多引擎同步检索系统"，也提供若干种搜索引擎，区别在于检索时用户需点选或指定搜索引擎。

（四）垂直搜索引擎

由于网络资源增长迅速，搜索引擎的检索结果通常夹杂着大量冗余或垃圾信息，难以实现相关主题精确而专业地搜索的目标。垂直搜索引擎以其高度的目标化和专业化弥补了其他搜索引擎的这一缺陷。垂直搜索引擎的应用范围很广，比如股票、天气、房产、求职、图片、旅游等各类特定的信息。垂直搜索引擎针对性强，用户对查询结果的满意度较高，各个领域或行业均可根据特定的市场需求发展专业的垂直搜索，因而是一种很有发展前景的搜索方式。谷歌、百度、微软必应（Bing）这三家主流搜索引擎都早已介入这一领域，譬如这三家公司都提供新闻搜索服务。

从初期的分类目录式查找和关键词搜索，到页面链接等级搜索，直至互动式个性化搜索，搜索引擎总在发展变化。就技术层面而言，近年来最大的革新不在于其汇编索引目录的方法，而在于用户查找这些目录的方法。[①] 自然语言处理、个人相关性（个性化），以及定制的、专门的搜索等均是极具潜力的变革趋向。这是因为随着网络用户对电脑和互联网的操作越来越熟练，更多的人希望对搜索设置享有更大的支配权。譬如 Ask.com 就是一款支持用户以自然语言描述问题的形式（不再限于输入关键字）下达搜索指令的搜索引擎；谷歌早就通过"Google 用户化搜索引擎"试行了定制搜索，iGoogle（即我的谷歌）强调的是用户的个性化定制；另一个典型代表是 Simply Hired，这是一个求职招聘垂直搜索引擎，能提供强大的、预设的搜索，比如"适合大龄员工的雇主""允许上班带狗的雇主"等。

---

① 琼斯. 新媒体百科全书［M］. 熊澄宇，范红，译. 北京：清华大学出版社，2007：406；宫承波. 新媒体概论［M］. 北京：中国广播电视出版社，2007：39.

目前，搜索引擎是重要的互联网基础性应用。各大搜索引擎正在广泛应用包括语音搜索、图片搜索、语义搜索和人工智能在内的新技术，向用户提供新闻、地图、百科、微博等多种内容的搜索服务。搜索引擎正在向着综合信息服务平台的方向发展，在互联网时代发挥越来越重要的作用。其中，移动搜索市场的发展非常迅速，有数据统计，来自移动设备的搜索流量已经超过了 PC 端，搜索引擎移动化的趋势非常明显。

五、网络论坛

网络论坛（Forum），简称论坛，也叫网络社区或留言板，是让互联网用户聚集在一起，为发表意见、讨论话题和寻求帮助等交流行为提供的平台，是一种多对多的异步传播模式。网络论坛通常设有管理员和版主来维持论坛的正常运行，还会建立积分和等级体系来鼓励用户多发帖子，以提高论坛的活跃度，并通过积分和等级来规定不同级别用户的使用权限（如阅读帖子、回复帖子、发布帖子的权限）。内嵌的站内邮箱系统可以实现用户之间的私信交流。除了文字交流，现在的论坛也可以实现贴图、流媒体播放、附件下载和投票等应用，并开始支持 RSS 订阅、站内搜索等功能。

网络论坛的内部会呈现树状的层级结构，一般先按照内容分为若干个板块，每个板块下再设置分板块或分讨论区，分板块下面才是"主题"（Topic）和"线程"（Thread）。当一个用户发表主题后，其他用户就可以在这个主题下面进行回复、点赞和评分等操作。

网络论坛可以说是互联网上最常见、最早具备社会化媒体特性的网络应用，其雏形可以追溯到 20 世纪 70 年代末电子公告板系统（Bulletin Board System，BBS）。1978 年 2 月 16 日，美国人沃德·克里斯滕森（Ward Christensen）和兰迪·瑟斯（Randy Suess）在芝加哥研发了一套基于 8080 芯片的电子公告板系统 CBBS（Computerized Bulletin Board System/Chicago）。1984 年，相关人员又开发了一套 BBS 程序 FIDO，允许用户在惠多网（FidoNet）相互传送信息。到了 20 世纪 90 年代，BBS 进入中国，出现了中国惠多网（CFido）、西祠胡同、天涯社区等一大批著名的 BBS 网站。

早期的 BBS 服务依靠调制解调器拨号实现，后来出现了基于 Telnet 协议的 BBS 系统，这种 BBS 系统需要专门的客户端予以支持。与拨号 BBS 一样，Telnet 式的 BBS 也是纯文本性质的。随着万维网和宽带技术的普及，上述两种传统 BBS 逐渐被基于 http 协议且支持多媒体内容的网络论坛所替代。由于现在的网络论坛在基本功能上与传统 BBS 基本重合，因此网络论坛也可视为基于网页的 BBS 系统（Web-Based BBS），本书不再对二者做严格区分。

网络论坛也是互联网的主要应用之一，具有信息更新速度快、自由度高和交互性强等特点。但是近几年来，其用户规模和使用率都在逐年下滑，正在逐渐被微博、社交网站、问答平台等新一代互联网应用所取代。

此外，与网络论坛发展密切相关的还有两种服务形态，分别是新闻组（Usenet newsgroup）和邮件列表（Electronic Mailing List）。这两种形态出现的时间较早，且不为中国用户所熟悉，可以归为早期的互联网应用。

新闻组（Usenet Newsgroup）是一个建立在 Usenet 系统上的信息仓库。虽然其名为"新闻组"，但并不是用来发布新闻的，而是一个供用户交换信息的讨论组，其功能与万维网上的论坛基本相似，但在技术上完全不同。usenet 为英文 users network 的混缩，意为用户网络。它的出现缘于早期互联网用户想要寻求一种不同于电子邮件的交流途径。Usenet 最早由杜克大学（Duke University）的学生汤姆·特拉斯科特（Tom Truscott）和吉姆·埃利斯（Jim Ellis）在 1980 年正式发布。20 世纪 90 年代以后，出现了专门针对 Usenet 的新闻组网站 Deja News，新闻组系统因而得以迅速发展。2001 年，Google 收购了 Deja News，并将所有 Deja News 下的新闻组业务并入 Google groups。Google groups 逐渐将原来 Usenet 的新闻组功能与网页论坛、电子邮件列表的功能整合在一起。

电子邮件列表（Electronic Mailing List）是将传统的电子邮件服务和论坛的讨论功能整合在一起的服务，是一种基于电子邮件系统的增强型应用。邮件功能是所有互联网服务中最重要的基本功能，几乎所有互联网用户都会至少拥有一个电子邮箱，因而电子邮件列表服务可应用的范围极广。在使用电子邮件列表功能时，信息以电子邮件的形式发送到列表中用户的电子邮箱内。同时，列表中的所有用户可以对邮件内容进行讨论和回复，所回复的内容也会以电子邮件的形式发送到列表中的相应用户那里。

与网络论坛相比，电子邮件列表有以下特点：内容自动发送到用户邮箱当中，并且通过电子邮箱直接回复，从而形成双向互动；邮件列表具备较好的私密性，发件人可以精确设置邮件的接收者，从而避免很多不必要的干扰，提升效率。不过，电子邮件列表也被认为是垃圾邮件泛滥的重要因素之一。

六、社交网站

社交网站（Social Network Site，SNS），也叫社交网络服务，是社会化媒体的一种，是基于 Web 2.0 提出的新概念。社交网站的核心特征在于用户生产内容（User Generated Content，UGC）和对话式的多对多传播模式。社会化媒体是一个总概念，广义的社会化媒体包括社交网站、博客、微博等多种形式。社交网站即社会化的网络站点，是一种帮助用户在互联网上建立社交关系的网站。像国外著名的 Facebook、Instagram，国内的人人网、开心网、QQ 空间等，都属于这一类网站。社交网站和社交软件共同构成了社交网络。

社交网站允许用户建立个人页面，在好友之间分享内容并进行交流。目前，社交网站一般具备下列基本功能：（1）个人基本资料的创建、展示和修改；（2）点赞（Like）和评论；（3）友邻关系的建立和管理；（4）多媒体内容（文字、图片、视频、音频）的发布和分享；（5）博客（Blog）；（6）私信；（7）个人状态更新（Status Update）。随着各种新技术在网页设计中的大量应用，网页游戏、页面即时通信、个人广播、组群等功能逐渐被各大社交网站采用。手机与社交网站之间的对接也日趋紧密。

哈佛大学伯曼互联网与社会研究中心研究员丹娜·博伊德（Danah Boyd）提出，社交网站应该具备以下三个基本特征：第一，允许用户在一个有边界的系统内建立公开或半公开的用户信息展示；第二，用户之间可以通过共享链接点的方式来进行互相连接；第三，允许用户在这个系统内通过别人的链接点来进行浏览和穿梭。由于社交网站优异的社会交际功能和强大的社会动员能力，其已被各国政要、明星等公众人物，甚至某些组织机构用作形象展示和舆论宣传的公共关系平台。

社交网站的出现最早可以追溯到20世纪90年代末。1997年，社交网站六度网（sixdegree.com）正式上线。该网站由著名的"六度分割理论"而来，是互联网上最早的社交网站之一。六度网在当时就已经具备创建用户资料和好友列表等社交功能，这些功能被后来的社交网站纷纷效仿。由于网站理念过于超前、网络技术发展的限制，以及网民不适应等因素，六度网于2000年寿终正寝，但它为后来的社交网站奠定了基本功能和网站架构的范式。

2002年，Friendster上线，其用户主要由艺术家和同性恋者构成。Friendster的出现被认为是社交网站井喷式发展的序曲。不同于传统婚介交友网站主要服务于陌生人之间的交际，Friendster致力于打造朋友或熟人之间的社交网络。2003年5月，Friendster通过口碑营销的传播方式积聚了30万用户。但是，Friendster只允许在4度友邻关系之内的用户互相浏览页面，这导致大量用户滥用添加友邻的权限，以及出现了大量并不真实存在的虚假用户。由于网站基本架构存在缺陷以及经营策略的失误，Friendster很快被Myspace等竞争对手挫败。

Myspace的出现是社交网站正式兴起的标志。起初，建立于2003年8月的Myspace也只是一个Friendster的模仿者而已。随后，Myspace收编了大量从Friendster流出的用户，并果断向未成年人开放，允许用户定制个性化页面。这一系列出色的营销手段和技术改进促使Myspace从2004年开始迅速成长为社交网站的巨头。2007年7月，Myspace推出了个人状态更新功能。

继Myspace之后，Facebook以一股强劲的力量推动了整个社交网站的发展。Facebook由哈佛大学在校学生马克·扎克伯格（Mark Zuckerberg）创立，最初仅仅服务于哈佛本校学生，后来逐步向其他高校学生、高中生开放，最后向所有人开放。与此同时，Facebook在网站架构上的革新保证了用户隐私、用户权限与网站规模的扩张相配套。Facebook率先向用户提供便捷的组群功能，率先推出个人状态更新功能（2006年3月），并于2007年部分开放了网页的源代码。正是在这一年，Facebook一举超越Myspace，成为全球最大的社交网站。

中国国内第一个真正意义上的社交网站51.com出现于2005年8月。同年12月，针对高校用户的校内网也在国内上线。2006年，千橡集团收购了校内网，并完成了与5Q校园网的合并，成为具有垄断地位的校园社交网站。2009年8月，校内网改名为人人网，转型成为向所有互联网用户开放的社交网站。2008年3月，针对白领用户的社交网站开心网（kaixin001.com）上线。

此外，由社交网站延伸出来的社交媒体营销也已经迅速成为互联网发展的新趋势，越来越多的公司和厂商开始在社交网站上打造自己的品牌形象，有人甚至提出了"社会化革命"的口号。的确，除了用户生产内容，社交网站更是一个开放、互动和具有聚集性的平台，而且大多可以提供链接将多种媒体聚合到一起。社交网站正以一种史无前例的方式对人类社会进行全方位的重构，商业、科技、教育、社区、医疗和娱乐等社会元素都被卷入其中。

七、博客

博客的英文名为Blog或Blogger，该词是由Web log缩合而来。1997年12月，美国人乔恩·巴杰（Jorn Barger）在"Robot Wisdom Weblog"第一次使用了 Weblog 一词，而 Blog 一词则是由彼得·摩霍兹（Peter Merholz）创造的。当时他将自己博客网站 Peterme.com 侧边栏上的"Weblog"变成了词组"We Blog"，随后，"Blog"很快就被作为名词和动词使用，Blog 既可以表示博客，也可以表示编写博客。中国大陆称博客为网志，中国台湾地区则将其音译为部落格。个人博客的拥有者（Blogger）在大陆也被称为博客或博主，在中国台湾地区则被叫作部落客。

关于博客的定义一直众说纷纭，莫衷一是。常见的说法如下：博客是由个人管理、不定期张贴新的文章的网站；博客是一种强大易用的发布个人日志的网络工具；博客是在线版的个人日记。《牛津英文词典》（*Oxford English Dictionary*）对博客的解释或许更为有趣，"博客的内容涵盖了关于对新闻、约会、结婚、离婚、孩子、中东政治等成千上万的事件的思考"。简单来说，博客是用来发表个人言论和交流思想的网络平台。

在博客流行之前，互联网上的社群通过许多其他方式进行交流，包括新闻组（Usenet）及许多线上商业服务，如 GEnie、BiX、早期的 Compuserve、邮件列表、BBS 等。20 世纪 90 年代出现了网络论坛软件，如 Webex。我们所使用的博客是由线上日记演化而来的。线上日记大多以记录个人生活为主，大部分作者称自己为日记作者或记者。1994 年，当贾斯汀·霍尔（Justin Hall）还在斯沃斯莫尔学院（Swarthmore College）就读的时候，就开始编写个人博客。他被认为是最早的博客作者之一。戴夫·温纳（Dave Winer）的博客也被认为是最老及维持时间最久的博客之一。

1998 年，新媒体观察家孙坚华在文章中介绍了美国的"德拉吉报道"（Drudge Report）。2001 年著名的新媒体专栏作家丹·吉尔默（Dan Gillmor）在清华大学举办的一场论坛中介绍了博客。2002 年，方兴东和王俊秀正式将 Blog 翻译为"博客"。同年，国内第一家博客服务提供商（Blog Service Provider，BSP）"博客中国"（blogchina.com）正式开始运行。2003 年，"木子美事件"让博客开始进入公众视野。此后，DoNews、天涯、网易、新浪、Tom 等相继推出博客服务。2004 年与 2005 年的名人博客、博客大赛等现象引发了舆论的高度关注，阅读博客和书写博客逐渐成为一种潮流。

早期的博客只是用户手动更新文章的一般性网站。管理工具的改进使更多不懂技术的用户也可以编写博客，并以时间倒叙的方式制作和维护所张贴的文章。1999 年以后博客应用开始流行，出现了离线发布工具。上述两个因素使博客得到进一步推广。最后，正如我们现在所见，每一个网络用户都可以编写自己的博客。

博客按照主题和内容不同，可以分为新闻博客、财经博客、文学博客、科技博客、生活博客、影视博客等；按照使用者的类型不同，可以分为个人博客和商业博客。除此之外，还出现了一种新的博客类型——微博客。微博客，简称微博，是以短消息的形式存在的博客，包含文字、图片、视频等内容，是博客的一种特殊形态，具有更新速度快和便捷性强等优势，我们将在后面对其进行详细解读。

博客的基本结构包括：标题、正文、评论、分类、博客圈链接（Blogroll）、永久链接（Permalink）、发布日期、引用通告（Traceback）和 RSS Feed 等。博客之间由于某些特点（共同话题、共同爱好、共有目标等）相同或相近产生聚合而形成的圈子被称作博客圈

（Blogsphere）。博客圈的聚合效应往往能够带来更多点击量。博客的出现从根本上改变了当代人获取和发布信息的方式，冲击了传统出版业，并直接催生了公民记者，在一定程度上改变了新闻生产的方式。

博客的运营模式分为两种。一种是托管博客，即通常由博客服务提供商来提供域名、空间和管理工具。用户只需要到相应服务商的网站免费注册便能实现基本的博客功能。国内外著名的 BSP 包括 Blogspot、Blogger、Tumblr、新浪博客、网易博客、和讯博客等。另一种是独立博客，用户需要拥有独立的主机（购买或租用）、域名及管理程序。与托管式博客相比，独立博客的自由度更高并且更加个性化。

八、微博

微博（Microblogging），也叫微博客，是一种文字广播形态的特殊博客，也可以被看作博客、即时通信软件和社交网站的混搭产品。虽然微博也包含文字、图片、视频和链接等内容，但一般篇幅都很短小，适合快速浏览和传播，所以和传统的博客相比，它的更新速度更快，便携性也更强。用户可以通过网页和移动客户端在微博上发布微型的文本或其他形式的媒体信息。

微博最早出现于 2006 年前后，17 岁的德国学生克里斯蒂安·纽克尔逊（Christian Neukirchen）设计了一个可以撰写短消息的博客网站，并将其命名为 "tumblelogs"（tumble+weblog），这是微博的雏形。2007 年，微博在互联网上开始逐渐升温，并出现了一大批以微博为核心业务的网站，例如，国外的推特（Twitter）、汤博乐（Tumblr），以及国内的新浪微博、腾讯微博和搜狐微博等。其他社交网站如 Facebook、Myspace、领英（LinkedIn）等也在站内提供了类似微博的功能——状态更新。

推特是目前全球最大的微博网站。推特用户只限于发布单条不超过 140 个字符的消息，并且可以通过跟随系统关注其他人的信息。在一些国家，用户还可以通过手机短信来更新推特信息。用户的所有消息都会显示在个人的时间轴上。推特最初的概念由三名 Obvious 播客公司的员工杰克·多西（Jack Dorsey）、埃文·威廉姆斯（Evan Williams）和比兹·斯通（Biz Stone）在一次头脑风暴中提出。由于推特最早是根植于手机短信服务（SMS）的产品，因此每条信息的长度被限制在 140 个字符之内。2006 年 7 月，推特正式上线。根据排名网站 Alexa 的统计，截至 2016 年 7 月，推特网站在全球所有网站中排名第 9，活跃用户数量达 3.1 亿。

中国国内最早成气候的微博网站是由校内网创始人王兴创立于 2007 年的饭否，其他的还有叽歪、做啥、嘀咕、滔滔、雷猴等网站提供微博客服务，但规模无法与饭否相比。饭否的操作界面、基本功能近似推特。从 2007 年 5 月到 2009 年 7 月间，它一直占据着国内微博客服务的头把交椅，注册用户数量超过百万。由于在言论控制尺度上一直无法与官方达成协议，饭否于 2009 年 7 月关停。同年 8 月，由门户网站新浪推出的微博服务新浪微博上线，迅速填补了饭否留下的市场空白。此后，新浪、腾讯、搜狐、人民网等国内多家门户网站巨头纷纷推出了各自的微博服务。它们借助业已积累的大量人气，依靠名人策略招揽了众多草根用户，从而成为国内微博客服务的主导。

一般来说，微博具有如下特性。

（1）广播。用户发布的微博信息以文字广播的形式即时显示在有"关注"关系的页面上，个人页面是否公开取决于每个用户自身的选择。

（2）简洁。微博服务商一般将每条微博的字数限制在一定的范围内，这种形式上的严格统一有助于培养用户的使用习惯。同时，短小精悍的文本范式大大降低了交流成本。追求大而全的媒体融合特性往往是诸多社会化媒体的选择，而微博却另类地将自己的基本功能限定在对（文字）文本信息的支持上。

（3）跨平台。在设计之初，推特等微博平台就植根于手机短信服务（SMS），再加上微博有限文本的特点也非常适合用户在手机平台上使用微博，目前，大多数微博服务都已经在iOS、Android、Windows 10、Windows Phone、BlackBerry 等设备和平台上推出了移动客户端，同时也支持通过手机网页或彩信（MMS）发布。

（4）高度开放的 API。API 是英文应用程序编程接口（Application Programming Interface）的缩写，用户可以根据微博平台官方定义的函数来定制第三方应用程序以满足个性化的服务需要。在 Web 2.0 时代，用户在作为消费者的同时，也越来越多地开始扮演服务支持者的角色。在这种背景下，API 在社会化媒体中被大量应用。高度开放的 API 特性衍生出大量个性化的微博应用程序，如推特的第三方客户端 Twitterrific、Tweetbot 等，也使推特成了一项难以被屏蔽和封锁的服务。

（5）关注 Follow 功能。社会化媒体大多强调"好友"的概念，而推特却在 2007 年率先将朋友系统更名为"关注"系统。这项措施貌似只体现在字面上的差别，却大大拓宽了用户交流的广度。

（6）搜索功能。2009 年 7 月，推特将原来首页上的宣传语"你在干什么？"改成"分享与探索现在发生的一切"，同时将一个搜索框置于首页的中心位置，使微博的即时搜索功能得到了极大增强。由于各大平台每天都可以产生数亿条微博，其中掺杂了大量噪音信息，因此强化搜索功能，不仅让推特成为一个记录"此刻"的工具，还让推特成了一个能够让用户了解"此刻"的工具。推特在提供自带搜索服务的同时，也借助开放的 API 体系，允许其他互联网公司研发提供推特内容的搜索服务。

（7）列表。为了便于用户对其跟随者进行分类追踪，很多微博平台都推出了分类列表功能。用户可以根据自己的偏好将其关注对象进行分组，从而提高使用效率。

由于微博具备高度的开放性，因此能够不断得到大量第三方应用的支持。这在一定程度上扩展了互联网的应用，丰富了网络服务，也使微博在社会的各个领域都发挥着越来越重要的作用。

以新闻业为例，微博对新闻传播的影响力很大，尤其在突发新闻领域有着其他媒体难以媲美的速度优势，微博正在成为推动新闻业变革的一股重要力量。例如，在 2008 年 11 月 16 日，印度孟买多处发生恐怖袭击，造成 100 多人死亡。仅在事件发生后 5 分钟内，推特上就出现了 80 多条信息，向外公布了死伤者信息和医院的位置等情况，速度远远超过了世界上任何一家通讯社。2009 年 1 月 15 日，全美航空 1549 号航班在飞行过程中遭到飞鸟撞击失去动力，最后迫降在纽约哈德逊河上。在《纽约时报》和 CNN 报道该新闻之前，推特上就已经出现了相关消息。2009 年 6 月的伊朗大选风波中，推特也成为伊朗用户向外传递消息和外国记者了解情况的重要渠道。

在公共事务领域，微博也发挥着重要的作用。奥巴马团队在 2008 年和 2012 年两次总统竞选的过程中显示出其对社会化媒体强大的应用能力。奥巴马政府执政期间，继续倡导政府部门使用推特作为与民众交流的网络渠道，以提高政府部门的协调性，增强政策透明度，并鼓励市民参与部门的决策过程。2009 年，澳大利亚消防部门在维多利亚森林大火期间，就使用推特发布火灾情报。美国疾病控制中心（CDC）也曾通过官方账号向外界发布 H1N1 流感的实时情报。

在商业领域，早在 2008 年，电脑零售业巨头戴尔（Dell）公司就开始在推特上设立官方账号 @delloutlet 用于商品销售以及解决客服问题。这项创造性的举措为戴尔公司带来了商业上的巨大成功。在英国，有报告显示，有 17% 的小型企业都在使用推特来推广自己的品牌。

九、播客

播客（Podcast）是一种互联网数字媒体应用，这种应用允许内容提供者将数字媒体文件（通常是音频）通过网络联合供稿技术提供给用户下载或在线收听，是一种互联网数字广播系统，用户只需要订阅其感兴趣的播客栏目即可。

"播客"一词就是苹果公司的媒体播放设备"iPod"与"Broadcast"（广播）的混缩。iPod是苹果公司最早在 2001 年 10 月推出的一款极为成功的便携式数字多媒体播放器，iTunes 则是苹果设备的媒体管理程序。2004 年 8 月，美国广播界名人亚当·科利（Adam Curry）开通了"每日源代码"（Daily Source Code）节目，这个节目除了记录他每天的日常生活外，还播送新闻和有关播客发展的消息。"每日源代码"是世界上最早的播客节目。2005 年，苹果公司在新版本的 iTunes 中加入了播客功能。用户可以通过苹果的 iTunes Music Store 或者 Feed URL订阅播客内容。这一版本的 iTunes 极大地推动了播客的流行。随后，苹果公司又在 6.0 版本的iTunes 中开始对视频播客功能提供正式支持，播客开始成为一种主流的数字音频格式，用户可以通过电脑或移动设备，随时随地收听数字广播节目。英国广播公司（BBC）等传统广播电台也开始在 iTunes 上推出数字广播频道。

随着播客的迅速崛起，互联网上出现了大量基于播客技术的软件和应用，并且均在名称上冠以"Pod"或"Podcast"，有人甚至还试图将"Podcast"和相关词汇注册成商标，但没有成功，由此足见播客技术的影响力。

严格意义上说，播客在中国其实并没有真正流行开来，但随着在线视频网站的兴起，有人认为通过在线视频网站服务上传视频内容的行为也是播客的一种，这种观点其实是一种误读。不过近年来，国内还是出现了一些如喜马拉雅 FM、荔枝 FM、蜻蜓 FM 等播客应用，数字广播媒体又呈现出流行趋势。

十、维基

维基（Wiki）是一种基于 Web 的超文本系统。通过维基，来自全球各地的用户可以协同创建、编辑和维护网站内容，并在相关页面之间建立链接关系。维基通常使用简化标记语言

（Simplified Markup language）或者可视化的文本编辑器（WYSIWYG text editor）进行编辑。维基经常被用来创建新的协作性网站、社区网站、个人笔记站点、企业内部网站以及信息管理系统。大多数维基服务于一个具体目标，向公众开放的维基网站通常允许任何网络用户创建、编辑内容。

1995 年 3 月，美国程序员沃德·坎宁安（Ward Cunningham）创建了世界上第一个维基站点 "维基维基网"（WikiWikiWeb），设计该网站的初衷是为了方便程序员们交流创意。英文单词 "wiki" 就是由坎宁安发明的，源自夏威夷语 "weekee weekee"，原意是 "快点儿"，也可以理解为英文 "What I know is" 的反向缩合。根据坎宁安的描述，Wiki 可以被简单地看作一个 "最简单的在线数据库" "写作系统" "讨论媒体" "储藏室" "邮件系统" "在线协作工具" 或者 "有趣的异步网络传播方式"。在基于维基系统的网站中，每一个网页就是一个 "维基页面"，这些维基页面通过超文本链接彼此互通，用户通过 Web 浏览器就可以直接编辑这些页面，十分方便。从另一个角度来看，维基系统也是一个创建、浏览、储存和查找信息的数据库，但是和一般的数据库不同，维基中主要内容的编辑者是普通网民，而不是专职的工程师。

维基百科（Wikipedia）是维基最典型的应用之一。它基于开源维基软件 MediaWiki 运行，是目前全球最大的维基类站点，也是最大的线上百科全书。维基百科目前已经收录了由 292 种语言编纂的超过 3 800 万篇文章，注册用户超过 6 000 万。维基百科是由非营利组织维基媒体基金会（Wikimedia Foundation）运作的非营利项目，主要的资金支持来自捐款。维基媒体基金会允许世界各地的维基媒体使用者自行组织地区性的组织，向当地社会推广维基媒体的应用。迄今为止，维基基金会已经成立了 41 个地区性维基媒体分会。中文维基百科于 2002 年 10 月 24 日正式上线，收录了 88 万个条目。

维基百科由一个现在已被放弃的百科全书项目 Nupedia 的附属计划发展而来，于 2001 年 1 月初正式上线。其创始人为吉米·威尔士（Jimmy Wales）和拉里·桑格（Larry Sanger）。Wikipedia 由英文单词 "wiki" 和 "encyclopedia" 合成，意即维基系统和百科全书的结合。

维基百科宣称致力于对可证实且已经确立的事实进行中立的编辑，同时制定了避免偏颇、不侵犯著作权、尊重其他参与者等编辑方针，但由于维基是一个开放式、扁平化的在线协作系统，其编辑机制高度开放，因而难以避免出现某些不当或恶意的编辑行为，编辑自身对所编词条的认识也可能出现偏差甚至谬误。因此，有关维基百科内容可靠性和权威性的争议从其诞生那天起从未停止。例如，在 2005 年 5 月，有人以匿名的方式对著名记者约翰·席根塔勒（John Seigenthaler）的词条页面进行恶意编辑。该词条指出席根塔勒有参与行刺美国前总统肯尼迪的嫌疑。这些内容在维基百科的页面上保留了 4 个月之久，极大地损害了席根塔勒的名誉。后来，席根塔勒在《今日美国》（USA today）上撰文，表达了对维基百科的不满。这一事件引发了整个美国舆论关于维基百科可靠性的争论。

关于维基百科的其他批评还包括：（1）编辑模式趋向于封闭化，少数资深编辑成为绝大多数词条的主要编辑；（2）用户活跃度下降，背后驱动力下降；（3）信息的价值、真实性、专业性和安全性问题。美国帕罗奥多研究中心公司（PARC，Palo Alto Research Center, Inc.）的研究员纪怀新（Ed Chi）和他的同事对维基百科词条的更新状况进行了专门研究。研究发现，维基百科发展到 2006 年时达到高峰——每日添加的页面数达到 6 万，到 2009 年，这个数字下降了三分之一。同样，维基百科每月的编辑次数和活跃编辑数也从 2006 年开始逐年下降。他们还指出，非资深编辑编写的词条大约会有 25% 被删除，而 2003 年这一数值仅为 10%。这可能会降低新手编辑的参与热情，从而降低错误信息和恶意行为被纠正的可能性。

但是，群体协作的魅力终究未被某些责难所掩盖，共创、共享的理念也逐渐被社会甚至学术界接受和认可。越来越多的新闻报道甚至学术论文都将维基百科作为引用或引注的重要来源。

十一、RSS

RSS 是 Really Simple Syndication 的缩写，意为简易资讯聚合或聚合资讯，是一种基于可扩展标记语言（XML）的标准互联网内容投送协议，用来推送新闻、音频、视频等实时更新的信息。RSS 文档也被称为 Feed，其中包含内容摘要、发布日期、著作者等基本信息，并且可以自动聚合并发布这些信息。

1995 年 3 月，网景公司（Netscape）发布了第一个 RSS 软件 RDF Site Summary，这是 RSS 软件最初始的版本。2002 年 9 月，RSS 2.0 发布，并正式更名为 Really Simple Syndication。2004 年，史蒂芬·霍兰德在火狐浏览器（Mozilla Firefox）里设计了 RSS 图标，图标由橘黄色的正方形和白色的无线电波组成，这个图标后来在网上被广泛使用，成为 RSS 的官方标志。

RSS 的工作机制：支持 RSS 输出的页面会嵌入一段通常由 XML 语言写成的 Feed，用户通过专门的 RSS 阅读器或聚合器（通常被叫作 RSS Reader、Feed Reader 或 RSS aggregators）或专门的网络服务便可以调用 Feed 来完成订阅，一些电子邮箱也支持 RSS 订阅功能。在完成订阅步骤后，所订阅的内容便会自动在阅读器或网络服务中更新。

与传统的网络信息获取方式相比，RSS 机制订阅信息具有如下特点。

（1）个性化。用户完全可以根据个人的需要定制个性化的信息源。

（2）精确输出。与传统的网页浏览相比，大多数 RSS 输出的内容是没有广告的。

（3）效率高。RSS 阅读器能够将多个信息源置于一个界面中处理并显示，省去了访问多个信息源的时间。

RSS 能够用简单的格式从网站更新讯息至个人终端设备。这一技术的推广基本验证了尼古拉斯·尼葛洛庞帝（Nicholas Negroponte）在《数字化生存》一书中对互联网时代新闻生产和消费方式变化的预测：“数字化会改变大众传播媒介的本质，‘推’（Pushing）送比特给人们的过程将一变而为允许大家（或他们的电脑）‘拉’（Pulling）出想要的比特的过程。这是一个剧烈的变化，因为我们对媒体的整个概念是通过层层的过滤之后，把信息和娱乐简化为一套套‘要闻’或‘畅销书’，再抛给不同的‘受众’。”[①]在信息过剩的互联网时代，RSS 技术对于用户获取信息而言，无疑是一种全新的突破。

---

① 尼葛洛庞帝. 数字化生存［M］. 胡泳，范海燕，等译. 海口：海南出版社，1996：103.

十二、FTP

FTP（File Transfer Protocol）即文件传输协议，是一种通过互联网在计算机之间传输文件的网络传输协议。用户在使用 FTP 之前，一般需要事先使用账号和密码登录服务器以验证身份，然后再通过 FTP 软件上传或下载文件。FTP 是早期互联网重要的应用之一，并有效促进了计算机数据和文件的共享。

1971 年，印度裔工程师阿沛·布尚（Abhay Bhushan）制定了 FTP 协议，在互联网上实现了文件传输。当时的 FTP 软件主要依靠 NCP（Network Control Program）协议运行，没有图形化界面，使用者需要输入命令行才能完成相关操作，比较烦琐。后来，随着互联网技术的发展，TCP/IP 协议取代了 NCP 协议，FTP 软件也逐渐完善，不仅拥有了图形化界面，还可以在 Windows、Linux、Unix 等多种操作系统中运行。常见的 FTP 软件有 CuteFTP、LeapFTP 和 FlashFTP 等。和其他文件传输方式相比，FTP 具有灵活、可靠和安全性高等特点，此外还支持用户权限控制和断点续传等功能。

十三、BitTorrent

BitTorrent 是一种基于 P2P 的互联网文件共享协议，主要用来传输大容量文件，简称 BT，中文名称是"比特"。通过 BitTorrent 协议的下载也被称为"BT 下载"，BT 下载是目前互联网上最常用的下载方式之一。

BT 下载主要用来解决大容量文件传输过程中的问题。传统的下载模式是所有用户都从一个服务器下载文件，由于服务器的带宽是有限的，如果用户太多，文件太大，下载速度就会非常慢。而 BT 下载是把所有用户组成一个用户群，群内的用户不仅可以从服务器上下载文件，用户之间也可以彼此共享资源。这样一来，即使服务器关闭了文件下载，用户也可以从已经完成下载的其他用户那里共享文件。一般来说，参与下载的用户越多，带宽的利用率就越高，下载的速度也就越快。

在使用 BT 下载之前，用户需要先安装一个 BT 客户端，常见的 BT 客户端有 μTorrent、Transmission、Deluge、BitComet（比特彗星）、BitSpirit（比特精灵）等，然后再从资源发布者那里获得一个"种子文件"（.torrent 文件），把种子文件导入 BT 客户端即可开始下载。

虽然 BT 下载的高开放性特点促进了计算机文件的共享，但是这种开放性也存在一些安全隐患。在 BT 下载中，所有用户的 IP 地址都能被直接查看，这就为黑客的攻击提供了便利。此外，BT 下载也使盗版业更加猖獗，用户一般无须付费，就可以下载大量受到版权保护的电影、电视剧、音乐和电子游戏资源。例如，世界上最大的 BT 服务器"海盗湾"（The Pirate Bay），就因版权问题多次迁移服务器地址。

互联网上还存在其他的下载方式——磁力链接（Magnet URI scheme）。磁力链接无须种子文件，只根据一串纯文本的字符（一般以 magnet:?xt=urn:btih：开头），就可以直接识别、定位资源，非常便捷。

十四、网络硬盘

网络硬盘，又称网络磁盘、网盘、云存储，是一种向用户提供在线文件寄存服务的网络应用。无论在任何地方，只要用户登录自己的账号，就可以通过网盘服务器上传和下载各种格式的计算机文件。

网络硬盘的优势是容量大、使用便捷、可靠性高，大多数网盘都能提供 TB（1TB=1 024GB）级容量的储存空间，用户在网盘里可以储存大量的文档、图片、音乐和视频。但是受到网络带宽和服务器性能的制约，网络硬盘中的很多文件还无法做到实时读取，所以网络硬盘还不能完全取代 U 盘、移动硬盘等个人存储设备。

除此之外，网络硬盘还提供文件分享服务。用户可以把自己储存的文件以链接的形式分享给其他用户下载，这一功能极大地增强了网络文件的流动性和共享性。然而，由于对网络硬盘的内容进行监管比较困难，网络硬盘成为盗版和非法内容出现的重灾区。

国外著名的网盘有 Box、Dropbox、Google Drive、SkyDrive 等，国内则以百度网盘、360 云盘和腾讯微云为代表。

十五、微信

微信（Wechat）是腾讯公司在 2011 年推出的一款多平台互联网即时通信软件。目前，微信拥有超过 10 亿的注册用户，日活跃用户也在数亿人次，是目前全球用户最多的网络通信软件之一。

2010 年 10 月，在 Foxmail[①]、QQ 邮箱创始人张小龙的带领下，腾讯广州研究院正式开始研发微信，张小龙也因此被誉为"微信之父"。"微信"最初的英文名直接采用汉语拼音"Weixin"，直到 2012 年 4 月才改为"Wechat"，并作为国际商标使用。

2011 年 1 月 21 日，腾讯发布了微信的第一个版本"微信 1.0"，当时的微信和一般即时通信软件无异，仅支持文本和图片信息传递等基础功能。后来，腾讯公司先后在微信中加入了语音对讲、"摇一摇""扫一扫"（二维码扫描）、"朋友圈"等实用功能，开始由单纯的即时通信软件转变为一款多功能互联网社交软件。2012 年 3 月，微信用户数量突破 1 亿。

作为一款通信软件，微信包含了传统即时通信软件的所有功能，支持多种格式的信息发送，包括文字、图片、表情、语音等，用户还可以通过微信分享自己的地理位置和个人资料名片。为了便于海内外用户的交流，微信还内置了机器翻译功能，人们只需要长按文本，就可以把信息翻译成自己需要的语言。但是，和 QQ 等传统的即时通信软件不同，微信的联系人列表并没有"在线"和"离线"的概念，用户只要保持网络连接，就可以随时随地收发信息。

"朋友圈"是微信的核心功能，也是微信在社交服务领域的延伸。在朋友圈里，用户可以发布照片和文字，分享音乐和文章链接，其他用户可以给自己感兴趣的内容"点赞"或发表评论。但是，朋友圈系统设置了一种隐私机制，只有互为好友的微信用户才有权限查看和阅读彼

---

① 国内一款著名的电子邮箱客户端软件。

此的朋友圈信息，用户也可以根据自己的需要随时修改和调整权限，朋友圈成了一个封闭的虚拟社交圈。

2012年，微信又推出了微信公众平台。通过这个平台，用户可以申请注册微信"公众号"。微信公众号和微博的官方账号相似，用户通过订阅的形式定向接收来自运营商的信息。无论是团体还是个人，都可以注册公众号供其他用户订阅和浏览。根据服务的具体对象不同，微信公众号可以分为服务号、订阅号和企业号三种。

2014年3月，微信开通了"微信支付"功能，开始涉足电子支付领域，目前是国内主要的第三方支付平台。

十六、视频网站

视频网站，也叫视频分享网站，是一种为用户提供视频文件上传、分享和在线观看服务的网站，由于带有一定的社交功能，因此也属于广义的社交媒体网站范畴。视频网站上的视频包括电影、电视剧、娱乐、动漫、综艺、体育、音乐和新闻等各种类型，视频长度也从几秒钟到数小时不等。由用户上传和分享的视频文件会被临时储存到网站的服务器上，其他用户打开相应的链接就可以观看这些视频。

视频网站最早出现于20世纪90年代末，当时电子摄录设备尚未普及，拍摄和制作视频是一件非常困难的事情。进入21世纪以后，随着电子信息技术的进步，摄像机逐步数字化、便携化，连手机上也配备了高清晰度的摄像头，而互联网技术的发展更使网速得到成倍提升，这也让在线流媒体播放成为可能。在各种条件都具备的情况下，视频网站再次兴起，成为重要的互联网应用形式。

目前，全球最大的视频分享网站是YouTube。2005年2月，美国贝宝公司（PayPal）的三名员工查德·赫利（Chad Hurley）、陈士骏（Steve Chen）和贾德·卡林姆（Jawed Karim）共同创立了YouTube。2006年11月，谷歌公司以16.5亿美元的价格收购了YouTube，YouTube开始作为谷歌旗下的分公司继续运营。根据Alexa的数据显示，截至2016年7月，YouTube已经成为全球第二大网站，仅次于谷歌搜索（Google.com）。国内的视频网站主要有优酷、土豆、爱奇艺和乐视等。

视频网站的主要内容是用户上传的自制视频，这些视频通常都是可以免费观看的，网站通过在视频中插播广告赚取一定的利润，以维持网站的正常运行。除此之外，有些视频网站还向用户提供会员、VIP等形式的增值服务，购买这些服务的用户可以观看额外的付费内容。

视频网站的出现节约了用户的储存空间和带宽，丰富了互联网的内容，用户通过视频网站提供的App，就可以随时随地拍摄、剪辑、上传和分享视频，互联网进入了多媒体分享时代。

思考题

1. 什么是"前网络传播时代"，它包括哪几个阶段？
2. 文字对于人类传播有哪些重要的意义？
3. 电子传播在人类传播发展的过程中起着怎样的作用？
4. 如何理解互联网和万维网之间的联系和区别？
5. 举例说明三种下一代互联网的代表性技术。
6. 互联网的主要应用形式有哪些？请举出几个例子并简单说明。

Chapter 2
第二章 网络传播的特征
与受众分析

本章要点

- 网络传播的主要特征是什么
- 互联网"去中心化"的含义和起源
- 多媒体的含义和发展历程
- 网民的上网动机是什么
- 网民群体体现出什么类型的特点
- 网络意见领袖有哪些特点,与传统意见领袖有哪些不同之处

作为一种新的媒介形式,互联网具有某些全新的媒介特征,尤其是它的"网络传播"特点。我们在上一章提到,人类的信息传播活动可以分为五个阶段,即口语传播阶段、文字传播阶段、印刷传播阶段、电子传播阶段和网络传播阶段。我们使用网络传播这一概念主要是为了与传统的大众传播进行区分,网络传播克服了大众传播点对面、线性和反馈机制差等特点,是一种新的传播形态。

相对于传统的大众传媒,网络传播不仅整合了报纸、广播和电视等大众传媒的基本功能,而且突破了传统的传播类型的界限,融人际传播、组织传播和大众传播于一体,是一种多层面的大众媒介传播。网络传播打破了传统的自我传播、人际传播、组织传播和大众传播这四个层级相互独立的界限。如果我们把互联网和万维网称为"超媒介"(Hypermedia),那么也可以把网络传播定义为一种"泛传播"。此外,新的信息与传播技术仍在发展变化,与其急于给网络传播下一个定义,倒不如先去考察它与大众传播相异的新特征。

第一节 网络传播的特征

一、去中心化

网络传播最显著的结构特征是去中心化,即分布式网络(Distributed Networks)。1962 年,美国计算机科学家伦纳德·克莱洛克(Leonard Kleinrock)在他的博士论文中第一次系统阐述了分布式网络理论并提出了网络传播的核心——分组交换技术(Packet Switching Technology,也称包交换技术),为互联网的产生和发展奠定了基础。

20 世纪 50 年代中期,美国军方启动了一项新的研究计划,该计划的主要目的是研制一套在遭到核武器的毁灭性打击后,仍然可以保持正常运行的通信系统。1959 年,在美国兰德公司(RAND Corporation)任职的波兰裔工程师保罗·巴兰(Paul Baran)接到了这项研究任务,他仔细分析了当时正在使用的两种网络模型:第一种是传统的集中式网络(Centralized Networks),它只有一个管理和控制中心,所有的网络资源也都存放在这个中心里,这个中心

统一管理和控制整个网络；第二种是分散式网络，它具有多个网络控制中心。这两种网络在遭到攻击后都容易彻底瘫痪。据说，受到一位精神病学家的启发，保罗·巴兰把人类大脑神经网组织的模式搬到了自己的网络设计中，并提出了全新的构想：去掉网络中心，这样就可以构造一张新的网络，该网络由许许多多的节点连接而成，就像一张巨大的渔网。他画了三张草图，前两张分别是集中式网络和分散式网络，最后一张是"渔网"（见图 2-1）。"渔网"的每个节点都彼此相连，形成纵横交错的网状结构，这被他称为"分布式网络"（Distributed network）。在分布式网络中，每一个节点都是平等的，就像人脑细胞那样，哪一个神经元都不能自称是大脑的"中心"。保罗·巴兰发现，当每个节点连接的路径数量大于等于 3 条的时候，即使通信网络损失了 50% 的节点，它依然可以维持正常工作。由于取消了中心的概念，而且每个节点之间的联系可以通过不同的路径，因此网络的安全性能最好。即使某些节点或网络局部受损，整个系统也不会崩溃。为了确保分布式网络的可行性和可靠性，保罗·巴兰采用的是数字网络技术和分组交换技术，数据以分组的形式在网络中传递。但是，巴兰并没有正式提出"包交换"的概念，他把数据分组称为"信息块"（Message Blocks）。

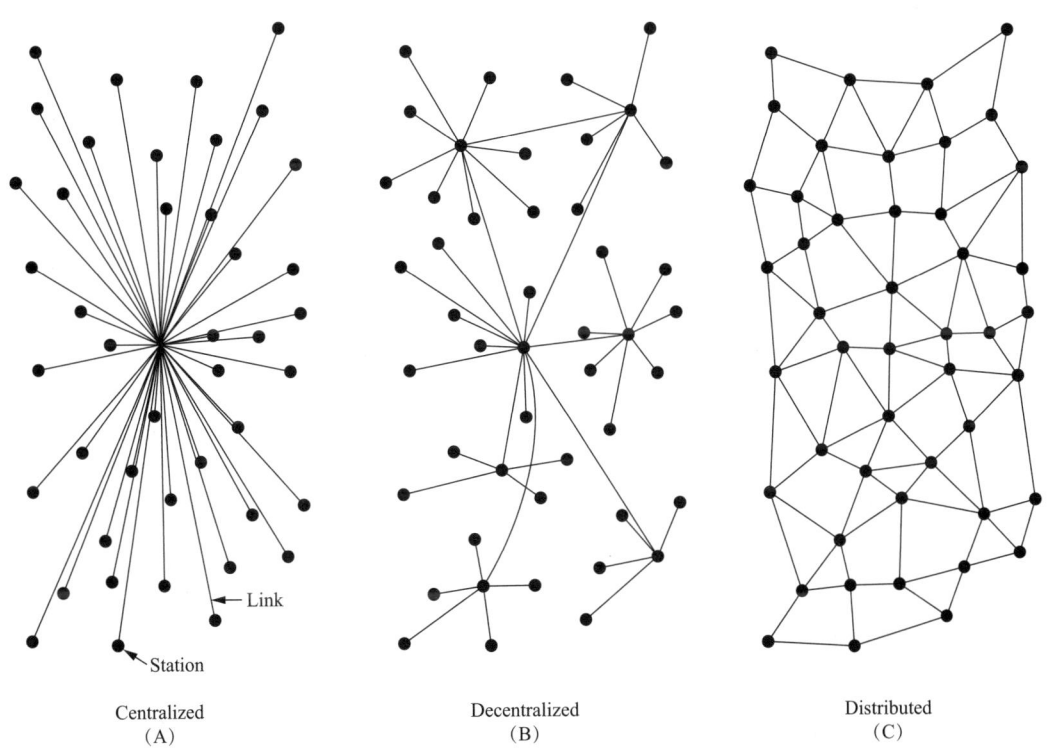

图 2-1 集中式网络、分散式网络和分布式网络

保罗·巴兰的分布式网络计划被美国军方采纳，从而成为互联网的前身阿帕网（APRANET）的技术基础。与此同时，英国国家物理实验室的唐纳德·戴维斯也提出了"分布式网络"理论，并且成功构建了一个小型局域网。他在仔细研究了相关概念后，用"包"（Packet）这一术语来描述分组数据，正式提出了"包交换"技术。不过，戴维斯构建包交换

技术的初衷与巴兰为军方服务的目的有所不同，戴维斯是想建立一个更加有效的网络系统，从而使更多人可以利用网络进行交流。

分布式网络结构和包交换技术奠定了互联网的基础，从根本上改变了大众传播的中心化结构和线性传播模式。著名新媒体专家尼葛洛庞帝对此评述道：

> 一个个信息包各自独立，其中包含了大量讯息，每个信息包都可以经由不同的传输路径，从甲地传输到乙地。现在，假定我要从波士顿把这段文字传到旧金山。每个信息包……基本上都可以采取不同的路径，有的经由丹佛，有的经由芝加哥，有的经由达拉斯，等等。无论是通过法律还是炸弹，政客都无法控制整个网络。讯息还是传送出去了，不是经由这条路，就是走另一条路出去。①

随着所谓 Web 2.0 时代的到来和社会化媒体的兴起，网络传播的去中心化特征日益突出，例如，P2P 下载技术和微博即是互联网"去中心化"特征的典范。但作为传播理念，"去中心化"很容易引发争议，甚至有人认为中国互联网存在着一场"去中心化"与"中心化"之战。去中心化是网络传播固有的结构特征，但这并不意味着中心概念的完全消失，只是中心意义在一定程度上被削弱，或者说由高度集中控制向分布集中控制转变，并由此促进信息传播和社会文化的个体化与多元化。

二、数字化

如果去中心化这个概念概括了网络传播的结构性特征，那么数字化就是网络传播在语言上的特征。这二者可以被看作网络传播的基础性特征。

"Digit"指的是手指和脚趾，几千年来它一直被人类用来代表数字。在中国内地 Digit 被通译为数字，在中国香港其被译为数码，在中国台湾其被译为数位。Being Digital（数字化生存）、Digital Time（数字时代）中的 Digital，即数字、数码和数位的同一字源"Digit"的形容词。现代数字技术在本质上就是对数字化信息的处理，即把一般的信息转化为机器可读的数字信息。数字传播涉及数字的转换、存取、处理、传输、控制、压缩等一系列技术。

在现代数字计算机发展之前，几乎所有的计算和传播系统都是模拟的。模拟（Analog）的意思是指相似物或类似物。除了实物媒体，如书、报、刊物等，广播、电视、录音、录像等传统电子媒体都是模拟式的电磁媒体，用电磁模拟声音或图像。模拟信号在传播过程中容易衰减，并受到噪音的影响，从而造成失真。另外，模拟信号承载的信息量也相对较小，难以实现信息共享和交换。人脑是最复杂的模拟计算机，它具有同时处理不断变化的大量输入和"实时"协调复杂反应的巨大能力。

数字技术所应用的数字只有 0 和 1，也即只有两种状态或数值。开或关、一或零、是或不是、黑或白、有或无，这些状态都可以被表达为数字"1"或"0"。换句话说，数字语言依靠

---

① 尼葛洛庞帝. 数字化生存 [M]. 胡泳，范海燕，等译. 海口：海南出版社，1996：274.

二进位的计算系统，而不是普遍使用的十进位系统。因此，数字化是指把模拟信息转换成计算机能读取的由 0 和 1 组成的信息。

莫尔斯电码（Morse code）就是一种早期的数字化通信形式。1936 年，美国人萨缪尔·莫尔斯（Samuel F. B. Morse）发明了电报系统，这套电报系统通过在线路中发送电磁脉冲来传递信号。为了保证这套系统能够传递更多的信息，莫尔斯又设计了一组规则，用电键敲击出由"点"（Dots）、"划"（Dashes）和停顿构成的不同组合，来指代拉丁字母和数字，这与现代计算机上使用的 0 和 1 两种状态的二进制代码十分相似。

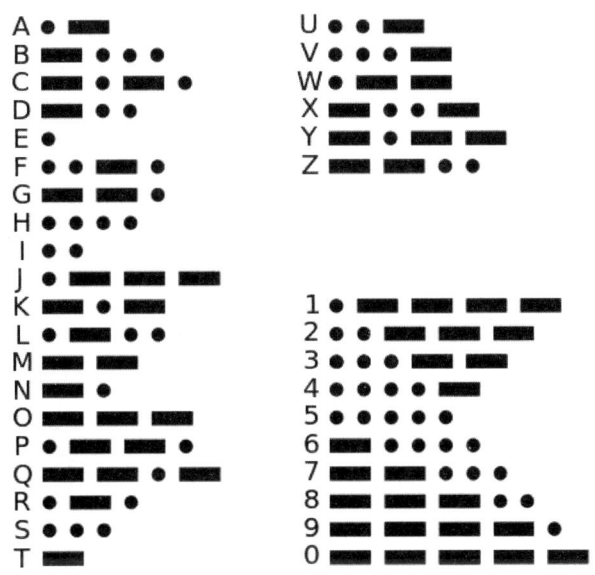

图 2-2　国际通用的莫尔斯电码

二进制数的位元，即数据的最小单位，也就是机器读取信息的最小元素，即"比特"（Bit，binary digit，意即二进位制）。在数字语言中，成串的比特根据限定的规则或标准集合起来，以组为字节组成可被计算机轻易读取的"字词"。"字节"即 Byte，简称 B，它也是计算机存储容量的基本单位，1 字节代表 8 个比特。像千字节（Kbytes）和兆字节（Megabytes，即 100 万字节）这样的术语，被用来定义计算机文件的大小或可获得的存储数量。通常，1 字节储存 1 个英文字母，2 字节储存 1 个汉字，人们把 1 024 字节规定为 1KB，1 024KB 等于 1MB，1 024MB 等于 1GB（Gigabyte，吉字节），1 024GB 等于 1TB（Terabyte，太字节），1 024TB 等于 1PB（Petabytes，拍字节），依此类推。

数字化系统相比模拟系统具备三个方面的优势。

（1）数字化系统可以有效地降低处理、存储、显示和传输信息所需的数据数量，信息传输的能力大大提高了。

（2）数字化系统可以无限制地复制数据，而不出现明显的质量损失。这是因为数字技术消除了模拟系统在传输和复制过程中产生的所谓噪音，从而实现了完美的拷贝。

（3）数字化系统可以高精度地、轻松地控制数据。[①]

数字媒体是数字化在人类传播活动中的集中体现。数字媒体是一类媒体的总称，这类媒体可以在电子数码设备上进行制作、编辑、储存、发布和读取活动，像电子文档、数码图片、电子图书、数字音像和社交网站等都属于数字媒体的范畴。与数字媒体相对应的概念是印刷媒体和传统电子媒体，如纸质书、报纸、杂志，以及模拟信号的广播、电视、电影和录像带等。数字媒体的普及让全部的信息生产和传播流程都可以在计算机上完成，人类真正进入了信息时代。

在传媒业，数字化的直接产物就是媒体的无纸化，大量根植于互联网的"新媒体"对传统媒体尤其是纸媒产生了致命的冲击，传统媒体的生存空间被挤压得越来越小。相比印刷媒体和传统电子媒体，数字媒体在信息制作、储存、复制和传播上都有着无可比拟的巨大优势，正在深刻影响和改变着媒介形态。

人工智能的先驱代表、美国学者赫伯特·西蒙（Herbert Simon）博士曾经宣称：人的所有智能活动都可以用符号和计算来实现。数字化技术对于人类传播的基础性作用正在于此，它并没有局限于文字处理，而是可以把任何一种形式的信息转换为数字，即比特。正如DNA那样，数字语言或者说比特成了信息的基本单元。简言之，一切信息符号都可以被数字化为"0"和"1"。美国著名传播学家詹姆斯·贝尼格（James Beniger）对此阐述道："大众传播和远程通信内容的日渐数字化模糊了信息传播和信息处理之间在早些时候的差别，在人与机器之间同样如此。数字化使从人到机器的信息传递、机器之间的信息传递，甚至从机器到人的信息传递比人与人之间的信息传递还要容易。同时，各种信息类型之间的差异也越来越模糊，字母、单词、图片、声音，甚至味道、气味，或许还有感觉，某一天都能够以同样的数字格式被存储、处理和传播。"

正是基于对数字化技术在人类传播活动中基础性作用的认知，美国著名新媒介技术专家罗杰·菲德勒（Roger Fidler）宣称人类正处于第三次媒介形态大变化的阶段，其根本性的标志即数字语言的革命（第一次、第二次媒介形态大变化的基础性特征分别为口头语言和书面语言）。他指出：第三次媒介形态大变化，"开始于19世纪早期电在传播中的应用。自从电报发明之后，三大媒介领域都一直在发生着空前的转变和扩张"[②]。由此可见，第三次媒介形态的变化并非始于计算机的发明和运用，而是信息和传播技术长期孕育发展的结果。我们可以把电子媒介所使用的语言称为电子语言，电子语言发展的极致则是数字语言。数字语言促使整个媒介系统发生革命性的变化，乃至推进社会文化的巨大变迁。

1996年，被人戏称为数字化革命传教士的尼古拉斯·尼葛洛庞帝出版了他的名著《数字化生存》（*Being Digital*）。他的命题是：计算不再只和计算有关，它决定我们的生存。他把未来称为"比特的时代"，正如18世纪、19世纪可被称为原子和分子的时代，20世纪可被称为DNA的时代一样。自然，他无非是强调或突出了某种技术在某个时代所占据的主导地位。不过，数字时代似乎正好与生活在2500年前的古希腊先哲毕达哥拉斯（Pythagoras）把数理解为

---

① 菲德勒. 媒介形态变化：认识新媒介［M］. 明安香，译. 北京：华夏出版社，2000：61.

② 菲德勒. 媒介形态变化：认识新媒介［M］. 明安香，译. 北京：华夏出版社，2000：60.

万物本原的哲学观点遥相呼应。

三、多媒体

传统的大众传播媒介（如报刊、广播和电视等）通常被视为相对独立的单一媒体，尽管报纸或杂志可以配图片或插图，电视也可以把图像、声音和文字集合在一起。但从信息传播技术的角度而言，以比特传输以及处理信息的媒体（如光盘、数字电视、计算机）才是真正意义上的"多媒体"。这是因为以数字语言为基础的多媒体技术可以把文字、图形、图像、动画、视频、音频等多种不同形式的信息符号结合在一起，并通过计算机进行综合处理和控制，完成一系列交互性的人机操作。之所以提出多媒体这一概念，主要是为了区别文字媒体、印刷媒体等单一形式的媒体。多媒体需要借助计算机和电子设备来完成信息的采集、制作和演示，多媒体主要可以分为多媒体信息和多媒体技术两个部分。因此，与其用多媒体这一概念指称某种新的媒体形态，不如说多媒体是多媒体技术在数字媒体或因特网上的实际运用（尤其是音视频的强化使用），而以数字化为基础的网络传播实际上是一种网络多媒体传播。

多媒体这一概念出现于 20 世纪 60 年代前后，到 20 世纪 90 年代才被用来指代由文本、图片、音频、视频组成的综合媒体。随着"多媒体计算机""多媒体影碟机""多媒体播放器"等一批软硬件产品的问世，多媒体这一概念也开始被人们接受，成为混合电子媒体的代名词。

多媒体技术具有交互性、非线性和动态性等特点。其中，交互性是多媒体区别于电影、广播、电视等传统媒体的最突出特征，传统媒体的信息传播模式是单向的，受众往往只能被动地接受。而在多媒体环境下，用户的主动性得到增强，他们可以通过计算机系统和媒体产生交互，实现对信息的自主选择。具有交互性功能的多媒体又被称为"互动式多媒体"（Interactive Multimedia），强调用户的参与和控制。早期的互动式多媒体停留在用户使用键盘、鼠标等输入设备来控制计算机阶段，而近年来，VR 技术和人工智能技术的广泛使用，使互动式多媒体有了更广泛的应用，人类和多媒体的互动扩展到了更多领域。

多媒体技术目前已被广泛应用于艺术、教育、工程、医药、数学、商业、科学研究乃至家庭生活和娱乐等诸多领域。利用多媒体技术制作的广告声画并茂、形象生动，可以更有效地吸引受众；将多媒体技术投入教学用途，可以充分调动学习者视觉、听觉和触觉三方面的潜能，提高学习者学习的兴趣，增强学习过程的互动性和学习者对知识的吸收；多媒体艺术可以为观众提供多姿多彩的感官享受和审美愉悦。由于操作平台软件的日益成熟，网络用户可以在电脑显示屏上打开多个窗口，甚至同时进行文字阅读、听音乐或看视频；与传统的新闻报道相比，多媒体新闻报道更为真实生动，具有立体效果。

三维动画制作是多媒体技术的典型表现，从斯皮尔伯格执导的《侏罗纪公园》到施瓦辛格的《终结者 II》，无论是巨型恐龙，还是会变形的液态金属机器人，都展示了电脑图像的独特魅力。据说，那个制作这些电脑特技的硅图像公司（SGI）的员工经常身穿 T 恤在硅谷街头行走，T 恤上写着："我制造了恐龙。"

1995 年，皮克斯公司（Pixar）制作的《玩具总动员》是硅谷高科技和好莱坞艺术创作的联姻，标志着动画产业进入三维时代。《玩具总动员》由 38 岁的约翰·拉赛特（John

Lasseter）执导，历时 4 年。在这个效果空前的动画片里，有 76 个角色和 366 个物件，整部电影由 11 4000 格画面构成，播放时长为 77 分钟。有人做过统计：电影里所有相关的电脑程序共 450 万行，每个画面的基本数学运算至少 50 万次，共有 110 部电脑 24 小时不停地运算画面；整个制作系统组装在巨大的机柜中，功能相当于 300 台"克雷"巨型机，运算速度是每秒 160 亿条指令。在这部电影中，多媒体技术效果和三维动态图像被发挥得淋漓尽致，譬如小主人安迪头上有 123 484 根头发，小狗头上的毛发有 15 977 根，而且每一根都是会动的。

随着电脑软硬件的进一步发展和计算机图形处理技术的普及应用，三维动画业（也称 CG 行业，Computer Graphics 的缩写）将由高端过渡到低端，而不再被大电影厂和专业影视制作公司所垄断。

由于中文与英文的差异，"多媒体"这一中文字面概念很容易产生歧义。如前所述，多媒体并不意味着多种媒体形式的简单复合，而强调的是文字、数据、声音和各种图像等多种信息符号在单一数字化环境中的"集成"和"控制"。以符号学的概念进行阐释，多媒体集成的是多种符号形式，或者说多种编码方式，因此与其说它是多媒体，不如说它是"多符码"。

另一个相关概念是"文本"。文本是由不同的符号形式通过编码而成的，可以分为以下几种类型。

（1）视觉文本（图像和活动图像）

（2）听觉文本（口语文本、音乐、噪声）

（3）综合视听文本（源于图像、文字或录音媒体）

（4）文字文本（打字稿、传真、手稿）

另外一个和多媒体相关的概念是"超媒体"（Hypermedia），这个概念由美国信息科学和社会学家泰德·尼尔森（Ted Nelson）在 1965 年第一次提出。各自相对独立的单一文本可以通过超文本（Hyperetext）的方式链接起来，而在所谓超媒体环境下，声音和影像文本（图像、动画、音频、视频等）还可以与文字文本链接起来。超文本结构方式是多媒体和网络传播的一个显著特性。互联网即是通过 TCP/IP 协议和 UDP/IP 协议并使用超链接（Hyperlink）方式构成的全球信息系统。超媒体是超文本技术的扩展，是一种非线性媒体。

具体地说，所谓超文本是指一个信息组织系统，是由节点和表达节点之间关系的链组成的网络。每个节点都与其他节点相链接，用户对网络进行浏览、查询和注释等操作。换句话说，通过超文本方式可以实现文本（或用计算机科学的概念即所谓文档）之间的"自动转移"功能，即由一个文本转移到另一个文本。超文本有多种格式，目前最常使用的是 HTML（超文本标记语言）及 RTF（富文本格式），用超文本语言编制的超文本文件即是我们在万维网上浏览的网页。

兼具文字、声音、图形、图像、动画和视频的超文本结构方式，彻底改变了传统的线性的信息传播和接受模式，而以非线性的方式呈现和交流信息，极大地增强了信息传播的生动性、灵活性、开放性和用户（受众）的自主性。用户不但可以对多媒体信息予以实时控制，还可以根据自己的需要、兴趣、偏爱和认知特点使用多媒体信息，甚至还可以增加、删除信息内容和添加文档，或者修改节点，重新建立链接。

四、互动性

多媒体技术不仅对不同的信息符号予以集成和控制，而且以超文本结构方式把不同文本相互链接起来，这已极大地突破了传统媒体线性传播模式的局限性。更重要的是，网络传播可以通过电脑和网络进行人机以及人与人之间的信息交流。交互性（Interactivity）这个术语因个人计算机和因特网的出现而被广泛应用于传媒、计算机、人工智能等多个领域，并成为网络传播区别于大众传播的最本质特征。

美国学者马克·波斯特（Mark Poster）认为以互联网为代表的"第二媒介时代"的特征是"双向性的去中心化的交流"。尼葛洛庞帝也强调："从前所说的大众传媒正演变为个人化的双向交流，信息不再被'推给'消费者，相反，人们把所需要的信息'拉出来'，并参与到创造信息的活动中。"[①]英国学者丹尼斯·麦奎尔（Denis McQuail）虽然认为网络媒介"对于大众媒介的意义还远未清晰"，也肯定它具有"互动的潜能"。[②]

互动性有时也译作交互性，是指对象之间或各种因素之间发生相互作用的过程。人与人之间面对面的交流即是一种典型的互动性交流。互动性交流通常是一种共时性的交流活动（时间维度），是一种社会行为（行为维度），体现了某些特定的社会关系，并且涉及社会文化心理以及其他复杂的因素。因此，美国社会学家 G.H. 米德把人类的传播（交流）活动定义为"象征性的互动"。

有两个特征被确认为是互动的核心：交流的方向和交流进程中的控制。[③]大众传播基本上是一种单向的传播活动，尽管受众或多或少也能对信息传播过程有所控制，或者做出有限的反馈，但是控制的程度、范围是有限的。而以计算机和互联网为中介的网络传播不仅可以是单向的，还可以是双向的或者多向的，用户对信息传播过程控制的程度和范围也得以极大地增强和拓展。

以计算机为中介的"交互"分为两种基本的类型：人机交互和人人交互。人机交互又可以分为用户与计算机本身（系统）互动以及用户与文档之间的互动。无论是进行计算机游戏还是互动小说的创作，或者用户参与文档的制作，都是人机交互的具体表现形式。即使是一般性的浏览和使用网页，用户也是处于相对主动的"控制"状态，因为"一个顺利的'浏览'过程可以使用户轻松地以他们自己选择的路线接触内容、消费信息"，因而也具有某种积极的"互动"意味。[④]

从计算机科学的角度解释，人机交互技术（Human-Computer Interaction Techniques，HCI）是指通过计算机输入、输出设备，以有效的方式实现人与计算机对话的技术。人机交互技术与认知科学、人机工程学、心理学等学科领域密切相关，其所关注的是改善计算机的易用性和提高用户的效能。人机交互的界面设计经历了字符用户界面、图形用户界面到多媒体用户界面若干不同的发展阶段。图形用户界面仍然是目前的主流，而多媒体用户界面乃至智能用户界面则是未来的发展方向，最终指向真正意义上的所谓虚拟现实（Virtual Reality）。

人机交互也可以看作人类和数字新媒体的交互。在人机交互的环境中，人类、计算机、信息和媒介缺一不可，人类通过"人—机"接口和计算机互动，主要强调的是人类对信息的控制。例如在互联网上，有很多交互式的网页，上面大量使用了 Adobe Flash 和 HTML 5 技术，用户只要点击相应的模块，网页就能显示出有关的信息。

多媒体在人机交互中之所以有巨大潜力主要因为它能提高人对信息表现形式的选择和控制能力，尽管目前这种能力基本上限于信息的存储和传输。多媒体用户界面等于拆除了人机之间的墙壁，个人电脑的功能从文字处理全面扩展到了视频点播、互动电影、电子图书、可视电话、作曲、卡拉OK、录音录像、照相摄影、美术创作以及电脑游戏等各种信息传播和娱乐活动，甚至可以取代几乎所有的家用电器，以及把互联网变成一个全球范围的超级媒体，帮助人们随时随地学习、工作和娱乐。随着多通道用户界面的深入研究和投入使用，人机交互的效率和界面友好性将进一步提高，从而把人机交互技术和用户界面设计引向更高的境界。

网络传播的互动性同时体现在人与人之间的交流上，而计算机和因特网只是作为工具来使用的。例如，聊天室和即时通信就属于典型的双向乃至多向的互动性人际交流模式。这种交流模式是即时的，不受空间的限制，并且属于全球性的传播，是真正取代传统的单向传播的互动性的双向（也包括多向）交流模式。在这一模式中，信息发送者和接收者难以区分，双方（或多方）是相互作用的、地位是平等的，而且可以对交流过程实施控制。

网络传播的交互性特征赋予了用户接近信息的便捷性和力量，以及一定程度上增强了用户对信息传播的控制。用户既可以更自由地获取自己所需的信息（包括选择信息的内容及接收信息的时间与方式），也可以提供即时的或延迟的反馈，甚至自主地上传信息以及参与文本的加工和制作。也就是说，在网络传播的过程中，用户已不仅是被动的信息接收者，而且也可以是信息的发布者和传播者，于是，传统的传者和接收者的角色界限变得模糊不清了。"以前的网络内容主要由网站创造和提供，但在 Web 2.0 时代的浏览者可以自己制作网站内容，网民有了一个可读可写的互联网。互联网上资讯的拥有权也从单一属于网主而变成与互联网使用者共享。"[①]于是，在传统大众传播模式中的传播者的权力、地位在一定程度上受到了削弱，而用户的权力、地位得到了增强，大众传播这个概念本身受到了质疑和挑战。

除了去中心化、数字化、多媒体和超文本以及交互性这些区别于大众传播最为显著的特性，网络传播还具有某些相对于传统媒体较为突出的优势，如即时性、全球性、海量信息、检索便捷等，在此不一一予以赘述，但在其他章节中或多或少会有所涉及和探讨。

简言之，网络传播是通过电脑、手机等终端，基于互联网的人机交互或人与人之间的传播活动。网络传播突破了大众传播单向的线性传播模式，融人际传播、组织和大众传播于一体，具有去中心化、数字化、多媒体、超文本链接和交互性等一系列新特征。

其实，如果我们更宽泛地进行界定，互联网不只是传统意义上的传播媒介，它还是一个社

---

① 苏钥机，李月莲. 媒体理论［M］//鲁曙明，洪浚浩. 传播学. 北京：中国人民大学出版社，2007：30–54.

会技术系统，为信息交流提供平台，并为未来的知识经济构筑基础结构。互联网根本性地改变了存在的电信业、传播业以及服务业的面貌，并已渗透进了社会生活的各个领域，诸如远程教育、远程医疗、网上银行、网络会议、电子商务等（如"信息社会""网络社会""数字化生存"以及"全球村"这样一些概念如今也已广泛流行）。

应该说明的是，我们对于网络传播特性的分析，偏重于技术层面及其潜能，而任何一种媒体和传播形态总要受制于社会历史条件以及文化因素。因此，"自由的技术"（美国学者索拉·普尔语）是相对的，传播的自由也是有限度的。网络传播在极大地提高了人类传播的自由度的同时，也潜藏着某些难以解决的难题，譬如混乱无序、不可控制乃至传播效率相对低下等。

第二节　网民分析

网民是因特网的使用者。根据中国互联网络信息中心（CNNIC）历次"中国互联网络发展状况统计报告"的界定，"半年内使用过互联网的6周岁及以上中国公民"即为中国网民。截至2016年12月，中国网民规模已达7.31亿。

从传播学角度来看，网民与受众也有区别。麦奎尔认为，今天的媒介受众起源于古代体育比赛的观众，以及早期公共戏剧与音乐表演的观众，这在两千年前已约定俗成。大众媒介的受众主要随着印刷书籍的出现而产生，被称为接受大众传媒信息的公众。[①] 传统意义上的受众，指的是媒介信息的接受者，但理论研究表明，受众并非只是单纯地接收信息。两级传播理论肯定了特殊受众即意见领袖的存在，霍尔肯定了受众在文本解读过程中的主动性，菲斯克在《理解大众文化》中，直接提出"受众是文化生产者，而不是文化消费者"[②]。

互联网的产生使传统受众的概念发生了转变，信息接触的方便快捷性使受众的主动性大大增强，他们并不局限于做出反馈，菲斯克所说的文化生产者的属性越发强烈。他们积极参与议题讨论，互动性显著增强，有时还会在事件发生时引导舆论，从而改变了传统媒体时代媒介建构议程的局面。比起受众这个概念，网民的称呼似乎更为贴切。

此时的互联网主要指PC端，自微博、微信等手机程序出现以来，移动互联网加速发展，越来越多的人更愿意使用"用户"这一概念。较早将受众和用户的概念联系在一起的是中国人民大学的蔡雯教授，她认为传统媒体所面对的受众变成了操控信息终端的更加细分化的用户，此种转变带来了传媒业态的变革。[③]

---

① 麦奎尔. 受众分析 [M]. 北京：中国人民大学出版社，2006：3-4.

② 陆道夫. 文本／受众／体验：约翰·菲斯克媒介文化研究 [M]. 北京：北京邮电大学出版社，2008：104.

③ 蔡雯. 从面向"受众"到面对"用户"——试论传媒业态变化对新闻编辑的影响 [J]. 国际新闻界，2011（5）.

一、网民上网动机

受众使用媒介取决于多方面因素，尤其取决于满足、需求和动机等心理层面的因素。网民上网同样如此，也是为了满足他们日益增长的认知、情感、交往、娱乐或者逃避等多元化的心理需求。

（一）求知心理

求知是受众接触大众传媒的主要心理动机，也是网民上网的心理动机。但相比其他大众传媒，互联网为网民提供了更为丰富的信息和更方便的获取信息的途径。同时，信息泛滥易于使网民迷失在超链接的深渊和信息的汪洋里，从而降低获取信息的有效性和质量。正如一位网友的自述："我不断地在网上爬行，经过由无数文字组成的方阵。我好像知道自己在寻找什么，但不知道会找到什么……我们的头脑似乎成了一个不停转动的水轮机，每天大量信息推动它旋转。我们甚至来不及记住它们，更不要说思考和消化它们，当然有些人根本就不想思考。"①

美国传播学者约瑟夫·克拉帕的选择性理论也是探讨网民求知心理的一个有效视角。根据这一理论，对媒介和信息的选择即是受众心理上的自我选择过程，这一过程包括三个具体环节，即选择性接触（注意）、选择性理解和选择性记忆。在选择过程中，拒绝和吸收是并存的。网络信息浩如烟海，网民总会根据自己的需求，在吸收有价值的信息的同时，抛弃某些无用的信息。

网民对于多媒体信息的接受也有选择性。根据美国斯坦福大学和佛罗里达大学 Poynter 中心的研究成果，网络读者通常先看文本，对图片和形象视而不见，这与人们在阅读印刷媒体（如报纸）时先被照片吸引然后才找文字的习惯截然不同。②

（二）消遣娱乐

网络多媒体是简便易用、极具诱惑力的娱乐工具，上网消遣娱乐已经成为网民日常生活的一部分或者网上活动的主要内容。有论者甚至认为娱乐化倾向是互联网在中国迅速普及的核心推动力之一，因而戏称中国的互联网为"娱乐高速公路"。

网络游戏的仿真性和竞技性，融合了互动性、即时性以及不受空间限制等网络传播特性，对青少年具有强大的吸引力。但游戏这个概念本身在中国传统文化中基本上是一个贬义词，类似玩物丧志和精神鸦片的同义语，被看作严肃健康生活的腐蚀剂，并对之持排斥的态度。因此，网络游戏在中国起步时，不免遭到社会的责难，加上某些媒体对网络游戏的负面效应大肆渲染，网络游戏被严重"妖魔化"，似乎成了青少年犯罪的同义语。某些学者试图站出来为其"正名"。他们宣称游戏是生活的需要，网络游戏是一种正常的娱乐方式，只不过它利用了一种先进的载体。

中国的网络游戏商盛大甚至提出了"人民需要游戏"这样一个颇具调侃意味的宣传口

---

① 李河. 得乐园·失乐园［M］. 北京：中国人民大学出版社，1997：66，69.

② 巢乃鹏. 网络受众心理行为研究［M］. 北京：新华出版社，2002：72.

号。[①] 对于网络游戏中存在的暴力、色情和赌博是否会诱发犯罪这一问题，有学者认为，电子游戏出现前，暴力、色情和赌博等犯罪现象就已经普遍存在，即使没有电子游戏的诱发，其他原因照样可以诱发犯罪。甚至有研究表明，电子游戏不仅没有诱发青少年犯罪，而且还减少了犯罪。[②]

网络泛娱乐化现象与网络传播的开放性、交互性和虚拟性特征，以及网络产品结构直接相关。但有论者就此反思中国传统的教育方式，认为过分溺爱或者是对青少年过分苛求，导致青少年只能在网络游戏中才能享有他们短暂的幸福的"虚拟人生"。[③]作为社会的边缘群体，青少年希望摆脱社会规范的束缚，以此来显示自身的独立性，或者表示对填鸭式的单向灌输式教育的反抗。[④] 无论从哪种角度分析，"新人类"及其 e 生活风格已与中国人传统的生活方式和文化相去甚远。

（三）交流

互联网的互动性特点满足了人类双向交流的需求，因而成为人际交往的一种新模式，诸如微信、微博、博客、论坛、微软 MSN、聊天室、腾讯 QQ 和电子邮件均是人们进行网络交流时所常用的工具。

人际交流本是人类正常的心理需求，是日常生活的重要组成部分。人际交流对个性的成长和社会的发展具有整合、调节以及保健作用，反之，交流的剥夺或者阻隔会导致人类安全感的丧失，从而产生抑郁、淡漠和敌意。著名人本主义心理学家马斯洛（Abraham H. Maslow）把爱的需要（交往、亲昵、归群等）放在生理需要和安全需要之后的第三层级。他认为，人的生理性和社会性决定了人必须经常不断地同他人进行信息交流和情感沟通，这样才能实现更高层次的尊重需要和自我实现需要。但在现实生活中，由于种种原因（失恋、离婚、事业受挫等现实问题，或者只是缘于个性特征），有不少人无法在群体中与他人轻松或友好地相处，表现出孤独、怪僻、封闭的心理倾向和人格特征。互联网的出现改变了现实的人际沟通模式，使许多人得以开拓人际交流的新空间，从而可能消除寂寞和孤僻，找回自信或领悟人生，甚至进而改善现实的人际交流。

某些学者担心网络人际交流不仅仅起不到"泄压阀"的功能，甚至可能像一种毒品，"可以麻醉自己"，是"逃避现实的手段"[⑤]；另一种担心是虚拟的人际交流有可能减少人与人之间在现实生活中的交流，从而产生负面影响。相关调查结果基本上否定了"使用网络会减少人际交流"的说法，差别是"在人际交往方面，用户更重视朋友，非用户更重视家庭。用户将朋友作为重要的信息来源和娱乐伙伴，非用户则认为家庭是更重要的信息来源和娱乐伙伴"[⑥]。国外许

① 王少磊. 网络传播与社会发展［M］. 北京：新华出版社，2006：190.

② 欧阳友权. 网络传播与社会文化［M］. 北京：高等教育出版社，2005：201.

③ 禾水. 网络游戏是"刀"还是"鸦片"［J］. 互联网周刊，2005（11）.

④ 李钢，王旭辉. 网络文化［M］. 北京：人民邮电出版社，2005：21.

⑤ 彭兰. 网络传播概论［M］. 北京：中国人民大学出版社，2001：272.

⑥ 郭良，卜卫. 青少年互联网使用状况及影响的调查报告［EB/OL］. （2001-04-01）［2016-08-09］. http://www.cycnet.com/ce/itre/index_.htm.

多网络传播研究者在正面肯定网络人际交流的同时，大多也对其持某种保留态度。①

（四）自我表现

心理学家戴维·迈尔斯有言："我们人类似乎不仅以自我美化的方式来认识自己，也同样以受赞许的方式来向他人展示自己。"②这是因为每个个体的内心或多或少潜藏着某种在群体面前显示自己优势的欲望，这种欲望驱使人向别人（外在的观众）和自己（内在的观众）展现自己的美好形象，即所谓自我表现。

互联网正好提供了自我表现的理想平台。譬如，"以其率真、野性、无保留、富于思想而奇怪的方式提供无拘无束的言论"（《华尔街日报》记者佩姬·努南）的博客即是其中一种表现形式。通过博客，每个网民可以完全根据自己的意愿和选择，展示自己的个性、思想和各种信息，同时也可以随时与他人进行沟通交流。根据 2005 年 10 月 12 日搜狐网站发布的"全球中文博客调查报告"显示，大部分博客用户认为博客是"表达自己情感的一个很好的方式"，占81.3%的博客的内容是感性生活，50%以上的博客用户都认为当知道有人关注自己博客的时候会产生坚持的动力。博客用户希望自己的博客内容能够引起读者共鸣，或者对别人有意义。由此可见，感性生活是博客的主要内容，赚得眼球和宣泄个人情绪是博客作者们主要的写作动机。

2003 年 6 月 19 日起，名为木子美的博客写手在"博客中国"（blogchina）网上发表私人性爱日记，后冠名为《遗情书》。博客中国网站竟然因为这一日记，日访问量由原来的最高 1.9万人次一举飙升到 11 万人次，而木子美的个人网页也成为中国点击率最高的私人网页之一。木子美使博客家喻户晓，"木子美现象"引起了社会轰动，网上网下议论诸多。有人对木子美本人持完全否定的态度，认为她完全突破了中国人的道德底线，应将其归类为"色情主义"；也有媒体指出，公众对木子美现象的追捧（赞与骂都构成了追捧的要素）才是最关键的因素，在这些追捧背后潜藏着的是公众对他人隐私进行窥探的恶癖；还有一些专家认为，它标志着"在中国这样一个传统道德约束根深蒂固的社会中，人们的行为模式发生了剧烈变化"，人们对此应该宽容相待。对于木子美自己，她把博客看作一种自恋。如果我们暂且搁置道德上的评判，木子美这样公开的直接大胆的自我表现并不是"对博客精神的扭曲"，而是在博客的基本理念之内。

（五）宣泄

自我表现的极端其实已经属于某种情绪性宣泄，其心理疏导功能也不能被一概抹杀。精神科医生弗里兹·珀尔斯主张，如果一个人"压抑了自己的愤怒，我们就要找一个出口。我们应该给他一个机会排出愤怒的湍流"。心理学家沙利文也主张，"一些偏激的言论……帮助释放了

---

① DIJK. The network society［M］. California：SAGE Pulications Ltd., 2006：35；SABINA MISOCH. Online-Kommu-nikation［M］. Konstanz：UVK Verlagsgessellschaft mbH, 2006.

② 迈尔斯. 社会心理学［M］. 侯玉波，乐国安，张智勇，等译. 北京：人民邮电出版社，2006：55.

愤怒……它通过言语转移了冲突，避免见诸行动"。这两种观点都采取了"水压模型"——聚集的攻击能量就像用坝拦住的水，需要一种释放。①

宣泄即"卡塔西斯"，是拉丁文 katharsis 的音译，除了作为医学和心理学术语以外，也含有"净化"（宗教术语）的意思。亚里士多德提到过宣泄这个概念，认为可以通过观看经典悲剧宣泄内心的怜悯和恐惧情绪。弗洛伊德最早将这一概念引入心理学，他把各种表现侵犯的过程称为宣泄。后来某些社会心理学家对宣泄假说进行实验论证，认为宣泄具有心理治疗作用。这是因为"一个具有侵犯性倾向或情感的人，如果表现出攻击性活动（也包括想象中的或替代性的），其侵犯倾向和情感的强度就会减弱"②。因而他建议家长鼓励孩子在攻击型游戏中释放他们的情绪压力。不过，布什曼指出，通过发泄来减少愤怒的情绪，如同火上浇油。

宣泄的需要与人类的攻击性是联系在一起的。攻击行为可定义为试图伤害他人的身体行为或言语行为。对此社会心理学家们通常有三种解释：人类具有基于生物本能的攻击性驱力；攻击行为是对挫折的自然反应；攻击行为是习得的。如果最后一种解释是成立的，那么，某些含有色情、暴力或其他不良信息的媒介内容无疑会对人（尤其是青少年）在某种程度上产生负面影响。据心理学家克雷格·安德森的研究，与非暴力电子游戏相比，玩暴力电子游戏更容易提高唤醒水平、引发攻击性思维、唤醒攻击性情绪、诱发攻击性行为，减少亲社会行为。因此，他忧心忡忡地向家长呼吁，父母应该关注孩子周围的媒体，并保证其接触健康的媒体。③

尽管并不能充分证实宣泄具有治疗功能，但宣泄的需要是客观存在的，并不能被简单压制。甚至可以设想，通过网上的自我表现和宣泄，年轻人的压抑、攻击性本能（包括对社会的愤怒）得到某种程度的释放和消解。适当的疏导或许是更有效的办法，譬如，对网上的色情和暴力内容予以适当限制，或在教学活动中予以有效引导。

网民心理的内容颇为庞杂，以上的分析仅是其中数种，其他如逆反心理、从众心理、好奇心理、参与性心理、匿名心理等在此从略，或在其他章节中涉及和有所论述。有兴趣的读者还可以参阅其他专业性的著作，譬如，华莱士（Patricia Wallace）的《互联网心理学》。

二、网民特征分析

（一）个体性

受众是一个集合名词，并不特指某个社会阶层或群体，而指一般的社会人。尽管受众是分散的、匿名的、流动的，甚至被法国社会学家勒庞称为"乌合之众"，但并不意味着他们是完全同质化的，不存在群体的区别和个体性的差异。网民同样如此，但网络传播的特性使其具备更强的主动性和参与性。

individual 源自拉丁文，指"不可分割的"，"意为一个单一的、特定的存在物或单位"④。

① 迈尔斯. 社会心理学 [M]. 侯玉波，乐国安，张智勇，等译. 北京：人民邮电出版社，2006：304.
② 朱智贤. 心理学大词典 [M]. 北京：北京师范大学出版社，1989：809.
③ 迈尔斯. 社会心理学 [M]. 侯玉波，乐国安，张智勇，等译. 北京：人民邮电出版社，2006：304.
④ 布宁，余纪元. 西方哲学英汉对照辞典 [M]. 北京：人民出版社，2001：491.

个体性（Individuality）则指"使某物或某人成为个体的特性或性质"，其释义与"Personality"相同。"不同观点导致'个体性'概念的不同应用，以及关于个别与普遍之间关系的不同见解。"最流行的见解把个体性解释为不可分性，这是源于其词源学的含义；另一些见解则把个体性解释为"特殊性"。17世纪英国哲学家约翰·洛克（John Locke）强调，每个个体都是独一无二的、特殊的，与其他所有个体截然不同，是"自然的基本单位"。而在一个文明社会里，"个人主义的感觉和个人权利与自由的传统是独一无二的"①。尽管个人主义的文化价值观（尤其是极端的）是可以商榷和质疑的，但对个体的强调和尊重是现代社会的通则，价值观的多元化也已成为当今时代的发展趋向。

大众传播学理论在20世纪40年代抛弃了早期的"皮下注射模式"（Hypodermic Needle Theory，或称"魔弹论"，即Bullet Theory）以后，理论重心也逐渐由传者中心论向受众中心论转移。有限效果理论强调传播活动是传受互动的过程，受众是具有不同特点的个体，不是应声而倒的靶子。有限效果论围绕传播效果这一焦点在受众研究方面取得了一系列成果，其中包括个体差异论、社会分类论、社会关系论、多级传播论、中介因素论、舆论领袖等。个体差异论以"刺激—反应论"的心理学模式为基础，从行为主义的角度探究了受众选择、接收信息的差异。这一理论认为，不同受众对大众传播信息的不同接受行为，取决于不同受众个人特性之间的巨大差异。美国传播学者德弗勒根据学术界的研究成果归纳了个体差异的五个方面：（1）个人心理结构方面；（2）先天禀赋与后天习性方面；（3）认知态度与价值标准方面；（4）社会理论所形成的观点或主张方面；（5）文化素质方面。根据德弗勒的观点，受众个人有选择地注意信息，特别注意选择与他们的兴趣有关、与他们的观点一致、同他们的信仰相契合、支持他们的价值观的信息。②

由于个体差异的存在，受众对信息的需求是各不相同的。然而，"大规模的媒介组织向大范围的受众传递大批量信息的点对面的单向传播，其最大特点是遵循'大多数原则'，根据有限的不精确的反馈信息和传者对公众需要的估测及传播政策的要求，传送出被认为是适合大多数受众的需要的信息"③。换句话说，大众传播难以顾及受众个体性的差异，受众只能通过在"大众化"信息产品中进行挑选而满足自己的部分需求。

网络传播改变了这一状况。④网络传播兼容点对点、点对面、多点对多点等多种传播形式，个性化传播特征非常明显。譬如，用户可以利用各种检索工具在各类数据库中"各取所需"，或者自由地选择信息接收的时间、地点以及媒介的表现形式等。针对网络用户的个性化特征，网络ISP和ICP还可以主动提供个性化服务，即提供具有个人特点的差异性服务。

网络个性化信息的服务方式是使用"信息推送技术"，根据用户的信息需求、使用习惯或设定，为他提供专门化服务。"目前，网上订阅、视频点播以及信息推送等技术正在使大众传

---

① 萨默瓦，波特. 跨文化传播［M］. 闵惠泉，王纬，徐培喜，等译. 北京：中国人民大学出版社，2004：68.

② 德弗勒，丹尼斯. 大众传播通论［M］. 颜建军，王怡红，等译，北京：华夏出版社，1989：311-312.

③ 陈力丹. 大众传播理论如何面对网络传播［J］. 国际新闻界，1998（1）.

④ 胡泳认为，网络传播方式的共同特点是个人化，包括三个层面：个人化的内容、个人化的体验和个人化的服务。

播变得个人化。"①尤其在所谓"Web2.0"时代，网络个性化信息服务成了大势所趋。譬如，已被广泛应用于网上新闻频道、博客和维客（WIKI）的 RSS，适时抓住了网民的"定制化"（精细化）需求，为用户提供专门化的新闻信息"聚合"服务；Google 有着创建个性化 iGoogle 网页的功能，从而用户可以快速、便捷地浏览 Google 和其他网络上的重要信息，用户也可以在自定义网页上选择和组织信息内容（例如，Google 资讯和其他新闻来源的头条新闻、天气预报、股价和电影放映时间表等）。

正如尼葛洛庞蒂所强调的那样，在后信息时代，"信息变得极端个人化"，"个人化是窄播的延伸，其受众从大众到较小和更小的群体，最后终于只针对个人"。因而，"在数字化生存的情况下，我就是'我'，不是人口统计学中的一个'子集'（subset）"②。如是，传统意义上的受众将趋于"终结"。

（二）参与性

网民不仅可以主动获取信息，也可以自愿上传、发布信息，与人分享和交流信息。换言之，网民可以直接参与网络传播的过程，从而实现受者和传者的身份转换。这是以传者为中心的大众传播所无法比拟的优势，是网络传播互动性的直接体现。

网民的参与性并不是消极被动的，而是体现了很强的自主性。按照词义解释，自主性指的是不依赖他人，不受他人的干涉和支配，即独立于外在力量而自行判断、自我决断和自我行动的程度。自主性通常可以从自主的态度和自主的行为两个方面进行描述。由于网络传播的互动性，网民的自主性程度显著增强，亦即使用者在一定程度上可以"感觉到在控制媒介的内容与使用，并多多少少独立于来源之外"③。其中包括使用网络的时间、地点和方式，譬如，受众可以根据自己的需要"拉出"信息，"更加自由地选择自己喜欢的网站、信息或服务"④。

网络传播在某种程度上赋予参与者某种隐形性（身体缺场和匿名性）、互动性以及网络传播低成本等因素，促使更多人愿意或敢于上网"发言"。最近一项调查表明，近九成网民直接或间接地参与了网络讨论，其中 20 岁至 29 岁的参与者最多，占到网民总数的 35%，其次是19 岁及以下的网民群体，占到网民总数的 22%。年轻网民构成了网络讨论的主体。调查同时显示，孤独者、羞怯者和自信的网民更愿意参与网络讨论。"个性特征对网络讨论参与度的影响，进一步验证了互联网所带来的公众话语空间的扩大趋势。"美国心理学家华莱士（Patricia Wallance）在《互联网心理学》中引述了下面这个很有意思的案例。

一个相貌平平的学生在网上找回了自信。他说过去因为自己相貌平平，在面对面的课堂讨论中他总不爱回答问题。另外，由于大家总是忽略他提出的观点，因此他就干脆不再发表意见。但他发现互联网是一个不以貌取人的地方。第一次参加网上讨论，他就表现出深刻的思想

① 刘吉，金吾伦，等. 千年警醒：信息化与知识经济［M］. 北京：社会科学文献出版社，1998：360.

② 尼葛洛庞蒂. 数字化生存［M］. 胡泳，范海燕，译. 海口：海南出版社，1996：192.

③ 麦奎尔. 受众分析［M］. 刘燕南，李颖，杨振荣，译. 北京：中国人民大学出版社，2006：107.

④ 彭兰. 网络传播概论［M］. 北京：中国人民大学出版社，2001：302.

且不乏幽默。一两天的时间内，就有好几个人回信表示同意他的观点，在辩论中站在他的一边。这是在教室里从来没有发生过的。互联网为他提供了一个可以使他充分发挥自己潜力的公平竞技场，使他拥有足够的自信证明自己的资质，甚至改变了他对待实际生活的态度。

传统媒体其实也强调受众的参与，如某些电视节目采用各种手段满足受众的参与需求，但网络传播的参与性更为直接、自由和开放，形式也更为多样化。其既有电子邮件、即时通信这样的"私下表达"，也有新闻跟帖、论坛和聊天室这样的"公开传播"，还有个人网站和博客这样的"民间意见阵地"不断涌现。

网络参与涉及社会生活的各个层面，不限于人际交往、新闻传播和娱乐活动，也包括政治、法律以及其他重大的社会公共领域。"网民反对空头政治"，他们的社会参与更为"直截了当，贴近日常生活实际"[①]。这在一定程度上削弱了知识精英和主流媒体的"话语霸权"，提升了"受众"的地位，同时致使信息和舆论环境变得复杂多元。因此，网民的参与性传播的影响已不仅仅局限于传播学的范围，而是与更为广泛的政治、经济和文化层面相关联。

网络参与和民意表达总体上呈现某种理性与非理性的交织，以及"自下而上"（所谓草根式的）的特征。学者李永刚将其具体概括为"N重自我的放肆表达""集体行动的瞬间收放"和"流动空间的蝴蝶效应"。[②]但某些"失范"乃至"违法"现象并不能否定公民通过网络进行社会性参与的正当性和正面价值，在倡导网民尤其是年轻人网络参与"理性化"的同时，也应完善网民与政府间畅通的"诉求—回应"机制。学者陶建钟认为，组织化的网络政治参与活动类似"快闪"行动，隐藏着较大的法律风险和社会稳定风险。因此，必须建立基于网络监测的社会预警机制，在保护网民政治参与积极性的同时促进政治参与行为的合法化和理性化。[③]法学家贺卫方先生则指出，公众参与渠道的不足，也使中国的互联网承载了太多显示民意的功能，他称其为"公众参与的网络依赖症"[④]。我们不能忽略民众的网络参与对当代社会文明和政治变革的"呼唤"与推进作用。据《中国青年报》的调查显示（2008年），67.1%的公众认为互联网已经"成为官方了解民生、体察民意的重要途径"，71.9%的公众认为网络表达将成为中国式民主建设的新通道。

（三）身体缺场

人际传播通常在特定的语境中、在参与者身体实际嵌入的情况下进行，全部感官（视觉、听觉、嗅觉、触觉、味觉）都在交流过程中传递和接受刺激，因此是一种"全息"的交流。也就是说，面对面的人际交流不只是"内容"（通过语言符号）的相互交换，而且非语言符号也在其中起作用，对传播效果产生潜在影响。美国传播学者雷蒙德·罗斯认为，在人际传播活动中，语言符号只占信息传递总量的35%，其余65%的信息是非语言符号，而其中面部表情传

① 汪向东. 中国网情报告 [M]. 北京：新星出版社，2009：12.

② 李永刚. 我们的防火墙——网络时代的表达与监管 [M]. 桂林：广西师范大学出版社，2009：45-48.

③ 陶建钟. 组织性：网络政治参与的新趋向——以某艺员杭州受阻事件为例 [J]. 中国青年研究，2005（7）.

④ 彭晓芸. 贺卫方：中国公众参与的网络依赖症 [N]. 南都周刊，2007-07-06.

递着 55% 的信息。艾伯特·梅拉宾等学者也认为，面部表情最具信息冲击力，并远远超过声音和言辞。他专门设计了一个信息冲击力的计算公式：信息冲击力 1=0.07× 言辞 +0.38× 声音 +0.55× 面部表情。

非语言符号是超越自然语言范围的通过人的感官进行感知的符号系统。在日常人际交流活动中，诸如面部表情、姿势动作、身体接触、类语言这些"身体符号"，以及服饰、香水味道、空间距离等其他非语言符号具有某种"暗示"性质，传递着参与者身份、个性特点和情绪等相关信息。它们对语言符号起着补充、替代、强调、否定、重复以及调节等作用。

网络人际传播是以电脑为中介的文本化的传播，身体始终是隐匿的[①]，发送者使用键盘传递数字化编码后的信息，接受者通过电脑显示屏进行解码，身体语言等非语言符号系统无法发挥应有的作用。即使使用各种表情符号（譬如"：-)"微笑、"：-D"开心、"：-P"吐舌头、"：-C"很悲伤、"：-O"惊讶或张大口、"^_^"高兴等）表达某种特定的情绪，也是经过编码的"文本"，并非身体语言的直接表达。

网络用户当然也可以利用语音设备、摄像头等载体进行交流，但这种"多媒体"交流也是文本化的，存在于虚拟空间（不同于实际的交流语境），身体并不在场（声音图像经过虚拟的处理已部分失真，而且可以有意伪造）。人际传播的语境或者说交流的环境也是一种非语言符号。传播学家施拉姆认为，人为环境有两种传播效果，一是传达信息，让人知道谁建造了这环境，谁住在这环境里；二是对住在这环境里的人的行为产生影响。环境不同，人的行为举止也会发生变化。[②]"在线沟通的特殊问题是，交流双方处在间接的状态中，与面对面交流相比，较少强烈的感知。"[③]简言之，网络人际传播是一种虚拟化的交流。主体之间可以不通过物理空间和身体接触，仅仅凭借数字化媒体就可以实现交往。

心理学研究认为，身体语言大多源于内心世界的自动反射，通常在交流过程中无意识流露出来，难以掩饰或控制（面部表情相对容易），因此更为真实可信。而在网络传播中，身体缺场和非语言符号的缺失为匿名和身份隐藏或虚构化提供了可能性，从而某种"虚假"的交流可能被制造出来。从相反的角度看，由于阻断了身体的接触，交流者可以避免对身体的所谓"惩戒性"的担心，同时更容易克服害羞、尴尬或自卑等心理，交流的开放性尺度自然放宽，可以展示另一个更为真实的自我；但正因为摆脱了现实的约束，产生了某种"安全感"的幻觉，也可能导致交流者语言和行为的失范以及网络社区的失序。有论者认为，在网络上红火一时的芙蓉姐姐即是巧妙地利用了网络传播"身体缺场"的效果（可能是无意识的）[④]。例如，下面三段文字。

我天生就是一个很受关注的女孩，长了一张妖媚十足的脸和一副性感万分的身材，穿着大胆张扬，个性叛逆嚣张。我过于新时代的外表，总是给人带来很时尚、很前卫的错觉，可又有

---

① 这种"隐形人"的效果在社会学视角中被称为身体缺场（body-absence）。

② 沙莲香. 传播学：以人为主体的图像世界之谜［M］. 北京：中国人民大学出版社，1990：247.

③ MISOCH，SABINA.Online-Kommunikation［M］Konstanz：UVK Verlagsgessellschaft mbH，2006：60.

④ 黄慧. 网络："芙蓉姐姐"蹿红的温床［J］. 北方传媒研究，2005（4）；尤宏斌. 网络传播的社会学视角［J］. 上海大学学报，2004（11）.

谁能料到，我骨子里流淌着传统女性近乎所有的美德……

我那妖媚性感的外形和冰清玉洁的气质（以前同学评价我的原话）让我无论走到哪里都会被众人的目光"无情地"揪出来。我那张耐看的脸，配上那副火爆得让男人流鼻血的身体，就注定了我前半生的悲剧。

我是天地间执着而叛逆的快乐精灵，没有天使般美丽的容颜，却有天使般善良的心肠；没有魔鬼般妖艳的身材，却有魔鬼般疯狂的激情。我渴望重生，渴望快乐，渴望幸福，渴望我身边有一个关心我爱护我的男孩和我一同抵御人生风雨，共架真爱虹桥。

这些夸张的自我形象描述是在身体缺场的状态下进行的，足以制造"晕轮效应"，激发网民们的好奇心和窥探欲。继而她又不停地上传和更新自己相貌平平的照片，显示真实的身体形象，以极大的反差制造出某种轰动效应。

（四）匿名性

1993 年 7 月 5 日，美国《纽约客》杂志刊登了一则由彼得·施泰纳（Peter Steiner）创作的漫画。在漫画上，一只狗坐在计算机前的一张椅子上，对坐在地板上的另一只狗说："在互联网上，没人知道你是一只狗"。这则风靡一时的漫画表达了一种对互联网的理解，强调用户能够以不透露个人信息的方式（即匿名的方式）发送或接收信息。劳伦斯·莱西格认为，这是因为 TCP/IP 协议不强迫用户提供自己的身份证明，尽管用户本地的互联网接入点（如某些大学）可能要求用户实名上网，但用户的信息也是由本地互联网接入点保管，不作为在互联网传输的信息的一部分。[①]

所谓匿名性即隐匿真实的姓名、社会身份以及其他个人资料。匿名交流方式并非是互联网所独有的现象，在日常生活中，我们跟人打交道的方式（譬如坐出租车、去商店购物或者问路等）通常是匿名的，还有其他一些社会性行为（譬如匿名捐款、匿名填写调查表格、匿名举报、匿名向大众传媒提供消息或者匿名投票等）也可以是匿名的。美国社会学家、传播学者戈夫曼[②]把匿名关系定义为"两个个体之间交往的结构化形式"，双方仅仅凭"直接的感知"去确立"社会认同"。使用戈夫曼常用的术语，这是一种置于"前台"的"角色扮演"。就某种角度而言，匿名权也是一种公民权利，是隐私权的一部分，也有利于公民在法律框架下保护言论和表达的自由，因此存在某种合理性和合法性。

匿名性是互联网最大的魅力之一，甚至是其蓬勃发展的推动力之一。互联网是第一个平等的自由的传播空间，既不会被集中管理，也不存在国界，你可以以任何身份（使用自己的真名、假名、昵称或者匿名）出现在电子邮件、论坛、聊天室、博客等网络平台上，随心所欲地与他人交流、上传信息或者发表言论主张。无拘无束的交流在一定程度上可以起到情绪释放和减压的作用，而"对于那些发表合法的，但不受欢迎言论的人来说，匿名使他们被认出的概率

---

① LESSIG，LAWRENCE. Code：version 2.0［M］. New York：Basic Books，2006：35.

② GOFFMAN，ERVING. Das individum in oeffentlichen Austausch：mikrostudien zur oeffentlichen ordnung［M］. Frankfurt am Main：Suhrkamp，1974：226.

变小，同时也减轻了他们对报复的恐惧"①。有西方学者甚至认为匿名是唯一可以保证自由社会真正拥有言论自由的方式。《2.0版：数字化时代的生活设计》一书的作者埃瑟·戴森女士宣称，互联网上的匿名权不但是合法的，而且应该是永远合法的。

尽管匿名性具有强大的吸引力以及对社会进步和民主有积极推动的一面（尤其是言论自由价值的实现），但也存在着弊端，甚至潜藏着破坏性的力量。正如莫拉翰－马丁（Morahan-Martin）和舒马赫（Schumacher）这两位互联网研究者指出的那样，匿名性这一常用语可以用于"表示赛博空间将会是自由化的，因为性别、种族、年龄、外貌，甚至'狗性'都可以不提供，甚至可以编造或者创造性地夸张这些属性，以达到合法或非法的目的"，因此他们认为表示计算机屏幕前自己身份的能力可能是上网的复杂性体现之一。②"一旦人们相信自己的行为不会被追到个人头上，他们就会变得不那么受社会习俗和戒律的约束。"③2004年，美国新泽西州里德大学的心理学家约翰·苏勒（John Suler）在《网络心理与行为学刊》上发表的一篇文章中，谈及导致网上抑制效果丧失的若干因素：网络的匿名性；交流者看不见对方；发送信息和取得反馈之间有时间差；一个人坐在电脑前因感觉孤独而自我膨胀；缺乏网络权威人物的指导。苏勒博士认为网上解除抑制有利有弊，好处是比如一个平时很害羞的人在网上可以畅所欲言，害处是在网上容易发生争论，导致情绪失控。网络争论导致情绪失控，即所谓"去抑制效应"（Disinihibition Effect），其结果可能导致语言和行为的失范，诸如非理性的谩骂、人身攻击等。

根据科学研究的结果显示，在大脑的交流机制中存在固有的缺陷：在面对面交流中，大脑读取连续的情绪符号和暗示，并使用这些信息指导下一步的行动，使交往得以顺利进行。在这个过程中，大多数的信息集中在控制情绪反应的脑额叶皮层上。而在网络人际交流的过程中，由于缺乏诸如声音、面部表情这样一些非语言符号以及其他反馈，交流者容易做出不恰当的反应。有研究人员让互不认识的大学生坐在隔离开来的小房间里使用电脑交流。这些学生在进出实验室时的表现都很有教养，但令人吃惊的是，在他们相互之间发出的交流信息中，20%是极其下流粗鲁的。借用弗洛伊德的概念，在网络交流过程中，网民们有可能撕下现实生活中的面具，"当众"暴露出"本我"的一面（即使是那些接受过良好教育的网民）。

网络匿名的滥用甚至是滋生形式多样的网络犯罪的温床（从网上盗取银行财产、匿名洗钱到传播流氓软件和病毒等不一而足），同时也给政府法律机构的调查取证带来极大的困难，甚至必须为此付出高昂的成本和代价。因此，虽然在许多国家存在支持匿名权的判决案例，但更多的是法院屡屡命令网站以及其他网络服务商公布匿名者的真实身份。在中国，最高人民法院于2000年11月制定了《最高人民法院关于审理涉及计算机网络著作权纠纷案件适用法律若干问题的解释》（2003年12月修改），其中第六条规定著作权人可以要求网络服务商向其披露侵权人的身份信息。

匿名性或者说匿名权的问题成了互联网发展和网络治理最棘手的难题之一，有关这一问题

---

① NOWAK, ROTUNDA, RONALD. Constitutional law（5th ed.）[M]. St. Paul, Minn.: West, 1995: 1160.

② MORAHAN, SCHUMACHER. Incidence and correlates of pathological internet use among college students [J]. Computers and human behavior, 2000, 16（1）.

③ 胡泳. 众声喧哗：网络时代的个人表达和公共讨论 [M]. 桂林：广西师范大学出版社，2008：220.

的争议和冲突相当激烈。随着身份识别和授权技术的突破以及网络实名制的呼之欲出，如何在匿名与实名、权利和义务，以及匿名权与诽谤和侵权（包括侵犯版权、隐私权、名誉权等）之间寻找平衡点，将成为社会关注的焦点以及应予以面对和解决的重要课题。

附：中国网络实名制的历程

中国网络实名制的源头，一般认为是 2002 年清华大学新闻学教授李希光在南方谈及新闻改革时建议"中国人大应该禁止任何人网上匿名"。他认为网络也应严格受到版权和知识产权的保护，"同时网上写东西要负法律责任"。"包括传统媒体，应该提倡用真名，不用笔名发表文章……利用假名发表东西是对公众的不负责"。他的这番言论在网上引起了轩然大波，产生了一段时间的争论，但随后并没有相应的措施出台，事情也就不了了之。之后李希光自己也称"禁止网上匿名是非常不现实的，在法律上和技术上都行不通"。

从 2003 年开始，中国各地的网吧管理部门要求所有在网吧上网的客户必须向网吧提供身份证、进行实名登记，以及办理一卡通、IC 卡等，理由是防止未成年人进入网吧。

2004 年 5 月 13 日，中国互联网协会发布了《互联网电子邮件服务标准》（征求意见稿），首次提出实名制，并且强调电子邮件服务商应要求客户提交真实的客户资料，该资料将是判断邮箱服务归属的标准。同年 9 月 26 日，中国共产党团中央主管的中国青少年网络协会成立了游戏专业委员会，并决定在今后一年里，建立中国青少年全国游戏玩家俱乐部，为网络游戏实施实名制打下基础。

2005 年 2 月，信息产业部会同有关部门要求境内所有网站主办者必须通过为网站提供接入、托管、内容服务的 IDC、ISP 来备案登记，或者登录信息产业部备案网站自行备案。无论是企事业单位网站，或是个人网站，都必须在备案时提供有效证件号码。

2004 年，中国教育部发布的《关于进一步加强高等学校校园网络管理工作的意见》，明确提出在高校教育网实施实名制，其成了中国教育部对中国高校进行审核的重要依据。至 2005 年 3 月，以清华大学水木清华 BBS 为首的一批高校的 BBS 向仅限实名制的校内交流平台转变。

2005 年 7 月 20 日，中国最大的即时通信公司腾讯发布公告称，根据深圳公安局《关于开展网络公共信息服务场所清理整治工作的通知》，配合中国有关部门对腾讯开展的网络公共信息服务进行整顿，对 QQ 群创建者和管理员进行实名登记工作。而此时正好有媒体报道韩国网络实名制的情况，因而腾讯的这一举措被广泛看作"中国全面推行网络实名制的序幕"。

2005 年 7 月 22 日，新华网称从 7 月 22 日起至 9 月底，中国深圳警方将开展为期 3 个月的网络公共信息服务场所清理整治工作。其中，警方将对 BBS、BBS 的版主进行实名登记，并校验身份证号码。2005 年 8 月 5 日，中国文化部、信息产业部联合下发《关于网络游戏发展和管理的若干意见》。该意见稿称，为防止未成年人沉溺于网络游戏中的杀怪练级，要求"PK 类练级游戏（依靠 PK 来提高级别）应当通过身份证登录，实行实名游戏制度，拒绝未成年人进入"。

2006 年 10 月，中华人民共和国信息产业部提出对博客实行实名制，在网上引起很大的反对声音。2007 年 3 月，中国互联网协会发出消息称中国互联网协会在推进博客实名制，媒体因此认为博客实名制已成定局。而此前，中国已经有博客服务商推出全站实行实名制注册的博客网站。

2008 年 1 月，网络实名制立法进程启动。2008 年 8 月，国家工业和信息化部正式答复网络实名制立法提案，虽未获通过，但表示，"实现有限网络实名制管理"将是未来互联网健康发展的方向。

2009 年 1 月，小镇网开始执行 IA 实名机制标准。IA 实名机制标准是一种绝对实名机制，其将真实姓名、身份证号、手机号码、地址一次性检核。同年，杭州市人大常委会审议通过的《杭州市计算机信息网络安全保护管理条例》规定：从 2009 年 5 月 1 日起，发帖、写博、网游要提供有效身份证明。杭州由此成为全国第一个通过地方立法实施"网络实名制"的城市。

2010 年 4 月 29 日下午，第十一届全国人大常委会举办专题讲座。在这次讲座中，国新办首次透露此前已在重点新闻网站和主要商业网站取消新闻跟帖"匿名发言"功能，并取得实效。同时，这也是国新办首次公开确认我国正在积极探索及推动论坛、BBS 等各种网络互动环节的普通用户实名制。

2010 年 7 月 1 日，中国第一部规范网络商品交易及有关服务行为的行政规章《网络商品交易及有关服务行为管理暂行办法》正式实施。根据办法规定，通过网络从事商品交易及有关服务行为的自然人，需向提供网络交易平台服务的经营者提出申请，提交姓名和地址等真实身份信息。这意味着网上"开店"正式进入"实名制"时代。

2012 年，全国人大常委会通过了《关于加强网络信息保护的决定》，其中第六条规定："网络服务提供者为用户办理网站接入服务，办理固定电话、移动电话等入网手续，或者为用户提供信息发布服务，应当在与用户签订协议或者确认提供服务时，要求用户提供真实身份信息。"

2014 年 8 月 7 日，国家互联网信息办公室发布了《即时通信工具公众信息服务发展管理暂行规定》，其中第六条规定，即时通信工具服务提供者应当按照"后台实名、前台自愿"的原则，要求即时通信工具服务使用者通过真实身份信息认证后注册账号。

2015 年 3 月 1 日施行的《互联网用户账号名称管理规定》，其中第五条规定，互联网信息服务提供者应当按照"后台实名、前台自愿"的原则，并要求互联网信息服务使用者通过真实身份信息认证后注册账号。

2016 年 11 月 7 日通过的《网络安全法》，其中第二十四条规定，网络运营者为用户办理网络接入、域名注册服务，办理固定电话、移动电话等入网手续，或者为用户提供信息发布、即时通信等服务，在与用户签订协议或者确认提供服务时，应当要求用户提供真实身份信息。用户不提供真实身份信息的，网络运营者不得为其提供相关服务。

（五）身份认同

身份认同（Identity）这一概念具有"同一性""整体性""个体性""个别性"或者"一种确定的特性组合"等含义，其动词形式则指对标志对象的确证或意义解释的认定，因而又衍生出"证明"等语义。简而言之，Identity 一词包含两种紧密相关的基本含义：个体的某些明确的、标识性的自我特性，以及对自我特性的确认。身份认同是个人经历的"集成"，它并非自动形成，而是个体与社会环境（即"他者"）相联结以及互动的产物。身份认同涉及不同的层面（换个角度可以说是"身份"确认的依据或尺度），诸如性别、职业、阶级、种族、身体特性以及伦理和价值观念等。

传统的观点通常认为个体身份从本质上讲是固定不变的，是"同一的"，或者说是一个统一的整体。每个人在成年以后都保持着一个真实、定型不变的自我。当代的研究反对本质论的身份观，认为身份是建构性的，是流动的、差异化的。

"身份认同并不是天然统一的，而是一个创造性的过程，同等包含着认知、情感和重实效等层面。"①英国文化研究学者斯图亚特·霍尔（Stuart Hall）也认为："……我们先不要把身份看作已经完成的、然后由新的文化实践加以再现的事实，而应该把身份视作一种'生产'，它永不完结，永远处于过程之中，而且总是在内部而非在外部构成的再现。"②这样一种身份理论为探讨网络身份认同提供了适用的视角。

网络空间可以视为社会空间的一种新形式，但不存在具体的地理、国家或民族的疆域，而是信息化的虚拟空间，因此不妨称其为"一种由共识形成的想象中的交往处所"③。网民可以以匿名的方式进入这个空间，甚至身体也是不在场的，即使每个人拥有一个 IP 地址，但也是虚拟的。于是，在这个"虚拟的共同体"中，个体的现实身份起码暂时被隔离或丧失了，或者说在这个"社会"中个体所具有的是一种"虚拟的身份认同"。这个身份认同不但模糊，而且是可变的、流动的，是一个不断"切换、摸索、探视"的过程，或者说经常处于建构和解构的"轮回"之中。

根据巴塞罗那加泰罗尼亚远程大学校长 Imma Tubella 的观点，传统媒体尤其是电视媒体在集体身份建构中起着巨大作用，而互联网则影响着个体身份认同。社会认同是个体作为群体成员的自我确认；自我认同是个体对自我特性的确证，或者说是一种个人认同。自我认同这一概念是由心理学家埃里克森（Erik Erikson）提出的，后来美国心理学家马萨（J.Marcia）对此下了一个操作性的定义，并根据危机／探索与承诺两个标准，将自我认同划分为自我认同扩散、自我认同延迟、自我认同完成三种状态。这三种状态可以视作自我认同的建构过程，但并不会趋于凝固或终结。尤其在网络空间中，自我身份认同总是处在不断被修改或重构的状态。

网络身份的流动性是网络空间的一个共同的特性，并与身份的多重性紧密相连。这样一种类似游戏或角色扮演性质的有别于现实世界的身份转移，打破了个体在时间上的连续性和在空间中的统一性，形成了复数的自我。不仅如此，网民还可以任意地进行性别转移、性别置换、多性体验或者网络变身，形成自我身份的蒙蔽或者说身份的虚构。譬如早期著名的"电子情人案例"。

1982 年，一个网名为朱丽叶（Julie）的"残障女士"出现在具有实时信息交换和发布功能的电脑服务网的聊天系统中。朱丽叶自称是一个女精神分析师，在一次车祸中受伤变哑并惨遭毁容，因而自惭形秽，不愿与人面对面交往。正当她处于绝望边缘，甚至萌生自杀念头时，

① BECK. Computervermittelte kommunikation im internet ［M］. Munich：Oldenbourg Wissenschaftsverlag GmbH，2006：154-155.

② 霍尔. 文化身份与族裔散居 ［M］// 罗钢，刘象愚. 文化研究读本. 北京：中国社会科学出版社，2000.

③ 段伟文. 网络空间的伦理反思 ［M］. 南京：江苏人民出版社，2002：18.

一个朋友教会她自如地在网上冲浪。她因此似乎忘却了身体上的痛苦。不久，她成了网络红人，并主持了一个关于妇女自杀问题的讨论组，帮助那些有自杀倾向的妇女摆脱绝望和对药物的依赖。她在网络社群中交了许多朋友，并试着网上做爱，成了一个"电子大众情人"。在离线生活中她也获得了新生，嫁给了一个十分出色的丈夫，四处旅行，还重操旧业。然而，在此过程中，她一直拒绝与网友见面。逐渐地，人们开始觉察到她的行为难以置信。这时，灾祸从天而降，朱丽叶突然罹患致命的疾病。尽管虚拟社群的成员对此表示极大关注，但朱丽叶的丈夫根据她的意愿依然拒绝网友的探视。旋即，朱丽叶又奇迹般地痊愈了。但当有人去医院打听此事时，却查无此人。很快，人们获知了真相，原来"电子大众情人"朱丽叶只不过是一位男心理学家 Sanford。而他之所以如此也属偶然：他在网上聊天，一个女人误以为他是一位女精神分析师，对他亲密有加……这样一场网络性别置换"游戏"制造了一个扑朔迷离的骗局。尽管发生在互联网的空间，这种身份的欺骗性依然对他人造成很大的心理冲击。

根据社会心理学的解释，自我是在与他者的互动中逐步形成的，也只有在不同的特定的社会情境中，以及与他人的互动关系中，个体的身份与角色才得以展现和确认。网络虚拟空间的特殊性在于人们可以建构虚拟的身份（或多重身份），或者按照自己内心的想象建构理想的身份。这种虚拟身份的建构不但可以展露或满足被某些社会规范或者理性的自我压抑的人性的另一侧面（戈夫曼的所谓宣泄情绪、充分表现自我行为风格的"后台"），也可以探索自我的不同面向，重新认识内在的不同的自我，甚至是塑造一个潜藏的内心渴望的自我，实现"新的"身份认同。譬如，一位 MUDs 的参与者表达了这种心态："我不是一个什么，而是许多什么。在进入'泥巴'以后，我的许多部分都能够得到更全面地表达。因此，尽管我在'泥巴'里扮演不止一个自我，当我在扮演这些角色时，我觉得更像'我自己'。""泥巴"游戏者们的格言是"你扮演什么，你就是什么"。这体现了所谓的皮格马利翁效应[1]，在与同伴合作的游戏中，网民们可以自信地去"自我实现"。但必须指出的是，即使在网络虚拟空间里，人们也不可能在心理层面上彻底除去诸如性别、种族或者职业这样一些现实的身份要素。在网络空间里建构的自我（无论是"真实我""假想我"或者"理想我"），只是某种"想象性的代偿"（尽管可能在某种程度上影响到或者改变个体现实的身份认同）。

网络身份认同的虚拟性、流动性以及幻想性可能易于导致自我认同危机，这已被许多专家学者注意到。网络自我认同危机的基本特征为"多极主体性、非常规人际互动性、非信任性"，具体表现为"网络依赖、网络空间角色混乱、交往中的信任危机、自我价值的否定"等。[2]"由于身体—身份的缺场而产生的虚拟与现实的矛盾是导致自我认同危机的主要原因。"依据传统的身份认同理论，在网络虚拟空间里，价值观和身份认同的多元化，有可能阻碍自我认同的连

---

[1] 皮格马利翁效应（Pygmalion Effect），亦称"罗森塔尔效应（RobertRosenthal Effect）"或"期待效应"。它源于人格中的"自我"部分对外界环境和个人需要等不完善的判断，从而需要接受外来影响和暗示作为不完善"自我"的补充。外界的赞美、信任和期待可以使人自尊、自信，并尽力达到对方的期待，因此人们会不自觉地接受自己喜欢、钦佩、信任和崇拜的人的影响和暗示。但身处负面环境的人往往也会受到负面信息的左右，从而埋没自己的才能。

[2] 刘颖杰，赵学伟. 关于网络自我认同危机 [J]. 广西青年干部学院学报，2005（1）.

续性和同一性，使自我丧失独立意识。

有意思的是，网络这个去中心化的虚拟空间与变动不居的差异化的当代世界（被某些学者称为所谓后现代社会）可以说是相对应的，网络身份认同与当代人的自我身份认同也存在某种对称性，只不过前者是虚拟的。斯图亚特·霍尔认为，在现代社会，"主体在不同时间获得不同身份，再也不以统一自我为中心了。我们包含相互矛盾的身份认同，力量指向四面八方，因此我们的身份认同总是一个不断变动的过程"①。至少，在开放多元的现代社会，身份认同的建构相比传统社会更具动态性和弹性，自我的发展也不会在青春期中止。

美国哲学家和社会心理学家 G. H. 米德（G. H. Mead）曾指出："我们保持人际关系根据不同的人而变化……同样，在自我中有一些部分是仅仅相对他自己而存在的……对应于不同的社会反应，自我存在着很大的多样性……多重人格在某种意义上是正常的。"在他看来，多元的自我通过某种机制，是有可能在"一个完整的自我"中相互协调的。②网络研究专家特克注意到，在虚拟的多元自我与真实自我之间存在着一种滑移机制。他指出，"滑移——这是一些角色扮演与自我会合之处，是多重人格与玩家所认为的真正自我结合的妥协之道"。

因而，我们或许可以将网络空间视作一个"身份认同车间"，"新的角色在此试验，旧的'刻板印象'和特征被超越，甚至可能从根本上改变线下的交流"③。这个开放的、未完成的多元化的自我，融入了多种可能性和比现实生活更为复杂多变的生活经历和体验，主体通过努力，弥合"断裂"和"碎片化"（它有可能导致最起码的道德意识和社会责任感的丧失），建构出多元而相对统一的自我，"就像海神普罗透斯（Proteus），可以随意变形，但其根本保持不变，并且具有道德感"④。

三、网络意见领袖

意见领袖是传播学中的经典概念，最早出自 1944 年拉扎斯菲尔德的调查报告《人民的选择》。1940 年，拉扎斯菲尔德领导哥伦比亚大学应用社会研究所，在对当年的美国大选进行调查时发现，大众媒体的信息首先流向人际传播中的活跃分子，再流向其他选民。拉扎斯菲尔德等人将人际传播中的积极分子称为意见领袖，把这种"大众媒体—意见领袖——一般受众"的信息传播过程称为两级传播。⑤

《个人影响》作为《人民的选择》的后续研究，其目的是为了验证《人民的选择》提出的各种假说在政治选举以外的其他领域是否适用。拉扎斯菲尔德和卡茨从购物、流行、时事等领域对意见领袖进行研究，联合撰写了《个人影响》一书，认为意见领袖存在于社会生活的方方面面。

---

① 霍尔. 文化身份与族裔散居 [M] // 罗钢，刘象愚. 文化研究读本. 北京：中国社会科学出版社，2000.

② 段伟文. 网络空间的伦理反思 [M]. 南京：江苏人民出版社，2002：70.

③ BECK.Computervermittelte kommunikation im internet [M]. Munich：Oldenbourg Wissenschaftsverlag GmbH，2006：156.

④ 段伟文. 网络空间的伦理反思 [M]. 南京：江苏人民出版社，2002：71.

⑤ 刘海龙. 大众传播理论：范式与流派 [M]. 北京：中国人民大学出版社，2008：171.

意见领袖以及两级传播理论的出现，打破了之前魔弹论认为的大众传媒发出的信息对受众具有支配作用的理论，认为受众不仅受到大众传媒的影响，还受到人际传播中其他因素的影响，大众传媒的影响力并没有想象中那么强大。

但是后来有研究发现，在实际传播活动中，有些信息是直接流向公众的，并没有经过意见领袖这个中间环节。格林伯格认为，在一般情况下媒体负责报道重大事件，而在这类事件中，信息的传播模式是从媒体直达公众，然后进入人际传播领域。他在肯尼迪总统遇刺信息传播的研究中发现，人们是通过广播或其他人的口耳相传获得信息的。

相关研究者在研究中发现，最初的大众媒体信息是直接流向公众的，人们就获得的信息彼此讨论，在这一阶段，拥有更多信息的意见领袖会转播信息。当事情继续向前发展时，意见领袖会通过补充、删减、联系、证实等方式增加新的信息。[①]

1962 年美国农村社会学家罗杰斯在对农村中新事物的采纳和普及过程进行深入调查的基础上，发表了研究报告《创新与选择》。罗杰斯提出信息流和影响流的概念，信息流可以是一级的，由大众传媒直接传递给受众，而影响流则需要经过许多环节的过滤，经由中介因素到达受众。从而两级传播被扩展为多级或 N 级传播模式。[②]

透过这些研究可以看出，在信息传播过程中，由于受到事件性质等因素的影响，意见领袖并不总是作为传播者的角色出现，主要是作为意见的生产者而存在。传统的意见领袖，包括著名编辑、记者、社会精英人士等，他们将意见告诉新闻媒体，再由媒体传播给大众，他们的意见有时也会左右媒体的意见。传统意见领袖通常具备如下特征[③]：

（1）与被影响者处于平等关系而非上下级关系；

（2）意见领袖并不集中于特定的群体或阶层，而是均匀地分布在社会上任何群体或阶层中；

（3）意见领袖一般分为"单一型"和"影响型"；

（4）意见领袖社交范围广，拥有较多的信息渠道，对大众传播的接触频度高、接触量大。

互联网改变了传统的信息传播模式和传播环境，信息大量涌入，社会进入"注意力经济"时代，人们需要不断地对信息进行筛选过滤，意见领袖的作用愈发突显。不同社会结构、知识结构的网民需要某一部分权威或专业人士在事件发生时起到引导作用。意见领袖在网络媒体时代实现了变种，较之传统媒体时代发生了诸多变化。

1. 数量众多且多元

传统媒体时代的意见领袖，需要具备一定的社会地位、较高的教育程度及较好的经济条件等，所以数量有限，而且彼此之间缺乏理性交往与有效沟通。[④] 而互联网摆脱了传统社会阶层和地位的束缚，每个人都可以在自己擅长的领域发声，主动参与信息生产过程，草根意见领袖与网络大 V 共存。如，既有 2007 年用博客曝光重庆杨家坪拆迁事件，利用推特以直播形式报道厦门市民反 PX 污染事件的草根网民周曙光，也有从博客时代意见领袖转到微博的作家韩寒，

① DEUTSCHMANN, DANIELSON. Diffusion of knowledge of the maior news story [J]. Journalism Quarterly, 1960（1）.

② 郭庆光. 传播学教程 [M]. 北京：中国人民大学出版社，2011：180.

③ 郭庆光. 传播学教程 [M]. 北京：中国人民大学出版社，2011：190.

④ 宋石男. 互联网与公共领域构建：以 Web2.0 时代的网络意见领袖为例 [J]. 四川大学学报（哲学社会科学版），2010（3）.

还有发起"微博打拐"的于建嵘教授。

2. 构成不稳定

互联网的虚拟性带来网民之间的弱连接关系，网络意见领袖与受影响者之间关系的建立依靠的是双方有共同关注的内容或者受影响者对自己推崇的意见领袖及其言论的关注。[①]2012 年在微博上爆料延安特大交通事故中"春风满面"的杨达才的 @Jade Cong，以及在后续一直发布消息的 @卫庄孙多菲都在此次事件中扮演着意见领袖的角色。他们存在于事件发展进程之中，事件过去之后他们的影响力会迅速下降，逐渐淡出公众视野，这类意见领袖被称为即逝型意见领袖。

3. 互动性增强

学者胡泳认为："由于处在人际传播的范畴之中，传统的意见领袖彼此之间的理性交往并不多，往往形成一个个围绕各自意见领袖而结合的半封闭的社群孤岛。"[②]而网络时代的意见领袖彼此交流，展开讨论，在舆论形成过程中发挥作用，甚至影响事件发展。聂树斌案之所以能在 2016 年再审并改判聂树斌无罪，离不开律师们在各个平台的发声。

4. 具备出色的话语表达能力

与传统的意见领袖相比，网络意见领袖不仅需要较强的语言表达能力，还需要适应不同平台的属性。博客大多以长文为主，文章论点丰富，微博则主要是 140 字以内的短文，内容要求简洁精练。

5. 大多具有某种专长

意见领袖的影响力来自他们自身的专业知识以及大众对其专业性的认可与信任[③]，尤其是在网络信息数量太多且质量又良莠不齐的情况下，意见领袖的作用更加凸显。音乐人梁欢、评论人曹林等都是因为专业知识而被网民推崇，在遇到疑惑时，人们自然期待他们能给出专业理性的解答。

意见领袖不一定是名人，也可能是普通的社会成员，其通过自身人脉的积累和扩张，成为传播活动的发动者或是变革者。关于网络意见领袖的分类，学界有多种认识，目前可以分为如下几类。

（1）明星意见领袖。这类群体以娱乐圈演艺明星为主，他们有庞大的粉丝群体。他们的言论主要围绕宣传作品和粉丝关系维护，但介于自身公众人物的定位，对事件的发展也具备一定的敏感度。比如姚晨、何炅、蔡康永等都属于明星意见领袖。

（2）专家型意见领袖。他们在财经、科技、房地产等专业领域具有深入的见解，或者他们本身就是某个行业的领军人物，比如马化腾、胡舒立、雷军等。

（3）草根意见领袖。这类意见领袖依靠发表真知灼见或因其犀利的文风而吸引公众关注，比如 2012 年人民网舆情监测室评选的十大草根微博，以及作业本、苏紫紫、沈阳张晶等。

---

① 陈然，莫茜. 网络意见领袖的来源、类型及其特征［J］. 新闻爱好者，2011（24）.

② 宋石男. 互联网与公共领域构建：以 Web2.0 时代的网络意见领袖为例［J］. 四川大学学报（哲学社会科学版），2010（3）.

③ 曹慧丹. 网络传播中的意见领袖研究［D］. 长沙：湖南师范大学，2015.

（4）官方意见领袖。网民希望这类意见领袖能在事情发生时给出专业理性的见解，保证信息的权威性，比如各种政府微博。

互联网为意见领袖的成长提供了开放的平台，无论是名人还是草根都可以就公共事件发表自己的看法，各方观点得以汇聚。优质的意见领袖可以加快议题建构的速度，他们的观点或多或少会对事件发展产生导向作用，进而影响舆论的发展方向，有时也可起到线下社会动员的作用。但意见领袖发挥作用的空间毕竟是有限的，需要控制在一定的限度之内。

思考题

1. 网络传播的主要特征是什么？
2. 请简述互联网"去中心化"的含义和起源。
3. 新时代的网民特征有哪些新的体现？
4. 自媒体时代的意见领袖有哪些显著的特征？他们在某些舆论事件中扮演了什么角色？

Chapter 3
第三章　媒介产业及其融合发展

本章要点

- 媒介产业的定义与特征
- 媒介产业的发展分期
- 我国媒介产业的融合动力
- 我国媒介产业的融合路径
- 互联网创新力量对媒介产业的影响

第一节 我国媒介产业概述

信息化浪潮走进 21 世纪，传媒作为一种精神文化生产机构与国民经济紧密联系在一起——传媒的信息生产活动本身就是一种产业形态，直接创造产品、满足受众市场的需求。另一方面，传媒作为一种信息传播介质，服务于其他产业领域或事业机构，对以市场经济为基础的社会运转产生了极其重要的影响。

根据相关部门统计数据显示，目前全球数字传媒产业年增长率达到 33%，具有极大的经济增长活力。到 2010 年，全球传媒产业中将近有 2/3 完成了数字化转换，2020 年这一比例将达到 80%。我国媒介产业在这一波全球化的信息浪潮中也得到极大发展，对国民经济、文化产业、制造业等都产生了巨大影响。

一、媒介产业的定义与特征

产业成为研究对象始于经济学领域，产生了被称为"产业经济学"的应用经济理论体系，"产业组织理论"成为该研究体系最具独创性的部分。这一应用学科的发展呼应了当时的时代需求——第二次世界大战后，世界各国都愈发重视政府在国民经济中的宏观调控作用。作为政府对宏观经济调控的主要手段，除了传统的财政政策和货币政策，产业政策也被装入工具篮中，越来越多地被各国政府用于本国宏观经济管理。一些工业发达国家运用产业经济学的基本理论、方法，确定本国经济发展战略和制定产业政策，并获得了良好的效果。因此，作为主要为政府调整产业机构、选择主导产业、规范市场行为、提高市场绩效和制定产业政策等方面提供理论依据的产业经济学也迅速得到发展。从近些年国外对产业经济学的研究情况来看，研究对象各有侧重、各具特色的不同体系已经形成，如以产业联系和产业结构为主要方向的研究体系，以产业组织和公共政策为主要方向的研究体系，以产业结构和规制政策为主要方向的研究体系，以经济增长和工业化发展为首要目标的研究体系，等等。

现阶段，我国经济发展进入了一个产业结构战略调整的新时期，要求坚持以市场为导向、以企业为主体、以科技进步为支撑，着力推进结构调整，加快产业升级的产业发展思路。按照

"走新型工业化道路"的要求，要促进传统产业优化升级，加快振兴装备业，大力发展高新技术和新兴产业，加快发展服务业，积极转变经济增长方式；同时，还要优化产业组织、完善企业组织结构，加快基础设施建设，发展产业集群，改善产业区位和区域协同发展，进一步推进西部大开发，继续实施东北地区等老工业基地振兴战略，以信息化带动产业升级，增强经济自主增长活力，提高综合竞争力水平，努力形成有利于充分发挥科学技术作用、降低能源资源消耗、减少环境污染的产业格局。另外，在产业结构战略性调整过程中，越来越多的现象需要解释，越来越多的问题需要解决，越来越多的决策需要决断，以上都要求我们从产业经济研究的视角切入并予以预见，指出产业政策调整的方向。

（一）定义

1．产业

产业，英文为 Industry。然而，英文中的"产业""工业"和"行业"都可以称为 Industry，比汉语中的概念更加模糊。这意味着，对产业的定义需要我们先考量不同的研究目标与视阈。

目前，国内学者通常认为"产业"是"指具有某类共同特征的企业的集合"。然而，同一企业有许多不同特征，用不同视角去审视企业的各类共同特征，可将同一企业划归不同的产业——这样一来产业的边界就显得飘忽不定了。但作为一门应用型理论，对"产业"概念边界的界定立足点应该是实用性优先，理论逻辑严密性次之。也就是对"产业"划分的基准——企业某类特性，是有选择性的，这种选择性服从于产业经济学经济分析的需要，同时与产业经济学的起源密切相关。

产业经济学的起源最早可追溯到亚当·斯密和阿尔弗雷德·马歇尔。在 20 世纪 30 年代，张伯伦和罗宾逊夫人开创了关于不完全竞争产业的理论研究，美国经济学家受此启发，试图在此基础上建立一种以应用性和经验性为主、分析不完全竞争产业的研究，这使得产业经济学的研究达到第一次高潮，并于 1941 年得到美国经济学会的承认，正式成为经济学的一个分支。在此要强调的是，欧美的"产业经济学"就是"产业组织"，研究的是市场运行，主要关注企业行为，与市场结构和市场演变过程具有密切联系，涉及相关公共政策的广泛领域。故此，我们可以将微观经济学视作产业经济研究的理论基础，在欧美主流产业经济学界看来，Industry 和 Marketing（市场）是同义语。[①]

因循上述认知逻辑，我们对产业的界定仍很困难。如果我们假定，当且仅当企业生产的商品是完全可替代的同质产品时它们才属于一个产业，则实际上所有的产业只会存在一个厂商，而不同的企业至少要生产略有差别的商品（物理上、区位上、可用性上，抑或是消费者信息以及其他方面的），所以有关产业的定义不应太窄。但同时，有关定义也不能太过宽泛——任何商品都可能是另一种商品的潜在替代品，即使只是无穷小的替代。这意味着一个产业绝不应该是指整个经济。

产业经济研究是一门应用型学科，对产业界定的边界需要服从特定的分析需要。将企业分

---

① 杨公朴．产业经济学［M］．上海：复旦大学出版社，2005：23.

为不同的产业，其目的是便于分析同一产业中企业间的竞争关系。为此，我们假定"产业"是被明确定义的，"产业"是指"生产同类或有密切替代关系产品、服务的企业的集合"。需要指出的是，产业组织中的产业划分与所包含的企业不是固定不变的，新技术的不断出现往往使替代关系的商品群越来越多，使本来属于不同产业和市场的企业演变为同一产业、同一市场的竞争关系，即出现所谓产业融合的现象，如互联网、通信网络与有线电视网络产品的相互融合而形成的三网合一的新产业形态。

但另一方面，根据我国的经济研究传统，"产业"并不仅指产业组织。自 20 世纪 50 年代以来，产业的概念主要指计划经济中的"行业""部门"，如农业、工业、商业等，学科专业也相应设立了农业经济学、工业经济学、商业经济学等门类，没有明确的"产业经济学"名称。这一学科体系无论在学术上还是实践上主要承袭了苏联模式。改革开放后，我国产业经济研究受到日本学者影响较深，强调产业结构与产业政策。20 世纪 80 年代末，欧美主流产业组织理论引入我国，我国相关领域研究开始转型，将以产业组织学和公共政策为主要研究内容的欧美产业经济学体系与以产业结构和规制政策为研究重点的日本产业经济学体系整合在一起。至此，我国的产业经济研究不仅关注产业内的企业运行，同时也将产业作为一个独立的研究对象，考量不同产业间的相互关联和作用。这种研究的出发点是为了解决基于社会再生产过程中，大类部门之间、各工业行业之间，以及行业内各中间产品之间均衡状态的分析需要。从某个角度来看，这一分析需要恰好是由于微观、宏观经济学解释力的"失灵"。

微观经济学重于个量分析，它以单个经济主体（企业、家庭）的行为作为研究对象，研究企业如何利用有限资源，决定生产什么、生产多少以及如何生产的问题，同时考察个人或家庭如何在收入有限的条件下做出消费决策，以获得自身效用的最大化。微观经济学的个量分析对说明单个经济主体在一定条件下的经济行为及其效果有相当的解释力，但它不研究单个经济主体形成的群体的行为活动及其所造成的总体规律，而实际的经济活动恰恰很多是一系列相互联系、相互作用、具有某些共同特点的经济活动主体组成的集合。

宏观经济学重于总量分析，它以国民经济中的经济总量的变化及其规律作为研究对象，考察国民生产总值、国民收入、总投入、总消费、货币发行量、物价水平、外汇收支等总量变动及相互之间的关系。宏观经济学着眼的要么是如何防止和克服由于总量失衡导致的经济危机，以求经济总量的均衡，要么通过对总量失衡原因的分析，指出市场在对总量进行调节方面的缺陷，证实政府干预经济活动、调节经济总量均衡不仅是必要的也是可能的。由此可见，宏观经济学只讨论社会再生产过程中的最终产品的总和及其运动，至于这一运动过程中产生的各种问题，中间产品的生产和交换关系，即产业之间的关系却被抽象掉了。而各种具体生产与具体需求之间、中间需求与中间供给之间、最终需求与最终供给之间，以及各部门之间的"结构均衡"状态，才可以为总量失衡分析提供具体原因。正是这种"结构"分析需要，各企业才按一定特性被划分至"产业"层级。

所以，产业作为产业经济研究的对象，可以从两个层次被界定。即产业组织层面上，当我们分析同一产业企业间的市场关系时，"产业"是指"生产同类或有密切替代关系的产品、服务的企业集合"。这样划分的依据是只有生产同一或具有密切替代关系的产品或服务的企业组成的内部群，彼此间才会发生竞争关系，以这类企业集合——产业为对象，才有可能进行同一产业的竞争与垄断分析。否则，我们对企业间的市场关系就缺乏判断的标准。

当我们考察整个产业的状况，以及不同产业间的结构与关联时，我们所使用的产业定义则更为宽泛，"产业"可以被界定为"具有使用相同原材料、相同工艺技术或生产产品用途相同的企业的集合"（杨公扑，夏大慰）。由此，我们就能以"产业"作为基本的分析单位，来研究整体经济复杂运行中的企业间错综复杂的中间产品或最终产品的供给与需求关系，即各产业部门间的供给与需求的相互关系。可以看出，产业结构中的产业定义有较大伸缩性，既可以是较广义的概念，如费希尔在1935年所提出的"第一产业"（农业与畜牧业）、"第二产业"（制造业）、"第三产业"（服务业），也可以是较狭义的概念，如石油产业、机械产业等。

综上所述，我们对产业的概念认知才能形成较为全面的框架轮廓，即产业是产业经济研究的对象，一方面涵盖产业组织，研究企业和市场的微观运行，另一方面也研究整个产业及产业间的互动关联，如产业结构、产业集聚、产业竞争力及产业安全等。

2. 媒介产业

相较于对产业概念的定义与研究，对"媒介产业"的定义却稍显困难。马克思认为，大众媒介与艺术和宗教一起生产着人类社会的精神文化产品。因此，对媒介产业进行定义首先必须考虑其"文化"属性。

若从广泛的人类学意义而言，"文化"是一个社会群体的生活全貌。这一宽泛概念甚至有可能将所有人类生产活动都引向精神和文化层面，因为所有产业都与信息的生产、流动和消费有关。例如，我们日常的衣食住行等相关产品的消费，无一不是理念和文化的体现；反过来，这些在文化环境下被生产和消费的东西大致构成了我们社会生活的全景。

威廉姆斯将文化定义为"社会秩序得以传播、再造、体验和探索的一个必要的表意系统"，那么与文化直接相关联的媒介产业就可以被理解为"与社会意义的生产最直接相关的机构（主要指营利性公司，但也包括国家组织和非营利组织）"。因此，该产业应该包括电视（有线和卫星）、无线电广播、电影、书报刊出版、音乐录音出版、广告与艺术表演等，这些活动的首要目标是与受众沟通并创作文本。

广义上讲，所有文化制品皆为文本，因为这些内容可以被受众任意解读。但如果我们从视野缩小的角度考虑，以小汽车的生产为例，小汽车具有所指的意涵，而且大部分小汽车都离不开设计与营销投入。然而，所有小汽车生产的首要目的却并非其所指的意涵，而在于运输。因此，文本的定义关乎程度问题，关系到功能性与传播性之间的平衡与结构。文本产生于人们心灵上的沟通意愿，因而充满了丰富的情感体验效果，但在物质性的使用功能上就逊色得多。由此，我们将类似汽车生产这样主要生产功能性产品的产业排除出本章所讲的"文化"范畴，但为汽车等商品提供创意和营销传播活动的产业则正好位于媒介产业的核心位置。

位于媒介产业核心区的生产有：

（1）广播电视生产。无线电与电视生产，包括传统和模拟技术与最新的数字、有线、卫星等形态。

（2）电影与音乐出版。其包括录音、录像、DVD等形式为载体的音乐、电影发行（包括网络在线和电视频道的播出）。

（3）印刷与电子出版。共包括图书、CD-ROM、在线数据库、信息服务、报纸杂志等出版。

（4）互联网网络服务。其主要包括建立网站、门户，以及公众号运营、信息推送等互联网络信息服务。

（5）视频与电脑游戏等内容制作。主要指制作可跨媒体、跨平台播出发行的多媒体节目、游戏等的文本。

（6）广告与营销。与上述其他产业的生产活动相比，广告与营销的功能性色彩更强，其目的是帮助出售商品。但广告与文本的创作活动息息相关，且是强烈依赖符号创作者的工作（虽然在今天的数字信息环境下，广告信息的投放传播已经可以完全交给智能算法来完成，但符号创作工作仍不能离开人类大脑）。

此外，还有一组与文化信息生产相关的产业，被我们冠以"周边"的称呼。与核心区的生产相同，它们也参与文本的生产，但与核心区不同的是，周边区生产活动中的文化符号复制环节有时被迫采用半工业化或非工业化手段。

位于媒介产业周边区的生产有以下几个方面：

（1）艺术与会展。虽然剧院表演和会展等活动都能因为文本创作而实现盈利，但这个过程却无法通过百分百复制呈现；另一方面，艺术出版为了增加出版物价值，一边限制出版量一边投入劳力以突显复制品的稀缺性（如限量签名版）。

（2）体育与运动。体育运动与媒介文化产业中的现场娱乐极为类似，但它本质上是竞争性的，具有偶然和意外特征，现场娱乐则需要剧本和设计。

（3）消费类电子产业。消费类电子产业负责技术研发并制造产品，由此我们才能体验文本。该生产活动对于我们理解媒介产业的变迁与延续极为重要，因为它提供了文本得以复制和传输的硬件。

（4）软件。软件产业与媒介核心产业有许多类似之处：由具有创造力的团队共同创作，生产出具有独特性和知识产权的产品。但软件并不以文本形式存在，其功能的重要性远超设计上的审美维度。

（5）时尚。时尚是媒介产业中最具魅力的交叉型领域，也是一个从事消费品生产的产业。流行时尚之所以常被作为特别案例提出，其原因在于它在功能性和审美意义之间高度平衡。

媒介产业的概念，在很多场合可以与"文化产业"相互替换。这种相互重叠、概念边界模糊的情况也出现在相关管理部门的日常工作中。例如，互联网在线视频服务的提供者购买了某部外国电影的国内在线发行权，并将经过译制的电影在线播出，则该公司的经营性传播行为会受到来自国家多个部门的监管和审查。经过从"第四媒体"到"三网合一"再到"产业融合"的认知发展，我国学界和业界对媒介产业概念的定义也逐渐趋向一致。在由社会科学文献出版社出版发行的《中国传媒产业发展报告》中，作者将媒介产业定义为从事信息内容生产和传播运营服务等业务的企业与实体机构的集群。媒介产业是一个聚合了传媒产品、传媒企业、传媒市场与用户、传媒行业等多种经济元素的集合体。媒介产业的结构和分类有多种视角，从大类上来讲可以分为纸质媒体、电波媒体、互联网媒体、移动媒体等；也可以细分为若干行业，如报纸、期刊、图书、电视、广播、电影、门户网站、视频网站、游戏、搜索、社交媒体等；还可以分为以生产文字、图形、艺术、语言、影像、声音、数码等各类不同符号形态对应的信息内容产品的企业和行业；按照产业链分则包括上下游产业、产业政策与产业环境。[1]

（二）特征

通过与资本主义其他生产方式进行对比，米亚基等学者概括出媒介产业的特征[2]，分别是高风险产业、高生成成本和低复制成本之间的矛盾，以及对于制造稀缺的需求。

1. 高风险产业

所有谋求回报的行为都是具有风险的，但媒介产业的风险性似乎更大。普林德（Prindle）在1993年撰写了《风险事业》用来描绘电影产业，伽纳姆（Garnham）则认为该产业的风险来源于受众在消费文化信息产品时的不稳定性和不可预测性，"他们借此来表明自己独树一帜"。于是，就算经营者投入再多的营销费用，当红的表演者或题材也有可能突然过时，而下一个爆红IP的出现往往令人猝不及防。这些源于受众文本消费方式的风险，更因下述两个与生产有关的深层因素而加剧：第一，公司赋予符号创作者有限的自主权，希望他们拿出原创而独特的畅销作品，但是这也意味着公司陷入了竭尽全力控制符号创作者的持续斗争之中。第二，任一文化产业公司（公司甲）必须与其他文化产业公司（公司乙、公司丙、公司丁等）一道，去引导受众意识到某一新产品的存在，以及此产品的作用与使用此产品的乐趣。即使公司甲实际上拥有公司丙或公司丁，它也不能完全控制文本的知名度，因为要预测评论家、记者、广播电视制片人和推荐人等对文本的看法是很难的。

这些事实意味着，媒介产业公司面临着高风险和不可预测性的特殊问题。1998年，有将近3万种专辑在美国发行，但销售量超过5万张的不到2%。纽曼（Neuma）指出了出版业的拇指法则，即80%的收入来自20%的产品。贝蒂克（Bettig）在其研究中宣称，美国每年大约制作350部电影，但是只有10部左右卖座。卓沃尔（Driver）和格里斯潘（Gillespie）称，英国杂志中只有1/3到1/2达到收支平衡，只有1/4能够盈利。另据莫兰（Moran）引用的数据表明，20世纪80年代中期，在美国每年出版的约5万种图书中，80%都遭遇了财务危机。

2. 高生产成本和低复制成本

大部分文化信息商品都具有高固定成本和低可变成本：唱片制作耗资惊人，因为要制作出创作者和听众都满意的最佳音质唱片，就必须在作曲、录音、混音、编辑等程序上耗费大量时间和精力。不过一旦"母带"制作成功，接下来的复制工作便成本低廉——生产与复制成本之比成为关键。例如，钉子的设计成本很低，只要付出很少的成本就可以生产出第一颗钉子，但是后续制作钉子的成本却并不会减少多少，因此其市场形态也与媒介产业大相径庭。汽车生产与媒介产业中的文本生产比较相似，但是仍然有很大差异，由于设计与工程方面的巨额投入，汽车的"原型"极其昂贵，但是由于材料和安全需要，依照原型生产出来的每一辆汽车都价值不菲。所以，虽然汽车的固定成本很高，但可变成本和固定成本之比依然很低。媒介产业中固定成本与可变成本的高比率意味着畅销作品的利润率惊人。这是因为超过收支平衡点后，额外产品的单位销售利润暴增，这也可以弥补由于受众需求的不稳定和不可预测

---

① 崔保国. 中国传媒产业发展报告2017 [M]. 北京：社会科学文献出版社，2017：2.

② 赫斯蒙德夫. 文化产业 [M]. 张菲娜，译. 北京：中国人民大学出版社，2007：19.

性而产生大量失败作品所造成的损失，这导致了文化产业具有强烈的"受众最大化"倾向。

3. 准公共物品

文化信息商品在使用中很少会被损坏，它们具有一种被经济学家称为"公共物品"的特征——某个人对此物体的消费行为不会减少其他人对它消费的可能性（如公交地铁）。假设我借给你一本我看过的杂志，并不会以任何形式改变你对这本杂志的体验；但如果我吃了一个苹果，结果就大不同了。同理，对一辆汽车的使用也会影响汽车的价值（机器磨损或车祸损伤等原因）。此外，因为文化信息商品的产业化复制方式成本低廉，所以，公司不得不通过人为手段来限制其他人进入文化信息生产与服务领域，以此增强商品的稀缺性从而使商品增值。

4. 生产大量作品以平衡失败作品与畅销作品

对"受众最大化"的格外强调意味着，在文化产业中，公司会通过"过量生产"的方法，使畅销作品的利润与失败作品的亏损相互抵消。这可以通过多种手段实现，如迦纳姆所言（Gernham），制作大型目录或文化系列产品。也就是说，只要大量发行，总会出现叫座的作品。如果真如伽纳姆所言，每9种唱片中只有1种畅销，其余8种滞销，则只发行5种唱片的公司和发行50种唱片的公司相比，其市场商业风险显著增加——这就是迫使文化信息公司扩大规模的原因之一，扩大规模的同时这些公司还将具体的创作工作交给小型工作室或项目团队。

5. 集中、整合与知名度宣传

媒介产业公司为管理风险并确保受众最大化，在其他方面也有一些对应策略：

（1）横向一体化。买断具有同一产业部门的其他公司，从而减少其他公司对受众的争夺。

（2）纵向一体化。买断位于生产流通产业链上不同环节的其他公司。收购下游企业，如某电影制片公司收购某电影发行公司；收购上游企业，如某发行或播送公司收购某节目制作公司。

（3）国际化。通过收购或参股海外公司，可以大量销售某种已经付出巨额制作成本的产品（但还是要支付新的营销费用）。

（4）多部门与多媒体整合。收购与文化产业生产相关的其他领域的公司，确保交叉宣传。

（5）通过交往、发送礼物及新闻稿等公关方式，"收编"评论家、DJ以及各种各样负责为文本做宣传的人。

以上这些整合方式可以促使巨无霸集团公司的产生。从石油生产、生物化学到服装制造，几乎所有产业都被大公司掌握，现有研究证据表明，媒介产业的集中度丝毫不亚于其他寡头垄断产业。如果媒介产业中的公司不能实现扩张整合，其结果往往是走向消亡（小型文化公司往往通过承包制作大型集团公司的系列产品以规避风险）。故此，在媒介产业中，企业规模和权力非常重要，因为它们生产文本的能力会影响人们对本企业、其他产业及生活各方面的感受。

6. 人为制造稀缺

伽纳姆（Garnham）曾提出获取稀缺资源的方法，其中首要的就是纵向一体化。公司若掌握了发行和零售渠道，便可以控制发行速度，从而确保商品可以被消费者随时（适时）获得。其他重要的人为手段包括：广告可以限制文化商品的销售利润；版权可以防止文本的自由复制；限制他者进入复制渠道的机会，使复制行为无法轻易达成。

7. 格式化、明星机制、类型化与系列作品

媒介产业公司应对高风险的另外一种方法，就是将产品"格式化"，从而将失败品带来的危险控制在最小范围内。格式化的一种主要方式是明星机制：在文本中列出名作家、名演员的名字。明星机制需要辅以相当大的市场营销努力，才能让一个作家、演员突变为一颗新星并确保这种明星光环一直闪耀下去。一般说来，只有那些被公司看好的特定文本才有使用该机制的优先权。明星机制的重要性还可以通过以下数据得以说明，20世纪90年代，美国票房盈利超过1亿美元的126部电影中，有41部至少由以下7位明星中的1位担纲出演：汤姆·汉克斯、朱莉亚·罗伯茨、罗宾·威廉斯、金·凯利、汤姆·克鲁斯、阿诺·施瓦辛格和布鲁斯·威利斯。

格式化的另外一个方法是类型化，如"恐怖电影""嘻哈音乐专辑""文学小说"等。类型化的作用就像标签，它向受众提示，可通过体验本产品而获得某种特定的快乐。虽然许多文化产品会同时宣传创作者的姓名和产品类型，但除非创作者早已是大明星，否则类型化操作还是最常见的操作手法。

最后，创作系列作品也是格式化的一个重要类型。该策略经常被用于出版领域，如流行小说、漫画等，近些年这一方法被电影、电视剧的制作发行方大量借鉴。例如，由美国著名动漫题材改编的电影《变形金刚》，截至2017年已然是第五部了；我国《战狼》系列电影的第二部承袭了第一部的好名声，于2017年8月暑期档大获成功，成为新的票房冠军。

8. 对符号创作者的从宽控制、对发行与市场营销的从严控制

大卫·赫斯蒙德夫指出，符号创作者在生产过程中被赋予自主权的程度之高，是其他产业中的劳动者不可企及的。原因如下：源自对符号创意的浪漫情怀与言论自由的传统，媒介产业长期重视道德性与创意性的自主权；此外，在经济与组织层面，管理者认为畅销品及新类型、新明星、新系列品牌的创作都离不开创意。符号创作者通常受到一定距离之外的"创意经理"的监管（如出版社编辑或电视台制片人），这些经理负责调节创作者和商业目标之间的关系。一部分出名的符号创作者本身就是极具号召力的品牌或质量保证，他们因此获得巨额报酬；但其他大部分小作家因为无法获得珍贵的资源而游走于众多小型工作室之间，这些工作室负责承接制作大公司的目录计划作品，并在财务、执照和发行渠道等方面受制于大公司或与大公司紧密合作（如早期的皮克斯工作室与迪士尼的关系）。另一方面，为控制和管理与创意相关的风险，大公司的经理们竭尽全力，通过纵向一体化等手段控制过量复制、发行和市场营销。

此外，媒介产业的商业盈利模式与其他产业相比有着较为鲜明的特点，即"内容支撑型"与"广告支撑型"并存。

（1）内容支撑型。此种模式主要用于图书、唱片、付费电视等依靠内容开展商业活动的媒介，受众直接向内容提供商付费。由于受众放弃低价或免费使用媒介产品与服务的方式，他们可以得到不受广告侵扰的回报（当然，内植于内容文本中的广告信息除外）。

（2）广告支撑型。这是多数媒介的商业模式，报纸、杂志、广播电台、电视台等不同程度地依赖广告收入的媒介基本都采用了这种模式。这种模式指媒介既向受众提供满足其信息、娱乐、社会化和教育等方面的信息需求，同时向广告主收取版面和时段的广告费，搭建起广告主和受众之间交流的平台。这就要求媒介制作出有吸引力的内容来吸引更多的受众注意，以使更

多的广告主为了扩大自身的知名度而对其投放丰厚的广告费用。[①] 有效盈利模式的确立之于产业而言，其重要性不言自明。在媒介产业的发展历程中，这一双模式并存的盈利模式又被称作"二次销售"：媒介把信息产品第一次出售给受众后获得受众注意力和消费时间，从而形成潜在市场购买力，这种购买力成为一种传播效能；媒介再将传播效能出售给广告商，获得广告费，形成二次利润收入的盈利模式。其特征如下：客户的双重性、第一次销售的廉价性甚至亏损、信息产品使用价值的双重性、二次销售以第一次销售为基础。[②]

扩展阅读

大众化报纸，又名廉价报纸（Cheap Newspaper）。

它指工业革命后在各国先后出现的面向社会中下层民众的通俗类商业性报纸，因这类报纸的读者是普通民众且售价低廉而得名廉价报纸。其基本特点为：读者对象为普通大众，以大众普遍关心的地方新闻、社会新闻和各种具有消闲性、趣味性的软新闻为主，迎合大众的心理需求和审美趣味，形式上文字通俗，版面活泼，可读性强；政治上标榜独立，不依托于某一党派；经济上独立，商业化运营，大量刊登广告，以低廉的价格尽可能大地扩大发行量，然后再把大批受众出售给广告商，主要利润来源于广告。

大众化报纸是19世纪初工业革命的产物，政治民主化的完成、城市规模的扩张、工商经济的发展，以及高速的滚筒式印刷机、铁路、蒸汽轮船、通讯社等的革命性发展，为大众化报纸的产生奠定了雄厚的物质基础。世界上第一份成功的大众化报纸是美国人本杰明·戴于1833年在纽约创办的《太阳报》。直至19世纪末期，西方主要发达国家的大众化报纸取代了政党报纸成为报纸的主体。[③]

最后要提及的是媒介产业的一个显著特点，就是该产业比其他任何产业都更加依赖版权制度的确立（在一些科技研发投入巨大的制造业产业中，对知识产权法律体系的依赖程度也很高）。对文化产业而言，版权法就是个竞技场，这里确立了符号创作者的报酬计算规则。在版权法的监督下，劳动者与公司签订了合同，合同规定工作与收入的关系比例、时效、话语权等内容。

扩展阅读

版权，即著作权。

它指文学、艺术、科学作品的作者对其作品享有的权利，分为著作人身权与著作财产权。版权是知识产权的一种类型，是由自然科学、社会科学，以及文学、音乐、戏剧、绘画、雕塑摄影和电影摄影等方面的作品组成的。版权是法律上规定的某一单位或个人对某

---

① 程曼丽，乔云霞. 新闻传播学辞典［M］. 北京：新华出版社，2013：256-257.

② 程曼丽，乔云霞. 新闻传播学辞典［M］. 北京：新华出版社，2013：257.

③ 程曼丽，乔云霞. 新闻传播学辞典［M］. 北京：新华出版社，2013：54.

项著作享有印刷、出版和销售的权利，任何人要复制、翻译、改编或演出某作品均需要得到版权所有人的许可，否则就是侵犯他人权利的行为。著作人身权包括公开发表权、姓名表示权及禁止他人以扭曲、变更方式，利用著作损害著作人名誉的权利。著作财产权包括重制权、公开口述权、公开播送权、公开展示权、改作权、散布权、出租权等。著作权保障的是思想的表达形式，而不保护思想本身，因为在保障著作财产权这类专属私人之财产权的同时，尚需兼顾人类文明的积累与知识、讯息的传播，所以算法、教学方法、技术或机器的设计，均不属著作权所要保障的对象。著作权是有期限的权利，在一定期限过后，著作财产权即归于消失，进而归入公共领域，任何人皆可自由利用。在著作权的保护期限内，即使未获作者同意，只要符合"合理使用"的规定，亦可利用。我国法律中将著作权与版权等同。版权最初的含义是 Copyright（版和权），即复制权。这是由于过去印刷术的不普及，当时社会认为附随于著作物最重要之权利莫过于将其印刷出版之权，故有此称呼。随着时代演进和科技进步，著作种类也逐渐增加。[①]

版权法最早出现于 7 世纪至 8 世纪的图书出版中，其现代形态始于 18 世纪末、19 世纪初（世界上第一部版权法为《安娜法令》；法国 1791 年颁布《表演权法》，1793 年颁布《作者权法》）。美国人的版权法建立在相互矛盾的原则上：作者享受文化作品创作者的待遇，版权保护他们的思想表达不受剽窃；但是版权以固定的期限被让渡给了出版商（在美国一般为 20 年，20 年后作品便进入公共领域，每个人都可以使用它）。其他法律体系也规定要对作者权利给予更多保护，表现在作者有权决定其作品如何加工或复制上，但是所有的现代版权体系中有一个共同趋势，即倾向于让文化产业公司拥有这项权利。在 20 世纪，随着新的媒体的发展（如电影和唱片），这些文化形态为了自身出版而要求对版权法进行修改，因此这个本就复杂且矛盾重重的法律框架变得更为复杂了。几乎所有的新媒介形态都拥有一个更为复杂的劳动部门，继而带来了"谁才是文化作品的作者"的更深的复杂性。伴随文化生产的专业复合体时代的到来，文化公司取代出版公司成为权利的主要拥有者。[②]

二、媒介产业发展的历史分期

如果我们想有效开展对媒介生产行为的研究和评价工作，首先需要回顾其历史发展过程，并为其划分发展阶段。然而，划分发展阶段的实质是使用某个标准去衡量发展变迁，在这种情况下我们必须对标准的选择慎之又慎。包括我国在内，全世界的媒介产业在 20 世纪显现出几个重要的发展转向，在开展相关研究的同时，我们还参考了雷蒙·威廉姆斯（Raymond Williams）对文化制度历史的分析，从而对人类社会的媒介产业和我国改革开放后媒介产业的发展脉络进行了结构性描述。

① 程曼丽，乔云霞. 新闻传播学辞典［M］. 北京：新华出版社，2013：48-49.

② 赫斯蒙德夫. 文化产业［M］. 张菲娜，译. 北京：中国人民大学出版社，2007：68-69.

（一）人类社会的媒介与文化产业

威廉姆斯认为人类社会的媒介产业发展主要经历了三个时代，他将符号创作者和与其相关联的社会关系作为命名方式。[①]

1. 资助

资助（Patronage）。这个词汇的影响范围横跨欧洲中世纪结束至 19 世纪末的几百年的时间，流行于西方多个社会文化群体的生活领域，如诗人、画家、音乐家等。这些才华横溢的人不光在经济上得到来自贵族阶层的慷慨赞助，同时还获得社会地位、社交关系等其他方面的保障。这一持续到 19 世纪的体系不仅存在于西方，我国清朝中后期的京剧发展历程也体现出明显的资助特征。

2. 专业市场

专业市场（Market Professional）。19 世纪初开始，市场上艺术作品的流通变得频繁，相当数量的艺术作品因为有人想要拥有而被订购、销售。换言之，符号的创作者不再因为自己的创作欲望和旨趣而创造作品，而是迎合消费者和市场的口味生产产品——市场规律成为组织和调节生产行为的准则。另一方面，越来越多的作品被直接送到市场中介那里，如画廊经纪人、发行人、出版商等，这一现象意味着文化和媒介产业链中的劳动分工加剧。19 世纪末 20 世纪初，随着工业化国家民众休闲时间和可支配收入的大幅增加，媒介产业链条中的中介商资本化的程度也得到极大提升。许多获得市场承认的作家、艺术家纷纷成立工作室，他们在职业地位获得独立的同时也获得了丰厚的税后收入。

3. 专业公司

专业公司（Corporate Professional）。被威廉姆斯定义为"专业公司"的媒介生产组织生发于 20 世纪初，至 20 世纪 50 年代进入一个高速发展期。在那个年代，文化媒介公司通过合约雇佣员工并支付酬金，作品的委托生产比历史上任何时候都更具专业化和组织性。除去书刊报纸的印刷、戏剧表演和音乐创作，新的媒介技术也被纳入这个体系，广播、电影和电视成为媒介产业增长最快的分野。

除了直接将生产出来的文化信息产品销售给客户，广告经营也成为创意作品获得利润的重要途径。随着这种被称为媒介经营"二次销售"的信息传播活动的发展，广告本身甚至成为一种重要的文化形态。然而，大卫·赫斯蒙德夫却不喜欢威廉姆斯使用的"Corporate"一词，他认为："对于现代人而言，该词似乎代表着某种大型私人公司组织，但实际上威廉姆斯的意思是'统一群体中的一群人'，为了避免混淆，我想使用一个改良后的术语——专业复合（Complex Professional）来标注文化信息生产的形态。"大卫偏爱"Complex"一词，他认为这一时代最重要的特征之一就是围绕文本生产的越来越复杂的劳动分工。这个术语涉及符号创作者和赞助人（或商人）之间的社会关系，它描绘出了一个生产文化信息的时代，包括公司产权与结构、文化政策和规制，以及传播技术等众多问题。

不过在此要强调的是，虽然威廉姆斯将媒介产业的发展划分为三个阶段，但它们并非呈

[①] 赫斯蒙德夫. 文化产业 [M]. 张菲娜，译. 北京：中国人民大学出版社，2007：57.

现出被依次取代的关系。虽然从 20 世纪 50 年代以来，专业复合体形式就占据着产业的统治地位，但文化符号生产的专业市场形式，甚至包括以资助为基础的形式仍然存在。这就好像虽然冷冻技术已然成为我们生活中最先进最主流的保鲜技术，但传统的咸盐腌渍并未退出历史舞台。

（二）我国媒介产业的分期（1978—今）

自 1978 年开始，我国社会进入了一个现代化、市场化、民主化、全球化四重社会转型复合叠加的新时代。与社会转型同步启动的新闻与媒介改革，也由此走过将近 40 年的时间。罗以澄教授认为，伴随着新闻与媒介改革的推进，我国媒介领域至少发生了以下三个方面的重大转型[①]。

1. 市场化转型

在市场化轨道上，我国新闻媒介的身份开始改变。1978 年以来，我国传媒业先后经历了三次身份改变：第一次是 1978 年，《人民日报》等七家首都新闻单位提出要求试行"事业单位，企业化管理"，得到批准，并在全国传媒业中推广，这次身份改变的实质，就是新闻传媒组织作为事业单位被允许划出一块搞企业化管理；第二次是 1993 年 6 月，中共中央和国务院发布《关于加快发展第三产业的决定》，正式将报刊经营列入"第三产业"，批准其实行商业化运作；2001 年 8 月，中央又颁布了《关于深化新闻出版广播影视业改革的若干意见》，更是明确将传媒业中的"发行集团"和"电影集团"等一起从事业性质中剥离出来，定位为"企业性质"——这第二次身份改变，就是允许传媒业从整体上实行"事业性质"和"企业性质"两种身份共存；第三次是 2003 年，中央先后出台了两个文化体制改革的试点文件，一个是《文化体制改革试点中支持文化产业发展的规定（试行）》，另一个是《文化体制改革试点中经营性的文化事业单位转制为企业的规定（试行）》，进一步将党报党刊这样的核心媒体的宣传业务与经营业务分离开来，经营部分另外组成企业集团。这第三次身份改变就是允许党报党刊也实行"事业性质"和"企业性质"两种身份共存。这样一来，我们现有的传媒业都普遍实行了"一媒两制"。

2. 民本化转型

所谓民本化转型，指的是媒介角色正在从过去的多为党和政府喉舌向国民信息传播工具的转型。这一转型主要表现在：第一，尽管我们现在的传媒依然坚定接受党和政府的新闻宣传思想指导，但同时也强调"以受众为本位"的新闻报道理念；第二，媒介的总体结构已然不再是党媒"一统天下"，而是由党媒、市场化媒介、公共媒介等不同类型的媒介共同构成，媒介开始成为一种重要的公共力量，一种能够影响社会的"软权力"；第三，新闻传播的运作开始注重满足社会公众的知情权。

3. 数字化转型

信息技术的创新、传播与扩散，直接而剧烈地引发了信息传播与媒介发展的数字化转型。这一技术引领的转型体现出 7 大趋势特征：传播活动网络化、传播渠道复合化、传播主体多元

---

① 李良荣，等. 历史的选择——中国新闻改革 30 年 [M]. 武汉：武汉大学出版社，2009：56-78.

化、受众与市场碎片化、产品形态多媒体化、信息流通全球化、传播机构形态两极化（全媒体化与专业小型媒体化的并存）。

罗以澄教授认为，传媒业的市场化、民本化、数字化转型，昭示着我国新闻传媒改革前30年的发展成就；但同时我们也应该清楚地看到，在实施转型的过程中，我国传媒业存在观念、制度和技术等方面的诸多问题，这些问题甚至已经严重影响到改革的深入发展。罗以澄教授的这一论断，恰好与后10年我国媒介产业发展过程中显现出来的困难点一致——只有将传媒业纳入文化产业的范畴，深化文化体制改革，产业、国家经济乃至国家整体改革才能突破瓶颈。

这40年的变化和发展所带来的影响是全方位的。在"三大转型"的发展洪流中，媒介的市场和产业身份被提及并不断被彰显。"媒介经营"作为媒介产业发展的重要组成部分，也经历着1978年以来巨大的变化。

1. 媒介经营初步发展期（1978—1991）

1978年改革开放之前，传媒的功能是喉舌，传媒机构的身份是事业单位，机构运转、产品生产的损耗全部由国家财政补偿，不存在经营的问题。

1978年后，国家政策开始发生变化，我国传媒机构无论管理体制还是经营机制上都有了显著变化。其中尤为重要的是，国家财政不再担负机构所有的开销，允许其在一定范围内开展广告经营活动。

1979年1月28日，上海《解放日报》在第二版、第三版下端刊登了两条通栏广告，这成为我国改革开放以来第一则报纸广告；1979年1月25日，上海电视台设立广告业务科，于当月28日宣布"即日起受理广告业务"[1]；上海广播电台于当年3月5日在全国广播电台中第一个恢复了广告业务。

1980年，中国广告联合总公司成立；1981年4月，《中国广告》杂志社创刊。同年，日本电通广告公司进入中国，在北京、上海开办事务所，成为第一个在我国开展业务的外商广告公司；1981年8月，中国对外贸易广告协会成立，这是我国第一个全国性的广告行业组织。

这些事件标志着我国传媒从单纯"喉舌"型开始向宣传与经营并重的方向转型，广告经营成为媒介经营，乃至媒介改革发展的重要途径。1982年中央电视台的广告收入与其他经营性收入达到787万元，比1980年增加544万元；1983年，全国广播电视广告营业额达到3 400万元；1987年，全国范围内有410家电视台、250家广播电台、1 126家报纸经营广告业务[2]；1992年，仅全国电视台广告收入就达到20.39亿元，而同年国家财政给广播电视业的拨款为23.8亿元。"生存靠发展，致富靠广告"成为业内人士的共识，发行与广告经营成为媒介经营的重要工作内容。

在媒介经营的探索发展阶段，伴随着"一报两台"体制壁垒的突破，媒介的数量也有了快速增长。在报业领域，1980年1月1日至1985年3月1日，全国新创办报纸1 008份；党委机关报一统天下的格局被打破，行业报、经济信息类报纸大量涌现。电波媒体方面，随着中央对地方开办传媒经营的政策放开，电视台数量迅猛增加，我国电视业广告收入在1992年时已

① 黄升民，丁俊杰. 媒介经营与产业化研究［M］. 北京：北京广播学院出版社，1997：37.

② 哈艳秋. 中国新闻传播史研究［M］. 北京：中国广播电视出版社，2005：182.

达到 21 亿元人民币。1983 年，第十一次全国广播工作会议提出了中央、省、地区、市县"四级办广播、四级办电视、四级混合覆盖"的方针，实行省市县三级行政管理部门和网络建设管理受同级政府和上一级广电行政管理部门的双重领导，以同级党委、政府领导为主，宣传业务由同级党委领导和上一级广电行政部门指导。此举改变了中央长期垄断传媒的局面，1980 年全国无线电视台仅有 38 家，1985 年达到 202 家，1988 年达到 422 家，在这个过程中，地方传媒成为我国媒介经营不可忽视的力量。

2. 媒介经营迅猛发展期（1991—2000）

在这一时期，媒介产业在经济上逐渐获得独立地位，规模和数量均呈现出超高速增长的态势。这种迅猛发展态势，一方面得益于我国改革开放以来经济的整体发展，另一方面也反映出资本和政策在媒介产业发展中的作用与影响。

在 1991 年至 2000 年的十年高速发展中，经营性媒介基本摆脱了对国家财政拨款的依赖，通过市场获得的经济收入大幅增长。广告经营额在十年间从 35 亿元增长到 712 亿元，年平均增长率达 35%，远高于同期 GDP 8% 的增长幅度。媒介产业逐步朝着"国家支柱型产业"的方向前进。

十年里，报业发展空前繁荣。截至 1996 年年底，全国公开出版发行报纸共 2 163 种，平均期印数 17 877 万份，是改革开放初期报纸种数的 11.6 倍、平均期印数的 4.2 倍。另一方面，广告经营额连年大幅攀升，且投资回报率高达 17% 至 50%，远高于其他产业。1993 年全国共有 8 家报纸广告经营额超过亿元，1994 年 5 家报纸广告收入超 2 亿元，全国报业广告营业额突破 50 亿元，1996 年突破 70 亿元，1997 年接近 100 亿元。[1] 在这个发展浪潮里，都市类报纸强劲崛起，自费零购和自费订阅群体的爆发式增长成为报纸媒介经营发展的重要基石。至 2000 年，全国共有报纸 2 007 种，资产总额 180 多亿元，全国总印数 329.29 亿元，全年实现广告收入 146.47 亿元。平均每期印数超过 10 万的有 11 种，其中《参考消息》《人民日报》和《羊城晚报》分别达到 274.61 万份、186.30 万份和 152.01 万份。

电视领域，我国电视产业在此阶段经历了重要转型。据统计，1991 年电视业广告收入达到 10 亿元人民币，第一次超过报纸广告经营额（9.6 亿元），占中国广告经营总额的比例第一次超过 1/4，达到 28.5%，标志着电视产业成为媒介产业中的支柱型产业；1993 年我国电视产业广告收入第一次超过来自政府的财政拨款，象征着我国电视产业在经济上走向独立。20 世纪 90 年代，卫星电视技术的发展一方面促使我国有线电视用户迅猛增长，从 1992 年到 1997 年间，有线电视用户以年均 1 000 万的速度递增，我国有线电视用户规模达到全球第一，有线电视也成为当时中国家庭入户率最高的信息工具；另一方面，卫星电视技术在某种程度上打破了我国电视领域原有的地域分割局面，电视传媒的产业竞争跨越了地域限制，并进一步压缩了广播产业的生存空间。全国市场的卫星频道，大中城市入户的有线电视频道一般达到 30 至 40 个，随着各个频道之间竞争的白热化，以综艺节目为代表的娱乐节目也进入了发展的快车道。

3. 媒介经营整合发展与数字化（2001—今）

2001 年是我国媒介产业发展的分水岭。与上一迅猛发展期相比，本阶段的明显特点表现

---

① 李良荣，等. 历史的选择——中国新闻改革 30 年 [M]. 武汉：武汉大学出版社，2009：87-98.

为经营收入增长速度明显放缓。由于体制内潜力和利好释放殆尽，媒介经营的重点转向深化改革和宏观整合。媒介经营与媒介改革同步发力，通过推进产业链分离化改革和媒介产业的整合发展，媒介经营效率得到部分提升，为产业发展积累了宝贵的经验。

在这个阶段，传媒的集团化发展成为产业发展的重要方向。

面对加入 WTO 后国际传媒资本的大规模进入，我国推出传媒的"集团化""跨地区""跨行业"发展的应对之策。早在 1996 年，《广州日报》成为我国第一家试水集团化的报业集团，当时由新闻出版总署特批并做出限制规定，认为组建报业集团只能做少量试点，不能一哄而上，故 1996 年至 2000 年我国获批成立的报业集团不过十余家，广电业的集团化整合更是缓慢。2001 年后，我国大力推动报业集团化建设，并迅速加快了广电业集团组建的步伐。到 2003 年初，国家共批准成立了 70 个传媒集团，其中包括 39 个报业集团、13 个广电集团、1 家期刊集团、9 家出版集团、5 个发行集团和 3 个电影集团。在这 70 个传媒集团中，于 2001 年 12 月挂牌成立的中国广播影视集团是我国最大的新闻集团，整合了中国中央电视台、中央人民广播电台、中国国际广播电台、中国电影集团公司、中国广播电视传输网络有限责任公司和中国广播电视互联网站等中央级广播电视、电影及广电网络公司的资源和力量，形成了拥有广播、电视、电影、传输网络、互联网站、报刊出版、影视艺术、科技开发、广告经营、物业管理的综合性传媒集团。这个航空母舰般的传媒集团，组建了节目开发总公司、艺术演出公司、广告总公司、物业开发总公司、报刊出版公司、国际合作公司等新公司，各平台的节目开发、演出及广告经营由集团统一策划和经营。此外，该集团还通过向地方电台、电视台提供节目或合作办台、办节目，扩大中央平台节目的利用率和落地入户率，并计划通过组建传输网络公司，对全国广播电视网络进行整合，最终形成全国联网。

集团化的发展明显提升了市场的集中度。1998 年，我国有 36 家报社（或报业集团）年广告营业额超亿元人民币，总额约为 80 亿元，约占我国报业广告总经营额的 73%；2001 年，报业广告经营额超亿元的报社（或集团）达到 50 余家，占全国报业广告额的 80%。以上海为例，由文汇报和新民晚报整合组建的文汇新民联合集团（后解散）与解放日报报业集团合计广告营业额超过 15 亿元，占该市报业广告市场的 90%。大规模整合后，为数众多的传媒集团又通过 IPO 或借壳等方式进入多个资本市场，从更广阔的领域获得资本支持、拓展业务领域。在与媒介相关的上市公司中，原本位于传媒产业链边缘层面的公司占大多数，而居于传媒产业链核心部分的业务（如编辑、新闻制作）由于受到更加严格的监管控制，几乎未被纳入上市公司业务范畴，这也从侧面反映出我国传媒产业显著的"双重属性"特征。

2001 年以来的发展阶段，既是媒介"产业化""集团化""资本化"的整合发展阶段，也是我国全面进入数字化时代门槛的起始点。1997 年 11 月，中国互联网络信息中心（CNNIC）发布第一期《中国互联网络发展状况统计报告》，报告显示，截至 1997 年 10 月 31 日，我国共有上网计算机 29.9 万台，其中直接上网计算机 4.9 万台，拨号上网计算机 25 万台；我国上网用户数 62 万，其中大多数通过拨号上网。而到了 2001 年，这一数值变为 650 万台计算机、1 690 万网络用户。2012 年是我国步入移动互联网络时代的前夜，2012 年年初，全国网民规模已经达到 5 亿，手机逐渐取代台式电脑，成为网络用户最常用的上网工具，网络带宽和资费标准也在逐步优化。2017 年，移动互联已然将 8 亿多民众变为网络用户，基于互联网和数字技术的媒介产业发展趋势愈加明显。

在数字化的媒介产业发展过程中，我国电信与广电业的交锋与博弈从未停止：一方面，广电部门的数字电视和电信部门的 IPTV 都将家庭用户视作兵家必争之对象；另一方面，手机电视和移动多媒体广播分别代表各自阵营争夺个人用户市场。就竞争态势而言，通信部门与广电部门各占优势——广电拥有电视节目内容优势、庞大的有线用户基础、政府相关部门的全力政策支持；电信部门的 IPTV 业务受到来自广电管理部门的政策制约，但其网络系统具有高质量、广覆盖、双向互动等优点，电信市场更早的产业化也为电信旗下的媒介产业公司积累了更好的市场经验与服务意识。当进入移动时代的个人用户市场争夺时，电信部门依靠过去积攒下的手机用户规模无疑占据了先机，另外，在资金、品牌、增值业务等方面，广电距离电信部门尚有差距。在 2001 年至今的发展过程中，我国的广电和电信逐渐呈现出"融合"的产业发展趋势，其中的产业边界模糊、非核心业务的产业规制放缓都是这一趋势的重要标志。

第二节　数字技术、资本与制度：融合的发展路径

一、主要发达国家媒介产业融合路径

（一）以高度市场化为前提

1. "放松管制"刺激下的美国媒介产业

1993 年，美国政府提出 NII（国家信息基础设施，即信息高速公路）计划，将建设电话、计算机通信、传真、无线和有线广播电视、电子出版等所有业务一体化的综合性网络，旨在通过该计划保证美国在信息时代的领导地位。而在此前，美国在相关领域一直执行的是《1934 年通信法》（*Communications Act of 1934*），该法案与 NII 计划存在诸多冲突，如通信和广播业的严格区分、区域市场的封闭隔离。

1996 年 2 月，美国总统克林顿签署了《1996 年电信法》（*Telecommunications Act of 1996*），它是对美国《1934 年通信法》的全面修正。该法有三重目标：促进竞争和减少管制，以获得较低的价格和较优的服务；鼓励开发新电信技术；保护消费者免受竞争之害——从中体现了美国政府基于"融合"理念的管制思路的变化。"鼓励竞争、放松管制"是新法的最大特征。《1996 年电信法》还取消了通信、传媒多产业间的法律界限，放宽了对区域市场和企业规模的限制，放松了对广播电视业所有权的多元化限制，允许多种市场间相互渗透，鼓励跨业兼并、强强联合，缩减其公共受托人义务。例如，《1996 年电信法》中明确规定：禁止州或地方通过法律或管制方式设置进入市场的壁垒。[①] 这些放松管制的法律条款立即引起了全美通信、传媒产业领域的兼并收购浪潮，直至 21 世纪初互联网经济发展遭遇泡沫破裂危机，这轮兼并收购浪潮才

---

① 孙玉奎. 简介美国的 1996 年电信法 [J]. 邮电设计技术，1996（11）：56-62.

随之降温。

扩展阅读

　　1995年，迪士尼斥资196亿美元收购美国广播公司（ABC）。2001年7月，迪士尼花费53亿美元收购福克斯家庭频道，并改名为ABC家庭频道。

　　1996年，时代华纳以75亿美元兼并特纳广播电视网。2000年，美国在线（AOL）与时代华纳以换股方式合并组建世界最大的传媒集团。

　　1997年，美国最大的报业集团甘尼特公司以17亿美元买下多媒体数字娱乐公司。

　　2003年，新闻集团耗资68亿美元收购全美最大的卫星电视节目供应商DirecTV公司。2006年，新闻集团以5.8亿美元现金收购MySpace的母公司Intermix Media公司；2007年，新闻集团更是大手笔用56亿美元收购道琼斯集团。

　　1994年，维亚康姆以102亿美元并购派拉蒙电影公司。1999年，维亚康姆花费370亿美元收购美国三大电视网之一的哥伦比亚广播公司（CBS）。2005年维亚康姆又通过旗下的派拉蒙公司宣布与梦工厂达成协议，以16亿美元收购梦工厂全部股份。

　　1998年至2000年，不少有线电视公司纷纷抛售资产，退出经营领域，维亚康姆抓住时机大量收购，这使得维亚康姆在很短的时间内实现了有线电视客户数量的激增。2002年，维亚康姆耗资超过1000亿美元收购AT&T宽带公司，由此占据美国最大有线电视运营商的宝座。

　　这一系列兼并收购对美国媒介产业的发展影响深远。

　　（1）改变了美国媒介产业格局。跨行业、跨领域和跨地区的经营获得许可，加速了全国性市场的形成，引入竞争的同时也激发了企业的市场活力。其他行业的资本获得进入电信、传媒领域的渠道，为产业发展带来巨大新动力。时代华纳、迪士尼、维亚康姆等一大批综合性传媒集团逐渐成形，美国传媒业变得更加集中和集约，产业竞争力获得巨大提升。

　　（2）重塑美国传媒市场形态。《1996年电信法》放开所有权限制、鼓励竞争的措施实质上激励了企业通过兼并获得市场控制权，并试图通过鼓励企业扩张而不断扩大规模经济和范围经济。在强大的资本力量的作用下，传媒优势资源不断向少数几个集团集中，一系列兼并收购活动造就了新的一批媒介寡头，超大型传媒集团成为美国经济、文化全球扩张战略的重要组成部分。例如，《1996年电信法》撤销了一家公司在全美所能拥有的电视台数量的限制（12家），撤销了一家公司在全美所能拥有的广播电台数量的限制，将一家公司在全美电视覆盖率上限从25%提升到35%。在此背景下，新闻集团旗下福克斯电视公司在全美拥有35家电视台，覆盖美国近45%的收视家庭；康卡斯特拥有2340万有线电视用户，遍布全美41个州。

　　（3）逐渐形成产业融合背景下的管制框架。技术汇聚和产业融合是《1996年电信法》制定和实施的重要背景。该法案消除了产业间的政策壁垒，为新的市场和新的竞争关系的形成铺平了道路，是美国政府对产业分立时期管理思路的调整，更是基于新的产业发展思路的政策创新。例如，《1996年电信法》对跨领域经营给予了充分肯定，力求提供公平的竞争环境；建立了弹性管理架构，联邦通信委员会（FCC）可依据市场竞争状况的变化制定新的定性判断标准，随时取消对公众利益有害的法规。

2. 欧洲传媒市场化改革

西方传统的公共广播电视制度肇始于欧洲。20 世纪 40 年代至 50 年代，随着英德两国公共广播电视制度的建立，欧洲其他国家也纷纷采用国家垄断性的广播电视公共管理体制。公共广播电视机构成为欧洲国家政治、社会生活的重要组成部分，并推动着欧洲的政治民主化和社会多元化进程。

20 世纪 70 年代，资本主义世界进入"高通胀、高失业、低经济增长"的滞胀期，公共广播电视体制开始集中显现不适应性。一方面西方社会开始进入"过度分层"时期，精英主义理念支配下的公共广播电视难以满足大众化的社会需求。公共广播电视机构所提倡的普遍服务、整合社会的媒介责任与社会现实之间产生矛盾。另一方面，公共广播电视体制保护了公共广播电视机构的垄断地位，产权的公共属性使得广播电视机构缺乏创新动力。[1] 例如，BBC 与 ITV 之间的竞争实际造成了英国广播电视市场的双寡头局面，机构臃肿、模式僵化、效率低下等问题普遍存在于欧洲各国的公共广播电视机构中。

同时期的计算机信息处理技术飞速发展，掀开了传媒产业数字化时代的大幕。新的媒介形式层出不穷，媒介资源迅速丰富，大众传媒业内部及相关产业间开始出现融合现象，这一系列变化动摇了公共广播电视体制形成的重要前提——"媒介资源稀缺性"，欧洲各国政府和企业意识到传媒产业巨大的市场前景。此外，美国传媒产业实力增强，并通过卫星电视、互联网等新媒体形式向欧洲市场强力渗透，欧洲各国政府在巨大压力下不得不重新思考新环境下的传媒管理体制。于是，20 世纪 70 年代末，在新社会思潮和商业利益集团压力的共同作用下，由政府主导，以"自由化、私有化、商业化、放松规制"为核心的媒介市场化改革席卷欧洲，欧洲传统的媒介产业格局发生了巨大变化。这一剧烈的市场化改革为欧洲媒介产业带来四个方面的影响。① 私有化。原公共媒介机构通过出售部分资产的方式催生了一批私有传媒企业。② 自由化。原来由一个或两个机构垄断的市场向新进者开放，竞争机制被引入传媒市场领域。③ 公司化。传媒机构采用公司制运作，鼓励市场行为，通过市场获利获得资源补偿。④ 商品化。媒介产品可以突破公共产品的身份限制而出现在市场上，如收费电视。[2]

媒介市场化改革使欧洲各国的媒介整合和媒介所有权结构发生了根本变化，形成了公共广播电视系统与商业广播电视系统并存的二元格局。政府降低了对传媒系统运作的介入度，导入竞争体制，促进了传媒产业的繁荣。媒介市场化改革在减轻政府负担的同时给政府带来了大量收入（许可证拍卖等），新的利益集团得以进入传媒领域，从而获得巨额利润并形成新的利益格局。

扩展阅读

1976 年，意大利宪法法院的一份判决书承认了地方性商业电台的合法地位，从而开启了私营广播的引进历史。1984 年，贝卢斯科尼收购了大部分商业性网络，基本垄断了意大

---

① 李娜. 欧美公共广播电视危机与变迁研究［M］. 北京：中国传媒大学出版社，2009：62-64.
② 默多克. 大众媒介的政治经济学［M］// 罗以澄. 新闻与传播评论. 武汉：武汉出版社，2005：26-32.

利的私营广播电视业。

1984年，德国的一家设在路德维希港市的私营有线电视台通过卫星向市民家庭试播节目，标志着商业有线卫星电视在德国落地。后来，德国私营电视台主要集中于两大家族之手：一个由出版商贝塔斯曼集团和卢森堡广播公司组成，另一个由电影发行商集团和报业集团施普林格集团组成。两个家族私营电视台所占的市场份额已大大超过公共电视台。

1985年，法国总统密特朗在新年贺词中宣布"电视全面向民间开放"。随后法国商业电台电视台数量迅速增长。1983年，通用水务公司和哈瓦斯集团（HAVAS）共同建立Canal+频道，这是法国第一家收费电视频道。在宽松的政策环境下，通用水务公司兼并收购了大批优质传媒资产，逐步剥离原有的水务能源领域资产，最终成为法国最大的传媒集团维旺迪，并跻身全球传媒集团第一阵营。

1988年，英国撒切尔政府发布白皮书《90年代的广电业：竞争、选择和质量》，表示将对广播电视业采取与其他企业一致的政策，以促进广播电视业的市场化。白皮书在肯定BBC作为英国广播电视业基石的同时，建议集中力量改革BBC和ITV双头垄断的格局，并出台《1990年广播电视法》。该法规规定广播电视经营权以最高出价人为优先获得经营权人，许多新的私营广播公司通过投票竞价的方式获得地区性特许经营权。

1991年，瑞典首家商业电视台TV4获得政府批准开播。1992年，波兰新广播法获得通过，私营电视台得到法律认可；同年，挪威首家商业电视台TV2获得议会批准开播。

20世纪90年代末，以英国为代表的欧洲国家不断放宽跨媒介所有权。1995年，英国绿皮书建议放松广播电视的跨媒介所有权。2003年，英国新《传播法》放开对非欧洲经济区私人或团体拥有媒介的限制，外国企业首次可以持有英国的全国性地面商业电视网股权。

同时，英国积极进行基于产业融合背景的管制框架设计。2000年，英国政府发布《传播的新未来》（*A New Future for Communications*）白皮书，目的在于促进英国电信和广电领域媒介的集中合法化。其建议设立新的管理机构——通信管理局（Office of Communication），统一管理电信、广播电视内容、经济规制和基础设施，从而代替各自分立的管理机构（包括独立电视委员会、广播节目标准委员会、电台管理局、电波管理局等）。

3. 日本邮政改革

第二次世界大战结束后，日本的媒体摆脱了军管体制，并迅速走上产业化的发展道路。

1953年8月，具有商业性质的日本电视台成立，这标志着日本最早成为公共电视与商业电视并存的国家。[①]直至21世纪初，日本负责邮政事务的邮政省仍然兼顾广播电视的管理工作，2001年邮政省并入总务省，日本在小泉纯一郎执政时期开始了浩浩荡荡的邮政改革。

早在田中角荣执政时期（20世纪中后期），日本的媒介产业就已经经历过一次重要的制度性改革——政府开始实施对报业和广电业的一元化管理，这直接导致日本传统媒介格局的定型：TBS与《每日新闻》，日本电视台与《读卖新闻》，朝日电视台与《朝日新闻》，东京电视台与《日本经济新闻》，富士电视台与《产经新闻》。这种以报业资本为基础发展起来的商业广

---

① 龙一春. 日本传媒体制创新［M］. 广州：南方日报出版社，2006：138.

播电视网是日本媒介产业所特有的现象，客观上十分有利于政府进行管理和控制，另一方面其也为媒介的跨领域发展带来了意外的政策动能。

20 世纪 80 年代末，日本学者较早地注意到产业融合是媒介产业发展的重要趋势，在此基础上他们提出了"中间产业"的概念。1985 年，日本政府关于日本产业结构调整的报告曾提及"技术融合"的方法；20 世纪 90 年代，邮政省开始对广播电视与通信领域发生的融合现象展开调研；2000 年，日本经济学家植草益出版了《产业融合：产业组织的发展新方向》，针对信息、金融、交通、能源四大产业做出发展预测，认为在产业融合的发展道路上，产业规制将趋向缓和，这一思想对后来的日本经济改革影响深远。

扩展阅读

长期以来，日本维持着"政企合一"的邮政体制。"日本邮政"是政府的一部分，主要由邮递、邮政储蓄和简易保险三个业务板块组成，资产和雇员规模都属于"巨无霸"级别。2004 年，邮政储蓄和简易保险的资产总额为 346 万亿日元（约合 20 万亿人民币），占日本全部金融资产的 24.5%，其中邮政储蓄余额超过当时日本四家最大银行的存款余额总和。邮政储蓄持有 25% 的日本国债。邮政储蓄雇佣 26.2 万名公务员，占国家公务员总数的 27.6%；邮政物流系统控制了日本一半的物流市场，是日本最大的陆路运输企业。[1]

日本邮政过于庞大的组织结构和政企合一的性质给政府带来了沉重负担，并导致机构肿胀、业务运作不畅、资源配置失衡等问题。据日本总务省邮政事业厅测算，1999 年至 2001 年日本邮政累计赤字高达 1 200 亿日元。作为产业融合的核心产业之一，随着技术的进步和市场的发展，邮政业组织体系和经营管理体制的不适应日益突显，这成为日本产业融合的重要障碍之一。

2001 年 4 月 26 日，日本小泉内阁提出"小政府，大经济"的全方位改革设想，主张在能够民营化的领域，政府应该尽量退出，交由民间企业经营，其中，邮政民营化是改革的核心。2003 年 4 月，总务省撤销邮政事业厅（原邮政省），成立日本邮政公社，这是日本邮政民营化的重要一步。2006 年 7 月 31 日，日本邮政改革方案出台。根据改革方案，日本邮政公社被拆分为四家公司（即邮政储蓄银行、保险公司、负责柜台接待服务的窗口公司和负责邮件投递工作的邮政事业公司），并进行股份制改革，逐步实现由政府完全控股向民营化的转型。

（二）以企业为主体

微观经济学中，企业是基本生产单位。企业向家庭和其他企业购买劳动服务和原材料等投入品，再把这些投入品转化为服务和商品，出售给家庭和企业，其目的是最大化实现收入和支出间的差。[2] 因此，作为一种经济主体，企业追求的目标是利益最大化。

① 刘艺群. 从邮政民营化看日本经济复苏中的改革动向 [J]. 当代亚太，2007（3）：32-38.
② 普特曼. 企业的经济性质 [M]. 孙经纬，译. 上海：上海财经大学出版社，2000：12.

现代企业具有两个特征：一是包含多个独立的经营单位；二是由一个层级结构式的执行经理团队管理。现代企业通过控制多个单位以实现跨区域、跨领域的经营活动。

案例　康卡斯特（Comcast）

康卡斯特总部设在美国宾夕法尼亚州的费城，是美国最大的有线电视运营商和宽带接入商，也是全球十大传媒集团之一。与其他大型传媒集团不同的是，康卡斯特并不致力于全球市场的经营，而是立足美国本土，在其业务领域内实现规模效益的最大化及由此带来的溢出效应。

康卡斯特成立于1963年，最初是一家位于美国密西西比吐佩罗城的社区性有线电视公司。今天，康卡斯特由最初的单一有线电视运营商发展成为多领域经营的综合性传媒集团，主营业务包括渠道和内容两部分，经营范围涉及有线电视网及相关设备的产品和服务、互联网、数字电话、体育、娱乐、商业贸易等多个领域。

擅长资本运作是康卡斯特能在短时间内由一家社区性电视台快速崛起的成功要素。早在1972年，康卡斯特就开始公开发行股票并在纳斯达克成功上市，以此突破企业发展的资金瓶颈。在二级市场的成功融资为其接下来的进一步扩张并购奠定了基础，这也是康卡斯特发展历程中极为关键的一步。从1986年收购W有线集团26%的股份开始，康卡斯特步入了发展快车道。1994年，康卡斯特已是拥有330万用户的美国第三大有线电视运营商。

康卡斯特尤其关注由政策变化带来的市场机遇。《1996年电信法》的推出，标志着政府放松了对媒介所有权的管制，允许电视、电信、广播跨业经营，这对美国及全球传播业产生了重大影响，全美由此掀起兼并狂潮。在这股并购大潮中，康卡斯特完成了经营业务的多元化重构，实现了企业规模成倍增长。1998年至2000年，康卡斯特通过同业收购获得的新增用户数达到288.5万户。2002年，康卡斯特花费720亿美元收购AT&T宽带业务，并因此获得宽带接入用户2 200多万，网络覆盖美国41个州。

康卡斯特坚持技术创新，并以此为纽带塑造集团核心价值，打造产业链。时任康卡斯特总裁的布莱恩·罗伯茨多次将微软的技术资源引入企业，1995年，企业对有线电视系统进行全面数字化改造，用同轴光纤升级整个系统网络，提供节目频道数达到200个，并可同时为用户提供高速互联网接入服务和视频点播服务（VOD）。2003年，康卡斯特成为美国最大的高速互联网接入服务商，占据美国宽带市场20%的份额，并在后来的数年内完成在电视、电信、互联网三个领域的产业布局，占据了"三网融合"的主导地位。

2005年，康卡斯特宣布向用户提供基于有线电视网络的电话服务。内容产业和电信产业的同步扩张是康卡斯特在互联网泡沫时代之后的重要发展战略——通过内容生产，从而实现网络渠道的立体增值。2009年12月，康卡斯特宣布与通用电气达成协议，斥资137.5亿美元收购后者持有的NBC环球51%的股份，并开始进军网络视频内容市场。

围绕着"企业主体""市场主导"的关键词，媒介产业的资源被重新配置。

1776年，亚当·斯密在《对国民财富的性质和原因研究》一书中指出，"市场是看不见的手，拥有对稀缺资源的配置机理"，标志着经济学中首次引入资源配置思想，而新古典经济学则完成了对这一思想的体系化。基于人类社会生产中的"资源稀缺性"和"欲望无限性"矛盾，新古典主义经济学将探索资源优化配置的研究置于核心议题地位。意大利经济学家帕累托（Pareto）提出了衡量资源配置是否处于最优状态的标准——"帕累托最优"，也就是当不存在能够使某人的处境变好同时不使任何人处境变坏的任意变化时，就会出现最大化福利。这个概念包含三个层面的意思：① 产品在消费者之间的最优分配；② 资源的最优技术配置；③ 最优的产出数量。[①]

市场和政府是两种最基本的资源配置机制。在经济滞胀压力和新社会思潮的影响下，从20世纪70年代开始，以英美法为代表的西方资本主义国家纷纷采取放松管制的自由主义经济政策，市场的作用被进一步强化和扩大。而这一时期刚好也是互联网和数字技术高速发展、迅速普及的时期，产业融合恰逢其时：1969年，阿帕网诞生；1975年，第一台电子计算机出现；1980年，诺拉（Nora）和明克（Minc）首次提出"融合"概念。因此，市场配置也就成为产业融合背景下西方国家媒介产业内及其相关产业间资源配置的主要方式，具体表现为企业间跨行业、跨区域的兼并和收购。

兼并（Merge），指一个以上的企业为经营发展需要并入另一个存续企业的法律行为，在兼并的过程中，被吸收的企业法人实体地位消失，而存续企业法人的实体地位依然存在，同时由于被吸收企业的资产、负债、经营业务等均并入存续企业，该存续企业的资产与债务等情况亦发生相应变化。收购（Acquisitions），指某企业以现金、债券或股票等购买另一家企业的部分或全部资产或股票（股份），从而获得对该企业在法律上的控制权。[②]

信息技术革命、全球经济一体化和产业融合构成了当前企业兼并收购最为重要的经济环境，也深刻影响着企业并购策略的选择。企业并购重组的目的呈现出复合性特征，主要包括：跨业经营，进入新的业务、行业、产业领域；规模扩张，实现内部经济发展；产业聚集，谋求外部经济扩张；资本联结，建立战略联盟。资源配置是一个动态的、长期的和具有延续性的过程，至今，以企业为核心的西方传媒市场体系仍处于这一结构性的整体变迁之中。

信息技术出现以前，出版（含报纸、杂志）、广播电视、电影（含音乐）是媒介产业的主体构成。数字化在改变传统媒体生存形态（数据格式、传输方式、生产流程等）的同时，也催生了新的媒介形态，如互联网新闻网站、IPTV、电子杂志等。光纤传输和网络技术的发展推进了电视网、电话网和计算机网的三网融合，媒体与电信业之间的边界进一步模糊。传统传媒业的内涵和外延同步改变，并引发传媒产业属性的重新定义。今天的传媒产业实际上已成为横跨通信、传媒、计算机等多个领域的综合性产业。传媒集团敏锐地意识到这一趋势，迅速调整企业业务结构和经营范围，以此搭建新产业框架下的跨行业经营平台。商业史表明，"从零开始"并不总是进入新业务领域的有效方式，"并购"能快速获得新领域的竞争优势。例如，1972年，时代公司收购家庭影院有线电视网（HBO），由杂志业进入有线电视业；1989年，时代收购华纳传播公司，从而进入电影及音乐领域。

---

① 布鲁. 经济思想史［M］. 焦国华，韩红，译. 北京：机械工业出版社，2003：292.
② 张金杰. 经济全球化中的国际资本流动［M］. 北京：经济科学出版社，2000：84-85.

表 3-1　传媒集团业务领域变化示例

传媒集团	经营领域（1970）	经营领域（2005）
时代华纳	杂志、图书出版、广播、有线电视运营商、有线电视网、节目制作	杂志、图书出版、广播、有线电视运营商、有线电视网、节目制作、交互视频、电影、音乐、网络、信息服务、数字电话
迪士尼	电影、主题公园、动画衍生品	电影、主题公园、杂志、图书出版、有线电视运营商、有线电视网、广播、音乐、网络、动画相关产业、体育产业、消费产品、手机和无线增值服务
贝塔斯曼	图书出版、报纸杂志、印刷	图书出版、报纸杂志、印刷、音乐、电影、节目制作、有线电视网、网络、电子商务、媒体服务、媒体信息技术、数据信息管理

　　通过扩大规模和集中资源，传媒企业可以聚集优势资源，然后依据自身的发展战略、竞争优势重新分配与组合各类资源，包括产品、品牌、市场等。例如，1995 年迪士尼集团收购美国广播公司（ABC）后，将其动画片、影视节目产品与 ABC 的传播网络相结合，取得了良好收益。同时，传媒企业还能实现政策许可范围内市场控制权的最大化。如康卡斯特集团一直持续购进有线电视资产，其规模达到美国法律许可最大限度并占有有线电视市场的绝对控制权。1986 年至 1990 年，美国有 400 个独立电视台和电台集团在产权交易市场上被出售，相当于全美 75% 的电视台所有权被易手过一次；1993 年至 1994 年，又有 200 个以上的电视台进入产权市场。[①] 通过产权交易和重组，电台、电视台资源经历了优胜劣汰，并在实力雄厚的传媒集团内部被重组改造。从宏观层面来看，这不仅是一次资源的重新配置，也是一次产业整体实力的提升，有利于行业的进一步发展，是实现外部经济发展的重要前提。

　　最后要指出的是，并购并不总是以获得目标企业的所有权和控制权为目标。以资本为纽带建立战略联盟是企业间并购行为的另一个重要意义。例如，贝塔斯曼集团的股份分别由贝塔斯曼基金会（57.6%）、兰博特布鲁塞尔集团（25.1%）、摩恩家族（17.3%）持有，该集团还与美国在线合作成立在线服务公司 AOL Europe；康卡斯特参股米高梅 MGM（20%）、TV One（33%）；微软公司参股康卡斯特（7.25%）；新闻集团持有英国天空广播公司（BskyB）40% 的收益权，又持有英国 Granada 电视卫星通信频道 40% 的股份。美国最大的八家媒介公司，平均每家公司与另外五家公司签署了风险共担协议。[②] 错综复杂的股权、收益和合作关系表明，各个独立、相互竞争的传媒集团实际上是一个技术、资本、信息等多方面相互交叉的利益共同体，已形成紧密关联、风险共担的战略联盟。战略联盟的形成分散了行业风险，市场交易被进一步内化，使交易成本降低，竞争强度减弱。传媒集团之间优势互补，并通过战略联盟进一步推高行业的进入壁垒，从而可以保持产业利润率水平。

---

① 李欣. 西方传媒新秩序 [M]. 广州：南方日报出版社，2008：83.

② FABRIKANT. Cooperation counts[N]. New York Times，1997-12-15.

（三）以信息产业大汇融为指向

当我们把目光转向媒介产业的发展趋势时，"开放性"成为一个至关重要的概念，甚至可以说，没有开放性，产业系统不可能发生融合。

作为媒介产业运作的技术基础，信息技术本身就具备强烈的开放性。信息技术是一个复杂的系统，至少包括信息获取技术、信息传输技术、信息处理技术和信息应用技术四个子系统。我们很难指明某项信息技术是由哪个人发明的，也难以判断信息技术创新发展的起点和终点。计算机和互联网的出现在信息技术的演进过程中具有里程碑意义，二者均为科研团队的合作成果，也充分体现了信息技术的兼容性与共享性。Linux 操作系统是自由软件和开放源代码发展中最著名的案例，1991 年 4 月，芬兰赫尔辛基大学学生 Linux Benedict Tornalds 设计了第一个系统核心 Linux0.01，并将源代码放在芬兰的 FTP 站点上供用户免费下载，用户可以根据自己的需求自由修改，核心程序的著作权归 Linux 本人所有，其他应用程序归各自的作者所有。随着用户的不断开发和修改，Linux 几经改版（包括核心程序升级和周边程序的完善），功能日益强大，并被越来越多的超级电脑所使用。今天的 Linux 实际上是世界各地无数程序员共同开发的结果。

随着信息技术的发展，"开放性"进一步得到彰显。开放式的技术标准取代了由开发商分别制定的"一人一机"的技术标准，不同规模、型号、品牌的计算机之间能够进行信息的互联、互通，并能实现数据处理的相互支持。由 Google 提出的"云计算"，是当前 IT 业的热门话题之一。Google、IBM、微软、Salesforce、腾讯、阿里等信息业巨头都搭建起了自己的云计算应用平台。"云"的核心，就是要以公开的标准和服务为基础，以互联网为中心，提供安全、快速、便捷的数据存储和网络计算服务，让互联网"云"成为每一个网民的数据中心和计算中心。"云"是一种共享的新型架构方法，用户的计算处理、存储传输能力因此获得空前提升。

随着"比特"替代文字、图片、声音、画面，计算机替代了笔、纸、打字机、编辑机，媒介产业的生产也呈现出"开放性"特征：一是生产环节的"开放"；二是产业链的"开放"。

在传统媒介的生产中，不同媒介有着各自特定的生产技术和生产流程，技术之间不存在替代关系。技术与产品之间是"一对一"的关系，不同媒介之间是相互区隔的，不同媒介产品之间差异明显。报纸和杂志对应的是印刷术，我们称之为"纸媒"；广播和电视对应的是电子技术，我们称之为"电波媒介"，因此，传媒产品的生产所依赖的是专门的传媒企业和专业化的工艺流程，生产环节相对闭合。

互联网和数字信息技术打破了这种传统的对应关系。数字技术取代了不同媒介具有专用性的生产技术，网络提供了非专用性生产平台，数据库成为多样化内容的集成中心，不同媒介联合生产、协同作业。生产环节的开放不仅是产业内的，同时还是面向个人的。双向交互传播是数字媒介的最大特征，采集和传输信息不再是记者的专利，每个人都可以用手机随时记录和发布最新发生的新闻事件——这一特征在网络社交媒体上表现得最为充分。每个用户都扮演着信息接收者和生产者的双重角色。网民用户是社交网站、博客、在线视频网站内容的重要生产者，例如，Wiki 百科这样的互联网百科全书是由网民共同编辑制作的。随着交互视频、电子报等新传媒产品的相继推出，受众也开始介入传统媒体的内容生产。数字化的传媒产品极易被复制、传播和修改，这也导致原有传媒产业盈利模式、版权法律体系等面临巨大挑战。

新技术还改变着上下游企业之间的关系。媒介产业链不断被延伸、重构,生产关系更加迂回,产业部门需要重新分工。以报纸为例,报社、造纸公司、印刷公司和投递公司(间接还包括照相机、印刷设备的生产商)是传统报纸产业链的主要构成。而在今天,生产一份报纸所涉及行业和部门的数量要多得多。写作和编辑的无纸化(使用电脑)使得计算机硬件和软件成为必需;对新闻质量和速度要求的提高推动着相关辅助设备的开发与研制,如录音笔、数码照相(摄录)机等;远程传输技术和网络技术使异地及时供稿、异地印刷成为可能,报纸发行突破了地域限制,生产效率大幅提升;电信运营商的介入为报纸内容提供了多样化的终端呈现;信息集成和数据库的建设是报纸内容存储和价值重组的必要阶段。

信息技术消解了传统媒体生产环节之间联系的必然性,同时又扩大了具体生产环节的专业性。还是以报业为例,传统报业时代,在"报社—印刷厂—投递员—受众"的传递过程中,各环节之间的关系是单向的、线性的和必然的。数字时代,同一则信息,在修改编辑的同时已然呈现在新闻网站上。完成排版编辑的报纸可以下厂印刷,也可以通过移动网络或 RSS 技术发送到用户的手机端、邮箱系统中,还可以上传至云端数据库,供更多用户共享阅读。可见,受众的选择、偏好决定着最终产品形态的呈现方式,不同环节呈现出多向、互动的网状关系,生产环节的专业化程度也大大提高。仅传输网络这一项就涉及传输介质、传输协议、信息交换等多个具有高技术含量的环节,光纤铺设、技术研发、设备配置等还需要巨大的资本投入,仅靠传媒产业的力量难以完成。分工从产业内拓展至产业间,并衍生出新的产业分工,这些新的分工最终可能发展为社会最具活力的行业机会。

信息化推动着媒介、电信、IT 等多个产业之间的融合,并不断构建一个开放性的产业框架。传统的产业划分是建立在工业化基础之上的,并以固定化的边界为依据,一个产业部门产出一类产品,且这个产品必须是不可替代的。但在信息时代,这一划分边界的方法遭遇了前所未有的挑战。原本各自独立的产业在"信息高速公路"上汇聚,在技术、业务、市场等多个层面交叉、融合,形成新的竞争和合作关系。例如,点对点的信息传递业务(电报、电话、传真)是传统电信业的核心产品,而今天的互联网企业和有线电视网运营商均可提供产品取而代之;同时,用户通过 QQ、微信等 IM 工具软件可发起远程音频、远程视频连接,而且免费。大量替代性产品的出现稀释了电信业通信业务的专属性,并在电信、有线电视、互联网企业之间形成新的竞争合作关系。

因此,产业分立时代的视角和标准已不再适合被用来描述今天的产业融合发展趋势了。日本经济学家植草益用两个同心圆来描述信息化对产业格局的改变:[①]

信息产业内的汇融还仅仅是这场产业结构整体性变迁的开始。我国于 2015 年提出了"互联网+"的概念,政府在工作报告中明确指出,要"推动移动互联网、云计算、大数据、物联网等与现代制造业结合,促进电子商务、工业互联网和互联网金融健康发展,引导互联网企业拓展国际市场"。"互联网+"概念正是对信息技术拥有的全面改造社会生产产业格局能力的形象概括,信息技术从根本上动摇了传统产业分立的基础,增加了产品需求弹性,推动了产业边界模糊化和企业组织的柔性发展。这些变化首先发生在媒介、电信、IT 产业之间,并向其他

---

① 植草益. 信息通信业的产业融合 [J]. 中国工业经济, 2001 (2).

产业持续扩散，波及农业（第一产业）、工业（第二产业），进而形成一个统一框架下庞大而复杂的产业系统，"模块化"将是未来融合产业格局中的中观与微观发展特征。

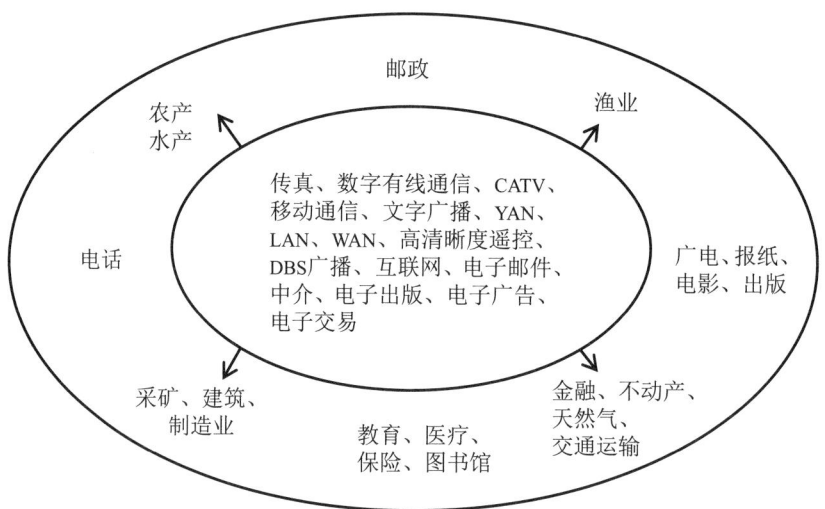

图 3-1　信息通信业的产业融合及 IT 革命的影响

二、我国媒介产业融合路径

（一）产业融合动力

1. 信息技术动力

信息经济时代，原本相对固定的技术、生产流程和最终产品之间的对应关系发生了改变，垂直一体化的产业格局也随之发生变化。这一变化并不是可以一次完成的，技术引发的融合是其中的关键因素，也是基础因素。信息技术使两种或两种以上不同技术相互渗透，发生融合，并发展出新的技术。技术融合引发后续的需求融合、市场融合，而需求和市场的变化又反过来为技术的发展提供导向。市场价值是技术创新的动力，历次技术革新提醒我们，对一种具有普适性的新技术而言，商业价值在其扩散的过程中也会突显出来。市场是产业价值实现的必要环节，市场融合拉动产业融合。当市场融合出现时，产业链下游企业就会进行产品和服务的调整，反过来影响上游企业。另一方面，产业链也向着成本更低、效率更高的方向调整变化，推动产业融合的发生。融合发生之初，原本各自分立的产业之间必然存在这样或那样的不协调，如要进行改善则需要借助技术与系统的进一步创新融合。可见，在信息技术驱动的产业融合进程中，存在一个自我强化的运行机制，促成技术创新与市场需求、产业需求的耦合，推动信息技术的创新和扩散以及产业边界的模糊。

从我国传媒产业发展的现实来看，无论产业化发展是否充分、市场机制是否健全，传媒产业都将被纳入信息经济时代产业发展的整体框架之中，发生传媒与其他产业之间的融合，以及传媒企业与市场间的融合。信息技术的发展和信息经济时代的到来给我国传媒产业带来了不小的生存压力，同时也带来了发展机遇。

第一，信息技术使传媒产业面临衰退危机。我国报业首先遭遇来自互联网的强烈冲击。从2005年开始，"报业拐点""报业寒冬"等概念在讨论我国报业发展时被频繁提及，"网络化生存"是我国报业2005年至今仍在努力探索和实践的必由之路。随着宽带普及和4G移动通信时代的到来，互联网更是削弱了广电业对渠道的传统控制力。在能提供各种在线音视频服务的手机APP面前，广电业不得不借道电信通路才能将自己的产品送达受众。信息技术还带来了无限复制、海量传输等各种新手段，传统媒体由此陷入版权保卫战……种种迹象表明，传媒产业的价值已经发生转移，传媒产业迫切需要寻求新信息化时代的产业发展之路。

第二，技术为传媒产业创造了增值空间。本质上，传媒产业的核心是"文本信息生产"，具有信息产业特征。信息技术对我国传媒产业的数字化技术改造正在进行，这种技术改造包括硬件和软件两方面，涉及传媒生产的信息采集、信息加工、信息传输和终端接收等全部环节，并使传媒业的生产效率普遍提升。随着技术创新的不断发展，新的媒介形式、媒介产品应运而生，显示出巨大的市场潜力和主流化趋势。例如，2008年北京奥运会开幕式选择通过电视、固定网络和手机同步直播，实现了人类历史上第一次对奥运会的全程数字节目生产传输。技术改造和新媒体的产生实际上是传媒产业内部信息化的过程。在这一过程中，数字信息技术已经深度介入传媒产业链中，并以其发展逻辑影响着传媒产业的发展。同时，传媒系统的信息化改造将提高传媒产业与其他产业的兼容性，传媒产业可以通过介入其他产业的产业链，或与其他产业形成新的共同的生产网络，从而获得或创造新的市场空间。

2. 可竞争市场动力

传媒产业具有自然垄断属性，因为其存在不完全竞争的市场特征，所以长期以来一直是各国政府规制的中心。近年来，随着数字技术和信息高速公路的发展，西方国家都相继放松了对传媒产业的管制政策，并以企业为主体通过市场资源的重新配置推动媒介融合和传媒产业的融合。另一方面，我国的传媒产业具有极为特殊的意识形态属性，使得我国传媒产业放松管制的过程较其他国家要复杂、曲折得多。同时，我国绝大多数传统媒介产权属于国有资产，这使我国的传媒产业增加了另一层国家垄断特征。因上述原因我国传媒产业市场的垄断状态（包括全国市场和区域市场两个层面）在一定程度上继续维持着，既得利益主体缺乏改革动力。长期来看，这一状态并不利于传媒产业提升核心竞争力，也不利于激发传媒产业参与信息经济时代的数字分工。

当前，在信息技术和产业融合的共同作用下，我国传媒产业发生着"基础技术—产品形式—生产流程—市场结构"一系列自下而上的变革，逐步呈现出可竞争性市场的特征。尽管我们很难用计量的方法检验我国传媒产业目前的市场结构和垄断程度，但通过对政策规制和市场状况的检视，我们仍然大致可以做出以下判断：一是传统媒介领域政策壁垒依然十分明显，进入与退出机制尚未形成和完善，区域垄断市场格局继续存在，竞争主要发生在同质媒体之间，属于行政安排下的竞争，如主管部门可以通过行政许可规定区域市场都市报的数量；二是数字信息技术导致传媒市场发生重大变化，特别是以互联网为代表的新媒体的发展，弱化了传媒产业的自然垄断属性，增加了潜在的竞争，使其呈现出可竞争的市场特征。

（1）信息技术降低了传媒产业的进入壁垒。传统媒介时代，传媒生产设备的配置和传输（发行）网络的搭建耗资巨大。但随着数字信息技术的发展，即使是个人也能具备一定的信息生产和传播能力。数字产品和应用软件的不断丰富，使普通大众也拥有了轻松生产文本内容的能力，互联网又为人们提供了低成本的信息传播渠道。特别是进入 4G 移动互联时代后，以智能手机、微博、微信、客户端、公众号、朋友圈等为代表的 UGC 生产方式已然扎根我国当今社会生活的每个角落，互联网的普及、硬件性能的提升、应用软件的易操作发展，极大地降低了进入传媒产业的难度和成本。

（2）信息技术扩大了传媒产业的市场规模。在数字技术的作用下，传输网络的信息承载能力获得提升，媒介资源得到极大丰富，传媒产业生产和传输的效率都相应大大提升，这也进一步扩展了传媒市场的时空覆盖。传统媒体的内容、时间、形式之间存在着对应关系。例如在模拟技术年代，观众只能通过电视机在特定的时间收看某一节目，一篇文章也只刊登在某一期报纸固定的版面位置。数字信息技术则为这些要素的组合提供了超乎想象的自由度，也由此衍生出新的业务，如 IPTV、电子书等。这些新产品和新业务可被视为对传媒市场的拓展，却与传统媒介的特征迥异。它们实际上是媒介融合的表现和产业融合的结果，是数字信息技术与市场结合的产物，其生产和经营必须符合信息经济的基本规律，与信息产业其他产品之间存在较高的兼容性。这就为其他产业领域的企业进入传媒产业市场提供了便利条件。

我国新媒体市场的发展符合可竞争市场的大部分假设条件（可竞争市场包括：企业进入和退出市场是完全自由的；相对于现有企业，潜在进入者在生产技术、产品质量、成本等方面不存在劣势；潜在进入者能够根据现有企业的价格水平评价进入市场的盈利性；潜在进入者能够采取"打了就跑"的策略。[①]巨大的潜在竞争压力促使即使处于绝对领先地位的企业也必须高度重视技术创新和产品改进。正因为如此，一方面我国新媒体市场呈现出旺盛的产业活力，快速创新、高速发展；另一方面也要求传媒产业的"可竞争市场"模式发展需要遵循以下三个方面的原则：市场可自由进入，发展专业化分工、实现规模经济，开发国内市场、接入国际市场。

3. 资本动力

随着我国文化体制改革的全面推进，我国传媒领域逐步由封闭走向开放，显现出对资本的巨大诱惑。尽管政策门槛依然存在，但各类资本仍旧寻求各种可行途径插入传媒产业领域，以求在传媒市场上分得一杯羹。2005 年至 2006 年，有一定知名度的海外风险投资和私募基金大部分都访问了中国，大批机构投资人表达了对我国传媒业的关注。

另一方面，我国传媒产业已经由市场生产要素的累积阶段进入资本运作的产业整体发展阶段，市场竞争、产业扩张都迫切需要大量资本的投入，融资成为传媒集团再发展的现实要求。同时，硬件更新、软件升级、技术导入等媒介产业数字化转型的各个实施步骤都无一例外地需要"资本先行"。因此，现阶段我国传媒产业发展过程中与资本勾连也成为必然。

资本，是社会生产的基本要素（在经济学中，"资本"是一个复合概念，包括资金、厂房、材料、劳动力等有形和无形的不同类型的生产要素。本书中"资本"一词主要讨论的是以资金为代表的金融资本），具有动态性和增值性。在价值规律的作用下，资本总是流向高利润行业。在经济发展史上，任何一个行业在发展过程中都必然产生对资本的强烈渴求，行业的繁荣与发展都离不开资本的强大推动作用。透视西方传媒的发展历史，我们发现无论是区域传媒资源的重新配置，还是全球范围内的媒介竞争，资本和资本运作都扮演着重要角色。可以说，资本是

---

① 于德淼. 可竞争市场理论与政府管制 [J]. 企业标准化，2006（8）.

传媒产业整合发展的助推器，是传媒资产积累的加速器。我们认为，资本同样是我国传媒产业融合过程中的重要力量，其作用主要表现在"推"和"拉"两个方面。

（1）资本的趋利性决定了它势必成为我国传媒产业融合进程中重要的推动力量。

从世界范围来看，由互联网引起的、以资本为纽带的传媒产业格局重组的趋势十分明显，其中美国在线与时代华纳的世纪大合并最为引人注目。事实上，频繁发生的兼并收购正是传媒与其他产业融合的重要表现形式。数字信息技术的创新与扩散使传媒产业与电信产业等多产业之间形成了共同的生产逻辑，产生了新的供给需求和市场领域，从而为更大范围内的网络经济效应显现打下基础。产业融合带来的新市场往往比传统市场有着更好的投资回报率，故此得到资本的青睐。在我国，传统媒介领域因为产权、体制等问题存在诸多投资限制，导致市场出现不确定性，这是大规模资本场外犹疑的主要原因。在市场经济体制中出现并成长的新媒体企业在发展初始便导入了现代企业运营模式，产权清晰，市场主体明确，为资本化运作提供了更理想的平台。21世纪的头十年，大量资金通过地铁电视网络、分众传播等新媒体进入我国传媒市场。红杉资本、软银集团等世界著名投资机构将自己的资金触角伸到我国新成长起来的一批新媒体市场实体中，今日看来，其中最成功的莫过于对"BAT"三巨头（百度、阿里、腾讯）的注资和持股。国内外的资本输入为新媒体产业注入巨大活力，激发了其在融合中不断寻求市场机遇以及开发创新型产品的热情，新媒体公司的良好市场表现反过来又吸引了更多资本的参与。产业与资本之间正在逐步形成"融合、创新—投资—融合、创新—投资"的良性循环。

扩展阅读[①]

2013年，我国正式进入移动互联网4G时代，来自本国的各类金融资本投资行为愈加活跃，其热度明显超过21世纪头十年国际资本的表现。梳理2013年至2016年我国传媒资本的运作发展情况，大致可归纳为以下七点。

1. IPO正常化，助推传媒类企业上市融资

2016年，主要有南方传媒、中国电影、广西广电、上影股份、新华网和贵州广电等6家公司在上交所上市，其中广电网络和电影行业各占2家，南方传媒是2016年A股第一股，中国电影是目前中国娱乐业最大的IPO。目前广电网络行业的上市公司已经超过10家，是我国传媒类上市公司的重要组成部分。

2. 海外上市公司纷纷通过私有化退市

由于之前我国资本市场的不完善、规模小等原因，许多互联网类传媒公司纷纷到海外资本市场融资。随着我国资本市场的发展，以及我国对互联网企业加强监管等因素的影响，海外上市公司有的出于安全需要，有的出于国内资本市场的高估值需要，纷纷从海外资本市场退出，退出形式为私有化。

3. 战略投资和并购力度加大

根据文化产业、传媒产业和信息产业的投融资数据显示，我国近年来相关产业领域呈

① 郭全中. 2016年中国传媒资本运作发展特点［M］// 崔保国. 中国传媒产业发展报告2017. 北京：社会科学文献出版社，2017：257.

现"回暖"现象，2016年文化传媒VC/PE融资规模为38.37亿美元，同比上升26.75%，融资案例数量241起，同比上升15.86%；并购市场宣布交易316起，同比持平，披露交易规模425.91亿美元，同比上升14.22%。

4. 政府主导成立传媒基金

除了传媒类上市公司组建各类基金之外，政府也牵头组建了各类传媒基金，尤其是广东省坚持推行"媒体＋金融"的发展战略（广东南方媒体融合发展投资基金、新媒体产业基金、珠影越秀影视文化产业发展投资基金，与浦发银行签署意向性投融资额度协议，等等）。

5. 主动跨境并购

在跨境并购方面，腾讯集团和万达集团较为活跃。其中，腾讯的海外文化传媒业并购主要集中于游戏领域，86亿美元收购芬兰手游巨头Supercell 84.3%的股份；万达集团则把投资对象对准美国好莱坞电影业，相继购买了好莱坞娱乐整合营销公司Propaganda GEM、电视节目制作公司DCP、欧洲院线公司Odeon&UCI等。同时在海外电影产业有大动作的还有阿里等。

2017年，出于外汇金融风险控制的考虑，国家对海外娱乐影视资产的并购明显加强了监管，原来大肆进行海外并购的企业在2017年基本暂停了投资行为。

6. 定增和发行债券

2016年至2017年，国家对定增、发债市场的监管力度明显加码，成功定增案例偏少，传统媒体主要通过发行短期债券的方式获得融资（如浙报传媒、重庆日报报业集团等）。

7. 商誉减值负面趋势

近几年，传媒类上市公司为了实现战略转型和业绩快速增长，纷纷通过并购方式来解决外延式增长。为了降低风险，通常采用由被收购方进行利润承诺的对赌方式，但是当被收购方不能完成利润承诺时，就会出现大量商誉减值，进而给公司带来负面影响。例如，粤传媒收购的香榭丽出现重大问题，粤传媒也因商誉减值而导致2015年净亏损4.45亿元，2016年粤传媒因为获得广州市财政大额补贴并出售集团不动产才勉强没造成赤字继续扩大。

（2）随着传媒产业的发展而产生的巨大资本需求决定了资本对传媒产业的融合将产生重要的拉动作用。

随着经营性传媒和公益性传媒的"两分开"，我国传统媒体中的经营性媒体被更大程度地推向市场，逐步失去来自政策的保护。这意味着，原本享受的因体制带来的超额利润将不复存在，企业的利润率随之大幅降低，企业对资本的吸引力也将减弱。大量资本投入又是传统媒体数字化转型和再发展的客观需求。传统媒体为获得更多的资本供给，就必须开发新的具有市场潜力的产品和服务。产业结构调整和产业间关系的变化为传统媒体的转型和市场开发提供了空间与机遇，这种对资本的需求是传统媒体主动参与融合的拉动力量。

最后需要强调的是，发挥资本在传媒产业融合中的动力作用需要建立相应的制度保障。新经济学家迈克尔·曼德尔指出，"美国建立了能投资和滋养创新活动和新企业创建活动的体系"，这正是以互联网经济为代表的新经济首先在美国而非在欧洲或日本启动的原因所在。[①]

（二）文化体制改革的制度动力

2002 年，中国共产党第十六次全国代表大会正式提出"文化产业"的概念，同年，全国文化体制改革试点工作会议在北京召开，文化体制改革大幕开启。文化体制改革是当前我国传媒产业发展的重大政治背景。传媒产业是文化产业的核心构成，传媒体制改革是文化体制改革的重要组成。构建与社会主义市场经济相适应的文化体制是当前文化体制改革的核心目标。因此，对传媒产业发展的安排与设计必然纳入文化体制改革的总体框架，服从和服务于国家改革和经济发展的整体目标。同时，中国传媒产业的现实状态和产业发展的总体趋势也是其中不容忽视的重要因素。

1. 利益平衡原则

制度在产业发展中的重要意义毋庸置疑，制度安排的形成往往是变迁成本与潜在利润之间反复权衡的结果。随着中国社会、经济的改革和传媒的产业化发展，混合性体制已不能适应传媒产业的发展需要，呈现出明显的 X– 非效率（X-inefficiency）。当前，我国传媒产业正处于制度变迁和体制转型的重要阶段，这是一个新旧规制博弈、多种规则交互制约和影响的复杂过程，也是政府、传媒等多个利益主体反复博弈的过程。因果关系、偶然性和不确定性的普遍存在加大了制度选择的难度。

在制度形成的过程中，不同利益主体可以通过这样或那样的手段发挥影响与作用，但制度的最终制定、颁布和执行却都是通过政府的强制力量来实现的。在多重主体相互博弈的过程中，政府始终居于主导地位。在传媒产业发展的制度设计中，政府的目标预设具有决定性意义。

1993 年，中央提出了"效率优先，兼顾公平"作为社会主义市场经济的分配原则，再后来提法变成"更加注重社会公平"。但中国传媒改革与发展的原则是"社会效益与经济效益兼顾"，当"社会效益"与"经济效益"发生冲突时，优先实现社会效益。2006 年 1 月，国务院发出《关于深化文化体制改革的若干意见》，提出文化体制改革的原则要求，再次强调坚持把社会效益放在首位，努力实现社会效益和经济效益的统一。这就决定了这一阶段传媒产业发展的制度设计必然兼顾双重效益，力求实现相关主体的利益平衡——政府利益、传媒利益与公众利益的平衡，以及传媒产业与其他产业利益的平衡。

传媒的体制改革和产业化发展同时涉及政府利益、公众利益和传媒利益，这是由传媒的多重属性决定的。传媒与政治力量有着与生俱来的天然联系，在政治民主进程中扮演着重要角色，是政府社会治理的重要工具；传媒具有公共物品属性，承担着社会教化、文化传承等责任；传媒的经济属性随着信息市场的出现和成熟不断彰显。同时，实现传媒的上述功能并不容易，西方公共广播电视体制在高效市场体制的冲击下发生转型；我国传媒的混合型体制成为传媒发展的制度瓶颈。

文化体制改革提出了"事业与企业分开"的改革设想，按照这一思路，传媒机构被划分为两大类：一类是公益性事业，即为社会提供公共事业服务；另一类是经营性产业，生产文化产

---

① 曼德尔. 即将来临的互联网大萧条［M］. 李斯，李燕鸿，译. 北京：光明日报出版社，2001：32.

品，绝大多数情况下可以通过市场来实现该机构的价值。这一划分方式使从本质上实现对传媒"混合"体制的突破和单纯属性传媒的建立成为可能。"两分开"设计是基于对传媒意识形态属性与经济属性的关照，在此基础上，可以通过设立公共传媒来实现传媒的公共性。合理的传媒结构应该由国家传媒、公共传媒和商业传媒构成。改革在完成经营性传媒与公益性传媒"两分开"的基础上，进一步从公益性传媒中实现"国家传播"与"公共传播"的"两分开"，进而形成以政府、传媒、公众三者利益为取向的国家传媒、商业传媒、公共传媒，使我国传媒的组织结构和利益格局在"两分开"的制度安排下得以进一步完善。

制度设计兼顾传媒产业与其他产业利益的平衡，这是国家产业结构高级化的现实要求。产业结构高级化是经济发展重点与产业结构重心由第一产业向第二产业和第三产业逐次转移的过程，是判断国家经济发展水平的重要指标。同时，传媒产业与信息技术的结合使传媒产业呈现出广阔的市场前景和旺盛的产业生命力，成为各国重点发展的朝阳产业。但从我国传媒产业的发展现状来看，尽管近年来总产值连续高速增长，但分散、弱小的局面依然十分明显。在我国当前的产业结构框架内，与传媒业存在直接竞争关系的电信、电子等几大产业中，传媒产业发展的时间相对较短，产业规模较小，若没有适当的制度设计，进入市场化运作的经营性传媒企业将在短时间内面临被相关产业企业或业外、境外资本收购兼并的威胁。因此，在没有合适制度安排的情况下盲目促进产业融合、市场融合，并不利于促进我国传媒产业的发展。

传媒产业是第三产业的重要组成部分，同时也属于国家重点开发的创意产业范畴，具有低能耗、高产出、高利润、就业密集等特征。传媒产业的成长对国家产业结构调整、软实力的提升意义重大。因此，制度安排应以促进传媒产业健康成长为出发点，从"保持适度竞争，促进产业发展"的角度着眼，依据不同产业领域的具体情况进行规制设计，采用设计进入退出机制等多样化的方法和手段使传媒与其他产业之间形成有效和有序的产业竞争。例如，2010年1月，国务院常务会议决定加速推进三网融合，并设计了广电与电信业务双向非对称进入的推进方式，给予实力较弱的广电方面一定的政策扶持，避免实施过程中因电信的强势而出现"一边倒"局面，从而能够促进数字时代网络领域良性竞争局面的形成。

2. 尊重市场主体的行政配置

在产业融合的背景下讨论对中国传媒产业发展的安排应充分考虑全球性产业结构调整这一整体性的变化。产业结构、资源配置、主体利益之间存在着相互影响、相互作用的复杂关系。产业协调的程度与资源配置是否合理、资源能否自由流动密切相关；改变资源在各生产部门的配置比例，也就改变了各部门生产能力的比例。市场主体各自利益取向下的市场策略选择也是引起资源配置格局变化的重要因素。可以说，资源配置机制同时影响着宏观产业发展和微观企业运作，关系着产业发展水平的提升与优化。

从我国传媒产业发展的角度来看，传媒资源的初始配置是在计划经济时代依据国家与政府的偏好通过行政配置的方式完成的，由此决定了当时传媒资源在不同领域、地区、单位之间的分配关系，这种分配关系延续了相当长的一段时间。进入产业化发展阶段后，市场机制开始逐步发挥对传媒资源的配置作用，但主要集中在广告资源、人力资源等方面，刊号、频率等涉及传媒产业发展的核心资源始终没有进入市场。至今，传媒资源的初始配置格局仍然深刻影响着我国传媒市场格局和产业发展。

20世纪中期，信息技术革命兴起，信息技术形成了对社会生产、管理、生活各个领域的全面介入和改造。我国传媒产业的资源结构也因此发生了变化。一方面，有形资源获得极大丰富。信息技术使媒体网络的物理性能得到改进，频道数量、信息承载能力、远距离传输能力都获得了极大提高。可利用的物质资源更加多元化，纸张、电视机、手机等多种终端均可承载传媒的内容产品。另一方面，无形资源的作用不断扩大。信息资源、技术资源、资本资源、品牌资源、注意力资源等都成了企业竞争、产业发展的必要条件。传媒市场的竞争也由单纯的产品竞争转变为综合实力的竞争，这是我国传媒产业由粗放式发展向集约式发展的必然过程。在这一过程中，产业资源再配置成为传媒产业发展的现实需求。

目前，我国传媒产业资源配置依然有着浓重的行政色彩，这使得资源的优化配置难以实现、集团组建"整而不合"等现象普遍存在，成为产业发展的桎梏。然而，通过对产业发展现状与整体实力的检视，我们发现，我国传媒产业化发展还很不充分，资本、技术、规模等方面的弱势十分明显，既不具备与国内相关产业竞争的实力，也没有形成与跨国传媒集团抗衡的核心竞争力，这将使传媒产业在市场资源的竞争中处于劣势，无疑也背离了文化体制改革解放传媒生产力的初衷。因此，完全通过市场机制进行资源配置并不是现阶段最有利于我国传媒产业发展的资源配置方式。那么，对我国传媒产业而言，什么才是成本最低、效率最高的资源配置方式呢？

建立适合我国传媒产业发展的资源配置方式应以国家和传媒产业的现实情况为出发点，立足于中国社会改革和产业结构协调的总体目标，摈弃"计划"与"市场"二元对立的观念。

（1）当"效率"优先时，市场应成为传媒产业资源配置的主要手段。建立社会主义市场经济体制是我国经济改革的核心目标，建立独立的市场主体、完善的市场运作机制是包括传媒在内的多种产业发展的必然趋势。市场的核心作用在于通过竞争机制淘汰效率低下的市场主体，迫使效率低下的技术、产品和运营管理体系退出供给，从而优化社会经济。另一方面，现今社会最活跃的技术创新和能带来经济效益的社会化应用更多地集中于市场竞争较充分的领域，特别是眼下我国正处于从4G到5G的过渡阶段，若缺少市场化的资源配置，则5G标准就很难从"行业"上升到"产业"的维度，从而失去对国民经济和社会发展的重要助力作用。

（2）当"竞争力"优先时，行政手段必然成为国有产业优质资源实现整合的首要步骤。现今的中国经历了改革开放40年的发展，正处于国内外形势错综复杂的关键时期。对内，宣传与舆论导向工作的重要性日益凸显，无形中提升了对传媒相关机能的要求；对外，我国急需找到一条能有效展现国家形象、宣传国家文化的国际传播之路，为实现"一带一路"倡议助力。上述两方面的客观现实对我国国有传媒产业的组织能力提出了更高要求，是对传媒产业中特定组织竞争力的"命题作文"。因此，基于国家行政手段的国有产业优质资源整合势在必行。

（3）作为发展中国家，我国市场的发展还有许多不完善的地方，存在着产业部门之间发展的不均衡：产业部门的生产要素边际收益差异明显，对资源的使用水平参差不齐。纯粹的市场竞争将导致"强者恒强，弱者愈弱"的局面。国家经济实力与产业竞争力的提升必须兼顾不同地区之间、不同产业部门之间的均衡。因此，行政配置是保证产业结构均衡发展的必要手段。

因此，我国传媒产业发展的资源配置方法应避免极端的市场化或极致的行政分配。根据传播行为的使命与作用，偏向经济效益的应以市场竞争为主，偏向国家战略的应以培育组织竞争力为主，偏向区域均衡、协调发展的应以降低行政部门间的博弈成本为主。当国内外环境在未来趋于宽松时，市场竞争机制的资源配置作用有望进一步提升。

3. 市场主导的多种所有制竞合

尽管我国传媒的市场化、产业化发展已有将近40年的历史，但传媒的产权问题一直悬而未决。直至2002年"文化产业"概念提出，文化体制改革也随之开始，"产权改革"才被正式提上传媒体制改革的日程。

产权是我国媒介产业发展无法回避的问题。产权制度是传媒产业制度集合中最基本、最重要的制度。目前，我国传统大众媒体的产权结构仍然是单一的国有制，这一结构方式形成于计划经济时代，是由当时的计划经济体制和传媒是"宣传工具"和"喉舌"的现实情况决定的，也因此我国传媒产业形成了混合性体制。国家和政府通过混合性体制赋予了传媒一定的经营空间，媒介资源的所有权、分配权与产品的供给权和监督权却始终由国家掌握。从产品与服务的产供组合方式上讲，政府或政府主导下的国有媒介机构是生产产品与提供服务的唯一合法机构。

产权对经济绩效存在根本性影响。首先，通过分配和转让有价值资产的所有权和指定谁从资源利用的决策中获得利益并承担成本，产权制度构成了对社会经济行为的激励。其次，通过配置决策权，主导性的产权安排决定了谁是经济系统中的主角。[1] 最后，与国民经济的其他领域相比，传媒的产权改革明显滞后，因此导致的市场主体缺失、资源配置低效等问题，成为传媒产业发展的瓶颈。

诺斯的研究表明，当现有的权力结构限制或阻碍了人们对相对价格和技术的变化做出反应，那么未被开掘的潜在收益的存在将导致个人采取更合适的产权安排。[2] 中国传媒产业存在着改变现有产权安排的迫切需求。但产权本身又是一个极为复杂的概念，产权变革更是一个系统性变化的过程。传媒产权改革无疑是传媒体制改革的难点，也是传媒产业发展的重点。

产权制度是一个经济体运行的基础，有什么样的产权制度就会有什么样的组织和什么样的效率。有效的体制应该能把产权（实质上是资源）从低效的人手中转移到高效的人手中，产权要转移到高效的人手中，就需要企业家的努力，而兼并之类的活动就是产权的转移过程。[3] 产权制度一旦确立后就决定了经济系统中谁是经济活动的参与者，并且界定了社会中财富的分配。任何产权关系都是在特定所有制前提下展开的，任何产权问题最终都是所有制问题。[4] 从世界范围来看，传媒的所有制主要有三种形式：国有制、私有制和公共所有制。在产业融合的背景下，我国传媒产权制度应逐步由单一的国有产权走向多种所有制的竞合，形成多样化的产权构成。

多元化的传媒所有制构成是我国经济发展与结构变化的必然结果。1997年，中国共产党第十五次全国代表大会将以公有制为主体、多种所有制经济共同发展作为社会主义初级阶段的一项基本经济制度确立下来。这是对我国总体经济所有制结构安排的一次重大突破，随之而来的是整个经济结构中在保持公有制经济主体地位的前提下，非公有制经济的比重上升；在公有制经济内部，国有经济的比重下降，集体经济的比重上升。

---

① 利贝卡普. 产权的缔约分析 [M]. 陈宇东，等译. 北京：中国社会科学出版社，2001：12.

② 利贝卡普. 产权的缔约分析 [M]. 陈宇东，等译. 北京：中国社会科学出版社，2001：12.

③ 卢现祥. 西方新制度经济学 [M]. 北京：中国发展出版社，2003：156.

④ 黄少安. 产权经济学导论 [M]. 济南：山东人民出版社，1997：132.

当前，在互联网、楼宇电视、SP 业务、广告业务等领域也涌现出大批以合资、独资等形式成立的非公有制企业，产能、产值不容小觑。另一方面，许多传媒相关产业领域已经形成了多种所有制并存的格局，这就意味着，随着数字信息技术的扩散和产业融合的发展，我国传媒产业所涉及的业务领域和产业领域更加宽泛，其所有制结构将因更多的跨行业的非公有制企业参与传媒生产而发生改变。同时，随着传媒产业"入世"脚步的加快和传媒集团上市进程的加速，强大的资本力量也将成为传媒产权变革的重要动力。

多元化的传媒所有制构成是我国传媒体系结构合理化的必然要求，以所有权融合为核心的组织结构融合也促进了传媒产业更深层次的融合。我国传媒体制改革遵循公益性事业与经营性产业两分开的发展思路，并将最终形成由国家传媒、商业传媒、公共传媒所构成的传媒体系。不同性质的传媒分别扮演着不同的角色，承担着不同的责任：国家传媒立足政府和国家利益，主要承担政治传播功能；商业传媒以市场为导向，追求利润的最大化；公共传媒以公众利益为导向，提供公共服务。那么，不同类型的传媒应有与其角色和责任相适应的所有制结构，以此保证功能的达成，并为长期发展提供保障。

第三节　移动互联时代我国媒介产业的实践

根据 CNNIC（中国互联网络信息中心）于 2017 年 8 月 4 日发布的第 40 次《中国互联网络发展状况统计报告》显示，截至 2017 年 6 月，中国网民规模达到 7.51 亿，2017 年上半年共计新增网民 1 992 万人；互联网普及率为 54.3%，较 2016 年底提升 1.1 个百分点。同时期，中国手机网民规模达 7.24 亿，较 2016 年底增加 2 830 万人，网民中使用手机上网人群占比由 2016 年底的 95.1% 提升至 96.3%。在网络接入方式方面，通过台式电脑和笔记本电脑接入互联网的比例分别为 55.0% 和 36.5%；手机上网使用率为 96.3%，较 2016 年年底提高 1.2 个百分点；平板电脑上网使用率为 28.7%；电视上网使用率为 26.7%。

CNNIC 将我国现阶段互联网络发展的特点概括为六个方面：（1）基础资源保有量居世界前列，出口带宽大幅增长；（2）中国网民规模 7.51 亿，数字技术助推经济社会转型；（3）手机网民占比达 96.3%，移动互联网主导地位进一步强化；（4）商务交易类应用保持高速增长，促进了消费并带动转型升级；（5）互联网理财市场趋向规范化，线下支付拓展仍是热点；（6）在线教育、网约车服务规模保持增长态势，共享单车的发展丰富了人们的出行方式。

2000 年被称为我国的"数字元年"。从最新的互联网络发展统计报告我们可以看出，数字技术对我国各产业的影响早已不局限于媒介、电信等"三网合一"领域，来自商贸、金融和线下 O2O 业务类型的借助"互联网＋"实现产业转型升级需求最为强烈，发展也最为迅猛。由于互联网络与计算机技术扩大了原有产业的边界，所以我们对移动智能时代传媒业的观察也应采用跨界的视角。

一、传统媒介领域

2016 年是我国"十三五"规划的开局之年，在"稳中求进"的总基调下我国国民经济保持了平稳健康的发展。根据国家统计局发布的数据，我国 2016 年 GDP 达 744 127 亿元，较上年增长 6.7%。虽然经济增长速度有所放缓，但社会经济消费结构与国民可支配收入增长都取得了较好的成绩，第三产业步入快速发展通道，以互联网、文化传媒为代表的新兴产业展现出强大的发展潜力。其中，传媒产业的产业规模为 1.6 万亿元，较上年同比增长 19.1%。虽然传媒产业占国民经济总体产值规模比例还不高，但增长速度引人注目，说明其发展潜力巨大。

根据相关统计数据我们不难发现，我国传媒产业增长率之所以能大幅超过 GDP，主要因为移动互联网领域的高速发展。据工信部统计，2016 年中国移动数据及互联网增值业务收入达到 4 330 亿元，较上年同比增长 39.7%。这一趋势也从媒介产业形态上表现出来，并与新兴的互联网企业发展形成反差，传统媒介企业机构数量和产量不断收缩，媒介产业内部的结构正经历着重大调整。若将媒介产业结构分为传统出版、广电、固定互联网和移动互联网，则其中传统媒体的发展与转型显得挑战重重——报业、广电业均面临市场严重下滑的窘迫境地，其中报刊广告发行市场继续呈现"断崖式下降"的趋势，电视广告市场也萎缩明显。

（一）报纸出版媒介

进入数字化发展阶段以来，我国与报刊书籍相关的印刷出版行业便逐步陷入发展瓶颈。

根据群邑集团（WPP 旗下媒介投资管理公司）测算，2016 年全球范围内的报纸印刷广告经营额下降 8.7%，成为本轮经济衰退以来最大的降幅。[1] 到 2017 年，我国报纸的广告市场已经连续第五年下降，总体降幅达到 7 成，行业内对这一大幅度下降给予"断崖式"的描述。在市场的巨大压力下，报纸经营者开始在"互联网 +"的媒介融合道路上寻求新的盈利增长点和经营模式，有的老牌报业集团甚至定下"全媒体"的发展目标，希望将传统大众传播时代积累下的产业优势转化到新的产业结构中。

针对传统出版媒介领域在过去十年里的表现，可以总结出五大特点[2]。

1. 广告经营额持续大幅度下降

广告是报纸的主要收入来源，其中都市类报纸是受广告影响最大的报种。2012 年到 2016 年，我国报业广告经营额降幅分别为 7.3%、8.1%、18.3%、35.4%、38.7%。2016 年的报纸广告市场规模已经不足六年前的三成，与 2011 年比降幅达 72%。

降幅数值的变化，恰好反映了我国固定互联网和移动互联网的高速发展，且后者的创新与扩散为广告主提供了一个新颖而魅力十足的受众注意力资源，从报纸流失的广告额大量转移到新兴网络媒介和手机应用 APP 上（如某培训机构在共享单车软件上发起的营销活动，就是通过高校公众号将免费骑行月卡推送给在校大学生的）。但根据 2017 年相关行业的报告分析，有

---

① 人民网. 全球纸媒广告萎缩加速报纸行业向数字化转型［EB/OL］.（2016-10-25）［2017-08-10］. http://world. people. com. cn/nl/2016/1025/c100228806767.html.

② 崔保国. 中国传媒产业发展报告 2017［M］. 北京：社会科学文献出版社，2017：148.

研究者认为这个断崖式的下降幅度将逐渐收窄，报业广告市场的发展即将探底。

另一方面，数据统计结果显示，全国性报纸的广告经营额下降幅度小于地方性报纸。其中，西南地区降幅最大，达 50.7%；东北地区下降了 42.4%；华东地区下降了 42.2%；华北地区下降了 35.2%；西北地区下降了 37.9%；东南地区降幅最小，为 32%。而全国性报纸的降幅为 24%，表现略好于地方性报纸。

最后，"行业投放状况"也能反映出各行业领域对报纸媒介的认知与态度。在绝大部分行业继续减少通过报纸发布广告的背景下，食品、商业服务、药品等几个行业的降幅低于 2015 年；广告规模排名前六的行业中只有房地产广告降幅大体与 2015 年持平，为 45.1%；余下行业降幅明显扩大，商业零售行业下降 47.7%，娱乐及休闲行业下降 32.4%，金融业下降 15.4%，邮电通信行业下降 38.9%，医疗和保健领域下降 34.1%。2016 年我国报纸广告投放主要行业如下：房地产、商业零售、娱乐休闲、金融、邮电通信、医疗、交通、家居、教育培训、个人用品、商业服务、食品、家用电器、工业品。投放排名前 20 的品牌有：恒大、苏宁易购、中国移动、国美、红星美凯龙、天猫、葛洪、上汽、中国工商银行、一汽、中国农业银行、碧桂园、中国银行、交通银行、万达、保利、中旅、海都鼎贵团、国旅、拜博。[①]

2. 报纸产品萎缩、发行量下滑、国民阅读习惯发生改变

发行是考察报纸行业经营状况的另一个重要指标，匹配"传阅率"指标后可以计算出报纸媒介的整体受众规模。来自报纸零售端的统计数据显示，我国都市报零售总量下滑幅度巨大，2015 年达到 50.8% 的峰值，许多报刊亭甚至因为零售额和利润减少过多而无法维持经营。同时，长期订阅用户规模也在迅速萎缩，2015 年的订阅率下降也超过 50%，读者流失情况严重。

报刊发行市场大幅下行，究其根本原因是受众阅读习惯的改变。互联网的创新与扩散对于人们获取及接收信息方式的影响是变革和颠覆性的。如果说"80 后"和"90 后"是我国互联网时代的"移民"和"原住民"，随着这两个群体相继成熟并成为当今中国社会的中流砥柱，他们与互联网息息相关的生活方式必然导致纸媒的衰落——他们通过手机、社交网络发布和获取信息，不仅获取信息的速度有可能超过专业记者，甚至能取代记者成为部分社会新闻的初始发布者。调查显示，2015 年我国成年人报纸阅读率为 45.7%，较前一年下降 9.4 个百分点；期刊阅读率为 34.6%，较前一年下降 5.7 个百分点；人均报纸阅读量和期刊阅读量也均有所下降，分别为 54.76 份和 4.91 期，较前一年分别减少 10.27 份和 1.16 期。数字阅读、移动阅读和社交媒介阅读已经成为中国人阅读的新趋势。[②]

3. "两微一端"（微博、微信、移动客户端）新媒体渠道爆发式增长

在经历了手机报、网络电子报、新闻门户网站、阅读器、iPad 应用等各种新媒体化尝试后，报业试图使用新媒体技术挽救自己产业经营局面的行为一直收效不佳。2009 年以来，各家报社陆续注册开设了自己的官方微博、微信公众号、新闻客户端。2015 年下半年，传统媒体新闻客户端达到 231 个。2016 年，报业的新闻客户端规模呈现爆炸式增长，微博、微信、

① 崔保国. 中国传媒产业发展报告 2017 [M]. 北京：社会科学文献出版社，2017：153-154.

② 中国社会科学网. 中国新闻出版研究院公布第十三次全国国民阅读调查 [EB/OL]. （2016-04-19）[2017-08-11]. http://www.cssn.cn/dybg/dyba_wh/201604/t20160419_2973544.shtml.

APP成为报业新媒体的标配,报业的微信、微博已然全面铺开,新闻客户端数量增长了一倍。

以"澎湃新闻""南方都市报""浙江新闻""封面新闻""上游新闻""成都商报"等为代表的一批报业APP的用户数量增长表现良好,报业进入移动互联网的发展阶段,将新媒体的重心转移到"两微一端",其新媒体的传播力和影响力开始显现,原本大量流失的报纸广告客户也开始在报纸的新媒体端口投放广告。

4. 政府财政拨款资助传统媒体

在报纸产业经营全面下滑的背景下,为巩固主流报纸媒体新闻舆论的主阵地地位,党报和部分细分市场的行业报纸得到国家政策扶持,2016年发行量稳中有升。其中,广州日报报业集团得到广州市政府3.5亿财政专项资金的支持,深圳报业集团连续6年获得当地政府每年1亿元财政支持,《内蒙古日报》和《吉林日报》得到政府全额订阅,《河北日报》获河北省财政1.88亿元拨款支持而实现了扩大发行,《四川日报》接受地方政府财政支持实现了发行量增长10%。[①]从2017年出台的有关党媒和宣传的政策看,财政拨款支持党媒党报的趋势还将持续下去。

5. 传统平面印刷出版媒介机构纷纷转向多元经营

多元化和跨界经营成为报纸艰难求生的必然之路,一些企业集团性质的报纸经营机构在多年前就开展了房地产、酒店、文化艺术品、旅游、会展、金融、户外广告、物流等多元化经营方式。在过去的几年中,一些位于市中心繁华地带的报业集团纷纷将办公大院、印刷基地等建筑园区升级改造为文化创意园(如南方报业集团的289艺术园区和羊城报业集团的羊城创意产业园)。

(二)广电媒介

根据CTR媒介智讯统计数据显示,2016年中国广告市场整体下降了0.6%,其中传统电视广告下降3.7%,跌幅与2015年基本持平;广播广告收入基本保持稳定发展态势,较上年增长2%,听众规模达到6.91亿,较上年增加300多万人。虽然电视和广播的市场表现一冷一热,但这两种媒介也都开始了与蓬勃发展的网络在线视听业务的深度融合。

1. 广播

与CTR统计数据有所出入,国家工商行政管理总局(现为国家市场监督管理总局)公布了2016年的传统媒介广告营业额数据。

表3-2

项目	2015年营业额(亿元)	2016年营业额(亿元)	增幅(%)
电视台	1 146.69	1 239.00	8.05
广播电台	124.49	172.64	38.64
报社	501.12	359.26	-28.31
期刊社	71.90	60.31	-16.12

① 新华网. 中国报业2016年发展报告呈现出报业"断崖式"经营下滑 [EB/OL]. (2016-12-19) [2017-08-11]. http://www.xmtnews.com/p/3405.html.

虽然与 CTR 数据的统计口径和结果有所不同，但两家单位关于广播产业发展的描述却是一致的：广播电台在过去的一年里走在了传统媒体产业经营的前列，市场增长幅度明显高于其他传统媒介形式。究其原因，可以从以下几点得到启示。

（1）"车载人群"成为听众主力，吸引广告主。根据赛立信关于 2016 年我国 70 个城市广播收听状况的调查报告，我国广播媒介的听众群体呈现出越来越高的商业价值：25 ~ 44 岁中青年比例高达 56.3%，45 ~ 54 岁人群占比接近 20%；高学历、高消费能力人群规模不断扩大，品位得以提升。有趣的是，虽然移动互联网拓宽了广播的传播渠道，但广播的收听来源仍主要是传统调频广播接收器。台式收音机、便携式收音机和手机调频 FM 在各方面均较往年有所减少，但车载调频 FM 的使用人群和使用时长均出现了快速增长的趋势。2016 年，我国私人汽车保有量达到 1.6 亿，较 2015 年增长 11.1%。按照现在城镇每户平均 2.86 人使用一辆车估算，广播的车载覆盖人群达到 4.58 亿人。[①] 另一方面，受到城市交通日益拥堵和私家车出行量增长的双重影响，驾乘者居于汽车中的时间也相应增加，这在无形中增加了广播媒介的使用频率和使用时长。

对几组数据综合分析后，我们可以描画出车载广播忠实听众的面貌：以中青年为主，超过 70% 的听众年龄介于 25 ~ 44 岁之间；有相当数量的"三高"人士，近 50% 的听众月收入超过 5000 元，超过 1 万元的听众占比 10%；超过 60% 的听众为大专及以上学历，其中本科及以上学历人群超过 25%；职业方面，以个体私营业主、企业管理人员和白领人士为主。这些听众是家庭中消费决策的积极参与者，在家庭消费中拥有较大话语权。

（2）移动互联终端（APP）收听逐步增长。原本搭载在手机上的调频 FM 功能在近两年逐渐被手机制造厂商抛弃，现代智能手机的广播收音功能大多被转移到需要下载运行且消耗数据流量的各种客户端上。这样一来，受众离开汽车后如果还需要收听广播，就必须先使用手机接入移动互联网。截至 2016 年 12 月，我国手机网民规模达到 6.95 亿人，至 2017 年年中，这一数值增长到 7.24 亿。手机网民每周上网时间达 26.5 小时，日均 3.78 小时，这些积极的媒介使用行为为广播的 APP 化提供了坚实的基础。

2013 年以来，我国广播媒体融合逐步深化，传统广播媒介机构或主动开发 APP，或将自己的音频信号接入专业的音频集成下发平台（如喜马拉雅 FM）；内容生产方面，针对移动互联网的特点，UGC 模式日益兴盛。移动电台用户规模大增，亿级用户规模的产品崭露头角，竞争日益激烈。随着未来我国数字智慧城市战略的推进和移动通信运营商资费全面下调，越来越多的手机用户不会再因为流量问题而远离在线音频接收服务。

2. 电视

从表 3-2 的数据中我们可以看出，2016 年我国电视行业的广告经营止跌反弹，止住了传统媒介产业发展连续多年下跌的颓势。除了传统的硬广告，电视台（特别是省级卫视）在过去的一年中利用各种综艺节目极大地丰富了赢利形式、增加了盈利点，冠名、赞助、植入、原生AD 等花样层出不穷，电视广告无疑是所有传统媒体广告经营中最具创新性的——利用数字、互动等互联网要素将人们重新拉回电视机前。据统计，2016 年各大卫视播出的综艺节目数量

① 崔保国. 中国传媒产业发展报告 2017［M］. 北京：社会科学文献出版社，2017：122-123.

超过 200 档，季播节目为主的形式则进一步拉高了广告招商的空间。

即便是各种热播大剧，也摆脱了之前高冷的态势，以更具亲和力、更加商业化的姿态出现在观众面前。更有甚者，湖南卫视和浙江卫视分别于 2015 年和 2016 年牵手阿里集团举办"双十一"晚会，创新了我国电视台娱乐晚会节目商业合作形式，实现了电视节目收视率和电商购物平台交易额的双赢。

在产业宏观层面上，电视媒介行业正经历着深度变革，无论在政策导向、产业格局和产业市场空间上都发生了巨大变化。媒介融合进一步深化，传统广电业全面突破。截至 2016 年第三季度，我国有线电视用户总量达到 2.54 亿户，其中数字电视用户 2.1 亿户，数字化率超过82%。在整个产业走向体系完善、监管到位的路上，产业市场呈现出以下几大趋势。

（1）收视率 VS 网播量。2016 年我国电视剧收视率与网播量可谓几家欢喜几家愁——收视率整体下滑，网播量迅猛上升。2016 年省级卫视的黄金档或周播剧场播出的 187 部电视剧中，除 2015 年年底开播的《芈月传》以 3.59% 的收视率排行第一外，进入前十的其他电视剧《亲爱的翻译官》（1.95%）、《麻雀》（1.66%）等收视率平均不超过 1.52%，即便算上《芈月传》也才 1.72%，而 2015 年电视剧前十名平均收视率为 1.88%。另一方面，2016 年《青云志》（256.56 亿次）、《锦绣未央》（196.91 亿次）、《欢乐颂》（185.15 亿次）等 11 部电视剧网络播放量过百亿次，电视剧数量比 2015 年多了 9 部。[①]

（2）先网后台。据统计，2016 年豆瓣评分 7.0 以上的 14 部国产剧中，网剧占了一半。在排名前十位的国产剧中，网播的就占了 7 部，台播为主的电视剧仅 3 部：《小别离》《欢乐颂》（这两部均未入 2016 年收视率前十）和《遇见王沥川》（收视率为 0.5%）。另一方面，2016 年收视率名列前十的国产剧在豆瓣的平均评分仅为 5.3 分，且口碑排名前七的全部为网剧。多部热门网络剧反过来攻占了电视频道黄金档，《好先生》《亲爱的翻译官》《老九门》（网络播放量首破百亿次量级，达 114 亿次）、《天空之城》《青云志》5 部周播剧就在 2016 年采取了先网后台的播放路径，而 2015 年周播剧只有《他来了，请闭眼》。[②]

（3）电视综艺从引进到创新。2016 年，随着广电总局一系列鼓励倡导综艺节目原创、创新的政策文件的出台，综艺节目由过去大量引进海外节目模式向原创和自主创新模式转型。据统计，2016 年主要卫视开播的 29 档综艺新节目中版权引进的仅为 4 个，这与前些年满屏"外国综艺中国版"的情景差别甚大，如自开播以来就保持了较好收视率的《中国好声音》和《我是歌手》，分别更名为《中国新歌声》和《歌手》，并在赛制、人员构成等方面做到与原版节目的明显不同。

近年来，电视台播出的综艺节目数量大增，2016 年更是达到 400 多档。节目产品的同质化引发了激烈竞争，融合创新成为从众多竞争对手中胜出的不二法宝——弹幕、VR 等新样态和新技术被融入节目元素与流程，播出渠道上贯彻"多屏""多终端"的策略，力求新老收视渠道无缝连接。如《国民美少女》从 2016 年 1 月 10 日开始在优酷、土豆上播出，同时也在东方卫视、来疯平台直播，其间，节目使用弹幕促进网民实时互动，反馈意见，在总决赛阶段，

① 腾讯网，2016 腾讯娱乐白皮书［EB/OL］.（2016-12-28）［2017-08-21］. http://ent.qq.com/zt2016/whitePaper/home_pc. htm.

② 百度百家号"文创资讯". 2016 年中国电视产业发展五大潮流［EB/OL］.（2016-12-31）［2017-09-12］. https://baijiahao.baidu.com/s?id=1555225515953199.

优酷还使用 VR 全程直播；湖南卫视和唱吧 APP 合作推出《我想和你唱》，以求电视大屏＋移动小屏跨屏互动，"星素同框"的模式极富创新性，因此取得了不错的播出成绩并得到广告主的大额投放——品牌独家冠名费 2 亿元，互动观众超 20 万人，首播平均收视率 1.19%，市占率 8.03%，累积观众规模 3.6 亿人，芒果 TV 总播放量 8 亿次。[①]

（4）电视新闻传播全媒体化。近年来，绝大多数传统媒体都选择了"多媒体化"或"全媒体化"作为自己应对数字技术变革的发展方针。与报刊的"两微一端"一样，电视新闻传播机构也纷纷注册运营了微博、微信公众号，开发了自己的移动客户端（APP）。

据泽传媒统计，2016 年全国卫视频道微信传播榜单中，央视新闻频道（CCTV 13）位列榜首，央视财经频道（CCTV 2）、中文国际频道（CCTV 4）紧随其后。

表 3-3

排名	频道名称	微信指数 ZCI
1	CCTV 13	664
2	CCTV 2	652
3	CCTV 4	618
4	CCTV 3	599
5	湖南卫视	582
6	河南卫视	582
7	CCTV 14	561
8	CCTV 1	554
9	浙江卫视	547
10	吉林卫视	544
11	CCTV 5	543
12	山东卫视	541
13	江苏卫视	521
14	广东卫视	519
15	河北卫视	517
16	安徽卫视	516
17	辽宁卫视	507
18	东方卫视	506
19	贵州卫视	500
20	旅游卫视	498

---

① 蒋凯警，谢璇. 国内电视综艺节目发展报告 2016 ［EB/OL］.（2017-01-09）［2017-09-12］. http://mt.sohu.com/it/d20170109/123851466_465245.shtml.

在省级电视台新闻中心的社交传播（微博、微信公众号）方面，江苏电视台新闻中心位居榜首，紧接着是福建电视台新闻中心和辽宁电视台新闻中心，指数均超过 700。

表 3-4

排名	频道名称	微信指数 ZCI
1	江苏电视台新闻中心	782
2	福建电视台新闻中心	717
3	辽宁电视台新闻中心	714
4	上海电视台新闻中心	667
5	安徽电视台新闻中心	657
6	广东电视台新闻中心	655
7	湖南电视台新闻中心	640
8	河南电视台新闻中心	626
9	宁夏电视台新闻中心	620
10	四川电视台新闻中心	602

电视作为传统媒介市场规模最大的媒介形态，位于整个媒介新技术革命的前沿。习近平总书记在"十三五"开启之年发表了关于党的新闻舆论、哲学社会科学工作和网络强国等方面的系列重要讲话。同时，新的网络技术、智能技术应用日新月异，电视步入了一个基于媒体、产业和市场融合的大视听时代，传统电视的边界逐渐消弭，但该领域在过去几十年里积累的竞争优势也逐渐显现——新闻、原创力、国际传播力等都得到新时代的认同。但同时国家监管难度倍增，监管新政频出，电视业距离发展目标尚需时日。

二、互联网企业的创新

（一）SoLoMo

2010 年，国外主要通信网络运营商开始规模化建设 4G 网络（第四代移动通信技术）。2012 年，中国工信部部长宣布中国的 4G 牌照将在一年内下发；2013 年 8 月，中国国务院总理召开主持国务院常务会议，要求提升 3G 网络覆盖和服务质量，推动年内发放 4G 牌照；同年 12 月 4 日，中国移动、中国电信和中国联通均获得 TD-LTE 牌照，标志着我国正式进入 4G 时代。

4G 时代带给人类社会的绝不仅仅是传输速度的提升，许多原本困于传输速度而无法实现的功能纷纷上线，且这些功能相互组合交叉，从而产生更多的应用与需求。早在 2011 年，美国著名风投公司 KPCB 合伙人约翰·杜尔将三个关键词组合在一起创造出被称为"SoLoMo"的新词：Social（社交）、Local（本地化）和 Mobile（移动）。他认为，社交代表网络、本地化代表商家、移动则意味着手机互动。如果说脸书（Facebook）诞生于固定互联网时期，培养了人们"坐在房间里"的社交习惯，那么类似推特和微博这样的 APP 应用则更适合处于移动中的人们通过手机随时参与社交。现在全球有超过 10 亿用户正在使用脸书和推特，而新浪微博在中国上线的两年内就获得了超过 2 亿的用户，微信（WeChat）则在 2013 年年初便宣布用户数量突破 3 亿，2017 年该软件的内地版和国际版合并月活跃用户数更是达到惊人的 8.89 亿[①]，堪称"中国第一 APP"。

1. Social

根据企鹅智酷发布的《2017 微信用户 & 生态研究报告》，2013 年至 2016 年，中国人使用微信实现社会交往的需求不断被释放，经历了几个不同的发展阶段。这种变化和发展与微信 APP 的功能迭代升级有着紧密关系，其中比较重要的几次新功能上线如下：2014 年 9 月企业公众号上线、2015 年微信朋友圈广告上线、2016 年 4 月企业微信上线、2017 年小程序上线。根据中国信息通信研究院的调查，2016 年微信日均使用时长在 4 小时以上的深度用户占比为 34.6%，较 2015 年的 17.2% 增加了一倍；2016 年 12 月微信用户的人均月度使用时间达到 1 967 分钟，超过使用时长排名第二的社交软件一倍以上，用户黏性上升，重度用户增长显著。

2013 年微信上线之初，主要从用户手机通信录中拉取数据，将用户的手机联系人变成用户的微信好友，搭配上私聊、群聊、朋友圈等不同性质的聊天环境，打造的是移动互联网环境下的熟人社交场景（家人、好友）；另一方面，微信用户的好友数量在近两年仍旧保持较稳定的增长趋势（80% 左右的用户月增 5 人以内），好友关系链也由强关系链条（家人、好友）向弱关系链条（职场行业关系、娱乐游戏关系、消费服务关系等）延伸。报告中 57.22% 的受访者表示今年新增微信好友多为职场行业关系，其中担任企业管理岗位的受访者中 74.3% 的用户表示新增好友多为同事和同行，"这意味着职业社交成为微信社交的重要一环"[②]。

如果说固定互联网时期的手机通讯录和 QQ 开创了中国的熟人社交场景，则微信高速增长的 4 年正好和移动办公软件的发展时间重合。调查显示，八成以上用户在微信上有工作行为，其中主要以工作对接、安排以及通知为主；一线城市用户是微信办公的主力，其中有 57.5% 的受访者通过微信进行工作安排，较四五线城市高出 10 个百分点以上。在小微个体经营者群体中，微信在移动办公中的作用尤为明显，九成左右的个体经营者都在微信上有过工作行为。此外，随着微信支付功能的进一步简化，通过微信进行转账交易也成为个体经营者微信办公的重要促进因素，有 70.8% 的受访者表示通过微信进行过转账交易，这一统计在自由职业者中也达到 48.8%。整体上，微信已经成为中国人职场工作场景中使用率最高的应用之一，这与微信的即时沟通的高效率有关；但在一线城市，类似电子邮件这样的异步通信形式仍旧占据着霸主地位。

2. Local

支付宝和微信支付花了数年时间，共同培养了中国人移动支付的习惯。这一重要的习惯培养最终成就了被称为中国"新四大发明"之一的移动支付（新四大发明分别为高铁、移动支付、网络购物、共享单车）。新四大发明中的两项，移动支付和共享单车都直接与 Local（本地化）有关。Local 的基础是定位技术，常见的有 PPD 定位、GPS 定位、蓝牙定位、WiFi 网络定位、

---

① 企鹅智酷. 微信 2017 用户研究和商业机会洞察［EB/OL］.（2017-04-24）［2017-09-21］. http://tech.qq.com/a/20170424/004233.htm#p=1.

② 企鹅智酷. 微信 2017 用户研究和商业机会洞察［EB/OL］.（2017-04-24）［2017-09-12］. http://tech.qq.com/a/20170424/004233.htm#p=1.

北斗定位、GPRS/CDMA 移动通信技术定位等。在我国民用领域使用最多的是 GPS、WiFi 和移动通信技术定位，类似谷歌、百度、高德等导航地图是典型的定位技术使用者。

当应用软件加载了定位和支付功能后，O2O 经济形态就从固定互联网时期的从线上至线下变成了今天的线上线下实时变向。固定互联网时期，用户大多在网上下单后去线下门店消费，如团购餐饮、美发和电影票。进入移动互联时代之后，用户可以在线下门店实时下单并支付，如优惠买单、扫码支付等。企鹅智酷的调研统计发现，移动支付的线下渗透率惊人，地域差距逐渐被抹平，这至少说明中国在"移动支付"这件事情上并不存在数字鸿沟的问题：92%的受访者选择移动支付作为自己线下消费中的主要支付方式，对现金的使用随城际下沉递增，一线城市用户中仅有 38.6% 的人选择现金作为常用支付方式，在三线及以下级别城市占比维持在 50% 上下，整体上无现金化趋势仍有下沉空间。在线下消费场景中，用户最关心的是支付速度和操作便利性，许多用户甚至已经养成随身不带现金的习惯，这无形中使无法提供非现金服务的商家面临客源流失，且这种情况在小额支付场景中尤为明显。超市、便利店、街头小摊是目前微信支付最主要的使用场景，手机支付的速度、便利性与便利店的时效性、便利性诉求相一致。

3. Mobile

如果说 Social 在时空上扩展了用户的社会关系建构范围，Local 在促进用户和本地商家之间的沟通互动方面功不可没，那么 Mobile 就是支撑上述所有功能不可或缺的技术。它不仅大幅度增加了前两者的功能种类，更让用户可以在这些方面体验到便利和愉悦，从而花费更多的时间保持 On Line 状态。

过去的 5 年和未来的 5 年，是我国城市化、品牌化、升级化、互联网高度成熟发展的时期，其中移动互联网在进入 5G 时代后，还将带给国人更多的使用体验，如人工智能应用、虚拟现实技术、无人驾驶等。这些依赖超级计算机、云计算、超级带宽传输的服务在 4G 时代遇到发展的瓶颈。来自我国互联网领域的企业主要立足于技术突破，从融合产业发展的另一端向传统媒介产业靠拢，并最终会师。

（二）内容服务

进入移动互联网发展阶段后，互联网企业提供的各种内容服务，无论在数量还是种类上均呈现出爆炸式增长的态势。其中，内容分发的"去中心化"和付费内容业务的增长显得尤为显著。

1. 内容分发的去中心化

"去中心化"是互联网的基本特征之一，在渔网式的网络结构布局中，传统意义上的"中心"正在慢慢消失，取而代之的是"节点"。从纯技术角度出发，节点和节点之间是平等的关系，整体网络结构中，缺少任何一个节点都不会影响网络整体功能的实现；以往由中心点承担的存储内容和处理内容工作，被转移到多个节点上，每个节点既是内容的接收、储存和传输者，又是内容的生成者（UGC 或 UCC）。

2013 年，我国"两微"平台进入飞速增长期，2016 年微信公众号数量达到 1 206 万，比

2015 年增长 46.2%①。在公众号数量迅猛增长的同时，受众分布也明显出现"去中心化"的现象。根据企鹅智酷的统计，76% 的活跃公众号粉丝少于 1 万人，而粉丝数量百万等级的仅占全部公众号的 1.8%。与 2015 年相比，2016 年粉丝规模 1 万人以下的公众号数量大幅度增加，这与该年内容创业浪潮的出现息息相关，大量新公众号创业者涌入，微信平台自媒体不得不面临用户增长放缓的挑战。在流量获取难度增大的不利背景下，阅读量的增长趋势也随之下降，在激烈竞争中，公众号发布内容高度同质化，用户端订阅号数量呈现过载倾向。

2. 付费内容增长

自从廉价报纸的二次销售营利模式确立以来，绝大多数受众逐渐形成不为广播电视等大众媒介内容付费的消费习惯。由于互联网信息服务具有"多媒体"特征，其提供的音频、视频服务与传统广播电视产品相似，故受众自然而然将不付费的消费习惯转移至网络，同时，激烈的市场竞争也是导致大量免费内容出现的现实背景。

但另一方面，在腾讯针对微信用户的调研中，57% 的用户又表现出愿意为优质内容付费的意愿，其中愿意支付 10 元以内的用户占 20%，愿意支付 500 元及以上的用户占 4%。付费形式方面，阅读后进行打赏的方式较受欢迎，而订阅或按篇付费则遇冷。我国现在提供付费内容的社交平台主要有微信、微博和知乎；提供付费音频视频服务的平台主要有优酷土豆、爱奇艺、腾讯、搜狐、乐视等。在有打赏行为的消费者中，58.6% 的消费者打赏过微信公众号，17.3% 的消费者打赏过微信免费表情；知乎平台的打赏渗透率稍高于微博，两者都接近 30%，它们代表着专业内容的价值与影响力；另外，各在线音乐和视频网站也在努力推广自己的付费内容服务，在打赏用户中付费听音乐看视频的用户比例超过 20%。

根据中文互联网数据资讯中心的统计，截至 2016 年 12 月 31 日，我国视频付费用户规模已达 7 500 万人，付费用户主要分布在爱奇艺、腾讯、优酷土豆、乐视四大平台，我国总体付费用户规模比 2015 年增长 241%，增速居全球首位，是美国视频付费增速的 9 倍。② 用户结构上，男女比例较为均衡，来自一线城市和主要省会城市的用户占比 72%，40 岁以下人群占比 89.6%，收入在 3 001 元至 5 000 元人群占比 51%，白领和普通职员身份人群占比 61.6%。由此我们可以描绘出我国视频付费用户的基本面貌：年轻，收入较稳定，生活在大城市，工作学习压力较大，线下社交范围较窄，对视频品质有一定要求。

2015 年至 2016 年我国视频付费业务大幅度增长，影视剧产品是其中的重要推手。调查显示，2016 年付费用户收看的节目中占比最大的是各类国内外影视剧，其余则为网络综艺、国产台网综艺、动漫、海外综艺、体育节目、演唱会、音乐会和纪录片等。

究其原因，在宏观层面上可归结为版权环境优化、付费基础环境改善、广告市场增长趋缓。其中付费基础环境改善包括通信运营商提速降费、在线支付系统多元化。这些宏观环境的变化，为提供在线服务的企业推动付费业务发展提供了原生动力。

微观层面上，提供互联网在线服务的企业通过各种付费营销策略的实施，已经成功地将

① 艾媒咨询. 2016 年 APP 与微信公众号市场研究报告［EB/OL］.（2016-11-29）［2017-09-21］. http://www.iimedia.cn/46539.html.

② 中文互联网数据资讯中心. 艺恩：2016 年中国视频行业付费市场研究报告［EB/OL］.（2017-01-17）［2017-09-21］. http://www.1991t.com/archives/562535.html.

原有的非付费用户转化为付费会员，并通过设置不同产品线，为有不同喜好、不同习惯、不同需求、不同支付能力的用户提供了与之对应的付费产品。以我国四大视频平台为例，现主要采用的付费业务推广策略如下：廉价的短期会员资格体验、长期付费会员激励、高端跨屏（手机屏、PC 屏、Pad 屏、电视屏）会员推广、独家优质作品吸引、网台或台网差异化排播。[①]

（三）融合框架内的产业焦点

2013 年至 2016 年，在技术与政策的双重推动下，我国传统媒介在创新基础上开始进行更多探索，特别在移动端、内容、渠道、平台、经营和体制几个层面均获得了显著成绩。同时，互联网企业立足于技术和市场的优势，深挖消费者价值，在产品开发、营销推广等层面继续引领行业。在数年巨大变化中，主要发展焦点如下。

1. 技术迭代，产品形态演变

受益于高新技术和智能设备的迭代，新闻信息采集与生产、新闻产品形态与传播呈现出了更加多元化、创新性的发展趋势。新技术被广泛运用于新闻媒体领域，有效推动了媒体融合过程中的应用创新，提升了信息增量，完善了用户体验。

无人机、人工智能、虚拟现实技术、GPS 定位等技术被广泛应用于国内媒体信息生产机制中，通过技术革新营造的场景再现在呈现事实和增强传播效果方面起到了推动作用。在多种题材的新闻报道中，无人机航拍为新闻摄影提供了全新视角。2016 年 1 月 4 日，《深圳晚报》成立无人机采访队以完善一线采访部门设备，并与深圳 ZAKER 及其"两微"公众号加强实时互动，开辟全视野的新闻采访模式；2016 年夏季，长江中下游各沿江城市受到洪水威胁，腾讯大楚网推出无人机看洪水的报道活动，通过俯拍给受众呈现被积水围困的武汉城区。虚拟现实技术的广泛应用更是在视觉、听觉方面延伸了用户感官，为用户创造了浸入式新闻场景，增强了新闻报道的真实性与现场感。2016 年"两会"期间，《人民日报》采取 VR 全景拍摄技术，改变了以往的固定拍摄视角，为用户呈现了立体影像，以及提供了 720 度沉浸式体验，形成了实时移动的新闻报道形态。

在数据使用和处理方面，媒体通过开发和运用自身的数据资源以期实现快速转型，以及增强用户黏性。云计算和大数据的应用推广使媒体得以充分利用巨大体量的用户价值，为定制化和精准化传播提供保障。传统媒体积极开展与互联网科技公司关于云平台的搭建，推动媒介融合发展，为主流媒体的新型化提供助力。2016 年 11 月，南方报业集团成立南都光原娱乐有限公司，通过大数据分析以获得传媒领域中有价值的 IP（知识产权），推进纸媒与资本的融合发展。2017 年 2 月，新华社启动"现场云"全国服务平台，与国内其他媒体共享"现场新闻"直播产品。

2. 内容井喷，营利模式创新

随着移动互联网用户与平台生态的变化，传播链中的内容环节价值突显出来，并迅速成为创业和投资的焦点。2015 年和 2016 年，我国的内容创业进入高速发展期。2016 年 9 月，较早进行内容平台"头条号"打造的"今日头条"宣布将拿出 10 亿元人民币对短视频创作进行补

---

① 唐绪军. 中国新媒体发展报告 2017［M］. 北京：社会科学文献出版社，2017：272.

贴，同时给予每条优质原创短视频至少 10 万次加权推荐。[①] 这是"今日头条"继 2015 年提出"千人万元"补贴计划后，再次通过巨额补贴对内容创作者进行扶持。2016 年，包括腾讯、百度、阿里巴巴等在内的互联网巨头也开始抢滩内容领域，纷纷出台专项战略计划，通过资金优势进行内容产业扩张。2016 年 4 月，网易自媒体内容平台"网易号"上线，并直接通过"自媒体亿元奖励计划"的方式进行账号培养。2016 年 11 月，百度宣布下年度将累计向内容生产者分成 100 亿元，所有个人和机构内容生产者都可以入驻"百家号"，参与"百亿分润"。[②]2016 年 12 月，UC 宣布启动 UC 订阅号"W+"量子计划并投入 10 亿元专项扶优基金，以创作奖金、广告分成两种形式对平台订阅号给予扶持。[③]2017 年 3 月，阿里巴巴继续将"W+"量子计划升级为"大鱼计划"，推出补贴计划扶持短视频的内容创作，现金投入超过 20 亿元。2017 年 2 月，腾讯加码推出"芒种计划 2.0"，继 2016 年送出 2 亿元补贴后，再次投入 12 亿元供给内容创作者。互联网巨头对内容生态体系的重视与发力带来了更加激烈的平台竞争。作为对市场的回应，在 2017 年 9 月新浪微博新推出的用户协议版本中，明确拒绝将微博平台上产生的 UGC 内容采用技术拉取至其他平台的行为。

另一方面，内容创业的形式更加多元化，短视频与内容付费成为新的热点。根据艾瑞咨询《2016 年中国短视频行业发展研究报告》表明，截至 2016 年 7 月，该行业共获得 43 笔投资，"梨视频""今日排行榜""暴娱"等项目迅速发展。内容付费领域，除主要的社交平台和在线音频视频平台（如微信、微博、知乎、优酷土豆、爱奇艺等），"分答""得到""喜马拉雅""简书""豆瓣时间"等各类内容平台通过优质内容吸引了大量用户。2016 年 12 月，新浪微博上线"微博问答"功能，通过微博大 V 进军知识电商，并通过开通"围观"功能引入了社交元素，为内容付费开创了一条新的营利途径。

在内容绝对数量爆发式增长的背景下，新媒体的流量分发平台也呈现出对传播效果的巨大影响力。根据企鹅智酷发布的《2017 自媒体趋势报告》表明，近六成自媒体人入驻了四个以上的流量平台[④]，在提升内容到达率和传播力的同时，跨渠道分发的运营状态在一定程度上也会引发内容同质化问题。

3. 媒介产业"倒融合"发展现象

媒介融合，一般情况下被认为是传统媒介与互联网信息服务企业之间的融合，融合的过程理论上应该是传统媒介通过技术迭代将其积累下来的传统优势资源转移至新兴媒介市场。但从 2015 年开始，一种由互联网企业发起的针对传统媒体进行收购兼并的"倒融合"逐渐形成趋势。阿里巴巴凭借巨大的资本优势近年来不断拓展其在传统媒介领域中的影响力，短短两年时间便入股或收购了近 30 家传统媒体，其中包括《京华时报》《北京青年报》《第一财经日报》

① 人民网. 今日头条进军短视频领域，投 10 亿元补贴创作者［EB/OL］.（2016-09-21）［2017-09-21］. http://it.people.com.cn/n1/2016/0921/c1009-28729312.html.

② 环球网. 百家号火力全开：2017 年给内容生产者分成 100 亿［EB/OL］.（2016-11-23）［2017-09-21］. http://tech.huanqiu.com/news/2016-11/9722070.html.

③ 腾讯网. UC 订阅号启动"W+"量子计划，将投入 10 亿基金鼓励创作者［EB/OL］.（2016-12-01）［2017-09-21］. http://tech.qq.com/a/20161201/028040.html.

④ 腾讯网. 内容创业新风向：企鹅智酷发布 2017 自媒体趋势报告［EB/OL］.（2017-02-21）［2017-09-21］. http://tech.qq.com/a/20170221/007017. htm#p=29.

《第一财经周刊》《博客天下》《财经天下》《商业评论》《南华早报》等。①

"倒融合"是最近发生在我国的媒介融合新现象。"倒融合"的本质，是互联网企业巨头经过过去十数年的爆炸性飞速发展掌握了巨额资本，其凭借资本优势，通过市场途径获得传统优质媒体的产权。除去资金优势，这些互联网企业巨头在用户层面、技术层面、市场数据资源层面，都具有主动发起融合变革的优势，在这样压倒性的优势面前，传统媒介被迫变成互联网巨头战略布局中的重要棋子。

三、政府政策与产业规制调适

进入 21 世纪后，全球范围内的科技资源投放重点之一就是数字信息经济。与其他产业领域相比，该领域创新活力和增长速度都是极为引人注目的，在最近十年里甚至成为世界经济发展的新动力以及全球经济发展的竞争高地。在此背景下，加大数字信息经济发展力度、推动全球信息技术产业高速发展、推动经济发展模式转型已成为世界范围内的共识。

美国商务部组建了数字经济顾问委员会（Digital Economy Board of Advisors），通过发挥学界与业界的力量为政府实施数字信息经济发展提供政策建议；英国出台《数字经济战略（2015—2018）》规划，为实现脱欧背景下的数字强国目标提供方向指引；德国提出"数字战略2025"，以推动德国宏观经济实现数字化转型；日本提出"超智能社会"科研计划，旨在打造由科技引领的全新社会。

进入移动互联时代，我国高度重视数字信息经济的发展，通过顶层设计把该领域的产业发展摆在国民经济的"优先席"上。在 2016 年的杭州 G20 峰会上，我国作为 G20 主席国，首次将"数字经济"列为 G20 创新增长蓝图中的一项重要议题。G20 会议通过了全球首个由多国领导人共同签署的数字经济政策文件《G20 数字经济发展与合作倡议》。②2016 年 10 月，习近平总书记在主持中共中央政治局第三十六次集体学习时强调：要加快数字经济对经济发展的推动，做大做强数字经济，拓展经济发展新空间。③2017 年 2 月 22 日，李克强总理在国务院常务会议上指出，互联网不仅改变了人民群众的生活方式，也直接影响着我国整体的经济结构。④2017 年，"数字经济"被首次写入国务院政府工作报告。

正是在这样一个全球经济发展放缓、国家经济结构有待调整的背景下，以数字信息技术为核心的整体经济升级发展战略被纳入快车道。面对日新月异的产业市场变化，我国无论从政府政策的出台还是媒介产业政策的调适方面从未停滞。

---

① 崔保国. 中国传媒产业发展报告 2016［M］. 北京：社会科学文献出版社，2016：14.

② 中国日报网. G20 会议通过了全球首个由多国领导人共同签署的数字经济政策文件，G20 数字经济发展与合作倡议［EB/OL］.（2016-09-28）［2017-09-21］. http://china.chinadaily.com.cn/2016/09/28/content_26926631.htm.

③ 新华网. 做大做强数字经济，拓展经济发展新空间［EB/OL］.（2016-10-06）［2017-09-21］. http://news.xinhuanet.com/politics/2016-10/09/c_1119682204.htm.

④ 中国政府网. 李克强为何盯住"提速降费"不放？［EB/OL］.（2017-02-25）［2017-09-21］. http://www.gov.cn/premier/2017-02/25/content_5170967.htm.

（一）政府政策

在国内新兴媒体迅猛发展以及全面推进媒体融合进程的大背景下，"十三五"规划建议明确提出，到 2020 年文化产业要成为国民经济支柱性产业。根据该目标，文化产业未来的增加值至少应该达到 5 万亿元，年均增长率至少要保持在 13% 以上，这也就意味着作为文化产业重要组成部分的媒介产业在"十三五"期间必须保持总体上的高速增长。2015 年始，国家为了更好地促进媒介产业的健康、高速发展，出台了一系列扶持性、规范性政策。政府在媒介产业领域的政策措施充分考虑了行业长期稳定发展的需要，提供了相应的鼓励性措施和指导性意见，对媒介产业发展起到了积极的推动、引导作用。

1. 扶持性政策

2015 年 1 月，中共中央办公厅、国务院办公厅印发了《关于加快建构现代公共文化服务体系的意见》，这对于提供公共文化服务的企业来说是重大利好。

2015 年 3 月，国务院总理李克强在《2015 年国务院政府工作报告》中首次提出"互联网+"行动计划，互联网已经成为中国经济新常态下大众创业、万众创新的新工具。同月，国家新闻出版广电总局、中华人民共和国财政部印发《关于推动传统出版和新兴出版融合发展的指导意见》，对新闻出版企业的转型升级提供资金支持。

2015 年 5 月，文化部、财政部、国家新闻出版广电总局、体育总局四部委出台《关于做好政府向社会力量购买公共文化服务工作的意见》，为社会企业提供了更多机会。同月 19 日，文化部办公厅正式印发《2015 年扶持成长型小微文化企业工作方案》，对成长型小微文化企业有较大帮助；同月 27 日，国务院办公厅转发财政部、国家发展改革委、中国人民银行《关于在公共服务领域推广政府和社会资本合作模式的指导意见》，鼓励采用政府和社会资本合作的模式，吸引社会资本参与，公共文化服务领域也在其中被提到。

2015 年 6 月，国务院印发《关于大力推进大众创业万众创新若干政策措施的意见》，在财税、融资和平台建设等多个方面释放利好。

2015 年 7 月，国务院发布《关于积极推进"互联网+"行动的指导意见》，助推从消费互联网向产业互联网转型。同月 15 日，财政部发布《关于加强中央文化企业国有资本经营预算资金管理工作的通知》，重点在于提升和完善中央文化企业国有资本经营预算资金管理。

2015 年 9 月，国务院通过《中华人民共和国电影产业促进法（草案）》，以提升文化产业水平，促进电影产业健康发展。同月 4 日，国务院办公厅印发《三网融合推广方案》，加快在全国全面推进三网融合，推动信息网络基础设施互联互通和资源共享。

2015 年 10 月，《中共中央关于繁荣发展社会主义文艺的意见》发布。同月 20 日，国务院办公厅印发《关于推进基层综合性文化服务中心建设的指导意见》。[①]

2016 年 6 月，国家新闻出版广电总局印发《关于大力推动广播电视节目自主创新工作的通知》，旨在强化和促进我国电视节目的自主知识产权创新。

2016 年 7 月，国家新闻出版广电总局印发《关于进一步加快广播电视媒体与新兴媒体融

---

① 崔保国. 中国传媒产业发展报告 2016 [M]. 北京：社会科学文献出版社，2016：244.

合发展的意见》。

在近年所有政府推出的扶持、促进性政策文件中，比较显眼的是 2015 年 9 月颁布的《中华人民共和国电影产业促进法（草案）》。这份文件从法律的最高层面为我国电影产业的发展做出顶层设计的尝试。在我国未来的媒介产业的发展过程中，还会有更多基于法律层面的文件出台，法律体系的日渐完善也是衡量一个产业是否成熟的标志。

2. 规范性政策

2016 年 2 月，国家新闻出版广电总局印发《关于进一步规范电视剧以及相关广告播出管理的通知》《加强网剧和网络自制节目监管》。

2016 年 5 月，国家新闻出版广电总局印发《关于加强网络视听节目持证机构参与"全国中小企业股份转让系统"管理有关问题的通知》《视频行业国资"特殊管理股"必须入股》。

2016 年 6 月，国家新闻出版广电总局印发《关于移动游戏出版服务管理的通知》；国家互联网信息办公室印发《互联网信息搜索服务管理规定》《移动互联网应用程序信息服务管理规定》。

2016 年 7 月至 8 月，国家新闻出版广电总局推出"限韩令"；国家互联网信息办公室印发《关于进一步加强管理制止虚假新闻的通知》；国家工商行政管理总局印发《互联网广告管理暂行办法》。

2016 年 8 月，国家新闻出版广电总局印发《关于进一步加强社会类、娱乐类新闻节目管理的通知》《关于进一步加强医疗养生类节目和医药广告播出管理的通知》《中共国家新闻出版广电总局党组关于巡视整改情况的通报》，并推出"演员打分制，限小鲜肉令"。

2017 年，相关部门针对互联网节目制作与传播的管理，出台了一系列更加严格的规范性文件，主要有《互联网视听节目服务管理规定》《专网及定向传播视听节目服务管理规定》《广播电视视频点播管理办法》。此外，国家新闻出版广电总局还发布了一系列细分规范性文件，包括《互联网视听节目服务业务分类目录》《关于进一步加强网络剧、微电影等网络视听节目管理的通知》《网络剧、微电影等网络视听节目内容审核通则》《关于进一步落实网上境外影视剧管理有关规定的通知》《关于加强网络视听节目直播服务管理有关问题的通知》《关于加强微博、微信等网络社交平台传播视听节目管理的通知》。

由此，我们不难发现，在经历了 2015 年开始的"互联网 +""大众创业万众创新"的发展浪潮后，2015 年至 2016 年我国媒介领域相继暴露出诸多问题（如愈演愈烈的网络谣言、基于搜索行为的商业推广、网络直播涉黄严重等），2016 年至 2017 年是规范性文件出台的高峰期。管理的严格主要体现在对行业准入资格的审核，以及内容报备审查等方面。

（二）产业政策调适

2000 年至 2014 年，是我国从"数字元年"走向移动互联网时代的关键时段；2014 年后，基于移动互联网对产业的变革性推动作用，国家出台了有关产业的调适措施。十几年间较为重大的产业政策如下：2009 年，国务院出台《文化产业振兴规划》；2010 年，中宣部、财政部、文化部等 9 部门联合发布《关于金融支持文化产业振兴和发展繁荣的指导意见》；2012 年中共中央办公厅发布"十二五"规划，把文化产业列为国民经济支柱性产业，十八大再次重申文化产业的国民经济支柱性产业地位；十八届三中全会提出，文化体制改革是全面深化改革的14项重要任务之一，鼓励金融资本、社会资本、文化资源相结合。

其中，财政、税收和金融政策对整个产业的发展起到基础性的促进作用。根据国家行政学院文化政策与管理研究中心编写的《2000—2014年我国文化产业政策体系研究报告》，我国媒介产业主要的政策调适内容如下。

1. 财政政策

财政政策，是国家对经济开展宏观调控的基本手段之一，属于长效机制。

2007年，国家支持动漫产业发展专项资金2亿元。2008年，国家设立文化产业发展专项资金，当年投入10亿元，同时成立中国文化产业投资基金，基金规模100亿元。2012年，财政部发布《关于贯彻落实十七大六中全会精神做好财政支持文化改革发展工作的通知》，并安排文化产业发展专项资金34.63亿元，重点支持文化体制改革、骨干文化企业培育、现代文化产业体系建设、金融资本和文化资源对接、文化科技创新和文化传播体系建设、文化企业"走出去"等六大方面。2013年，资金安排规模比2012年增长41.18%，达到48亿元。2014年，财政部支持文化产业项目达800项，其中包括环保印刷设备升级改造工程等硬件领域的项目。

2. 税收政策

税收政策，主要体现在相关税种的税收优惠措施中。

增值税方面，采取下调增值税率、出口退（免）税、免征进口环节增值税、先征后退、免税等政策手段，在生产、出口、销售等环节对经营性文化事业单位转制、重点文化产品生产企业、国务院批准成立的电影制片厂、经国务院广播影视行政主管部门批准成立的电影集团及其成员企业等机关单位及组织进行扶持。

企业所得税方面，政府出台了许多针对文化产业企业所得税的优惠政策，如对新办的文化企业3年内免征企业所得税；高新技术文化企业，按15%的税率征收企业所得税；文化企业开发新技术、新产品、新工艺发生的研发费用，允许按国家税法规定在计算应纳税所得额时加计扣除；企事业单位、社会团体和个人等社会力量，通过非营利性社会团体和国家机关对公益性青少年活动场所（包括新建）的捐赠，在缴纳企业所得税时准予扣除；新办动漫企业自开始获利年度起，第一年和第二年免征企业所得税，第三年至第五年减半征收企业所得税；企业等社会力量通过中华社会文化发展基金会对国家重点交响乐团、芭蕾舞团、图书馆、博物馆等文化事业单位的捐赠，企业所得税纳税人捐赠额在年度应纳税所得额10%以内的部分，可在计算应纳税所得额时予以扣除。

个人所得税方面，企事业单位、社会团体和个人等社会力量，通过非营利性社会团体和国家机关对公益性青少年活动场所（包括新建）的捐赠，在缴纳企业所得税时准予扣除。个人通过国家批准成立的非营利性的公益组织或国家机关向国家重点交响乐团、芭蕾舞团、图书馆、博物馆等文化事业单位的捐赠，经税务机关审核后，纳税人缴纳个人所得税时，捐赠额未超过纳税人申报的应纳税所得额30%的部分，可从其应纳税所得额中扣除。

营业税方面，纪念馆、博物馆、文化馆、美术馆、展览馆、书（画）院、图书馆、文化保护单位举办文化活动所售第一道门票收入，宗教场所举办文化、宗教活动的门票收入免征营业税。2009年至2013年，文化企业在境外演出取得的收入免征营业税，广播电影电视行政主管部门（包括中央、省、地市及县级）按照各自职能权限批准从事电影制片、发行、放映的电影集团公司（含成员企业）、电影制片厂及其他电影企业取得的销售电影拷贝收入、转让电影版权收入、电影发行收入，以及在农村取得的电影放映收入免征营业税。

关税方面，为生产重点文化产品而进口国内不能生产的自用设备及配套件、备件等，免征进口关税。科普单位（对公众开放的科技馆、自然博物馆、天文馆、气象台、地震台、高校和科研机构对外开放的科普基地），从境外购买影视作品播放权、工作带、自用影视作品，免征关税。经文化部、财政部、国家税务总局认定的动漫企业进口动漫开发生产用品，免征进口关税。

房产税及土地使用税方面，文化单位转制为企业，免征房产税。宗教寺庙、公园、名胜古迹自用的房产免缴房产税及土地使用税。因自然灾害等不可抗力或承担国家指定任务而造成亏损的文化单位，经批准免缴经营用房产的房产税及土地使用税。

3. 金融政策

我国金融政策对文化产业的支持状况可从以下几方面加以考量。

银行支持方面，主要体现在银行对文化产业的信贷投放总量不断增加，对文化产业的服务模式不断优化，信贷产品不断丰富。

资本市场方面，在深交所、上交所、美国纳斯达克等国内外主要交易所上市融资的企业不断增加，融资规模逐渐扩大，涉及的文化产业领域有所扩展，但是主要集中在传统媒体和新兴互联网业务领域，其他文化产业门类占比较少。

发债融资方面，由于我国债务市场规模较小，发行企业债门槛高，传媒类企业发行企业债尚处初级阶段。

保险支持方面，我国境内的保险公司在支持文化产业方面有所尝试，但程度较低。

文化产业投资基金属于股权投资基金，于 2002 年开始试水，目前我国该类基金多由政府主导设立，如中国文化产业投资基金。

担保机构和文化产权交易所在某些地区相关产业发展中有所作为。

综合分析上述三类产业政策，可以得出我国产业政策调适的几个特点。

（1）较多使用财政政策，政府主导设立专项资金，推动专项项目。

（2）较多使用税收减免机制，鼓励培育中小产业领域的企业发展。

（3）金融政策方面以银行支持为主，其他金融方式使用较少，手段也较为匮乏，且与有国资背景的企事业单位相比，民营小微企业获得金融扶持的难度要大得多。

扩展思考

产业未来发展关键词

综合梳理我国媒介产业在过去数十年的发展经历，重新考量中国文化的逻辑传统及其在新时代的活力体现，我们可以为我国相关领域产业未来的发展找到可以凭借的突破关键：

1. "互联网+"	2. 物联网
3. 媒介融合	4. "一带一路"
5. 人工智能、AR/VR	6. 政务新媒体，精准扶贫
7. 互联网金融与创新	8. 智慧社区、智慧城市、智慧社会

思考题

1. 为什么说营销和广告行业是媒介产业的重要组成部分？
2. 行政力量与资本力量主导下的资源配置、规模扩张有何区别？
3. 人工智能、云计算和 VR/AR 等技术能为传媒产业带来什么样的发展趋势？
4. 新时代我国传媒产业的社会功能是什么？

Chapter 4
第四章　网络传播系统的社会功能

本章要点

网络传播系统的社会功能包括以下几项：

■ 新闻报道
■ 虚拟社区与公共领域
■ 教育
■ 娱乐和商业应用

网络传播可以满足人们的众多需求。涉及通信服务和互联网使用的投入交流，即电脑联系方式的相关研究表明，将电脑用于电子传播可以满足人们以下的需求：学习、娱乐、社会联系、购物或者消磨时间。本章将围绕新闻报道、公共领域、教育、娱乐、商业应用等方面展开网络传播系统的社会功能阐述。[①]

第一节　新闻报道

网络的兴起促进了社会的整体变革，这种变革已经渗透到社会的各个层面，新闻传播行业也不例外。后新闻传播时代是我们对未来新闻传播业的一种指称[②]。在后新闻传播时代，除了技术在新闻传播上的应用日益凸显之外，更重要的是传统新闻传播的概念被打破。在这样一个时代，新闻以及新闻的生产者、发布者、传播者、受众和新闻传播的模式等都不再是传统意义上的单一解释，因为在新闻传播的过程中，新闻的产生可能只是偶然，并不是专门化的生产，而新闻的生产者、发布者、传播者和受众有可能是不同的人，也有可能在某些角色上是重合的。这些新闻传播的要素之间界限模糊，很难进行明确划分。

如果说网络传播时代还存在新闻采编人员，那么网络新闻的采编人员与传统新闻的采编人员相比，需要具备更高的综合能力，除了需要具备新闻的专业能力之外，还需要具备全媒体采写、编辑和报道的能力。网络新闻采编人员只有具有完善的媒体传播技能和快速的应变能力，才能在瞬息万变的网络当中占得一席之地。

---

① 使用与满足的相关研究：博尔思和考特赖特借鉴柏林伯格的早期成果，列出了一个大众传播、人际传播或以电脑为中介的传播可以满足的各种需求，包括：放松、娱乐、忘掉工作或其他事情、与朋友交往、获知关于自己和别人的事情、消磨时间（尤其是无聊的时候）、寻求刺激、降低孤独感、满足一种习惯、让其他人知道我在乎他们的情感、让某人为我做某事。

② 杨保军. 后新闻传播时代的开启 [J]. 现代传播，2008（6）：33-36.

一、新闻采写

第一步：策划

新闻策划是新闻从业者在冗杂的信息当中，根据受众的信息需求，提取有效信息进行整合，形成新的意义。网络新闻策划注重的是对该新闻价值的挖掘，以及对新闻的表达方式和传播方式等的选择。

在网络时代，信息更迭非常迅速，网络新闻的时效性非常重要，因此，新闻从业者需要具有新闻敏感，能从不同的新闻线索当中快速、准确地挖掘到新闻价值。新闻线索的来源大致可分为记者自身、新闻热线、记者的人脉、匿名消息、数据挖掘等。网络是挖掘匿名消息的重要渠道。社交网络包括微博、微信、博客、个人网站、论坛等经常会出现最新的新闻消息，消息的发布者一般都是当事人或者目击者，其新闻价值显而易见。当然，网络上的消息纷繁复杂，不乏有人故意发布假消息，这就需要新闻从业者甄别信息的真伪。

新闻策划发展至今，已经大大区别于传统的新闻专题策划，如今的新闻策划，更侧重在整体格局上，从横向和纵向把握新闻的动态。策展新闻是新闻策划发展的新产物，相比传统的新闻专题策划，策展新闻更符合网络的互动性、即时性的特点。

策展新闻还缺乏一个统一的定义，但是媒体行业已经察觉到策展对于新闻的影响力，因此也有不少新闻媒体开始重视使用策展的方式来生产和发布新闻。策展是最早被应用于社交媒体的。图片分享类社交网站 Pinterest，其用户可以根据自己的兴趣组成一个个"board"（版面），自己充当策展人。Storify 则进一步发挥了策展的强大功能，它将搜索引擎、社交媒体整合在一起，用户可以用自己的账号编辑搜索结果，编辑完成后直接发布，并可同步到 Twitter 或 Facebook。如果说 UGC（用户生成内容）可以让网民成为"记者"，那 UOC（用户整理内容）就可以让网民变成"编辑"。FedEx 联邦快递在几年前建立了"Brown Bailout"网站，该网站以策展的形式从权威性媒体上选取与其观点一致的新闻内容进行整合。这样的新闻策展方式既能够支持其言论立场，又提供了充足的新闻依据，让受众更容易接受其观点。

另外，策展新闻可以利用新型技术，如用 VR（虚拟现实）、AR（增强现实）来实现其新闻呈现形式的创新，从而提升新闻的价值，并赋予新闻更多含义。比如，ABC 推出的名为"ABC News VR"的新闻报道服务，让新闻用户可以"亲临"新闻现场。该电视台最早的应用实例是关于"叙利亚战区"的报道，这也使它成为全球首个采用虚拟现实技术报道新闻的电视台。

第二步：采访

在网络传播时代，新闻采访的概念已经被大大拓展了。无论是新闻采访的途径、方法、信息来源都已经大大增加，而网络传播时代的新闻采编人员，需要做到的除了拓展采访的方法、途径和信息来源之外，还需要锤炼自身在冗杂的信息当中辨别真伪、提取有效信息、提炼新闻价值的能力。

根据所采用的网络技术的不同，采访方式可分为以下几种。

1. 电子邮件采访

电子邮件的使用是互联网时代开启的重要标志，从此人们可以跨越空间、时间进行交流。使用电子邮件相比邮寄信件的交流方式更加便利。作为一种单一的交流方式，电子邮件采访一般很容易让采访者居于主导地位。

2. 公共社交网络采访

论坛及微博私信、微博评论等公共社交网络的账号（特指影响力大的公众人物或者组织账号）一般都有其自身定位，对于特定领域的问题具有发言权。另外，对于现实生活中难以接触到的采访对象，特别是不愿意透露个人信息的采访对象，我们通过公共论坛或微博进行简单采访，还是可以得到一些有价值的信息的。其缺点是采访对象的身份不明确，从而导致信息的真实性较低，而且信息量较少，因此这种采访方式只能是辅助性的，而不能作为新闻内容生产的主要来源。

3. 在线语音采访

在线语音交流和以往的电话交流没有太大差别，除了无法面对面观察对方的表现外，其他方面都和面对面采访无异。而且，通过被采访者的语气和语言的流畅程度，我们也可以对被采访者的情绪进行揣摩，从而及时调整采访问题，引导采访方向。

4. 在线文字采访

在线文字采访不像电子邮件采访那样不同步和不灵活，而且文字可以被记录下来，方便采访内容的整理和储存。但是，文字采访始终比语音或者面对面采访单调，我们难以捕捉到被采访者的现实表现。

5. 视频采访

在线视频会面采访是最接近面对面采访的一种方式，集合了面对面采访的多种优势，还解决了面对面采访的地域限制。视频采访根据访问对象人数的不同可分为个别访问法和集体访问法。其中，个别访问法又分为提纲式访问法和自由式访问法，集体访问法又分为座谈会和记者招待会。另外，除了显性采访（记者在采访过程中向采访对象公开自己身份并表明自己采访目的的采访方法）之外，还存在隐性采访。

第三步：写作

网络新闻写作是传统写作的延展，在运用全媒体的基础上，其更加碎片化、风格化，而且它更关注受众体验而不是单向地输出观点。

一般来说，网络新闻写作的体裁包括：消息、通讯、新闻评论、新闻特写、网络专题。其中，新闻评论和网络专题是区别于传统新闻的体裁。

新闻评论是指在网络媒体上就当前新闻事件或事态发表评价性意见。新闻评论既包括网络媒体自身的声音，还包括网民在网络上发表的意见以及专家学者对此现象、事件做出的分析和评论。新闻评论很好地体现了网络传播的交互性，通过评论，受众也可以参与到新闻传播当中。

网络专题是围绕着某一特定主题，集合该主题的相关新闻的专题网页或者专题栏目，是网络新闻写作的重要体裁。网络专题往往很好地体现了全媒体的特色，除了文字之外，图片、视频、音频等多种表现形式互为补充，全面地呈现了新闻内容。

真实、准确、客观是新闻报道的根基，如果缺了其中任何一个方面，都不足以成为一则真正的新闻。真实性是新闻的基本属性，是每个新闻从业者应遵从的基本原则。在网络传播时代，由于新闻媒体的增多，各个媒体的资质参差不齐，其中不乏只追求"眼球效应"而抛弃新闻真实性的媒体。作为事实的传播载体，新闻必须把事实的细节准确无误地传达给受众，否则就失去了新闻该有的价值。绝对的客观是没办法做到的，但是新闻从业者应该努力靠近客观，为受众提供全面、客观的新闻，而不是站在某个立场上，只为某一方发声，并为经济利益所驱使。

在网络传播时代，受众的选择如此之多，对新闻的要求也随之提高。受众不再满足于被动接收信息的地位，他们开始选择信息，并有自己的信息偏好。因此，低质量或者说不符合受众口味的新闻被渐渐淘汰。以往空洞的通稿不再受欢迎，取而代之的是会说故事、有丰富信息量的新闻，无论是短消息还是长篇深度报道，只要是好的新闻内容，都能够在网络中突显出来。

需要说明的是，点击率高、传播量大的新闻，并不都是高质量的，现实中不乏利用夸大的标题和敏感话题来博取眼球的新闻，这就需要人们提高甄别的能力。但是，作为一个合格的新闻从业者，需要避免只求眼球效应不求新闻质量的做法。

二、新闻编辑

网络新闻编辑工作包括网络新闻信息筛选、网络新闻加工重组、网络新闻专题策划。

第一步：网络新闻信息筛选

"把关人"的概念是 1947 年库尔特·卢因在《群体生活的渠道》中提出的，他认为，大众传媒的决策者、编辑、记者承担着传播的把关人职能，他们居于信息网的中心，拥有配置信息资源、控制信息传播的特权。网络新闻的编辑依然需要承担"把关人"的职责，对新闻信息进行筛选，对海量信息进行评价，解除冗余信息的干扰，为网民提供高质量新闻信息。

网络新闻编辑，更加需要对网络新闻稿件进行严格筛选，网络新闻的来源比较多，除了网站的原创新闻之外，还有转载的新闻稿件，转载的新闻稿件往往比较难判断其新闻来源和信息的真实性。网络上出现的假新闻常常就是因为网站新闻编辑的专业能力不足而使其成为漏网之鱼，并被广为传播。

另一方面，区别于一般的编辑选稿，网络新闻编辑在进行选稿时要遵守《互联网信息服务管理办法》《互联网新闻信息服务管理规定》以及《著作权法》等法律法规的相关要求，网络新闻编辑还有必要学习更多的法律法规来不断完善自己，进而应对处于发展完善中的互联网有关规定。[①]

第二步：网络新闻加工重组

网络的发展使得信息的获取更加便捷，但是各媒体的新闻内容却千篇一律，一打开新闻头

---

① 薛红玉. 网络新闻编辑的发展和创新策略研究［D］. 北京：北京邮电大学，2010：17.

版，基本上都是一样的内容，有时候连标题都没有改，更别提内容的加工重组了。传统媒体出身的新闻网站，常出现纸质报纸及其网站新闻内容换汤不换药的情况。对于网民和报纸的读者来说，新闻的载体换了，其需求也有所变化，比如纸质报纸的长篇报道放在网页上，网民很少会耐心看下去，编辑要对这类新闻进行提炼，才能迎合网民浏览信息的习惯。另一方面，网民的特殊性使得其关注点和兴趣与报纸读者相异，编辑需要根据网民的口味重新加工网络新闻，发掘新闻的不同内涵，对新闻的结构进行重组。

第三步：网络新闻专题（栏目）策划

新闻专题策划围绕着新闻热点展开相关新闻内容，或者将新旧信息从历史维度上进行梳理，发挥网络技术的优势，利用多媒体呈现出完整的新闻内容，给受众带来全新全面的体验。

网络海量信息的碎片化很容易让人眼花缭乱。要从纷繁的网络媒体当中突围而出，就应该明确自身的定位，做出不一样的网络新闻专题和栏目。专题策划和新闻策划（策展）不完全等同，新闻策划更倾向于新闻的全局和动态的把控，而专题策划则着重提炼新闻的引爆点，以吸引受众为主要目的。可以说，新闻专题策划是新闻策划的其中一环。

网络的交互性也为网络新闻专题和新闻栏目提供了很好的反馈。根据网民对新闻专题和栏目的评价与态度，我们可以得知网民对该专题和栏目的策划是否满意，有何改进的意见。根据以上信息，网络新闻编辑可以优化新闻专题和栏目，也可以为以后策划新闻专题和栏目奠定基础。

三、新闻传播

新闻传播是新闻报道的最后一个环节，是新闻产品依托各个网络平台和网络渠道全方位传播的过程。

随着博客、论坛、Wiki 技术的兴起，昔日被动接收信息的受众转变为信息发布者和传播者。传统新闻媒体的垄断地位也被推翻，取而代之的是"草根新闻""公民新闻"等的崛起，新闻生产和发布的门槛大大降低。例如，新浪微博在中国兴起的时候，就因为其在时效性方面的优势，释放出极大的新闻价值，许多影响力较大的网络新闻都是从微博中传播开来的。2010年2月7日，我国台湾花莲发生地震，在地震发生后的一分钟内，台湾和福建的网友就已经在新浪微博平台上发布了这一信息，很快这一信息便传遍整个平台。2016年4月5日，化名为"弯弯"的女性在北京和颐酒店被袭，该事件也是当事人自己发布到新浪微博上面的，随后该条微博引发众多网民的关注和转发，一度成为新闻热点。

在微博等平台上面的新闻发布者除了"寻常百姓"外，还有传统媒体的媒体人，他们的加入无疑是对网络新闻发展的极大助力。他们利用自身的专业能力结合网络平台的特点生产出来的便于传播的网络新闻，在网络上也是有极大影响力的。由此可见，网络新闻的发展对信息透明化有很大的影响，在这样一个网络环境下，很多信息难以通过传统的方式进行拦截，传统的新闻监管方式也受到了冲击。

四、新闻报道的新模式

技术的发展对新闻报道的影响体现在新闻报道的方方面面，新闻报道的模式在互联网时代裂变成多种新的形式，可以为受众提供更多层次的新闻体验。

（一）UGC 新闻

UGC（User-Generated Content）的含义是"用户生产内容"，指受众通过互联网或移动网络，以文字、图片、影像等形式制作发布资讯和观点等内容。UGC 新闻模式指媒介组织挖掘和利用社会性媒体用户所生产的信息内容为自身服务，降低采编成本的新闻生产模式。国外的 YouTube、Instagram、Facebook、Twitter，国内的博客、微博、微信、优酷等文字、图片和视频分享平台，都是 UGC 新闻生产的平台。在内容生产领域，除了 UGC（用户生产内容）这个概念外，还有 PGC（Professionally Generated Content）（专业人士输出内容）和 OGC（Occupationally Generated Content）（职业生产内容）。

1995 年尼葛洛庞帝所提出的"The Daily Me"的概念正被现今的新闻实践改写为"The Daily We"，甚至是"We Media"。而"We Media"的实践正好体现了 UGC 新闻的盛行。早在 2003 年，BBC 就呼吁公众提供针对伊拉克战争的反战游行队伍的新闻素材，而在 2005 年 7 月 7 日伦敦地铁巴士连环爆炸案当天，BBC 收到了公众传来的 22 000 份电邮和文本信息、300 张图片以及一系列视频素材。公众对于提供新闻素材的积极性让传统媒体意识到自媒体新闻报道的价值。BBC 在意识到这一点后，很快做出反应，他们于 2005 年成立了"用户生产内容集成中心"（UGC HUB），集中处理受众通过各种渠道提供的新闻信息，并提供给 BBC 的各编辑部和播出平台。很快，受众提供的新闻信息已经成为 BBC 日常新闻报道的重要组成部分，并且 BBC 已经形成一套比较完整的受众参与新闻报道的生产和管理机制。[①]

此后，《太阳报》《每日电讯报》《泰晤士报》《苏格兰人报》等报纸开辟了公民上传新闻素材的板块，专业编辑筛选公民上传的新闻素材后发布。UGC 新闻在国外各大传统报纸占据了重要的地位。

UGC 新闻与生俱来的非专业性为其带来了新闻生产的质量问题，新闻内容的提供者不是接受过专业训练的记者，难免在新闻素材的采集和新闻内容的生产过程中出现问题，而传统媒体新闻生产的专业性依然是其不可磨灭的优势。在 UGC 新闻生产的过程中，结合传统媒体的新闻内容把关和得当的说故事技巧，UGC 新闻的质量获得较大提升。而 UGC 新闻也从一开始的"用户生产内容"慢慢地往"受众参与内容"方向发展。对于中国来说，因为特殊的新闻传播管理体制，专业媒体的新闻工作者对 UGC 新闻生产的参与度不足。特别是类似 2018 年 10 月 28 日发生在重庆万州长江二桥上的公交车坠江事件，最开始便是以 UGC 突发事件的形式出现的。由于突发新闻的类型特征，描绘事件全貌的信息以碎片化、阶段性方式呈现，一时间网络上"谣言"四起。这个案例给予我们深刻的启示：UGC 时代的新闻传播，除了需要专业新

---

① 顾洁. "受众参与"：一种超越"用户生产"的新闻实践——从 BBC 的实践看一种发展中的新闻样态和类型 [J]. 新闻与写作，2013（9）.

闻工作者对网络传播规律的更精准把握，更需要相关部门向社会及时提供具有确定性意义的信息，从而实现在 UGC 新闻传播过程中对无序的改善和对噪音的降低。

1. 众包新闻与众筹新闻

众包（Crowdsourcing）这一概念最早由《连线》杂志编辑杰夫·豪在《众包：大众力量缘何推动商业未来》一书中提出。"众包"是指一个公司或机构把过去由员工执行的工作任务，以自由自愿的形式外包给非特定的大众网络的做法。[①]

众包模式在新闻生产领域的运用主要表现为两种方式：一是由媒体发起，公众进行信息协作的众包新闻（Crowdsourcing Journalism）；二是由记者或自媒体人发起，公众进行经济协作的众筹新闻（Crowdfunding Journalism）。

众包新闻是指媒体通过自身网站和社交媒体平台将新闻生产的任务分配给公众，鼓励公众发挥自身智慧、知识和创造力帮助记者完成新闻的报道。众筹新闻是指记者或个人在众筹平台和社交媒体上发起新闻报道计划，面向公众筹集报道所需资金，资金筹集成功后，开展调查和报道，并且作为回报，发起者在整个新闻报道过程中需及时向捐助人提供报道内容。[②]

众包新闻最初的实践，是在 2007 年由《连线》杂志和 "New assignment" 新闻试验网站合作进行的。后来两机构与纽约大学新闻系教授杰·罗森（Jay Rosen）共同成立了一个名为 "Assignment Zero"（零任务）的网站，普通人可以在网站的 "虚拟新闻中心" 参与新闻生产，提供新闻素材，最终由专业编辑收尾发布。该网站的首页就有众包新闻的发布。2009 年英国《卫报》为了调查英国国会议员的消费状况，专门设计了一个调查议员消费单据的网站平台，压缩了 45 万份文件向网民众包任务，最终揭开了议员的丑闻，这个众包新闻的案子影响不小，直接推动了英国政治改革。从这个案件可以看出，只要案件能够引起公众的兴趣，众包新闻就会收到意想不到的效果。另一个众包新闻的案例就是维基百科的新闻发布。在突发事件发生之后，网友会以 "匿名编辑" 身份更新新闻，大概 3 到 4 小时就可以完成一条基本完整的新闻，并且细节程度有时候会超过某些专业媒体。

受众参与新闻生产，从一定程度上提高了受众对新闻的关注度，也降低了专业媒体的工作量，提高了工作效率，并且在突发事件发生的时候，众包新闻快速广泛的消息源能够大大提升新闻的时效性。

众筹新闻让机构或者个人在平台上筹集新闻项目的资金，然后为资金提供者制作新闻，并发布在相应平台上。众筹新闻的平台有义务核查新闻的真实性来提高新闻生产的质量。一般来说，众筹新闻平台分为两类：一类是综合性众筹平台，众筹新闻为其中一个分类；另一类是专业的众筹新闻平台。另外，为了保证新闻报道的客观性，众筹平台会限制支持者筹资的额度，"Spot·us" 规定不得超过预期目标的 20%，而 "We report" 则规定不得超过 50%。

众筹新闻的实践始于 "Spot·us"（美国，旧金山）平台的建立。众筹新闻起源于美国，也在其他地区得到发展。"We report" 是我国台湾地区众筹新闻的发端，而大陆也有众筹网，并提供众筹新闻服务。"We report" 的宗旨是 "你支持，我报道"，平台期望通过大众的资助和参

① 豪. 众包：大众力量缘何推动商业未来 [M]. 牛文静，译. 北京：中信出版社，2011：8.

② 王琨茸. 众包众筹新闻社会化媒体时代的新闻生产新模式研究 [D]. 北京：北京交通大学，2015.

与，能使我国台湾的调查报道与新闻业走出困境："为调查报道扎根，为新闻业的重建铺路。"它为了鼓励民众参与新闻，还限制了众筹发起人的身份，如果是专业媒体人是无法在此平台众筹新闻的。众筹网作为中国最具影响力的众筹平台，是网信金融集团旗下的众筹模式网站。众筹网囊括了很多类型的众筹项目，并不是一个只专注于众筹新闻的网站。2013 年 11 月 28 日，该网站正式上线众筹新闻板块，成为大陆第一家新闻众筹网站。[①] 但是，中国的新闻环境和政策法规限制了众筹新闻的发展，众筹网作为众筹新闻的发布单位，没有新闻单位的资质，因此不能在互联网上发布新闻内容。另一方面，付费新闻在中国一直处于低迷状态，想要通过众筹来完成新闻项目，相对于国外已经养成付费新闻习惯的环境来说，更加不容易。

2. 迭代新闻

迭代新闻（Iterative Journalism）这个概念最早由美国学者保罗·布拉德肖（Paul Bradshaw）提出。他认为，新世纪的新闻报道模型是"钻石模型"。虽然"倒金字塔"的新闻模型曾经占有重要地位，但是"钻石模型"却代表了 19 世纪到 21 世纪的新闻产品的蜕变，它是新媒体的迭代新闻，是"未完的故事"。

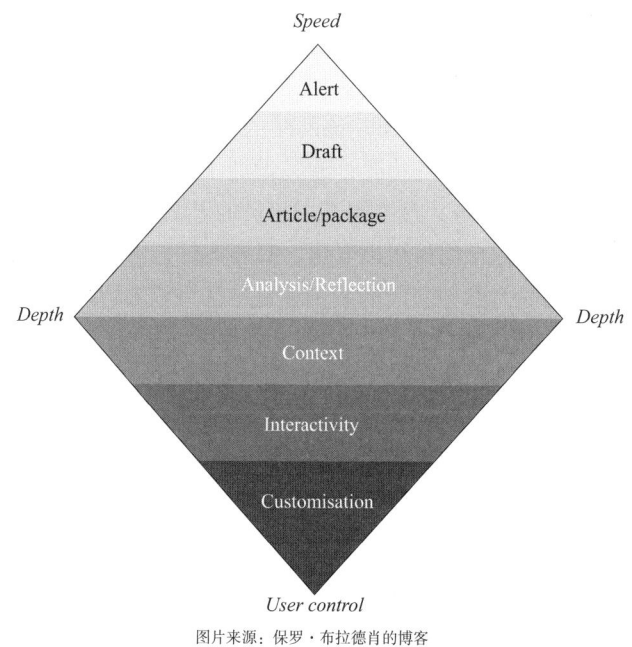

图片来源：保罗·布拉德肖的博客

图 4-1　钻石模型

新的技术提高了新闻发布的速度，而专业人士则拓展了新闻报道的深度。迭代新闻通过不断地更新来完善新闻内容，新闻也从静态的成品变成一个动态变化的"半成品"，随着时间的变化它随时可以被改变。从图 4-1 可以看出，保罗把新闻生产划分为七个阶段：快讯（Alert）、初稿（Draft）、报道（Article）、分析（Analysis）、背景（Context）、互动（Interactivity）和定制

① 魏绝华. 众筹新闻的发展及其在中国的可行性分析［D］. 济南：山东师范大学，2015：19-20.

（Customisation）。

当新闻记者或编辑注意到一个新闻的发生，他们就可以通过手机或笔记本电脑等移动终端马上发送快讯。这样一来，他们就能抢占首发新闻，吸引网络流量，增加记者或者该媒体的知名度。

虽然新闻初稿不完善，但是对于个人博客发出的消息来说已经足够，新闻内容已经包括了初始的名字、地点、时间、细节和来源。随着时间的推移，还会有新的线索出现，而新闻初稿的传播能够给最初传播者带来流量，提高其在搜索引擎中的排位。

在初稿被编辑成具有更高价值的新闻产品——新闻包裹（package）之后，传统媒体可以将此内容进行再生产，将之转化成新闻节目或者报纸新闻等形式发布出去。相比互联网生产的内容来说，传统媒体说故事的能力更强，经过编辑之后的新闻产品变得更成熟。

网络的无限空间可以为新闻产品提供背景（context），利用超链接我们就可以把它链接到一系列的文件、组织和解释之中。

通过博客上的即时反馈和其他人的意见，新闻发布者可以得到思考，可能整个过程都反映在他的博客上，这样一来也有利于新闻的探讨和更好地阐述新闻事件。

互动需要投资和准备，但是它可以做到其他媒体无法做到的，包括吸引用户和提供信息。它所产生的"长尾"资源（long tail resource）能够长时间把访客聚集起来，并进行多次访问。Flash 交互则需要几天的时间来进行生产，但它可以提供组合式的超文本、视频、音频、动画和数据库（也可以动态更新）。论坛可以为人们提供一个收集和发布经验与信息的地方。Wiki也是同样的并且更有效。在线聊天可以让用户直接访问新闻人物、记者和专家。

定制这个阶段应该是自动的，用户定制信息需要依赖他们的能力，其最基本的可能是订阅邮件、短信或 RSS 源。更先进的服务可能包括社交推荐（其他人也读这个故事……）或数据库驱动的新闻、用户可以向下得到的信息（这条街上发生了什么事？案子发生在我的社区范围内吗？），这意味着新闻生产过程整合了元标记和数据库接口，并产生了一种用这种可能性思考的文化。

布拉德肖是基于博客对迭代新闻模型进行阐述，但是这样的新闻模型依然可以应用到其他从社交媒体发布的新闻上，它们同样具有迭代新闻的特性。

3. 融合新闻

融合新闻（Convergence Journalism）模式是新旧媒体进行跨平台合作向目标受众进行新闻传播的一种创新性的新闻报道模式。也有美国学者称之为多样化新闻（Multiple Journalism），即采用文字、图片、视频等多媒体手段进行新闻报道。

融合新闻不是单纯地将一样的新闻内容复制粘贴到各个平台，而是发挥各个平台的优势制作内容，针对不同的渠道、不同的受众群，进行广泛、有效的传播，达到"1+1>2"的效果。作为美国乃至国际知名的新闻奖项——普利策奖，其对于奖项设置的改变正反映了融合新闻的大势所趋。从 2007 年开始，突发新闻报道奖和突发新闻摄影奖可以接受只在报纸网站上刊登（并不一定需要在纸质报纸上发表）的作品。2009 年，普利策新闻奖的 14 个奖项都对非报纸媒体放开。只要是致力于原创性新闻报道及对当下事件进行报道、评论的网站，哪怕并非由报纸创办，也能参与所有奖项的评选（由杂志、电台、电视台等创办的新闻网站不在此列）。由此可见，融合新闻在国际新闻的发展中占据了重要位置。①

定义融合（defining convergence）、技术融合（technology convergence）、经济融合（economic convergence）是融合新闻的三大特点。融合新闻最基础的特点应该是技术融合，没有技术层面的融合，其他方面的融合都无从谈起。定义融合可以从四个层面来看，第一个是媒体产业（Media Industries）、第二个是媒体内容（Media Content）、第三个是媒体技术（Media Technologies）、第四个是媒体受众（Media Audiences）。

试想一下，不同媒体的从业人员一起制作了各式各样的新闻内容，提供给不同群体的受众，而不同的元素融合到一起迸发出新的火花，这就是融合新闻带给人们的惊喜。而融合新闻延伸到产业的时候，其经济价值也受到了重视。媒体集团的商业并购正在不断地上演，比如，世界闻名的新闻集团，2005 年 7 月，已签署协议用 5.8 亿美元收购 Intermix 媒体公司，以开拓集团互联网新闻博客市场和社区网络市场。由此我们可以看出大型的媒体集团对于进军新媒体、着手产业融合的决心。

融合新闻是在传统媒体日渐衰落的环境中诞生和发展的，被视为新闻行业的救命稻草。

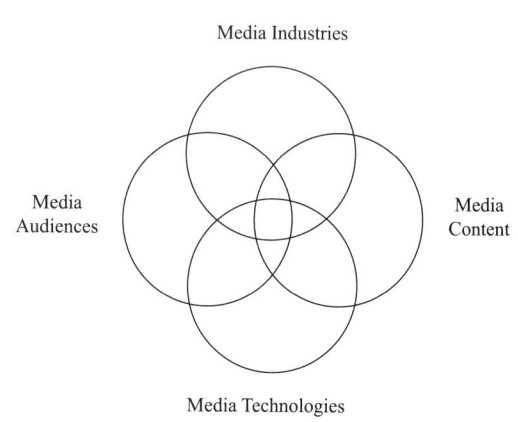

图片来源：截取自Janet Kolodzy "定义融合" 的模型

图 4-2

但是在实践当中，并不是所有的融合新闻都取得了理想成绩，单纯的技术融合、单纯的平台合作并不能制作出合格的融合新闻产品。融合新闻的核心是"融合"，无论是从技术层面、内容层面，还是从经济操作方面的"融合"都对新闻产品有影响。因此，如何探索出一条属于融合新闻的成功道路，还需各个媒体进行实践和经验的总结。

4. 数据新闻

数据新闻起源于计算机辅助报道和精确新闻，但是后者在国内学界和业界的反映远不如前者。计算机辅助报道经历了三个发展阶段：基于强大计算能力的结果预测阶段、基于公共利益的精确新闻阶段和基于商业价值的数据新闻阶段。

由欧洲新闻学中心和开放知识基金会共同编写的《数据新闻学手册》认为："数据新闻把传统的新闻敏感性和有说服力的叙事能力，与海量的数字信息相结合，创造了新的可能。"张戈浩提出近年来数据新闻的三个进步：首先，数据新闻所分析的数据量级已远非传统新闻操作中数据图表能及的，其数据多以上万甚至百万、千万计；其次，在作品展示方面，由于可视化技术的发展以及网络媒体的出现，互动式可视化效果在新闻作品中呈现已成为可能；最后，更重要的是，以往的新闻模式更多的是以文字为主、数据为辅，或是数据与文字相辅相成，而数据新闻则是数据为先，文字在后，数据驱动的新闻在一定程度上改变了新闻生产的思路与流程。布拉德肖则依照传统新闻学中关于"倒金字塔"结构理论，提出了数据新闻的双金字塔结构。

① 周婷婷. 媒介融合与融合新闻——2015 年普利策新闻奖观察［J］. 新闻记者，2015（6）.

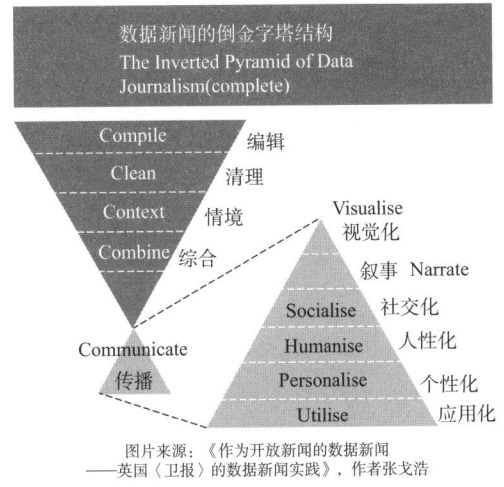

图片来源：《作为开放新闻的数据新闻
——英国〈卫报〉的数据新闻实践》，作者张戈浩

图 4-3

数据新闻是在当下全球新闻业应对大数据时代的发展变革的背景下产生的新兴领域，且被视为未来新闻业的发展趋势。从当下学界和业界对数据新闻的追逐来看，数据新闻已被诸多媒体视作生存的必要手段及下一步的业务增长点。

2009 年《卫报》开创了"数据博客"（http：//www.guardian.co.uk/news/datablog），是数据新闻发展的一个里程碑。2012 年数据新闻奖（Data Journalism Awards，DJA）首度设立，它是国际上第一个表彰数据新闻领域优秀工作的专业奖项，由全球编辑网（Global Editors Network，GEN）发起和组织，谷歌公司资助奖励。随着数据新闻地位的日渐提高，老牌新闻奖普利策新闻奖也在它的第 100 年（2016 年）将全国报道奖给了由《华盛顿邮报》制作的数据新闻。

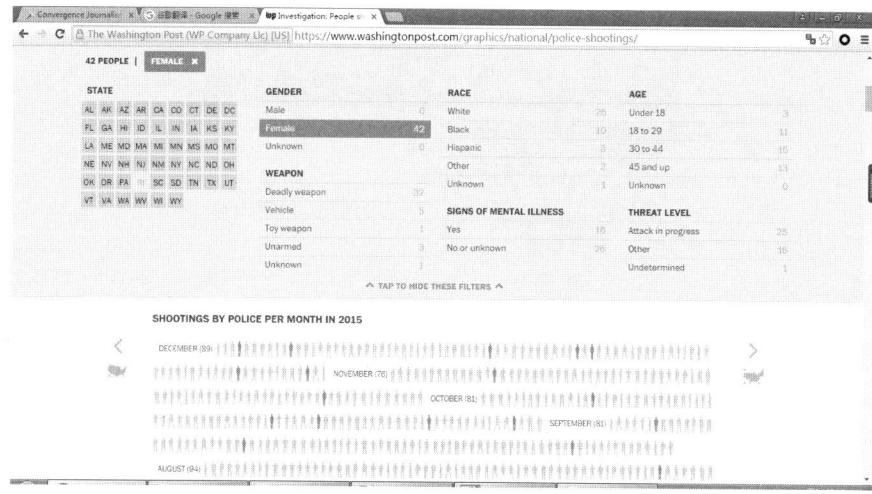

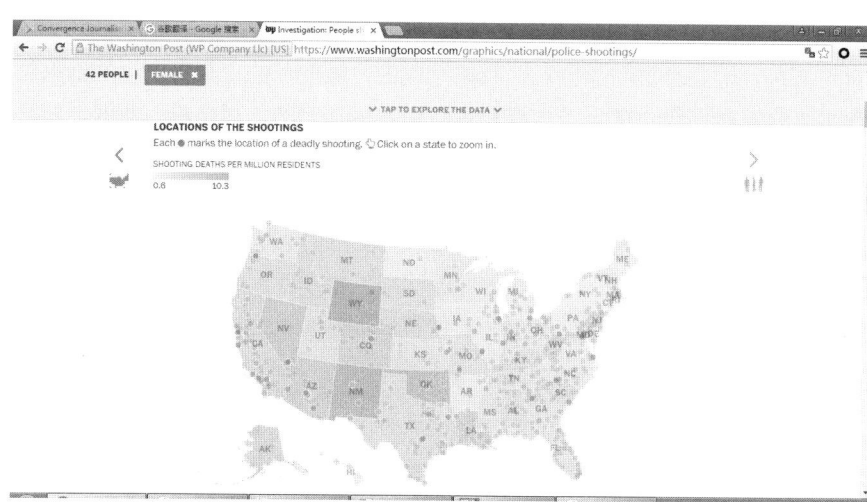

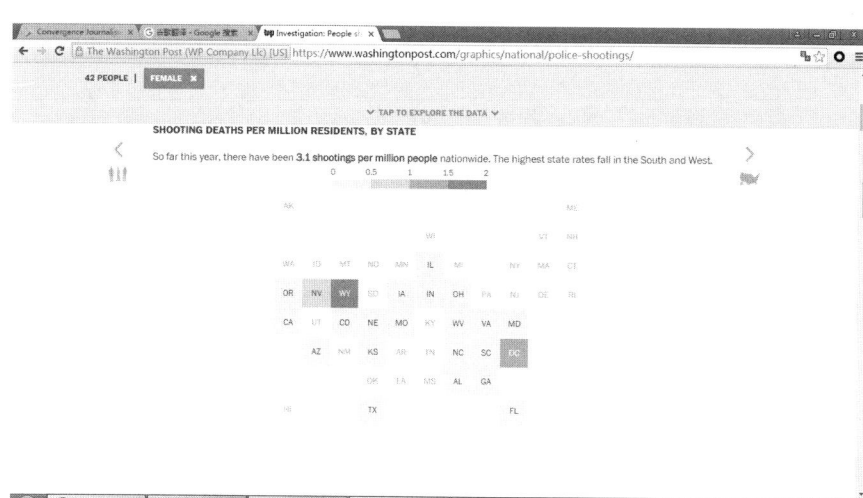

图 4-4 获普利策奖作品《2015 年 990 人被警察击毙》

以上是《华盛顿邮报》2016 年获普利策奖的作品《2015 年 990 人被警察击毙》(*990 people shot dead by police in 2015*)。数据分类包括不同的州、性别、使用的武器、种族、是否有精神疾病、年龄等，然后新闻制作者用图标数量、颜色深浅和地图位置来表现数据，这样就充分满足了交互体验的需要。数据新闻与传统新闻一样，仍然是在讲述故事，是在讲述数字背后人的故事，只是采用了数据新闻的方式，这比简单地罗列受害人数和笼统地对比更加强有力地说明了问题。

数据新闻虽然改变了传统新闻的制作方式，丰富了新闻的呈现方式，但是它依然是按照传统新闻的思路，根据新闻主题来填充新闻内容，没有跳出旧框架。现阶段对于数据新闻的狂热似乎有过之而无不及，至于数据新闻能不能成为新闻行业的救命稻草，赵赛坡给出了一个答案"数据新闻不是济世良药，充其量不过是片阿斯（司）匹林罢了"[①]。

5. 其他

（1）策展新闻。"策展"的英文是"curation"，这个词在艺术领域中应用广泛，一个好的艺术展览离不开一个优质的策展人（curator）。史蒂芬·罗森鲍姆（Steven Rosenbaum）认为："策展是关于人们赋予任何搜集、组织而得的事物的'定性判断'，从而增加了这些事物的价值。"他还认为："内容策展人的工作不是创作更多内容，而是让其他人创造的内容有意义，即为'找出最佳与最相关的内容，然后以最适方式呈现之'。"近年来，策展被应用于各种信息行业，成为一种潮流，其中也包括策展新闻。策展在新闻媒体的应用被归类于社会策展（Social Curation）这一概念中，除此之外，策展还包括数字策展（Digital Curation）、数据策展（Data Curation）、内容策展（Content Curation）、知识策展（Knowledge Curation）等相关概念。

"新闻把关""新闻看门"和"新闻策展"，是新闻行业发展的三个阶段。现在新闻行业正在"新闻策展"的阶段积极探索。对于新闻行业来说，策展新闻不只是一种新的模式，更是一种新的思路。赵赛坡在他的文章中讲过："新闻业的自救还需要从思维层面有所改变，你或许可以将其理解为新闻业的互联网思维，那就是内容策展。"

（2）聚合新闻。聚合新闻，就是将不同渠道的、海量的新闻通过算法筛选并发布到新闻平台，为用户提供具有个性化内容的新闻模式。

早期的聚合新闻有两种类型，一种是以搜索引擎为基础的新闻聚合服务，另一种是以门户网站为基础的新闻聚合服务。通过算法，网站将最新、最热门的新闻话题放在聚合新闻网站的首页，靠新闻的时效性和话题性吸引受众关注。到了社交聚合新闻时代，无论是社交聚合新闻网站还是社交聚合新闻 APP，都是以用户的兴趣为基础，以社交为基本功能，并提供新闻发布服务的。用户可以自己发布新闻，也可以为新闻点赞，从而把新闻推上首页。在国外，比较火爆的聚合新闻网站有：RSS、Digg、Reddit、LinkedIn Today。"RSS 是主动推送技术，它的出现打破了传统新闻网站'大杂烩式'的信息垄断，让用户能够获取自己最喜欢、最需要的信息。"[②]Digg 可以通过网友的 dig（收藏）数量，决定首页新闻的排序，此外，其还开辟了社交

---

① 赵赛坡. 数据新闻不是济世良药，只是一片阿斯（司）匹林［EB/OL］.（2015-01-07）［2017-09-10］. http://www.tmt-post.com/184480.html.

② 徐钱立. 社交媒体聚合——Web2.0 时代新闻网站理念［J］. 新闻实践，2013（12）.

功能。Reddit的用户可以创作他们自己的论题，这让用户实现了群体分化。Linkedln Today（今日新闻）是基于职业社交网站推出的社交新闻聚合服务，它会根据用户人脉关系和所在行业为其量身定制新闻首页内容，提供实用性非常强的新闻服务。

在国内，"澎湃新闻"和"今日头条"的受关注度较高。"澎湃新闻"虽然走的是新媒体路线，但是它自己也生产内容，并且它的新闻在行业里独树一帜。"今日头条"不生产原创新闻，新闻来源于各大传统新闻媒体，因为转载新闻流程的不合法，一度陷入困境。

因此，对于聚合新闻平台来说，除了做好聚合新闻的服务之外，还需要考虑到新闻内容的来源问题。新闻行业始终需要高质量的内容作为基础，如果失去了高质量的内容，再好的技术也挽救不了平台的衰败。

（3）游戏新闻。游戏新闻通常指那些结合新闻事件制作的游戏。在全民娱乐化时代，游戏成了不可阻挡的风潮，而当游戏与新闻结合之后，它们之间碰撞出的火花不容小觑。

最早的游戏新闻当属"September 12"，使用者发现在游戏中向中东地区投掷的炸弹越多，就会有更多受害平民投身报复性的恐怖主义活动。开发者借着这个游戏告诉人们"暴力产生更多暴力"的观点。这个游戏新闻的目的就是典型的通过游戏说故事，把游戏规则和现实结合在一起，让游戏玩家看到游戏背后隐含的现实意义。

游戏新闻现如今还处于探索阶段，制作成本高、新闻主题局限、新闻与游戏内容的平衡问题都是对游戏新闻制作者的考验。甚至有些学者对游戏新闻进行批判，认为它与新闻的原则背道而驰：战争和难民被当作游戏题材，容易让人沉迷于游戏而忽略新闻所传达的信息。

因此，游戏新闻的发展需要更多专业的规范进行指引，这样新闻和游戏才能更好地结合在一起，使游戏新闻既不失去新闻传达信息的功能，又能通过游戏的形式吸引关注并呈现更完整的新闻现实。

第二节　网络公共领域与舆论

一、公共领域与互联网

理解公共领域这一概念，必须联系西方的民主理念。西方的民主（democracy，意为"人民统治"）传统源于古希腊，其理想模式是城邦制的直接民主。这种民主是一种广场政治。雅典的广场也称市政广场，是公共生活的中心，也是公众集会的地方。市民们在此举行戏剧演出、体育比赛和宗教活动，同时还在此处理和商讨他们共同的事务以及他们面对的共同困难，因而市民们逐渐产生出理性精神、协商精神、自我治理的信心、政治参与感、共同体的认同感。后来，广场还成了多数人进行商业活动、会聚朋友和讨论哲学的理想场所。广场政治是雅典民主制的基础。然而，作为当代世界最重要的政治实体的国家大多规模庞大，难以仿效古希腊的这种以个人为基础的直接民主。当代世界的许多国家以代议制的方式实施民主，直接民主只是作为代议制的一种补充形式。所谓代议制，即公民选举自己的代表，然后通过自己的代表在代议机构行使自己的政治权利。这其实是一种不得已的方法，是根据现实情况对直接民主制进行的修正，不过其合法性基础仍是市民社会的存在。

市民社会（Civil Society）一词又可译为文明社会，在古典市民社会理论中，"市民社会""政治社会""文明社会"三者之间没有明确的区分。市民社会往往是指政治共同体或城邦国家，其含义与政治社会并无不同，与之相对应的则是自然（野蛮）社会的概念。现在的市民社会概念主要由黑格尔提出并由马克思加以完善，反映了近代欧洲国家与社会相分离的现实。社会学意义上的市民社会概念通常坚持政治国家和市民社会的二分法，强调市民社会的"民间性"。政治学意义上虽然市民社会也被界定为民间组织，但更强调其"公民性"，即市民社会主要由那些保护公民权利和公民政治参与的民间组织构成。

根据德国哲学家尤尔根·哈贝马斯（Jürgen Habermas）的研究，古希腊的市民社会传统也保持在兴起于18世纪和19世纪早期的资产阶级知识分子通过沙龙等形式而形成的"公共领域"之中。譬如，18世纪英国伦敦的咖啡馆，人们在这里讨论的内容由艺术和文学批评逐渐延伸至经济或者政治领域，如对事件的批评；法国的沙龙不仅仅是一个自我展现的论坛（书籍或音乐作品），也是公开讨论观点和公共议程的平台。资本主义早期的新闻媒体如出版社、报纸和论坛等，也承担某种公共领域的职能。但由于大众传媒的兴盛和"公共关系学"的繁荣，商业化和消费主义大行其道，对公共领域毒害甚深。从传播学角度而言，传统的大众媒体缺乏有效的互动机制，无法提供完善的互动讨论的可能性，公众很少获得直接相互交流的机会，意见市场（Marketplace of Ideas）主要由官方和各利益集团的代言人占领，或者在很大程度上受限于经济因素，或者索性沦为由政治强权直接控制的宣传工具。于是，"被公共领域创造的在市民社会和政府之间的空间已经被紧紧关闭了"①，"大众传媒影响了公共领域的结构，同时又统领了公共领域"②。

"公共领域"这一概念首先是由德国女思想家汉娜·阿伦特（Hannah Arendt）于20世纪50年代提出的，后经哈贝马斯在20世纪60年代通过博士论文《公共领域的结构转型》进行了充分阐释，并产生了广泛影响。英文"公共领域"（public sphere）主要指与私人领域相对的公共空间："总是与正规的国家机构、法律规章、工作和经济界相关；与之相反，私人领域则表征为个人的、情感的和家庭的领地。"③不过，德语"Oeffentlichkeit"（公共领域）一词包含多种含义，它被解释为"公众""公开"，同时意味着一种空间概念、社会场所或区域，在特殊语境中差不多是舆论的同义词。在哈贝马斯那儿，公共领域具体指由各种非官方的组织或机构构成的私人有机体，它包括团体、俱乐部、党派、沙龙、报纸、杂志、书籍等。公共领域实际上属于社会文化生活领域，它为人们提供了讨论和争论有关公众利益事务的场所，在这里理智的辩论占主导地位。哈贝马斯强调，在这个空间内，公民之间以阅读为中介、以交流为中心、以公共事务为话题的"公共交往"："既不像商人和专业人士那样处理私人事务，也不像某个

① GOFFMAN, ERVING. Das individum in oeffentlichen austausch：mikrostudien zur oeffentlichen ordnung [M]. Frankfurt am Main：Suhrkamp, 1974.

② 哈贝马斯. 公共领域的结构转型 [M]. 曹卫东，王晓珏，刘北城，等译. 上海：学林出版社，1999：15.

③ 杜盖伊，等. 做文化研究：索尼随身听的故事 [M]. 霍炜，译. 北京：商务印书馆，1997：111.

合法的社会阶层的成员那样服从国家官僚机构的法律限制。"简而言之，公共领域与私人领域（private sphere）相对，是指介于国家和社会之间的一个公共空间，公民们假定可以在这个空间中自由参与公共事务而不受干涉。从本质上讲这是一个"对话性的概念"。但如前所述，在现代社会中，承担这一职能的大众传媒基本上难以成为公民主动参与自主对话的平台，"讨论议题的决定和选择常常保留在操纵的形式中"①。哈贝马斯本人也认识到，公众从政治和文化争论的参与者，已转变为媒体图像和信息的消费者。

新媒体和因特网的崛起又使西方社会燃起了重建理想的公共领域的希望。这是因为与大众传媒相比，网络更具有开放性、多元性和交互性等特征，因而更有可能成为公共领域的主要形式。洛德（Loader）认为，信息社会的潮流，勾勒出两方面明晰的形象：一是新科技力量已成为经济和社会变迁之源；二是信息社会的发展结果形成了政治运动和各种议论的新领域空间。简单地说，从某些乐观主义者的角度，网络的虚拟空间将营造一个新的公共领域，"这里没有政府和大集团利益的干涉，所有公民都将平等地参与讨论"②。换句话说，互联网将更利于维护公民的话语权。而保障与增强公民的知情权和话语权无疑有助于提高一个社会的政治透明度以及民主程度。因而，互联网开拓了社会和政治讨论的新空间，将对公共领域做出重新界定。

也有论者认为这只是某种潜在可能性，互联网目前并不是真正意义上的公共领域。这是因为由于技术或费用的限制，"社会的各个阶层并没有获得平等的上网机会"，而且"在某些国家，政府采取各种措施对人们的上网行为进行规制……与其说互联网是为政治讨论而设计的一个巨大的论坛，毋宁说它是许多'议事厅'的集合体"③。或许，真正的公共领域只存在于哈贝马斯的理想中。

在中国，早期的 BBS 中的内容大多限于文学和情感交流的范畴，如创建于 1997 年 12 月 25 日的榕树下网站（www.rongshuxia.com）。由于内容不涉及敏感的政治问题，网民们在此可以相对自由地发表文章，展开讨论。

1999 年 5 月 8 日，发生了美国及北约袭击中国驻南斯拉夫大使馆的"5·8"事件。同年 5 月 9 日，人民日报网站开通了"强烈抗议北约暴行的论坛"（6 月 19 日改名为强国论坛），网络用户踊跃参与发表言论，论坛上跟帖 9 万多，甚至出现了比较激烈的政治言论，引起中共中央高度关注。2000 年 6 月 23 日，美国国务卿奥尔布赖特（Madeleing Albright）访华时特地在北京的网吧调看了强国论坛（bbs.people.com.cn）。强国论坛的建立，带动了各种涉及政治、军事内容的论坛在主流媒体网站上大量出现（如新华网论坛、中青论坛等），这些论坛的出现既是为了与商业网站争夺网民流量，以便发挥舆论导向主阵地的作用，也同时在客观上为民众提供了平等的畅所欲言的机会，标志着 BBS 正式转向政治"公共领域"，话语内容从文学性向社会性和政治性转变。

近年来，许多重大事件和社会问题在网上引起热烈讨论或争议。由于所讨论的某些事件和

① 陶东风. 大众文化教程［M］. 桂林：广西师范大学出版社，2008：226.

② 拉克斯. 网络与民主［M］// 冈特利特. 网络研究：数字化时代媒介研究的重新定向. 彭兰，等译. 北京：新华出版社，2000：273.

③ 伯顿. 媒体与社会：批判的视角［M］. 史安斌，等译. 北京：清华大学出版社，2005：237-239.

话题是所谓的社会的"敏感"问题，因而触动了社会敏感的神经，产生了强大的传播效应，并在某种程度上打破了传统的大众传媒"舆论一律"局面。网络传播研究者闵大洪认为，从中国社会政治生活的角度看，强国论坛"为民众提供了言论空间、表达空间、话语空间，是中国社会主义民主化进程的一个有说服力的窗口"[①]。

尽管如此，某些论者并不认同通过网络中国已经构建起了尤尔根·哈贝马斯所设想的公共领域。"作为市民社会的结构要素之一，公共领域在当代中国不是衰落或者转型的问题（不排除时代特征引起的一些变异），而是千呼万唤欲出来，其发展还有一段长路要走。"[②]从传播学的角度观察，公共领域是以在一个共享的空间中聚集在一起、作为平等的参与者面对面地相互对话的个体观念为基础的。其本质就是为人们提供自由、公共的话语交流的互动平台，即公共话语空间，并通过这个公共话语空间所形成的公众舆论的扩散产生社会影响，"以监督国家权力并影响国家的公共政策"。而这种平等的、自由的公共性对话必须"得到体制化的保障"[③]。虽然媒体是现代社会构建公共领域的一个必要条件，网络媒体为构建公共领域提供了机遇，但要在中国建构公共领域面临着诸多困难：国家与社会严重重叠、公众民主监督意识不强、媒体管理机制僵化等。因此，"在中国构建公共领域还不具备充足的条件，时机仍不成熟，这决定了短期内公共领域不会在中国形成"[④]。不过，我们必须承认，因特网这样的新媒体还是给公共领域的建构提供了可能性和机会，尤其对于权力结构相对封闭、相对集中的社会形态，因特网已为社会公众获取和传播信息、参与公共事务的讨论等拓展了相对大的空间。

尽管哈贝马斯本人对互联网的出现，以及对社会政治的变革和影响并没有予以更多的关注，但他对众说纷纭的公共领域的建设依然怀有期待。

2000年，哈贝马斯在接受中国学者章国锋的访问时称：决不能把乌托邦（Utopie）与幻想（illusion）等同起来。幻想建立在无根据的想象之上，是永远无法实现的，而乌托邦则蕴含着希望，体现了对一个与现实完全不同的未来的向往，为开辟未来提供了精神动力。乌托邦的核心精神是批判，批判经验现实中不合理、反理性的东西，并提出一种可供选择的方案。它意味着，现实虽然充满缺陷，但应相信现实同时也包含了克服这些缺陷的内在倾向。我们必须肯定启蒙理性的历史成就，相信社会进步的逻辑。许多曾经被认为是乌托邦的东西，通过人们的努力，或迟或早是会实现的，这已经被历史所证实。人权和民主当初不也被许多人视为乌托邦吗？可是，经过数代人的奋斗，它们在今天已成为现实。

二、网络"舆论场"

尽管依托互联网建构公共领域仍然缺乏制度性的保障和存在现实的障碍，但网络舆论近

---

① 闵大洪. 党与党报网站［EB/OL］.（2006-01-09）［2008-12-11］. www.academic.mediachina.net.

② 陈洁. BBS：中国公共领域的曙光［J］. 中国青年研究，1999（5）.

③ 汪晖. 公共领域［J］. 读书，1995（6）.

④ 齐立强. 新媒体条件下公共领域在中国的前景［J］. 湖南大众传媒职业技术学院学报，2005（3）.

年来在国内风生水起，形成了一个依靠"草根网民""发帖、灌水、加精、置顶"的自下而上传播的与"官方舆论场"（包括网络）相对应的"民间网络舆论场"。尤其在贪污腐败、贫富差距、行业垄断、社会保障、城乡差距等社会关注的话题领域内，网络舆论爆发出了强大的威力。

什么是舆论？对此进行精确界定似乎仍颇为棘手。对舆论问题做过精湛研究的德国传播学者伊丽莎白·诺尔-诺依曼注意到，美国普林斯顿大学教授 H. 柴尔兹曾从文献中搜集到 50 个视角各异的对舆论的定义，不过大多围绕此概念的两个部分展开，即"公共的"和"意见"。① 这依然可以作为我们今天舆论研究的起点。

"舆论"一词的英文是"public opinion"，德文是"oeffentliche meinung"，二者均可直译为公共意见或公众意见。如前面提及的雅典的广场即是舆论传播的场所。西方传统的舆论学大多围绕多党政治与竞选运动阐述舆论手段和民意测验的功能。国内舆论研究更注重舆论导向、舆论监督等议题，而现代的舆论研究通常侧重于公众意见"共识"形成的过程。在共识形成的过程中，涉及议题，以及"公共空间、批判性的讨论，还有知情而理性的公众，等等"② 这样一些要素。在现代社会中，大众传媒承担着舆论传播的载体功能，但与在古希腊的广场上通过对话、争议等互动的方式形成共识不同，现代大众传播的单向性传播和把关人控制特点很难促成自由平等的讨论，舆论很容易被权力机构、利益集团或经济力量所操纵。就某种角度而言，在现代媒介社会中，舆论传播是被"嵌入"在传播结构系统之中的一个具有选择性的传播过程，议题以及意见共识也是可以通过媒介控制、"生产"乃至"售卖"的。总之，现代舆论是大众传媒与社会权力结构共同建构的结果。于是，与"原始"的自发性的或者人类社会早期的舆论形态相比，在现代舆论形成过程中，"庞大的国家机器、高度媒体化的信息，已经把舆论变得空幻而不真实了"③。

网络传播去中心化、互动性强的特性相对地弱化了大众传播把关人机制和议程设置功能，信息传播的自由度显著增强。互联网通过新闻组、论坛、博客等，为民众就新闻和社会问题讨论提供了相对平等、开放的交流平台。譬如，每个使用 BBS 的用户既是信息的接收者，也是信息的提供者，而且可以匿名提供信息、发表意见。BBS 既提供一个互动性很强的人际传播或组织传播平台，同时论坛上的信息传播具备大众传播的某些特性：信息是公开传播的以及针对较大数量的、异质的和匿名的大众。因此论坛上的信息传播是一种复合型的传播方式，论坛为公众提供了一个"超越时空的舆论多元空间"。总之，互联网提供了某种"复兴的"途径，"公民们在此可以公开、充分地争辩，而这正是培育民主社会的基础"④。

2003 年，孙志刚事件、刘涌事件以及 SARS 事件促使网络舆论的强大威力崭露锋芒，因而被称为中国的"网络舆论年"。孙志刚事件是其中一个较为典型的案例。2003 年 4 月 25 日，《南方都市报》发表了一篇题为"被收容者孙志刚之死"的报道，揭露了湖北青年孙志刚在广

① 诺尔-诺依曼. 沉默的螺旋［M］. 董璐，译. 北京：北京大学出版社，2003：535-537.

② 陈力丹，易正林. 传播学关键词［M］. 北京：北京师范大学出版社，2009：293.

③ 陈力丹，易正林. 传播学关键词［M］. 北京：北京师范大学出版社，2009：294.

④ RHEINGOLD. The virtual community：homesteading on the electronic frontier［M］. London：MIT Press，1993：279.

州收容人员救治站被执法人员粗暴侵犯公民人身权利并最终死亡的案件，同时配发评论"谁为一个公民的非正常死亡负责"。报道和评论随即被多家网站转载（如新浪网、搜狐网、人民网等），引起了轩然大波。某门户网站的跟帖数量在数小时内达到上万条，网民不仅在 BBS 上发出强烈抗议，而且还建立了一个名为"孙志刚，你被黑暗吞没了"（后更名为"天堂里不需要暂住证"）的纪念网站。5 月 14 日，3 位法学博士上书全国人大常委会要求审查《城市流浪乞讨人员收容遣送办法》。5 月 23 日，5 位法学家上书全国人大常委会，就孙志刚案及收容遣送制度实施状况提请启动特别调查程序。5 月 29 日，200 多位公民在互联网上发起签名活动，强烈要求彻查此案，并对审案过程中可能存在的某些程序性问题提出合理建议。网上签名可以视为网上舆论的升级，从舆论的表现形态来看，这是所谓的初级行为舆论（较高层次的表现形态为大规模的群体性活动，如游行、示威和集会等）。① 此案后经法院审理，涉嫌故意殴打孙志刚致死的 12 名被告及在孙志刚被收容过程中涉嫌渎职犯罪的 6 名被告，分别被判处死刑及有期徒刑，对此案负有责任的公安、卫生、民政等部门的负责人及有关人员 20 多人受到了党纪、政纪处分。6 月 20 日，国务院发布第 381 号令，废止了《城市流浪乞讨人员收容遣送办法》，新颁布的《城市生活无着的流浪乞讨人员救助管理办法》自 8 月 1 日起施行，其中提出自愿救助的原则，取消了强制手段。

在 SARS 流行期间，中文互联网在舆情反映和舆情监督方面开始实质性地发挥作用。② 自此以后，某些重大事件和社会问题往往借助网络传播进而引发社会各界的热烈讨论。"数量庞大、身份多样的网民群体以及实时互动的网络平台已经成为观察中国社情民意的最佳场所。"③网络舆论甚至直接推动了某些群体性事件的发生、发展。如南京"天价烟"房产局长事件、云南"躲猫猫"事件、杭州飙车撞人事件、湖北石首群体事件、湖北巴东"邓玉娇事件"、上海"钓鱼"执法事件，不胜枚举。在某一重大事件发生时，某些"公民记者""公民记录者"也主动进行专题采访或长途采访，甚至立即前往当地利用自己的微博或其他网络传播途径发出报道。这支队伍已成为当今中国新闻传播格局中一股不可忽视的力量。

舆论传播并非某种静态的群体反应，而是动态的传播过程，自有其规律可循。与大众传媒相比，网络舆论的传播呈现出更为开放、互动、动态、多元的特征，其中有两个关键因素起到了"催化剂"的作用：一是网民对话题的关注度；二是意见领袖的参与。④ 一般而言，网络传播的开放性和互动性促使其成为网络舆论酝酿与传播的源头和争议空间，继而网络舆论扩散产生舆论圈，最终形成舆论场，舆论场或许引发了强烈的群体性的情绪反应，促成一系列集体行为，最终对社会相关部门的决策和政策产生影响。

---

① 甘惜分. 新闻学大辞典［M］. 郑州：河南人民出版社，1993：25.

② 章敬平. 拐点——决定未来中国的 12 个月［M］. 北京：新世界出版社，2004：135.

③ 彭丽琼，李代彬，黄琴. 网络"舆论场"与网络监督、监管刍议［J］. 中国经济与管理科学，2009（6）.

④ 苏宏元，段润. Web2.0 时代网络深度报道的特征分析［J］. 现代传播，2010（3）.

三、群体极化

网络传播悄然改变了中国大众传媒相对封闭的生态结构，网络舆论在一定程度上传达出相对多元化的民众声音，成为"民意生长的新空间"①，自有其积极正面的价值。然而，网络舆论传播的非理性、群体极化倾向以及从众现象也应予以注意并加以讨论。

以"铜须事件"为例，2006年4月12日深夜，网名为"锋刃透骨寒"的网友在猫扑论坛发布了一则题为"2区麦维影歌守望者发生的丑闻：一个让你更珍惜爱人的理由"的帖子。他以悲情丈夫的身份爆料说，与其结婚六年的妻子"幽月儿"，由于沉迷网络游戏，跟一位网名为铜须的男子有染。锋刃透骨寒同时贴了一段幽月儿与铜须的QQ聊天记录，并且公布了铜须的QQ号。这个帖子一出现，立即引起轰动，点击率每天超过20万次，各大论坛相继转载。从猫扑网到天涯网，再到门户网站，贴满了声讨甚至谩骂、攻击铜须的帖子。网络游戏魔兽世界里的玩家们以静坐、游行、谩骂、自杀等虚拟形式集体声讨铜须，还有网友发布"江湖追杀令"，呼吁封杀铜须。玩家的这种自发行为后来上升为一种文化现象，"网络暴民"一词由此产生。

"铜须事件"是2006年度中国最轰动的网络事件，由对所谓"奸夫淫妇"的道德义愤演变成了一场大规模的网络舆论讨伐，颇有"网络群众运动"之势，集中反映了网络传播主体的群体极化倾向。有研究者认为，实践证明，中国网民群体极化倾向相当严重，主要表现在两个方面：对外的网络民族主义，对内的网络批判现实主义。②

群体极化（Group Polarization）这一概念是美国法哲学家、芝加哥大学法学讲座教授凯斯·桑斯坦（Cass Sunstein）在《网络共和国——网络社会中的民主问题》（2001）一书中提出的。他说："群体极化的定义极其简单：团体成员一开始即有某些偏向，在商议后，人们朝偏向的方向继续移动，最后形成极端的观点。"③一般认为，传播主体群体极化倾向的原因是由网络技术支持的信息过滤带来的信息窄化。凯斯认为，数字化生存的消费者掌握强大的信息过滤、筛选手段，不仅可能导致大量人为的信息流失，造成消费者口味单一化，而且，更重要的是会减少民主社会成员的共同经验，加速小群体的封闭化和极端化。另外的原因是群体认同和群体盲从，即社会心理学所谓的从众效应。从众就是随大流或遵从群体的意志，屈从于群体的压力。用学术化的语言进行表述，从众即指由群体的真实或臆想的压力所引起的个体态度的变化。从众不仅仅是指与其他人一样地行动，而且还指个人受他人行动的影响。④根据法国著名的社会心理学家勒庞（Gustave La Bon）较为偏颇的看法，人作为行动的群体中的一员，其智力是不起作用的，完全处在无意识情绪支配之下。他指出："首先，组成群体的不同成员在做出判断时，其智力水平无关紧要，聪明人也会做出智力低下的判断；其次，他们受着感情因素极强烈的影响，很少被证据打动，表现出极少的推理能力；最后，他们也深受名望的影响，极易被权威左右。因此，对这样一个缺乏理性、感情用事、服从权威的群体来说，走向极端并不

① 汪凯. 媒体、民意与公共政策［M］. 上海：复旦大学出版社，2005：172.

② 张桂霞. 网络舆论主体的群体极化倾向分析［J］. 青岛科技大学学报（社会科学版），2005（12）.

③ 桑斯坦. 网络共和国：网络社会中的民主问题［M］. 黄维明，译. 上海：上海人民出版社，2003：47.

④ 迈尔斯. 社会心理学［M］. 侯玉波，乐国安，张智勇，等译. 北京：人民邮电出版社，2006：153.

是什么困难的事。"① 于是，正如美国宪法之父麦迪逊（James Madison）在《联邦党人文集》第55章里所说，"在雅典的 6 000 人公民大会上，即使每个人都是苏格拉底，雅典公民大会上也只可能是一群暴徒"。而文化评论家朱大可则赋予从众效应一个中国式命名——"哄客社会"。②

另有一种看法认为，尽管互联网"提供了更多的表达渠道和空间"以及"匿名带来的保护感"，"可以最大限度地消费'沉默的螺旋'效应"，但"通过精确的营销和定位"，网民也同样脆弱不堪，这才有了"网络暴民"一说。也就是说，"网络尽管提供了一种新的尺度，但背后的社会结构和人际影响等要素也会制约网络作用的发挥"，而"当权者通过组织庞大的网上'五毛党'操纵舆论的形成，已经是一种看得见的对真实舆论形成的威胁"。③ 网络舆论也可能被某些商业利益集团或个人有意识地操控，如国内 2008 年以后井喷式增长的所谓网络推手群体。

即使如此，我们不应忽略群体极化现象背后深层次的社会原因。所谓非理性的"情绪"或"发泄"，在很大程度上是社会现实和生活状态的心理折射。同时，即使我们反对网络空间的盲从和情绪宣泄，更反对利用互联网进行恶意的人身攻击或散布谣言，也应坚决维护每一个网民自由表达的权利。而且，"舆论只在制度和程序之外闹腾，而一种良好的司法和政治制度就是要经得起人们站在制度外闹腾。在法庭外、议会外和政府大楼外闹得再凶，一种法治秩序也应该具有做出吸纳或拒绝的理性能力。并因为司法制度的运作具有程序正义，无论这次吸纳或下次拒绝都不会危及政治秩序的说服力"④。

第三节　教育

一、中国网络教育发展历程

与网络教育相关的名词很多，比如网络教学、基于Web的教学（WBI）、基于Web的学习（WBL）、基于Web的训练（WBT）、e-Learning、现代远程教育等。国内外学者对这些名词并无统一的定义。区别于第一代远程教育（函授教育）和第二代远程教育（广播电视教育），网络教育又被称为第三代远程教育或者现代远程教育，它是基于多媒体网络，以学习者为中心的非面授教育方式。⑤

（一）远程教育发展的三个阶段

我国学者丁兴富依据远程教育使用技术的不同提出了三代远程教育分期表：19世纪中期

① 勒庞. 乌合之众：大众心理研究［M］. 冯克利，译. 北京：中央编译出版社，2000：134-146.

② 李永刚. 我们的防火墙：网络时代的表达与监管［M］. 桂林：广西师范大学出版社，2009：207.

③ 陈力丹，易正林. 传播学关键词［M］. 北京：北京师范大学出版社，2009：294-295.

④ 王怡. 网络民意与"失控的陪审团"［J］. 新闻周刊，2004（1）.

⑤ 南国农. 信息技术教育与创新人才培养：上［J］. 电化教育研究，2001（8）.

到20世纪中期，属于函授教育阶段；20世纪中期到20世纪80年代末，属于多种媒体教学的远程教育阶段；20世纪90年代之后，属于开放灵活的远程学习阶段。

1. 函授教育

第一代远程教育一般被认为是传统的函授教育，起源于19世纪。1840年，伊萨克·皮特曼（函授教育的始祖）把速记教程函寄给学生，并采用函授的方式教授速记，这被认为是函授教育的起源。邮政系统的建立为函授教育的诞生和发展奠定了基础。20世纪初，中国的邮政系统建立，印刷业也初具规模，这在一定程度上促进了中国函授教育的发展，但是不久后，私立的函授教育学校却因为经济和战争原因无以为继。新中国成立之初（1949年至1965年），函授教育在政府的重视和支持下发展起来。"文化大革命"时期（1966年至1976年），全国教育秩序被打乱，函授教育也因此停办。"文革"结束后，教育事业得到了恢复和发展。1977年，邓小平在《关于科学和教育工作的几点意见》讲话中提出教育要"两条腿走路"。1979年，全国省市级教育学院、进修学校和函授学院达2 000多所。经历十几年的整顿和发展后，函授学校的教学进入规范化管理阶段。

2. 广播电视教育（多媒体教学的远程教育）

第二代远程教育是以广播、电视，以及录音录像、微机等多媒体为教育手段的广播电视教育（多媒体教学的远程教育）。1920年，英国马可尼公司所属的电台首创了教育广播节目。1921年，美国联邦政府向盐湖城大学发放了第一个广播教育特许证。1945年，美国威斯康星大学通过联邦通信委员会建立了第一家教育电视台，世界上第一次出现电视教育。1969年，英国开放大学的创建是第二代远程教育的重要里程碑。中国的广播电视教育始于1958年7月在天津成立的第一所广播函授大学。1979年2月，中央电视广播大学和28所省级广播电视大学同时开学，共招生32.2万人，广播电视教育网络遍及全国各地。

1999年4月，中央电大成为教育部现代远程教育试点高校，其凭借互联网技术进行教学，全面升级教学体制、管理方式等。为了使国内远程教育与国际接轨，我国建立了网络立体覆盖全国城乡的无围墙新型大学，2012年7月，我国的广播电视大学系统正式组建为国家开放大学。

虽然广播电视教育突破了时空的限制，更大范围地传播了知识，但由于技术的限制，广播电视教育只能进行单向传播，缺乏信息反馈机制，这导致学生难以与老师产生互动，教师难以进行个性化教学。这是广播电视教育相比传统面授课程而言最大的缺陷。

3. 网络教育（现代远程教育）

第三代远程教育是基于现代化信息技术（互联网技术为主）而形成的，被称为现代远程教育（网络教育）。

1998年12月，教育部制定《面向21世纪教育振兴行动计划》，其中明确提出要建设"现代远程教育工程"。1999年3月，教育部批准清华大学、浙江大学、湖南大学、北京邮电大学四所高等院校开展远程教育试点。2000年7月，教育部发布《关于支持若干所高等学校建设网络教育学院开展现代远程教育试点工作的几点意见》，其中提出在试点高校设立"网络教育学院"并赋予院校网络教育的办学自主权。到2002年2月，教育部先后批准了61所普通高等院校开展远程教育试点。2007年，党的十七大报告提出"发展远程教育和继续教育，建设全民学习、终身学习的学习型社会"。同年，教育部发出高校现代远程教育公共服务体系试点的三张"牌照"。网络教育思路逐渐转换，教育质量不断提高。2014年1月，《国务院关于取消和下放一批行政审批项目的决定（国发〔2014〕5号）》中提出："取消和下放利用互联网实施远程高等学历教育的网校审批。"对于众多网络教育院校来说，此次调整既是机遇也是挑战。

与前两代远程教育相比，网络教育突破了单向传播的局限性，网络的交互性使得网络教育课程中的师生互动成为常态。另外教师可以根据学生自身情况为其定制教学内容，实现了个性化教学，提高了教学质量和效率。

（二）当代教育的三种学习模式

学者王竹立提出，"今天的学习有三种主要模式：一种是在各级各类学校和教育机构里，参加以面对面教学为主的正式学习，统称为学校教育；一种是参加由各级各类学校和教育机构主办的远程教育，这种教育在今天主要是基于网络的、正式或非正式的在线教育，统称为网络教育；还有一种就是个人或团体借助网络与信息技术自发性的非正式学习，可统称为网络学习"。

1. 学校教育

学校教育具有系统性、强制性和权威性。它是由学科与专业体系决定的，属金字塔型知识结构，并且因为学校教育在一个物理空间进行集中教学，学习者比较容易排除外界的干扰。学校教育至今一直采用面授的方式，注重与学生之间的交流，但由于教育资源不足，中国的大班式教育仍然占据主流。这样一来，面授教学又缺少了个性化教学的优势。另外，中国的学校教育大部分由国家统一规划和资助，公立学校占据主流，私立学校由于师资稀缺、教育成本高昂和生源稀缺等问题难以为继。在课堂上，部分学校普及信息化技术进行教学，另一部分学校由于多媒体教学等的基础设备缺乏和教师计算机使用能力不足而无法充分地使用信息化技术。在课后，较多学生会自行使用互联网资源进行课后辅助学习。

2. 网络教育

网络教育的特性介于学校教育和网络学习之间，很多教育机构会根据相应的专业制作网络学习教程，国家对此有系统的评定标准和资质审核，为网络教育的学习成果提供证明。因此，网络教育能够在社会上得到一定的认可，但是其权威性不如学校教育。

3. 网络学习

与学校教育完全不同，网络学习具有碎片化、自发性和个性化的特点。每个个体都可以通过网络参与网络学习，无须像学校教育一样需要根据学龄和成绩被分配到不同的学校、年级和班级进行学习。实体学校、教育机构甚至是普通网民，都可以通过网络上传其教学内容，其形式包括文字版本、音频和视频等。互联网上的教学内容，上至精深的科学、历史、文化等，下至日常的烹饪、化妆等，应有尽有，网络学习是真正个性化的教育模式。总之，与学习有关的任何内容，皆可成为网络学习资源，网络学习者可以根据需要自主选择感兴趣的内容。但是，网络课程的部分内容不够权威，并且网络学习只能靠自觉，缺少相应的监督考核机制，学习效果难以保证。对于大多数人来说，网络学习只能是一种补充，而不能作为主要的学习手段。

二、网络传播对教育的影响

（一）教学形式创新

由于信息传播技术的发展，传统的教学方法得以不断地创新。为了提升学生的注意力、挖掘学生的潜能、营造良好的学习氛围，教学形式也不得不与时俱进，围绕着学生的需求而展开。信息传播技术的发展与教学形式的创新，改变了原本以教师为中心的教学理念，新型教育形式开始对学生群体展开研究并提供个性化的学习体验。另外，新型教育形式还利用数据研究分析学生的学习状况，为其提供个性化教学评估和更合适的教学方案。互联网时代，新型教育形式如雨后春笋般涌出，比如游戏教学、创客教育、远程专递课堂、网络空间教学、异地同步教学、双主教学模式、翻转教学、校园在线课程、基于设计的学习、引导式移动探究学习、协同知识建构、能力导向式学习等。以下我们主要介绍游戏教学和创客教育。

游戏教学法，是针对当前学生注意力不集中、学习兴趣低下等问题而采取的一种针对性较强的创新型教学形式。这种教学形式利用游戏的方式，让学生在其中不知不觉地接触到新知识，并且通过游戏通关等设计让学生温故知新，巩固学习效果。严肃游戏就是脱胎于游戏教学的用于非娱乐手段的一种游戏产品。

创客教育是通过鼓励学生进行创造，并在创造过程中有效地使用数字化工具，来培养学生的动手实践能力，让学生在发现问题、探索问题、解决问题中将自己的想法作品化，并具备独立的创造思维与解决问题的综合能力的一种教育方式。[①]1981年，全球第一家真正意义上的创客空间诞生于德国柏林。创客运动在互联网背景下生根发芽，目前全球已发展出一千多家创客空间。与网络传播相关的大数据、虚拟现实等新技术的发展促进了创客运动在教育领域的应用。

当今，对于学校来说，网络和社会媒体工具，比如论坛、维基、公告栏、内容服务器等已经成为如同校园基础设施一样的必需品。无论哪种教学方式，都是在信息传播技术的基础上发展起来的。网络科技的应用成功地推动了素质教育的发展。

（二）重塑教师角色

互联网的普及极大地拓展了学生获取知识的渠道。在传统教育中教师侧重于知识的传授，而当今的教师更多的是作为一种引导和解惑的角色存在。网络信息的获取门槛低、信息内容良莠不齐，学生在面对纷繁复杂的网络信息时，需要教师作为引导者，来培养学生信息筛选和独立判断的能力。另一方面，庞大的信息量不利于培养学生逻辑思考和系统化学习能力，特别是对于心智尚未成熟的中小学生，培养他们的思维能力和学习能力，对他们一生的学习和生活都起到非常重要的作用，教师在这里起到至关重要的作用。

"授人以鱼，不如授人以渔"，教师现如今不再是填鸭式的知识灌输者，而是"传道授业解惑者"，学习方法的教授、思维能力的培养，甚至自我认知能力的提升，都需要教师发挥至关重要的作用。在信息传播技术高度发达的今日，传统教师角色的重塑刻不容缓。同时，学生学

---

① 杨晓哲，任友群. 数字化时代的 STEM 教育与创客教育［J］. 开放教育研究，2005（5）.

习的自主性，学习的效率很大程度上取决于学生的积极性。学生可以通过网络自主选择学习内容、时间长度和学习强度，选择更适合自己的学习模式对课堂学习进行补充。学生需要从被动的知识接收者，变成主动学习者和积极探索者，在竞争激烈的学习环境中，学生的自我提升显得尤为重要。

近年来流行的"翻转课堂"教学模式，起源于2007年美国科罗拉多州落基山"林地公园"的高中化学教师乔纳森·伯尔曼（Jonathan Bergmann）和亚伦·萨姆斯（Aaron Sams）使用录屏软件为缺席学生进行网络授课的教学活动，其核心之一是教师角色的转换，教师从传统的课堂中的知识传授者变成了学习的促进者和指导者。另外，教师在课堂中需要减少授课时长，留出更多时间给学生，促使学生由被动学习变为主动学习。在学生的高度参与下，"翻转课堂"完成了教师与学生之间的深度互动，从而提高了学生的知识深度和广度，以及他们的学习效率。

（三）降低教育门槛

随着社会结构的固化，社会的阶层流动性越来越弱，教育资源分配不平等。对于大多数人来说，在高等学府学习知识的机会并不多，但是网络教育为难以进入高门槛学府接受教育的人们打开了一扇窗。现在很多大学和教育机构纷纷开设自己的网络课程，为社会提供了丰富的教育资源。

对于社会上富有经验和学识的专业人士来说，出入课堂进行讲授，原本是一件很难实现的事情，但是网络教育为此提供了许多机会。现如今，越来越多的相关行业的经营人士走进网络课堂，为本行业甚至非本行业的人员进行专业知识和业界经验的讲授。这不仅对行业发展有益，对于讲授者来说，或许也是另外一个职业发展的机会。

不过，网络教育门槛的降低易造成产品质量参差不齐、网络教育市场混乱等弊端的出现。根据《2015—2022年中国在线教育市场深度研究与投资战略咨询报告》的数据显示，2009年我国在线教育市场规模达431亿元，2014年达1 275亿元，实现了21.12%的年均复合增长率。在线教育市场前几年增长快速，但是由此带来的行业问题也不容小觑。

三、慕课（MOOC）的兴盛

（一）慕课的兴起

慕课是英语缩略语"MOOC"（Massive Open Online Course）的音译，意指"大规模的网络开放课程"，该词于2008年由开放教育资源运动的倡导者大卫·科米尔（David Cormier）正式提出。

BBC开放大学远程学习策略的制定者兼BBC开放大学的前任执行制作人斯蒂芬·哈格德认为，慕课是开放教育和网络学习实验演化的产物。慕课的前身包括开放教育资源，以及早期在远程教育技术中的开创性实验。

慕课的倡导者大卫·科米尔免费提供了"Connectivism and Connective Knowledge"这门课程给曼尼托大学（the University of Manitoba）的学生。其他一些机构，包括伊利诺伊州斯普林菲尔德大学（University of Illinois Springfield），随后使用了类似的模型进行实验。2011年，慕课从实验室被搬到了世界的舞台上，主要的成员有斯坦福大学和麻省理工学院的几位教授：达芙妮·科勒（Daphne Koller）、安德鲁（Andrew Ng）、塞巴斯蒂安·特龙（Sebastian Thrun）和阿南特·阿加瓦尔（Anant Agarwal）。塞巴斯蒂安·特龙联合谷歌的彼得·诺尔文（Peter Norvig）所讲授的课程"介绍人工智能（Introduction to Artificial Intelligence）"在线注册人数达到160 000人，并且成功吸引了相关媒体进行报道。

慕课爆发的元年是2012年，美国的三大慕课平台Coursera、Udacity和edX形成，随后美国多所知名大学与慕课平台合作。2012年，杜克大学开始进行网络教育计划与新兴模式和技术网络教育实验，同年7月宣布将于次年提供大规模且开放的在线课堂（MOOCs）教育。

可以说，美国三大慕课平台是慕课发展的前沿代表。

Coursera（coursera.org）成立于2012年4月，由斯坦福大学的两位教授发起，凯鹏华盈公司（Kleiner Perkins Caufield & Byers，KPCB）和恩颐公司（New Enterprise Associates，NEA）投资创办。Coursera式的教育体验如下：在线学习的有效性、掌握学习、作业互评、混合式学习。Coursera的运作方式有三种——课程作业、帮助与支持、证书，Coursera会给学员提供签名认证的课程学习证书，便于学员与人分享。

Udacity（udacity.org）成立于2012年1月，由斯坦福大学教授联合查尔斯河风险投资公司（Charles River Ventures）和安德森·霍洛维茨基金（Andreessen Horowitz）投资设立。Udacity的课程侧重于软件开发、数据分析的方向，还专门设立了"纳米学位"，和国内外知名互联网企业如谷歌、亚马逊等合作，推送优质毕业生的简历，为他们提供工作岗位。2013年5月30日，Udacity宣布与10个主要的州立大学系统中的学校建立合作伙伴关系，证书课程进入许可模式。

edX（edx.org）成立于2012年5月，由麻省理工学院和哈佛大学联合推出，是三大平台中唯一一个非营利性平台。edX向学习者提供三种证书，即荣誉代码证书（Honor Code Certificate）、身份验证证书（ID Verified Certificate）和X系列证书（X-Series Certificate）。

国内慕课的发展在2013年也得到突破。2013年5月，清华大学与北京大学宣布加入edX；2013年7月，上海交通大学、复旦大学与Coursera签署了合作协议；2013年9月，"中国式慕课长三角论坛"在复旦大学召开；2013年10月，清华大学启动了"学堂在线"项目。

（二）慕课的革新

慕课免费提供全球范围内最优质的教育，有效加强了校园教育以达到教学革新的目的。《大西洋月刊》（*Atlantic Monthly*）提出："无论我们是否喜欢，大学正在网络化。"大学教育在互联网的普及下逐渐转型，这是不可避免的趋势，而慕课的出现正体现了大学教育模式的网络化革新。

教育资源的生产方式由个人作坊式到团队分工合作式。对于传统的教育模式来说，一般是一门课程由一名教师独立完成，包括资料准备、设计教案、课堂讲授、课上答疑、课后批改和辅导等工作。但是，慕课的完成却需要团队合作，一节慕课除了主讲人之外还需要助教等工作人员进行辅助教学，助教这一角色对于课堂质量的提升和课堂秩序的维持都有很大帮助，并且团队合作会使工作效率更高。

慕课拥有顶尖大学的优质教师资源，可以为学生提供接受世界顶级学府教育的宝贵机会。目前，各大学府提供的慕课内容越来越丰富，课程设置也体现了各个高校的特色。

另外，慕课所具有的低成本和无学历门槛限制的优势，也有助于提升全民教育水平。慕课平台虽然无法向用户提供权威的学历认证，但是与顶尖学府的合作保证了其课程质量。慕课无法替代传统的学校教育，但对于学生提升专业知识储备或者在职人员提高专业技能都是不错的选择。

优质的慕课内容为高校带来良好的口碑，从而使其能够吸引到更多的优质生源。在网络交互平台上，来自世界各地的学生甚至专业人士进行在线交流，有助于促进课程的改良、开拓学习者的视野，慕课平台上的课程内容几乎是最前沿的。事实证明，各大顶尖学府的慕课质量是有目共睹的，吸引来的参与人数也越来越多。

从高校的角度来说，慕课的开设其实是探索新商业模式的重要试验。如果能够找到适合高校及其合作机构的成熟商业模式，那么全球高校则能共同打破传统的高等教育模式。相比慕课，传统的高等教育成本偏高，在高度商业化的社会中，学校的运营需要跟上商业资本运作的步伐。但目前高校的收入只有学费和外界捐助这两个来源，每年学生入学的人数有限，接受的捐助也不一定能够帮助学校转亏为盈，所以大学急需找到新的商业模式，为自己寻求发展出路。慕课打破了课堂学生人数的限制，线上人数基本没有限制，那么这就意味着慕课的开设会大大提高学校的收入，有助于学校的财政平衡。

除了高等教育，慕课也为职业培训提供了新型的教学方式。慕课的商业模式并不局限在与大学合作的课程，为专业人士提供量身定制的职业提升课程和学位也是其获利的一大途径。比如 Udacity，它的课程大多是为网络工程师和数据分析师准备的，包括基础的编程知识和各种最新软件技术的课程内容，它还提供"纳米学位"为学员量身定制个性化的课程，还可以推送学位完成的学员简历给各大与其合作的互联网公司，如谷歌和亚马逊，为学员提供工作机会。这种量身定制的职业培训模式，为慕课商业模式的完善提供了机会。Udacity 从佐治亚理工学院网络工程项目（the Georgia Tech online master's program in engineering）中赚取了 40% 的利润。另一个慕课平台 Coursera 为用户提供专业的教师发展计划。

（三）批评的声音

自从慕课在全球范围内流行起来之后，同样出现了不少批评的声音。

最坚定的批评者来自大学内的教师群体，他们对于慕课的冲击深感担忧。慕课上线后，很多受欢迎的教授的课程参与人数非常可观，但其他教授的课程的上课人数常常少很多。人气高的教授在慕课平台上甚至大学中变成明星般的人物受到追捧，而人气较低的教授常常在慕课课程中受到冷落，有时候只能充当助教。

除了某些大学教师之外，受到冲击的还有不知名的大学，由于这些大学的知名度不高，其开设的慕课课程也不如知名大学的课程那么受欢迎，从而导致其与知名大学的差距越来越大。由于这些高质量慕课课程的开设，更多学生接触到了顶级学府的优质课程，这些课程的质量优于普通大学的相关课程，从而普通大学对学生的吸引力大大减弱。对于传统培训机构来说，慕课对它们的冲击可能是难以估量的，慕课的目标客户与培训机构的目标客户多有重合，再加上个别培训机构固守传统的培训模式，没有跟上技术发展和用户需求的变化，自然容易被淘汰。

有学者认为，慕课在引领着一个无法阻挡的"纳普斯特时刻"。斯蒂芬·哈格德说："这可能会像当年纳普斯特下载网站引发依赖知识产权生存的传统音乐产业崩溃那样，破坏传统高等教育的商业模式。"诚然，这些担心并不是毫无道理的，音乐、电视节目、电影等产品都曾遇到严重的版权危机，因为盗版的泛滥而危及行业的发展。未来慕课的发展需要警惕"纳普斯特时刻"，对于原创课程的知识产权保护是慕课乃至整个高等教育商业模式发展的重中之重。

主流慕课平台会与高等学府或者知名企业合作颁发学习凭证，但是在全球范围内，慕课学习的资格认证仍然没有一个统一的行业标准。在慕课行业建立起认证资格的统一标准，将会对其他资格认证机构的可持续发展产生一定威胁。而且，目前各个慕课平台颁发的学习凭证标准各异，对于慕课学习者来说，慕课学习成果的社会认可度并不高。

另外，也有学者认为慕课比较注重基础性的理论知识，对于初学者来说价值比较大，而对于有一定知识储备的学习者来说作用并不大。

（四）慕课的前景

虽然，业界对于慕课引发高等教育"纳普斯特时刻"的担忧是存在的，但是"纳普斯特时刻"的唱片行业并没有完全被击垮，P2P文件共享技术反而让音乐产业建立起新的秩序。技术革新掀起的行业洗牌在所难免，对于高等学府来说这既是机遇也是挑战，大学之间的差距会被拉开，优胜劣汰由此产生，对于高等教育系统的秩序来说这是一次重整的机会。

"纳普斯特时刻"：1999年，年仅18岁的肖恩·范宁（Shawn Fanning）和他的叔叔开发了P2P文件共享技术，随后纳普斯特公司允许用户上传和共享音乐文件。这项简单的技术永远改变了音乐产业。

美国唱片工业协会（RIAA）的直接反应是对纳普斯特公司采取法律行动，并将纳普斯特公司的这种行为视为侵犯版权。纳普斯特公司以及文件共享者都被卷入了这场纠纷。经过长达两年的诉讼战，纳普斯特公司最终被关闭，但在此期间，其他类似的网站如雨后春笋般涌现，比如Grokster、Madste等。文件共享显然是一股不可阻挡的力量。于是，在2003年苹果公司悄然推出iTunes和单曲下载系统，到2009年，整体音乐销售的26%都是通过iTunes实现的。

X慕课[①]的主要参与者（Coursera、Udacity）成功推动了慕课学习的认证环节。慕课学习作为一种创新型的学习方式，通过对学员学习成果的检验，可以完成学分转换，从而解决了慕课学习认证方式僵化的问题。而认证过程的完成需要一批专业人员的参与，这会促进慕课学习评议人员的职业化，并由此产生另一个资本市场。

总之，慕课的发展有利于促进传统教育模式的变革，传统高校和远程教育平台应根据自身

---

① 基于所有参与者和评论员的观察发现，目前存在两类慕课课程：C慕课和X慕课。X慕课是由私人企业拥有的在私有的专业网络平台上运行的传统学习方式（演讲、指导、说明等）的网络版本。C慕课中的"C"代表"连接主义"（Connectivism）给予它们启发的教育理论，其运行于开放资源学习平台，并被学术机构当作大学活动的一部分。

条件顺势而为，借此获得更大的发展空间。

第四节 娱乐

美国学者尼尔·波兹曼在《娱乐至死》一书中提到，人类会成为一个娱乐至死的物种。美国经济学家密切尔·沃尔夫在他的《娱乐经济：传媒力量优化生活》一书中也认为，当今社会的主要经济驱动力是娱乐。互联网的诞生催生了各式各样的网络娱乐方式，这似乎为上述观点提供了依据。

一、社交网络（Social Network Service, SNS）

社交网络的基本概念已在前面做了简要介绍，在此不予赘述。（详见第一章第四节）

Web1.0时代（20世纪90年代中期），电子邮件（E-mail）、即时通信工具（IM）、群组（Group）和问答（Answers）等服务为社交网络的发展打下了基础。Web2.0时代，网民参与度提高，人们可以通过博客，如Bligger.com、Typepad和Wordpress等，把内容上传到网络，与他人分享。Web3.0时代，以人际关系为基础的社交网络平台走红。国外的Myspace、Facebook和国内的开心网、人人网等成为人们进行交流的重要平台。而后，即时社交网络进一步加深了人们对社交网络的依赖。Twitter、微博等即时发布信息的社交平台，让人们可以第一时间共享自己的生活。飞信、微信等社交软件，让人们可以随时随地进行交流，从非线性的文字、语音、图片、小视频到线性的语音通话、视频通话，极大地扩展了人们进行交流的虚拟空间。即时社交网络可以让人们跨越时空进行交流，大大提高了人与人之间交流的效率。

即时社交网络是当前人们进行交流的主流方式，大概可以分为以下几大类。

实时交流类，比如微信、QQ。这类即时社交网络可以帮助人们实时进行个人或者群组的交流，而且可以通过文字、图片、视频等方式进行交流，大大提高了传播的效率。

信息发布类，比如Twitter、微博、微信公众号等，属于公开发布信息的媒介。新浪微博的用户数量庞大，这是大V形成的基础，并带动了粉丝经济的发展。

生活共享类，如Instagram、美拍、朋友圈等通过图片、视频等形式分享用户个人生活，从而加强了人与人之间的联系。但是，这类社交网络的交流性较差，一般只是个人展示生活点滴的平台。

社群类，比如贴吧、豆瓣等。用户根据不同的关注点、兴趣爱好，可以加入不同的贴吧或者豆瓣群组进行交流，这就是社群的作用。很多明星粉丝群会自行组建贴吧，在上面发布粉丝们想知道的信息，包括明星的行程、粉丝见面会、影视作品的发布等。除此之外，贴吧还可以根据用户其他的兴趣爱好组建起来，由用户共同选出的吧主进行管理。豆瓣具有群组功能，同时也是网民发布书籍、影视作品评价的渠道。

知识交流类，比如知乎、百度知道、分答都是通过问答的形式对各领域的问题进行解答。

但是从内容的质量和专业性上看，知乎更胜一筹。分答中的每个问题都明码标价，并通过60秒音频进行问题解答，这成为现今知识变现最直接的一种模式。

婚恋类，百合网、珍爱网、世纪佳缘等成为当前婚恋网站的主流。当今时代，剩男剩女的比例越来越高，婚恋问题不仅是一个社会问题，也是一门利益可观的生意，因为越来越多的人选择通过社交网络进行交友，并发展成婚恋关系。

社交网络大致具有以下特点。

（一）人际关系网络化

社交网络不是杂乱无章的，而是关系化的。同传统网络社区主要通过内容吸引用户的模式相比，新型社交网络更多的是将现实社会关系反映在网络上，以"人及其关系"来吸引用户，让"用户之间产生关系"成为一种现实。[①]简言之，社交网络通过网络进行人际传播，是人际关系网络化的过程。虽然，网络社交不如面对面交流的效率高，但随着技术的发展，即时的语音和视频通话已经大大提升了交流的效率，相信未来AR、VR技术的发展会进一步提升网络交流的效率。

（二）以用户为中心

社交网络中的内容大多数是由用户生产的，基于用户的社交关系而形成的用户黏度是社交网络所关注的核心。

社交网络是以个人为节点的复杂的交流网络。每个网络用户都是网络交流的节点，那些固定交流对象之间的联系，可称为"强联系"，那些通过他人中转产生的联系，可称为"弱联系"。

（三）虚拟空间与现实空间的融合

社交网络越来越倾向于将账户身份与现实中的人相对应，并弱化网络的匿名性，实现网络人际圈与现实人际圈的重合。甚至个别社交网络平台需要用身份证件进行实名认证，这一方面是为了便于管理，另一方面是为了增加用户的黏度。对于社交平台来说，用户的社交圈子是有待发掘的"金矿"，对其开发有利于广告的精准投放和广告收益的提升。

（四）私人空间与公共空间的交错

有传播学者发现，移动媒体对个人和社会的发展存在某种潜移默化的影响，尤其是在重新界定公共空间与私人空间的作用上。他提出，以手机为代表的各种移动终端，正模糊着私人空间与公共空间之间的界限，并在两个空间中起着转换与连接的作用。

社交网络使公共空间讨论私人话题、私人空间讨论公共话题成为可能。在微博这一公共空间，你可以发表私人话题，也可以讨论公共问题；在朋友圈这一私人空间，你可以发布私人生活，也可以讨论国家大事。公共空间和私人空间的交错，重构了个人空间与公共空间的关系，

---

① 李林蓉. 高职院校文化创意产业人才培养模式研究［J］. 四川旅游学院学报. 2014（5）.

模糊了两者之间的界限。

二、视频平台

网络视频，是指通过互联网，借助浏览器、客户端播放软件等工具，在线观看视频节目的互联网应用。根据中国互联网络信息中心的报告，2013年年底，网络视频用户规模达4.28亿。视频网站已经度过了粗放发展的阶段并逐步品牌化，同时形成了自身独特的文化特性。

（一）视频网站品牌化

国内各大视频网站现在已经不仅仅是提供同质化影视内容的场地。围绕着视频网站各自的定位，各大视频网站增加了国内外影视作品版权的购买数量和质量，各大网络综艺节目和网络剧、网络电影的数量也呈现井喷状态。内容质量提升、定位差异化，对于视频网站的品牌塑造起着关键作用。在视频网站的发展初期，如何在"粗制滥造"的画面下吸引观众的注意力是关键，而草根文化为小成本制作节目提供了很好的思路。《万万没想到》《太子妃升职记》等网络剧以恶搞、接地气的形式传达内容，这样的制作切合了大部分观众的胃口，受到追捧。而今，网络自制剧和自制综艺的数量呈井喷式增加，视频网站已经不能只靠"接地气"来吸引观众了，自制内容的质量成为杀出重围的关键。2016年网络剧《余罪》以独特的题材和演员专业的演技成为全民讨论的话题，虽然相比美剧、英剧来说其制作水平还有所欠缺，但在国内自制剧当中已达到了一定水平。除了网剧之外，网络综艺节目的水平也在不断提升，比如《奇葩说》《哇！大学生来了》《你正常吗？》等热门综艺，就邀请了业界知名的主持人和明星嘉宾参与，大大提升了节目的热度。

（二）青年亚文化大行其道

相比作为传播主流文化、主流价值观的传统媒介，网络媒介的复杂环境给"非主流"文化提供了广阔的生存空间。当前，网络上的爆款视频以恶搞为主，而制作者以年轻人为主，他们生在网络时代，有着自己独特的思维方式和价值观。《一个馒头引发的血案》是恶搞视频的源头，当年胡戈因为这个视频惹上了版权官司，却赢得了网民的喜爱。这些视频制作者利用恶搞的方式，传达对主流文化的解构、对权威的挑战，以及对现实生活的不满。虽然视频中的话语粗糙甚至低俗，但因其容易引起观众的共鸣，其传播力非常强。比如，2016年在哔哩哔哩视频网站上非常火爆的视频人物"局座召忠"，就是一个彻头彻尾的权威人士，他集军事战略专家、博士研究生导师、中央电视台特约评论员等头衔于一身。但就是这么一个在大众眼中高不可攀的权威人士，却在哔哩哔哩网站上面被恶搞，网民把他的形象做成各种各样的图片，还对他在电视节目中的画面进行剪接、恶搞，使他成为该网站的爆款IP。

除了恶搞视频，视频网站的弹幕功能也是青年亚文化的衍生物。A站（Acfun视频网站）和B站（哔哩哔哩视频网站）是弹幕视频网站的鼻祖，也是众多"二次元"（动漫爱好者）、宅男宅女聚集的网站，网站上的内容多属于非官方上传。通过这些弹幕，屏幕前的观众可以和千千万万的网民进行交流，因而打破了时空的界限，达到了一种全民娱乐的效果。

（三）网络直播的火爆

网络直播通过互联网直播平台即时传输视频，受众可以参与即时互动。它与传统的电视节目直播最大的区别就是即时互动的功能。粉丝一般通过"公屏"或弹幕提出问题，或者通过赠送虚拟礼物或货币增强互动。直播内容有以下几个部分：情感资讯、"吃播"、游戏切磋、段子和音乐等。

2016年是网络直播风生水起的一年。5月12日，国际巨星巩俐在戛纳奉献了她的"全宇宙直播首秀"。5月13日，韩国明星宋仲基在一家直播平台的首秀创下近200万人同时在线观看的直播纪录。明星直播的内容也是各出奇招，杨颖直播她擅长的网络游戏、宋茜直播吃香菜、小S直播插花……只要是明星参与的直播，基本上都能赚足流量，为直播平台聚集人气。

其实，网络直播最初是由素人主播开始的，只不过从2016年开始为了争夺流量，众直播平台启用明星做直播嘉宾，引起网民热议。网络直播一开始是以直播间的形式，由各个网络主播控制直播内容，以观众打赏为主要收益。为了吸引眼球，赚取打赏费用，各个主播不惜播出涉及黄色、暴力的画面，这也成为网络直播监管的一大问题。对于直播来说，归根到底还是要以内容取胜。

三、音乐 APP

当下，音乐 APP 成为人们听音乐的主要途径，相比传统的音乐欣赏途径（如唱片机或者现场音乐会），音乐 APP 有着无法比拟的便捷性和巨大的资源库。对于现代人来说，听一次音乐会、演唱会似乎是一种奢侈行为，但音乐 APP 让音乐真正走入了每一个人的生活。

根据 CNNIC《第 35 次互联网发展状况统计报告》的数据显示，手机音乐在 2014 年的用户规模增长了 7 538 万，总体规模达到 3.66 亿，使用率较去年增长了 7.6 个百分点，达到

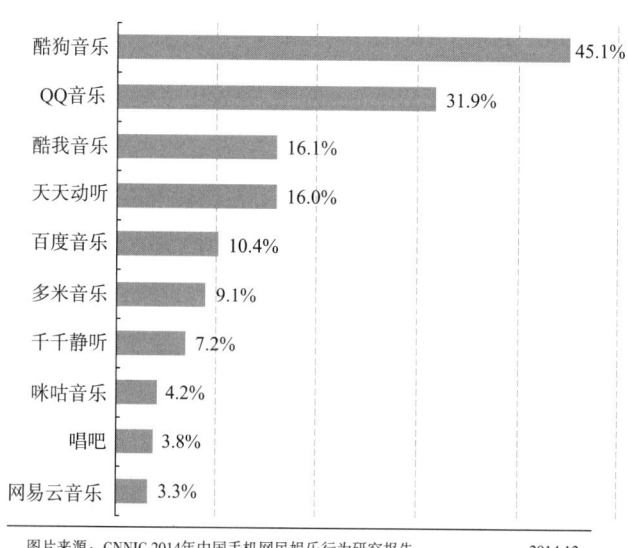

图片来源：CNNIC 2014年中国手机网民娱乐行为研究报告　　2014.12

图 4-5　手机音乐类应用用户认知率 top10

65.8%，是使用率增幅最大的手机娱乐类应用。音乐软件分为 PC 版和手机版客户端，就目前的用户使用习惯来看，手机音乐软件是用户常用的。

目前，音乐软件主要分为三大类：网络电台客户端、专业音乐播放客户端、音乐 KTV 客户端。2014 年手机音乐类应用认知率较高的有：酷狗音乐、QQ 音乐、酷我音乐、天天动听、百度音乐、多米音乐、千千静听、咪咕音乐、唱吧、网易云音乐。

（一）网络电台客户端

目前，国内影响力较大的网络电台客户端有喜马拉雅 FM、蜻蜓 FM、考拉 FM、荔枝 FM 等。这些客户端主要是集成传统电台的节目、网络电台的原创节目和用户生产（UGC）的电台节目作为内容，为用户提供海量、定制化的电台节目。

（二）专业音乐播放客户端

酷狗音乐、QQ 音乐、酷我音乐、天天动听、百度音乐、多米音乐、千千静听、网易云音乐等属于专业音乐播放客户端，并拥有海量音乐资源。近年来，因为版权的问题，各大音乐播放平台纷纷加入争夺版权的队伍，对于这些平台来说，优质的版权资源就是留住用户的利器。另外，社交功能也是音乐软件的重要功能之一，对于用户黏性的提高起到非常重要的作用，分享音乐是为音乐客户端树立口碑的绝佳途径。

（三）线上 KTV 客户端

唱吧作为线上 KTV 客户端的领军者，一开始就切中了用户的刚需，线上 K 歌、录制个人歌曲、线上竞技等功能，为其吸引了大量用户。而且，自 2013 年以来，唱吧培养了不少素人成为其平台的流量支柱，Rita 作为唱吧年度实力女歌手，积累了 215 万的人气，她还参加了《超级女声》，实现了她的明星梦。2016 年，唱吧还和湖南电视台合作，成为《我想和你唱》的加盟平台，湖南电视台的知名导演洪涛也加盟唱吧，从而实现了节目与平台的人才与资源共享。

音乐 APP 一直紧跟潮流，并根据用户需求，开发用户所需要的功能，如跑步 FM、歌词分享、听歌识曲等。目前，音乐 APP 的盈利模式还不够完善，除了常见的音乐流量包、会员充值、数字单曲收费、广告收入之外，还需要创新盈利模式。

四、网络游戏

网络游戏（Online Game）是指通过互联网所进行的游戏。网络游戏的火爆和它与生俱来的特点有关，它的即时互动、浸入式体验、趣味性都提高了玩家对它的好感度，最重要的是游戏玩家能够在游戏当中体验到现实中所没有的成就感，这就是网络游戏火爆的关键因素。通过中商产业研究院所整理的数据可知，近年来手机网络游戏的发展有赶超 PC 端网络游戏的态势。

网络游戏根据游戏运行方式可分为：单机版移植式网络游戏（在单机版产品中增加了

TCP/IP 协议或局域网协议，使其能够联网，如《反恐精英》）、客户端式网络游戏（需要下载客户端、注册用户）、Web 网游（网页版游戏，无须下载程序）。根据游戏的形式网络游戏可分为：大型多人网络角色扮演游戏（MMORPG——Massively Multiplayer Online Role-Playing Games，如《魔兽世界》）、动作游戏（ACT）、音乐游戏（MSC）、模拟经营类游戏（SIM，如《模拟人生》系列）、体育竞技类游戏（射击、赛车、桌球、网球等游戏）、养成类游戏（TCG，如《暖暖环游世界》）、冒险类游戏（AVG，如《古墓丽影》《生化危机》）、棋牌类游戏（如《德州扑克》）等。根据游戏的性质网络游戏可分为：偏娱乐性的游戏、偏社区性的游戏。根据运营阶段网络游戏可分为：未测试游戏、内测游戏、公测游戏、正式营运游戏、停营游戏。

随着技术的发展，网络游戏的用户体验也越来越好，从 2D、3D 到 VR（虚拟现实）、AR（现实增强），网络游戏一直是前沿技术的用武之地。2004 年《魔兽世界》从 2D 单机游戏蜕变成 3D 网络游戏，成为网络游戏的经典之作。2016 年 6 月上映的由《魔兽世界》游戏改编的同名电影，引发了众多游戏迷的追捧。《精灵宝可梦 Go》（*Pokemon Go*）是由任天堂、Pokémon 公司和谷歌 Niantic Labs 公司联合开发的，属于利用现实增强（AR）技术制作的宠物养成对战类 RPG 手游，于 2016 年 7 月 7 日首发之后，掀起了一场全民上街捕捉小精灵的热潮。VR 技术的发展并不比 AR 技术晚，而且目前使用 VR 技术开发的游戏也不少，但相比触手可及的移动网络游戏，VR 游戏的便捷度大大下降，因此 VR 游戏还未完全走向大众。

中国的网络游戏产业目前尚未形成完善的创新模式，以代理国外游戏为主要业务。网络游戏行业壁垒高，国内具备自主开发网络游戏的企业不多，创新能力不足，缺乏核心竞争力。未来网络游戏行业的发展很大一部分依赖国内几家大型游戏厂商的发展，随着其研发、创新能力的提升和游戏团队的壮大，中国网络游戏的产业转型让人期待。

图片来源：中商产业研究院

图 4-6　2012—2016 年手机网络游戏用户规模及使用率

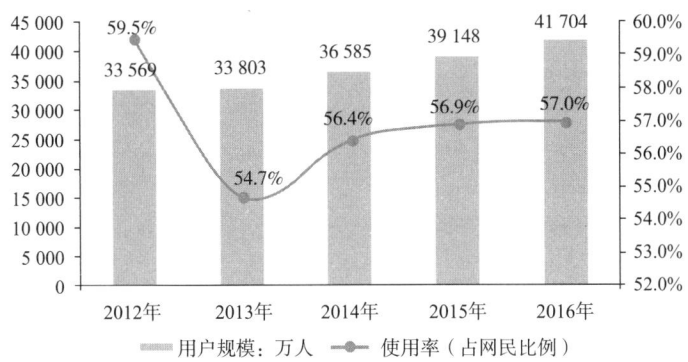

图片来源：中商产业研究院

图 4-7 2012—2016 年网络游戏用户规模及使用率

五、网络热词、网络热搜榜、网红

网络热搜榜是搜索引擎或网站等根据网民所搜索的关键词或话题的数量而进行排名的榜单。对于网民来说，热搜的话题代表着他们最关注的事情，而且热搜还能催生网络热词、网红等。在国内，微博热搜榜就是网络流行趋势的风向标；在欧美国家，谷歌热搜榜就是社会趋势的风向标。

（一）网络热词与网络流行语

"网络热词"的首创者是谁，现已难以考证。据搜索结果可知，"网络热词"最早出现在2005 年 1 月 14 日中国台湾网的新闻《岛内网络热词：公投枪案扁鲔鱼肚列前三》中，在大陆媒体"网络热词"则最早出现于 2006 年 5 月 30 日的《北京娱乐信报》中，其新闻标题为《网络语言面对三种观点之争 网络热词争议不止》，2008 年后"网络热词"开始被人们广泛应用。

"网络热词"是"网络新词"达到一定热度而形成的。在目前的相关研究当中，"网络热词"还没有一个统一的定义。总的来说，与网络热点相关的词汇，都可以称为"网络热词"。

"网络热词"和"网络流行语"又有所不同，前者的衡量标准是热度，后者的衡量标准是流行程度。较早进入大众视野的网络流行语有"贾君鹏，你妈喊你回家吃饭"。2009 年 7 月 16日，网友在百度贴吧魔兽世界吧发了这个帖子，随后短短五六个小时内被 390 617 名网友浏览，引来超过 1.7 万条回复。因为这句话和日常情景非常贴合，让人有亲切感，很快就在网络上流行起来。至此，这个网络热词变成网络流行语。在实际应用中，人们常常将网络热词和网络流行语混淆，再加上评判标准不一致，每年都会产生各种版本的网络热词和网络流行语榜单。

无论是网络热词还是网络流行语，都体现了广大草根民众的生活状态和诉求。在互联网时代，草根能够通过网络发声，在网络上渐渐形成自己的舆论阵地。"我爸是李刚""你是哪个单位的""至于你们信不信，反正我信了""躲猫猫"等网络流行语都是在新闻当中出现的，却被民众拿出来调侃、讽刺，表达了网络民意。在一定程度上，网络热词和网络流行语体现了民间话语权的苏醒，起到了网络监督的作用。

（二）网络热搜榜

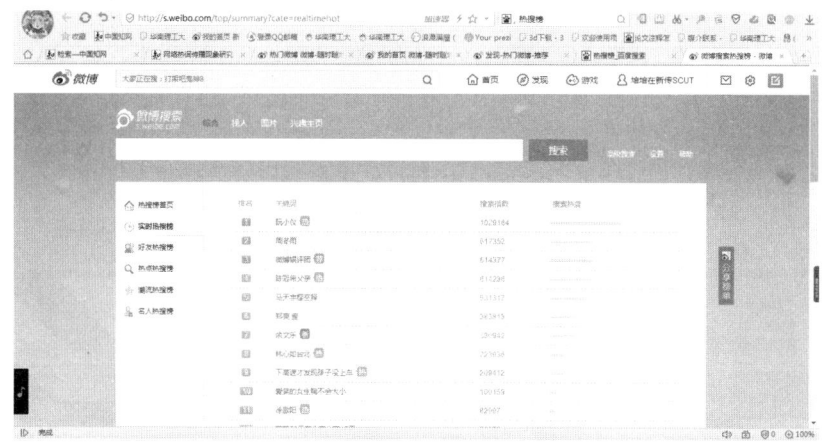

图 4-8　新浪微博热搜榜

社交平台或者搜索平台都会有各自的热搜榜。新浪微博有微博热搜榜，包括实时热搜榜、好友热搜榜、热点热搜榜、潮流热搜榜、名人热搜榜等栏目。百度有百度搜索风云榜，包括根据时间分类的实时热点、七日关注和今日上榜的栏目，也有根据其他分类指标产生的榜单。搜狗热搜榜除了实时热点之外还有各种分类榜单。

热搜榜在很大程度上反映了网络热点的发展趋势。特别是对于娱乐圈来说，在眼球经济的时代，能够成为网络热点的人和事必将是"吸金大户"（赚钱能力极强）。热搜榜上的关键词，常常能成为网络热词，从而引领网络舆论和网络潮流。

（三）网红

网红是网络红人的简称。真正称得上网络红人的，最早当属芙蓉姐姐，因为她大胆展示其火辣身材，使她在论坛上的照片被网民"围观"。后来又有因丑而出名的凤姐，还有打色情擦边球而红起来的兽兽。靠噱头、审丑等方式走红的属于"网红 1.0"时代。在"网红 2.0"时代，网红的诞生比之前更加产业化，"美色"经济将秀场上的嫩模、网络平台上的主播等捧红，这群人在微博上的认证身份或许是模特、演员等，但实际上并未真正涉足娱乐圈。干露露、郭美美等就是"网红 2.0"时代的代表人物。到了"网红 3.0"时代，想成为网红的人靠着噱头和美色已经不能在互联网中拔得头筹，"内容"成为吸引网民关注度的关键。直播平台上粉丝量较大的主播多拥有自己独特的才艺或者魅力，或是唱歌，或是聊天，只要切中网民的需求点，他们就能成为网红。2016 年最火的网红当属 papi 酱，并由此产生短视频网红经济。在这个阶段，网红已经不再是靠着恶俗的噱头来博得关注的人，而是利用自己的能力证明自身价值的人。

网红之所以能够被称为网红，自然是他们在网络上的关注度够高，网红占领热搜榜的事情也时常发生。此外，能够长时间登上热搜榜，也证明了该网红的地位。2015 年，在来自《互联网周刊》的网红排名中，第一名并不是 papi 酱，而是王思聪。他靠着强大的财富背景和口无遮拦的性格迅速走红网络，虽然和大多数网红走的路子不一样，但他经常上热搜，拥有庞大的粉丝量，经常带起网络热点话题。

第五节　商业应用

互联网技术发展至今，除了对人们的日常生活产生了影响之外，对商业的发展也起了很大的推动作用。可以说，互联网的发展是驱动企业商业模式变革的动力。网络传播系统的商业应用功能已经被各行各业所应用，它打破了商业活动的时空限制，无论何时何地，只要有网络的地方就能进行商业活动。

一、网络营销

网络营销随互联网的诞生而逐渐兴起，网络营销的概念也随着网络的发展不断演化。网络营销（Cybermarketing / Onlinemarketing）是指利用互联网技术和设备完成营销目的的过程。

互联网从诞生至今，经历了三个发展阶段：Web1.0（1993—2003）、Web2.0（2004—2007）、Web3.0（2007 年至今）。在不同的互联网发展阶段，网络营销的发展重心也在不断转移。

（一）Web1.0 的网络营销

Web1.0 阶段起始于 1993 年，结束于 2003 年。门户网站如雅虎、新浪、搜狐等，搜索网站如谷歌、百度等是 Web1.0 的代表。在这一时期，信息来源比较局限，网民上网的原因多是搜索信息、浏览网页，相对来说处于被动接收信息的地位。因此，在这个时期，网络营销侧重于单向传播，主要体现在广告投放上，包括网络广告、搜索引擎营销、电子邮件营销、即时通信营销、BBS 营销等。

（二）Web2.0 的网络营销

Web 2.0 始于 2004 年 3 月 O'Reilly Media 公司和 Media Live 国际公司的一次头脑风暴会议上。Web 2.0 的核心理念可以概括为自由、开放、共享，具有去中心化、草根性、真实性、自组织协同、主体参与性等独特属性。Web 2.0 的内容创建"从个体或机构创建"向"共同创建"方向发展，网民也从被动接收信息的角色向主动创造信息的角色转变。UGC（User Generated Content，用户创建内容）成为网民使用互联网的新方式。

在这个阶段，网络营销的推广方式越来越丰富，包括博客营销、RSS（Really Simple Syndication，简易信息聚合）营销、SNS（Social Network Service，社会化网络服务）营销、口碑营销、联属网络营销[①] 等。

[①] 联属网络营销，指的是一个网站 A 的所有人为推广另一个商务网站 B（称为主力网站，merchant）的服务和商品，而在自己的网站 A（称为联属网站，affiliate）放置广告按钮，然后从为网站 B 带来的销售额中获得一定比例回佣的一种网络营销方式。

（三）Web3.0 的网络营销

关于 Web3.0 的定义众说纷纭，而被引用最多的是"网站内的信息可以直接和其他网站相关信息进行交互，能通过第三方信息平台同时对多家网站的信息进行整合使用；用户在互联网上拥有自己的数据，并能在不同网站上使用；完全基于 Web，用浏览器即可以实现复杂的系统程序才具有的功能"。

2007 年 9 月，IG3.0 作为新一代个人门户产品在中国推出；2008 年 1 月，搜狐推出搜狐 3.1，雅蛙（Yaawa）推出国内第一个个性化主页服务和个性化聚合平台。这些新的网络服务，把 Web3.0 变成了现实。在 2007 年韩国"首尔数字论坛"上，Google CEO 埃里克·施密特（Eric Schmidt）被问及在 Google 眼里什么是 Web3.0 时，他回答说："Web3.0 是各种应用程序的组合。"API（Application Programming Interface）的出现让网络更加开放，API 为用户提供了在应用程序上进行操作的渠道。APP（Application）即应用程序的出现，让网络营销免去了大量市场推广的流程，只要应用程序够出色，自然会吸引更多用户，并且会有更多站点愿意提供服务整合入这个程序。比如，谷歌、雅虎、百度就开放了自己的搜索引擎服务，供各个网站和 APP 使用。[①]

相比 Web2.0，Web3.0 时期的网络信息趋向于资源整合、共享、精准定位，为网络营销的进一步发展提供了新契机。网络经济条件下，个体的核心价值被突显，每个人都能作为单位参与全球合作和竞争，外包被发挥到极致就催生了另一种商业形式——众包。"众包"（Crowdsourcing）这一概念最早由《连线》杂志编辑杰夫·豪在《众包：群体力量驱动商业未来》一书中提出，指一个公司或机构把过去由员工执行的工作任务，以自由自愿的形式外包给非特定的大众网络的做法。Web3.0 背景下的众包，实现了跨组织共享资源与配置资源，发挥了各个组织（包括个人）的能动性和创造性，使各个组织（包括个人）的价值更大化地体现了出来。

1. 网络公关

网络公关是指社会组织或者个人借助互联网实现公关目标的过程。

网络公关相比网络广告很难被人们察觉，但是在互联网的发展过程中，网络公关慢慢地渗透到各行各业以及人们的日常生活之中。关于网络公关的历史，有学者称其最多就 20 年。

2000 年以前，网络公关的开展只能通过电子邮件、万维网、讨论组等网络技术。电子邮件针对的是一对一的交流，公关的范围并没有多对多传播交流模式的讨论组那么大，对于小范围的公关活动来说比较适合，而对于涉及社会事件、社会话题的公关事件，讨论组的效果更佳。中国的网络公关得到真正发展的时间是在 2004 年左右，当时的网络公关公司是由网络推手[②]建立，到了 2008 年才逐渐产业化。2008 年，"封杀王老吉"事件爆发之后一两年内，全国出现了上千家大大小小的网络公关公司。

---

① API（Application Programming Interface），即应用程序接口。API 可以让第三方开发商通过各种接口访问网站数据，提供一种可以"安装"在你页面上的网络应用。APP（Application），即应用程序，是给终端所有人使用的，目的是完成某项任务。

② 网络推手也被称为"网络推客""网络策划师"，是懂得网络推广策略并能将其熟练应用的人或组织。

"封杀王老吉"事件：2008 年 5 月 21 日，王老吉在"5·12 汶川大地震"赈灾晚会上捐款一个亿。当天晚上，一则《让王老吉从中国的货架上消失！封杀它！》的帖子在网络上热传。这种正话反说的效果引发了网友的疯传，一下子王老吉的声誉被广大网友推了起来。

一开始的网络公关倾向于概念炒作，利用公众的心理需求，从而抓住其眼球，达到商业的目的。比如，百度贴吧魔兽世界吧里一句"贾君鹏，你妈喊你回家吃饭"这样无厘头的话，在短时间内引来大量网友围观。但后来人们发现网络公关的这种话题炒作方式不仅在人们茶余饭后的娱乐中有用武之地，在公益、民生等问题上也大有用途。比如说，"躲猫猫"事件、"我爸是李刚"这些话题火了之后，引发的舆论压力让更多人关注到社会的阴暗面，让有关部门有所作为，推动了社会的进步。

2. 网络广告

自 2001 年 5 月 1 日起实施的《北京市网络广告管理暂行办法》第二条规定：本办法所称的网络广告，是指互联网信息服务提供者通过互联网在网站或网页上以旗帜、按钮、文字链接、电子邮件等形式发布的广告。

网络广告根据传播方式的不同，大致可以分为以下几类：展示类广告、品牌图形广告、富媒体广告、视频贴片广告、搜索引擎广告、通用搜索广告、垂直搜索广告、联盟广告、文字链广告、分类广告、其他形式网络广告。

1994 年 10 月 27 日，美国 *Hotwired* 杂志推出了网络版的 *Hotwired*，并首次在网站上推出了网络广告，这一举动立即吸引到 AT&T 等 14 家广告赞助商赞助，标志着网络广告的正式诞生。1997 年 3 月，中国的 IT 专业网站 China Byte 发布了 IBM 等国际知名公司的广告，网络广告在中国发展起来。2000—2002 年间，互联网经济泡沫破裂，网络广告行业开始进入调整期，中国互联网经济随着各企业的不断探索而发展，而中国网络广告的基本阵营也在此期间初步形成。2003 年，关于伊拉克战争的报道和关于 SARS 事件的报道展现了网络媒体的传播力，吸引了网民和商家的关注，促使网络广告行业得到较大发展。

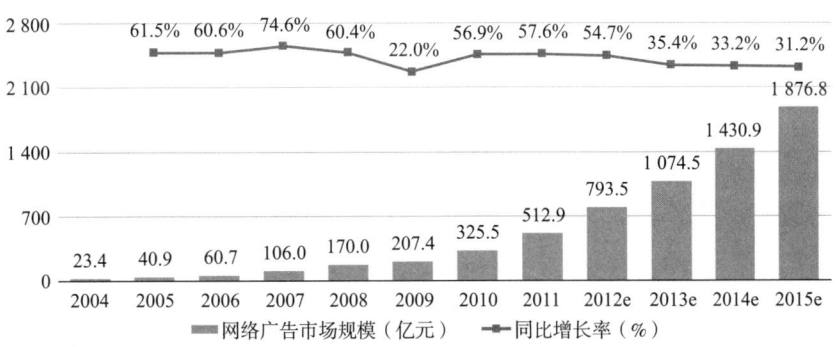

图片来源：艾瑞咨询《2011—2012 年中国网络广告行业年度监测报告》

图 4-9　2004—2015 年中国网络广告市场规模

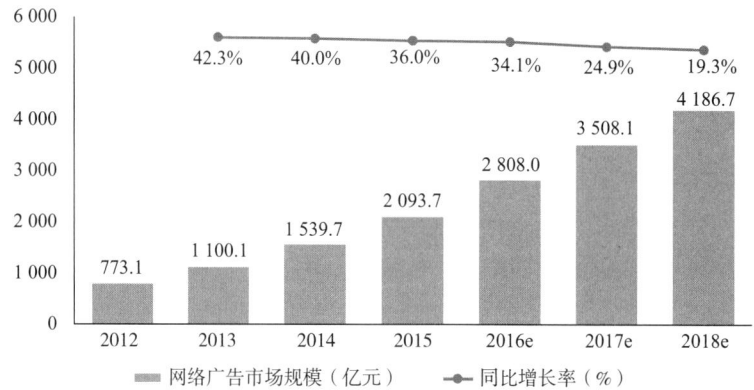

图片来源：艾瑞咨询《2016年中国网络广告行业年度监测报告》

图 4-10　2012—2018 年中国网络广告市场规模及预测

2004 年之后，网络广告在广告市场所占规模逐年上升，中国网络广告行业开始进入一个稳步发展的阶段。艾瑞咨询的监测数据显示，网络广告行业会达到 4 186.7 亿元的规模，远超传统广告（电视、广播、报纸、杂志广告）收入的总和。

网络广告凭借其互动优势越来越受到广告商的青睐，并强势占领了广告市场。随着网络广告的发展，其完成了从形式上的丰富到概念上的创新，突破了传统广告的局限，为广告市场的总体发展起到了推动作用。

3. 搜索引擎营销

搜索引擎营销（Search Engine Marketing，简称 SEM）概念最先是由 Go To 公司提出，搜索引擎营销是指搜索引擎在用户进行搜索时对其进行营销信息传递。

1994 年，Yahoo 等分类目录型搜索引擎的出现标志着搜索引擎营销的诞生，而 2000 年点击付费模式的产生让搜索引擎营销获得了长足发展。[①]

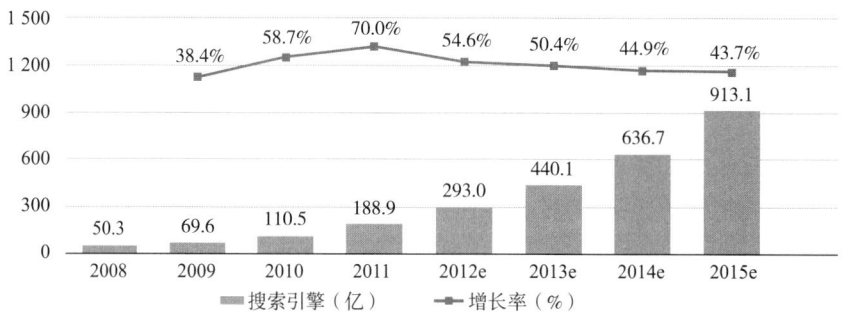

图 4-11　2008—2015 年中国网络广告市场搜索引擎网站广告规模

中国的搜索引擎企业发展至今，已经形成了较为成熟的行业规范，企业收入规模不断增长，且增长势头越来越趋于稳定。从 2008 年到 2015 年，中国网络广告当中的搜索引擎广告一

---

① 李凯，邓智文，严建援. 搜索引擎营销研究综述及展望［J］. 外国经济与管理，2014（10）.

直占据着较大的份额，并且所占份额逐年上升。艾瑞咨询的报告称，2015 年中国搜索引擎广告收入市场规模为 682.4 亿元，同比增长 32.2%，其中搜索关键词广告收入占比 72.2%。

虽然搜索引擎营销依然是网络营销的一个重要部分，但是搜索引擎的弊端在 Web3.0 时代慢慢显现了出来。信息爆炸、信息过载，搜索引擎功能跟不上用户搜索信息的需求，粗放的搜索工具无法解决信息筛选和信息冗余的问题，搜索引擎迎来了发展的瓶颈期。在国内，百度是搜索引擎的龙头企业，但是近几年来，百度搜索引擎营销问题频发。竞价排名的广告和真实的信息掺杂在一起，模糊了用户的视线，关键词搜索出来的结果更是如此，甚至有一些不真实的广告信息出现。2016 年 5 月的"魏泽西事件"引爆了公众对百度搜索的不满，现如今百度搜索已经失去了很大一部分网民的信任。

> 魏泽西事件：魏则西，男，21 岁，生前就读于西安电子科技大学计算机专业，因身患滑膜肉瘤去世。魏则西在百度搜索疾病信息时，第一条结果是北京某武警医院的所谓"生物免疫疗法"，最后他在该医院因为治疗不当而去世。此事件引发了社会对莆田系医院的关注，以及对百度搜索引擎营销的不满。

搜索引擎营销研究的对象主要是付费搜索广告和搜索引擎优化，有些文献也称其为赞助商、推广链接和自然搜索引擎，或者直接表述为搜索引擎的右边和左边。

（1）付费搜索广告。

①关键词广告。关键词广告，是通过关键词搜索而传递营销信息的一种广告形式。它是付费搜索引擎营销的一种形式，也可称其为搜索引擎广告、付费搜索引擎关键词广告等。例如，谷歌的关键词广告是最有影响力的付费搜索引擎营销方法之一。

②竞价排名。竞价排名是一种按广告效果付费的网络推广方式。例如，百度的竞价排名就是按照广告效果付费的服务。

（2）搜索引擎优化。搜索引擎优化是提升企业网站关键词自然排名的一项服务，相关概念如下。

①佩奇等级（Page Rank）。佩奇等级着重考察网站的权威性，即越权威的网站越容易被其他网站主动链接，被链接得越多就意味着其他网站所给的投票越多，这个就是所谓的"链接流行度"，也被用来衡量多少人愿意将他们的网站和你的网站挂钩。

② Sitemap。Google Sitemap 可以让网站建设者通过使用特定格式的 Sitemap 文件，通知 Google 并指引 Google Sitemap 收录相应网页。正确使用 Google Sitemap，可以确保 Google Spider 不遗漏网站内的任何页面，及时、连续地将其收录进谷歌的索引数据库。[①]

③学术搜索引擎优化（ASEO）。也有一些文献涉及针对某种搜索引擎的优化，比如贝尔（Beel）等学者以 Google Scholar 为例，从选择关键词、根据关键词修改文章、文章的发表等角度提出了一种学术搜索引擎优化（ASEO）的方法，并对过度优化的风险进行了探讨，指出学术搜索引擎优化的作用在于帮助搜索引擎了解被检索文章的内容，从而使文章被更好地接受，

但一篇文章真正的影响力还取决于它在行业内受认可的程度。

二、网络传播颠覆传统商业模式

互联网让世界各地都成为地球村的一部分，信息传输突破了空间和时间的障碍，各个国家纷纷投入"全球化"的大潮中来。传统的商业模式借助互联网的大潮延伸了触角，抓住了更多的商业机遇，而互联网这个新的传播载体也孵化了不少全新的商业模式，颠覆了传统商业的体系。如果说网络营销和网络广告是借助互联网从传统的营销与广告中延展出来的，那么以下几种网络商业模式基本上是在传统商业社会中很难找到原型的。

（一）网络交易

自网络交易兴起至今，该模式已经形成了成熟的全球性产业，而人们的消费方式也渐渐被网络所改变，网络交易已然成为人们重要的生活方式之一。网络交易打破了传统市场交易的局限，把市场扩张到了全球，交易的商品种类也大大丰富了，基本上人们想得到的商品都能在网络上进行交易而获得，这也催生了多个新兴产业的发展。传统交易可能对商品的传输、交易成本等限制较大，但是网络交易大大降低了商品交易的成本。

网络交易指发生在信息网络中企业之间（Business to Business，简称 B2B）、企业和消费者之间（Business to Consumer，简称 B2C）以及个人与个人之间（Consumer to Consumer，简称 C2C）通过网络通信手段缔结的交易。[①]

网络交易诞生以后，买家、卖家聚集在网络虚拟市场上，传统的经营模式受到了冲击，网络金融服务迅速崛起。美国是首个发展网络交易的国家，1995 年网络交易在美国兴起，当年全球互联网的交易额仅有 2 亿美元，但到 1998 年猛增至 418 亿美元，到 2010 年已达 5 725 亿美元。中国电子商务市场交易总额从 2004 年的不足 1 万亿元人民币增长至 2014 年的 13.4 万亿元人民币，十年间的年均复合增长率高达 30.6%。现如今，中国已成为世界第一大网络零售市场。网络交易大发展的同时，商品传输的需求也迅速增长，全球范围内的快递行业发展迅速。在淘宝网的带动下，我国快递机构如雨后春笋般涌现。不过在网络交易大发展的背景下，并不是所有的行业都能受益，甚至有些行业因此受到冲击。受冲击最严重的应属线下零售行业，国内，网络交易平台抢占了线下零售商的大部分市场份额，甚至导致部分线下店面集体倒闭。

易趣和淘宝网就是网络交易平台的典型代表。

1. 易趣

易趣于 1995 年 9 月成立于美国，在全球 33 个国家和地区设有分支机构，拥有 1.93 亿注册用户。1999 年 8 月邵亦波等人创立易趣，注册资金 2 900 万美元，并于 2002 年 3 月开始投资易趣网，随后将其纳为全资子公司，最终在 2004 年推出新品牌 ebay 易趣。据统计，ebay 易趣作为当时国内唯一可提供国际贸易机会的 C2C 网站，截至 2006 年第一季度，其累计用户已达 2 030 万。

---

① 引自中国电子商务协会《网络交易平台服务规范》（2005 年 4 月）。

2．淘宝网

2003 年 5 月，阿里巴巴投资 1 亿元人民币创立淘宝网，此后淘宝网迅速成长，领先于国内 C2C 交易平台。2005 年 3 月，淘宝网的网上商品数达 700 万件，淘宝网成为亚洲最大的个人交易网站。淘宝网的成功抢走了 ebay 易趣在中国的市场份额，ebay 易趣逐渐淡出了国人的视线。

（二）网络第三方支付

网络第三方支付已成为网络时代重要的消费支付方式，人们在线上线下购物时基本离不开第三方支付。

网络第三方支付指的是通过互联网，消费者可以在第三方支付平台上完成线上或线下支付的一种支付手段。

最早在全球发展第三方支付机构的是美国的 Pay Pal（在中国的品牌为贝宝），它是美国易趣公司的全资子公司，1998 年 12 月由彼得·蒂（Peter Thie）及马克斯·莱佛春（Max Levchin）建立。中国的电子支付最早出现在 20 世纪 90 年代末，以招商银行推出的"一卡通"为标志。2003 年，支付宝的推出创造了一种具有信用中介功能的虚拟账户，从而促进了电子商务的发展。随后，各大互联网企业纷纷推出了自己的第三方支付平台，比如腾讯 QQ 的 QQ 钱包、微信的微信支付、百度的百度钱包等，以互联网企业起家的第三方支付平台至今仍处于竞争之中。接着，银行也开始抢占网络支付市场。2010 年 8 月，中国人民银行第二代超级网银系统上线，并在 2011 年 5 月 26 日向首批 27 家商业银行发放了合法经营牌照，商业银行进入网络第三方支付市场，至此，该领域的竞争变得更加激烈。同年，国家相继出台了《非金融机构支付服务管理办法》和《非金融机构支付服务管理办法实施细则》，网络第三方支付受到较为规范的监管。相比中国，欧美的第三方支付监管开始得更早些。欧盟在 2000 年 1 月颁布的《电子签名共同框架指引》《电子货币指引》和《电子货币机构指引》开启了对网络第三方支付的监管。美国则大力鼓励创新与放松管制，给第三方支付提供更多的发展空间，《爱国者法案》《统一货币服务法》《金融服务现代化法》（1999 年）等都对网络第三方支付有相关的规定。

Pay Pal 和支付宝是网络第三方支付平台的典型代表。

1．Pay Pal

1998 年，Pay Pal 公司成立，其总部设在美国。Pay Pal 运营的支付网络建立在银行账户、银行卡等现有的金融基础设施之上，客户通过电子邮件即可发送与接收付款申请。

2002 年，易趣收购了 Pay Pal。随后，Pay Pal 进入中国市场，2004 年 8 月在中国成立美银宝信息技术（上海）有限公司，专为中国用户提供人民币互联网支付业务。2010 年 4 月 27 日，阿里巴巴和海外最大的第三方支付平台 Pay Pal 联合宣布，双方达成战略合作伙伴关系。

2．支付宝

2003 年 10 月 18 日，淘宝网推出支付宝业务。2004 年 12 月 8 日，浙江支付宝网络科技有限公司成立。同年 12 月 30 日，支付宝网站（www.alipay.com）正式上线并独立运营。

凭借淘宝网庞大的用户基数，支付宝的用户积累非常迅速。截至 2015 年，中国第三方互联网支付交易规模达 11.8 万亿元，支付宝成为中国网络第三方支付占有市场份额最大的支付

平台。（艾瑞咨询统计数据）

三、数字内容服务

随着网络的普及，数字内容服务也渐渐渗透到日常生活之中。音乐、影视、书报杂志等都能通过网络进行下载，这对于传统的内容行业来说是一次重大挑战。网络传播的低门槛、低成本、监管难等问题让内容行业饱受版权侵犯问题的困扰，随后内容行业开始反击，打起了保卫版权的战争，并推进行业转型。

数字内容服务指的是为个人或组织提供、协助制作和传播数字产品的服务。

1998 年，"美国的文化产业仅电影、电视、录像带、音乐出版的总收入就达数亿美元，第一次超过了农业和飞机制造业，成为美国出口的第一行业"[①]。目前，美国是世界上数字内容产业实力雄厚的国家。1996 年的 "info2000" 是欧盟为推动多媒体内容产业发展而施行的计划，1997 年的 "MLIS" 则是为了促进欧洲信息社会发展、保留欧洲多种语言应用的计划。为了巩固数字内容产业的发展，欧盟投入了大量的人力和物力，单在 2000 年就拨款 1 000 万欧元投入数字内容产业的发展当中。日本把数字内容产业定位为 "积极振兴的新型产业"，日本数字内容协会在 2003 年度白皮书中表示，依赖于信息技术革命的数字内容产业对日本经济的发展起着重要作用。2001 年韩国信息通信部专门制订了 "数字内容行动计划"，韩国情报通信部制定了将韩国发展成 "世界大数字内容强国" 的目标。

苹果 "iPod+iTunes" 模式、美国游戏业都是提供数字内容服务的典型代表。

1. 苹果 "iPod+iTunes" 模式

苹果是业界第一家推出数字音乐收费下载的企业，它于 2003 年 4 月推出的数字音乐商店 iTMS 取得了成功，引领着数字音乐收费下载的潮流。iTMS 获得了各大唱片公司的授权，解决了 P2P 免费下载中的侵权问题。另外，iTMS 提供目录索引、音乐或专辑介绍、同类型采购偏好等信息，为消费者下载音乐提供了便利。音乐资源的便捷性和完整性，再加上 iPod、iTunes、iTMS 三位一体所带来的完美消费体验，使 iTMS 得到了广大消费者的青睐。

2. 美国游戏业

2001 年，美国游戏业产值涨幅高达 43%，其产值甚至超过了美国电影业的票房收入。到 2004 年，欧美在线游戏产业总值达到 49 亿美元，美国成为最大的在线游戏市场。

美国网络游戏的代表作《魔兽世界》，在 2004 年从单机游戏（2D）蜕变成 3D 网络游戏，成为经典之作。2016 年 6 月上映的由《魔兽世界》游戏改编的同名电影，引发了众多游戏迷的追捧。《魔兽世界》的游戏厂商暴雪娱乐还在 2012 年 1 月 25 日宣布将举办汇集数项顶级职业电子竞技赛事的 "2012 战网世界锦标赛"，引发了全球性的电子竞技比赛风潮。

---

① 张华荣. 精神劳动与精神生产论［M］. 北京：经济科学出版社，2002：132.

思考题

1. 任选一种第四章第一节中的新闻报道新模式，举出现在国内应用该模式的案例，并说出该新模式的特性。

2. 举例说明虚拟社区与社会化网络对人的影响。

3. 请自行选择新闻传播学科的慕课进行学习，对比慕课与大学新闻传播课程在教学上的区别。

4. 选择你最喜欢的网络娱乐项目，并阐述其特性。

5. 简述网络传播是如何颠覆传统商业模式的。

Chapter 5

第五章　网络伦理、法律与传播管理

本章要点

- 互联网时代的伦理问题有哪些
- 主要从哪三个方面看互联网时代的法律问题
- 应该采取哪些措施实现对网络传播环境的有效管理

互联网的开放性和便捷性为大众参与网络传播提供了方便，同时也滋生了很多问题。国外有学者把网络问题概括为 7 个 P，即隐私（Privacy）、盗版（Piracy）、色情（Pornography）、价格（Pricing）、政策制定（Policing）、心理学（Psychology）、网络保护（Protection of the network）。[①] 除了隐私和色情之外，网络伦理问题还包括信息异化、信息诈骗、网络暴力等。互联网在带来伦理问题的同时也在不断冲击着传统的法律制度，比如，网民言论空间的拓展对名誉权的影响、大数据的发展对传统隐私权的侵犯、公民的人身权利和财产权利都受到不同程度的威胁。网络问题纷繁复杂，各种利益主体相互交叉，如何在保障公民权利的同时对互联网施行有效的管理成为各方共同考虑的问题。

第一节　互联网与伦理

伦理问题内容丰富，古老且恒久，计算机和网络虚拟空间则给人类带来了全新的伦理困惑。诸如隐私、知识产权、信息自由、数字鸿沟以及青少年保护等问题与我们的日常生活息息相关，引起了社会的广泛关注并产生了激烈的争论。在西方国家，除了网络伦理的哲学基础、学科归属等理论探讨外，网络伦理学主要涉及具体的网络道德实践问题以及若干交叉性的领域，如网络社会结构、网络文化冲突、网络教育方式、网络政治民主等，因而网络伦理学通常被纳入应用伦理学或规范伦理学的范畴，强调其实用性。国内的研究指向也大致相近，只是研究领域更侧重"有害信息、数字鸿沟、网络侵权、网络沉溺、信息诈骗等"[②]层面。简言之，网络伦理问题涉及人与计算机和网络之间的关系，也包括在虚拟社会中人与人之间的关系，以及相关的行为方式、准则和价值观问题。

网络伦理的最大难题既不是学科的定位和性质，甚至也不是制定具体的伦理规范和原则，而是由网络虚拟空间的特殊性所致的，或者说是由计算机和网络技术的应用引发的一系列有别于现实世界的困惑、矛盾和冲突，并且这些直接构成了对现有伦理规范的冲击和挑战。有论者概括了与网络伦理相关的八对矛盾：电子空间与物理空间；网络道德与既有道德；信息内容的地域性与信息传播方式的超地域性；通信自由与社会责任；个人隐私与社会监督；信息共享与

---

① 常晋芳. 网络哲学引论 ［M］. 广州：广东人民出版社，2005：355.

② 钟瑛. 网络传播伦理 ［M］. 北京：清华大学出版社，2005：5-6.

信息独有；网络开放性与网络安全；网络资源的正当使用和不正当使用。其中的症结在于网络虚拟空间的特质。虚拟空间是由计算机、远程通信和互联网等构成的特殊环境，网民可以以身体不在场或匿名的方式在此获取和发布信息、与人交往或从事其他活动。但虚拟不等于虚无，虚拟空间是另一种存在方式或者说"实在"。这种"二元"的特殊的虚拟环境导致人类行为方式的"变异"，甚至引发伦理原则和价值观念的混乱或颠倒。另外，网络空间作为社会信息传播平台，涉及社会生活的方方面面，并与现实的社会空间相互交叉纠结，致使网络伦理问题变得极为复杂。这些问题亟待我们去回答或解决。

一、信息异化

"异化"一词的德文是 Entfremdung，意指"异己"，也可译为"疏远"，指原来自然互属或和谐的两物彼此分离，甚至互相对立。异化观念可以溯源至基督教的原罪说和卢梭的社会契约论，后由黑格尔、费尔巴哈和马克思加以引申发展。马克思认为劳动异化是资本主义社会的普遍现象，工人同自己的劳动产品的关系就是同一个异己的对象关系。正是由于马克思写于1844年的遗稿《经济学哲学手稿》于 1932 年出版，异化概念在 20 世纪获得了广泛流传并产生了深刻影响。

异化有着各种不同的形式，在现代社会，"人类存在的自我异化已经引起了（各界）特别的注意。自我异化是指个人与他们的真实自我、他们的本性和他们的意识的分离"[1]。譬如像马尔库塞、波德里亚、波兹曼这样一些现代理论家极为关注媒体、符号和意识形态的弥漫性力量。这些颇具诱惑而非宰制的力量提供了某种拟态环境和参照框架，使人类异化于个体自由的思想或真实的自我，从而失去了个体的完整性和独立性。信息异化可以被视为当代社会自我异化的一个组成部分，其实质是人与信息之间的主客体关系的颠倒或错位。人本是信息的创造者和传播者，信息本应合理地被人类共享、利用和开发，然而信息泛滥以及人对信息的过度使用或沉溺，致使许多人对信息技术和信息本身产生盲目的依赖、崇拜，乃至诱发莫名的"信息恐慌症""信息疲劳症"，或者所谓"黑色晕眩"。甚至有人喊出："到处都是信息，唯独没有思考的头脑！"[2]

信息爆炸和信息过载是信息异化的两种表现形式。信息爆炸是对 20 世纪 80 年代以来信息量极度膨胀的描述，甚至被列为当代社会四大危机之一（其余为环境污染、人口猛增和能源危机）。信息爆炸造成信息量大、质差和价值低等问题。大众传媒和因特网既传递着新闻、娱乐、广告和科技等各种有价值的信息，也夹杂着大量冗余、无用乃至虚假的信息。在所谓的Web2.0 时代，视频网站也已不堪重负，譬如 YouTube 在 2006 年的信息流量已超过了 2000 年整个因特网流量的总和。有专家甚至警告，如此发展下去，互联网的连通性将受到威胁，甚至互联网本身面临着崩溃的危险。

信息量的极度膨胀致使人类的生活空间和网络空间陷于某种信息杂乱或混沌的状态。面对

---

① 布宁，余纪元. 西方哲学英汉对照辞典 [M]. 北京：人民出版社，2001：35.

② 常晋芳. 网络哲学引论 [M]. 广州：广东人民出版社，2005：118.

这种信息过剩的局面，人们处理信息的能力明显不足，时间、精力也有限。原本丰饶的信息转而演变成负担或者对人的压迫，这正是所谓的信息超载。因为，"信息过剩一旦发生，信息就不再对生活质量有所帮助，反而开始制造生活压力和混乱，甚至无知"[①]。同时，由于信息搜集成本提高以及信息利用率低下，信息过剩从而造成社会资源的浪费，甚至对社会经济的发展产生负面影响。这其实已是另一种变相的信息匮乏了。

除了信息爆炸和信息过载，信息垃圾也属于日益严重的信息异化现象。信息垃圾主要是从内容角度加以界定的。狭义的信息垃圾指那些完全无用的信息，广义的信息垃圾包括虚假信息、攻击性信息（如网络诽谤）、暴力和色情信息、颓废信息（如张扬性变态、赌博、虚无、自杀等）、反社会信息等所谓不良或有害信息。由于互联网上的信息发布成本低廉以及缺乏有效的监管措施，垃圾信息的泛滥难以得到有效遏制，譬如垃圾邮件。中国、美国和韩国这些互联网发展迅速的国家，既是垃圾邮件的发源地，也是受害国。

在网络娱乐信息和经济信息中，虚假信息较为突出。"新闻记者课题组"在 2017 年 1 月 3 日公布了 2016 年十大假新闻，其中《江西九江发生 6.9 级地震》由澎湃新闻推送，人民日报客户端、网易新闻客户端等转载。《春节纪事：一个病情加重的东北村庄》则是在《财经》杂志微信客户端发布，光明网、中国青年网等转载。权威媒体仍旧面临虚假新闻问题。另外，从论坛爆出的"上海姑娘逃出江西农村""女员工每日排队吻老板"等都引发了网络热议。

《新闻记者》总结了这些假新闻的几个特点：一、"网帖新闻化"现象愈演愈烈；二、社会敏感问题更易汇聚虚假新闻；三、新媒体传播生态模糊了事实与虚构的界限。[②]网络谣言和假新闻不仅对当事人的名誉和心灵造成伤害，而且有损于新闻报道的客观、真实、公正的原则以及网络媒体的公信力。某些诈骗信息甚至可能造成巨大的经济损失和人身伤害。近年来，"网络钓鱼"作为一种网络诈骗手段在世界范围内日益猖獗。所谓"网络钓鱼"，即一些不法分子通过大量发送声称来自银行或其他知名机构的欺骗性垃圾邮件，引诱收信人提供敏感信息（如用户名、口令、账号 ID 、ATM PIN 码或信用卡详细信息）的一种攻击方式。早期的案例主要发生在美国，近几年在亚洲国家也时有发生，譬如国内曾发生多起伪装成"中国银行""中国工商银行"主页的恶意网站诈骗钱财的事件。

当然，某些信息异化现象并不构成把网络信息传播视为洪水猛兽的理由。所谓有害信息也是专指那些"对国家、社会或者个体构成威胁或者损害的不良信息"[③]，但在世界范围内还没有形成一个统一的定义。基于不同的政治制度和法律法规，各国对信息传播的管制尺度也宽严不一。中国已在一些法律法规或者文件中对有害信息的内容做了说明，但也还没有形成完全统一的标准。就国情而言，政治言论、虚假信息和色情信息等是较为敏感或令社会普遍担忧的有害信息。新媒体专家、清华大学教授熊澄宇把互联网的有害信息分为四类：第一，犯法；第二，违规；第三，缺德；第四，不宜。犯法是法律层面，违规是行政层面，缺德是道德层面，不宜

① 申克. 信息烟尘［M］. 黄锗坚，朱付元，何芷江，译. 南昌：江西教育出版社，2001：序言.

② 年度虚假新闻研究课题组，白红义，江海伦，等. 2016 年虚假新闻研究报告［J］. 新闻记者，2017（1）.

③ 张楚. 网络法学［M］. 北京：高等教育出版社，2003：207.

是文化层面。他认为，不同层面的事情应由不同的人按照不同的方法来处理。[①]

二、网络隐私

隐私保护是引发互联网争议的焦点问题之一，对隐私权的侵犯是网络侵权的主要表现形式之一。隐私问题在网络空间中突显，这与网络传播的特性直接相关。

网络传播快速、匿名、跨地域、交互性强，个人信息易于泄露或者被篡改、盗窃和非法使用。譬如，电子邮件中个人数据的泄露；黑客入侵个人计算机系统窃取个人数据；网络经营者未经数据主体允许，收集、公布、利用或篡改个人数据；某些网站和机构滥用 Cookies，未经访问者本人许可，搜集他人的个人资料，达到构建用户数据库，发送广告等营利目的。这些以网络为工具对个人数据的侵犯，技术性高、隐蔽性强，最能体现网络时代隐私权侵权的特点。

据考证，1968 年，法国曾有过一条"私生活应严加保护"的法律，但作为一个法学范畴，"隐私权"最早出现在美国学者萨谬尔·D. 沃伦（Samuel D. Warren）和路易斯·D. 布兰代斯（Louis D.Brandeis）于 1980 年发表在《哈佛法学评论》的论文 *The Right to Privacy* 中。论文作者从侵权行为法的角度，确立了隐私权的存在依据，并把隐私权界定为"一种个人信息免受刺探的权利"。这篇论文开启了后世对于隐私权的探讨。

美国学者艾伦·维斯廷（Alan F. Westin）于 1967 年提出了隐私权的四项功能，即个人自主、情绪释放、自我评估与受到有限保护的沟通。由于人们在认识上存在分歧，关于隐私和隐私权并未出现一个统一而清晰的定义，"隐私"这一概念也并没有出现在美国的宪法中。然而，"它的支持者们在首次八个修正案和第十四修正案中找到了凭证，这些修正案保证了人们可以用法律手段应对侵犯个人隐私的行为"[②]。一般认为，侵犯隐私权包括四种情况：侵入个人秘密、窃用姓名或肖像、公开私生活和公开他人的不实形象。[③]

"9·11"事件以后，美国政府加强了对公民的监视措施，隐私权问题更为突显。但到目前为止，美国公众在堕胎、安乐死和互联网隐私权问题上仍然存在很大分歧。根据民意研究公司（ORC）对于 1 017 名美国成年公民的调查表明，美国的网络用户普遍担忧通过网络而进行的隐私获取与扩散，其中个人财务资料的扩散所引发的担忧最为突出（分别有 84% 的受访者感到太多人接触其个人信用报告，79% 的受访者感到太多人接触其个人财务记录，62% 和 61% 的受访者感到接触其驾驶和医疗记录的人太多），同时受访者也认定最可能的侵害者来自政府（43% 的人认定政府构成对于个人隐私的最大威胁，认定最大威胁来自媒体和公司的分别为 24% 和 18%）。

联合国于 1948 年 12 月 10 日颁布的《世界人权宣言》第十二条明确规定："任何人的私生活、家庭、住宅和通信不得任意干涉，不得攻击他的荣誉和名誉。人人有权享受法律保护，以免受干涉或攻击。"《公民权利和政治权利国际公约》《欧洲人权公约》《非洲人权和民族权宪章》

---

① 参见熊澄宇的会议论文《2009 中国新媒体传播学年会主题发言》。

② 克里斯蒂安，法克勒，罗特佐尔，等. 媒体伦理学［M］. 张晓辉，译. 北京：华夏出版社，2000：113.

③ 李钢，王旭辉. 网络文化［M］. 北京：人民邮电出版社，2005：58.

等也直接或间接地涉及隐私权的保护问题。2008 年 10 月，一项旨在保护信息与通信技术的言论自由和隐私权的《全球网络倡议》（*Global Network Initiative*，GNI）正式发布。Google、雅虎、微软等全球性的 IT 企业也签署了这份文件。

中国是《世界人权宣言》的签署国之一，但隐私权作为宣言的条款在中国现行的法律中并没有明确的定义。不过，中国《宪法》第三十八条、第四十条规定，公民的人格尊严不受侵犯，公民的通信自由和通信秘密受法律保护。一般认为，1997 年颁布的《中华人民共和国刑法》也含有保护公民隐私权的内容，如《刑法》第二百四十五条规定的"非法搜查罪""非法侵入住宅罪"和第二百五十二条规定的"侵犯通信自由罪"。应该说，缺乏专门或明确的隐私权保护的法律规定，是致使中国网络隐私权侵权现象频仍的主因之一。根据《中国青年报》2002 年的一项调查显示，超过 55% 的人认为，在互联网时代，保护个人隐私正变得越来越难。调查中，29.3% 的人表示，自己的"个人信息曾被随意公开泄露"；12.3% 的人认为，在互联网上注册（如电子邮箱）时，"当然不能填"自己的真实信息；15.1% 的人表示自己在工作场所的行为被监视。

隐私权保护也夹杂着某些复杂因素，譬如，新闻自由与隐私权保护之间的关系如何平衡、公众人物（尤其是那些与公众利益相关的政府官员）是否拥有严格意义上的隐私权等。一般认为，相对于普通公民，公众人物隐私权的保障程度相对较低。譬如在美国，公众人物在诽谤罪诉讼中通常很难获胜。日本学者马清福则把社会上的人分为两类，即"公人"与"私人"。"公人"是公众人物，"私人"就是普通老百姓。对于任何"私人"，无人具有公开他们个人隐私的权利；但对于"公人"，情况就不同了，他们或从公众的税金中得到俸禄（公务员），或从公众的关注中得到利益（演艺人员）。他们的一切行为都要光明正大，所以他们也随时是狗仔队追逐的对象。①

公众人物的隐私权具有自己的独特特征，一、与社会公共利益相联系。比如政府官员，他们的行为关系到民众对政府的整体印象；再比如娱乐明星，其粉丝群体数量庞大，他们作为公众人物更加需要约束自己的行为，像嫖娼、吸毒等违法行为都会给他们带来极大的不良影响。二、与公众知情权相冲突。在这一点上，虽然公众人物的隐私权保护范围相比普通人的要小，但并不代表公众人物要满足普通民众的窥私欲。2016 年，霍建华、林心如的婚礼禁止媒体进场，风行工作室的卓伟使用无人机进行航拍，后被巴厘岛警方干预强制降落。婚礼现场属于私人场所，卓伟的行为已经侵犯了当事人的隐私。娱乐明星披露自己的隐私虽然在某些时刻可以帮助他们提高曝光率，但这并不意味着他们的合法权益不受保护。

美国学者乔尔·鲁蒂诺（Joel Rudinow）、安东尼·格雷博什（Anthony Graybosch）认为，"隐私是安全核心价值的一种表达"，它对于个人与社会的发展和生存非常重要，因此，"创造隐私空间非常重要"。有的哲学家把隐私视为"一种基本的不能被削减的权利"，另一些哲学家则深信，"保护隐私对于个人自由和自主是绝对必要的"②。但随着信息与传播技术的发展，尤其是在网络虚拟空间，个人隐私权保护问题日益复杂化，实际上已成为人类社会必须应对的一个难题。

---

① 黄毓民. 传媒嗜血处长丢官［EB/OL］.（2007-07-11）［2016-08-10］. http://www.newcenturynews.com.

② 斯皮内洛. 世纪道德：信息技术的伦理方面［M］. 刘钢，译. 北京：中央编译出版社，1999：167.

2013 年被称作"大数据元年",以 4V：大量（Volume）、高速（Velocity）、多样（Variety）、价值（Value）为特点的大数据促使许多传统行业发生变革，例如，数据新闻的出现、移动医疗的发展和精准营销的升级等。大数据发展的同时也带来了很多问题，企业未经许可收集分析用户信息，个人信息在不知情的情况下被商家售卖，作为公民自身人格权益一部分的个人隐私成了商家赚取利益的工具。美国学者查尔斯·福瑞德说："信息隐私的概念，似乎不应该只局限于不让他人取得我们的个人信息，而是应该扩大到我们自己控制个人信息的使用与流向。"①2016 年 12 月 12 日，《南方都市报》发布了一则调查报道，只需花七百元就可以买到一个人的航班、列车、银行卡等十项信息，开房记录甚至可以精确到秒。

2016 年 10 月，美国联邦通信委员会（FCC）通过了"史上最严"隐私条例，康卡斯特（Comcast）、美国电话电报公司（AT&T）、威信公司（Verizon）等互联网服务供应商，在取得用户许可后，才能与第三方共享用户浏览记录等个人信息，并明确相关信息的使用范围。但是，美国参议院利用《国会审查法案》，以 50 票比 48 票废除了奥巴马政府出台的互联网隐私条例。

作家大卫·布瑞恩（David Brin）则建议："我们应该习惯于那种想法，即因为有了计算机，隐私这样的奢侈品已经是历史陈迹；我们必须接受这样的观点——所有的计算机处理数据都是公共生活的组成部分，无论它是针对个人的还是非个人的数据。"同时，他提出我们这个社会需要他所称的"互惠透明"，即所有的公民有权利知道谁在监察他们以及监察他们的目的是什么。实际上，这也使他们能"监察监察者"。②

"难道网络传播真的将导致'隐私的终结'？"（曼纽尔·卡斯特语）

三、网络色情与暴力

色情是人类粗俗文化的一部分，通常不被主流文化所接纳，但其历史却源远流长。大众传媒的迅猛发展更是推动了色情或者性内容的广泛传播，互联网也未能幸免。正如鲁恩（Gerard Van Der Leun）所言，"色情是新技术感染的第一种病毒"④。网络传播的全球性、"隐秘性"为色情信息泛滥营造了便利的环境，网络色情业已成为一个潜力巨大的"朝阳"产业，甚至在某种程度上促进了网络技术的发展。譬如，网络用户交费下载色情视频，直接推动了网络视频下载技术的发展。

网络色情包括色情图片、色情文学、色情游戏、色情录像乃至色情交互等多种形式，主要传播渠道包括视频聊天、BT 下载、网摘、电影网站、P2P 下载、内容网站等。近年来，手机媒体色情化也日益严重，譬如，手机色情短信、色情图片、视频等。据有关媒体报道，美国是世界上最大的色情内容生产国，美国境内服务器的色情网页在 2006 年就达 2.45 亿个，占全球色情网页总数的 89%。中国的情况也不容乐观。2014 年 7 月 22 日，工信部下发《关于深入开展整治移动智能终端应用传播淫秽色情信息工作的通知》，由工信部组织各通信管理局、电信

① 成思思. 论我国网络环境下公民隐私权的法律保护［D］. 湘潭：湘潭大学，2013.

③ 琼斯. 新媒体百科全书［M］. 熊澄宇，范红，译. 北京：清华大学出版社，2007：107.

④ 帕夫利克. 新媒体技术：文化和商业前景［M］. 周勇，张平锋，景刚，译. 北京：清华大学出版社，2005：189.

研究院、中国互联网协会等单位深入开展整治利用客户端软件传播淫秽色情信息的相关工作，并建立长效机制。

尽管法律和相关政策的尺度宽严不一，但世界各国大多对网络淫秽色情内容的公开传播予以不同程度的监管或控制，尤其防止其对少年儿童的身心造成不利影响。譬如，法国、加拿大、澳大利亚等西方国家通过立法等形式，将色情、暴力、危害国家安全等信息明确定义为不良信息。美国也严格禁止传播儿童色情信息、种族仇恨信息、未经许可的个人隐私信息、网络欺诈信息、恐怖主义信息等。为了有效抵制网络色情，1998 年美国国会颁布了《儿童在线保护法案》（*Children's Online Protection Act*，COPA）。根据这部法律，任何商业网站，如果发布"对未成年人有害的内容"，负责人将面临 6 个月的监禁，以及高达 5 万美元的罚款。2002 年，美国国会又通过了《儿童互联网保护法》（*Children's Internet Protection Act*，CIPA），规定公共图书馆必须为联网计算机安装色情过滤系统，否则将无法获得政府提供的技术补助资金。

在中国，《刑法》第六章第九节明确了"制作、贩卖、传播淫秽物品罪"。根据《全国人民代表大会常务委员会关于维护互联网安全的决定》（2000 年 12 月 28 日第九届全国人民代表大会常务委员会第十九次会议通过）规定，在互联网上建立淫秽网站、网页，提供淫秽站点链接服务，或者传播淫秽书刊、影片、音像、图片，构成犯罪的，依照刑法有关规定追究刑事责任。2004 年 9 月 1 日最高人民法院审判委员会第 1323 次会议、2004 年 9 月 2 日最高人民检察院第十届检察委员会第 26 次会议通过的《最高人民法院、最高人民检察院关于办理利用互联网、移动通信终端、声讯台制作、复制、出版、贩卖、传播淫秽电子信息刑事案件具体应用法律若干问题的解释》对有关事项做了更为具体的规定。

庞大的经济利益链条是根治网络色情内容传播及其犯罪活动最大的障碍之一。2002 年，美国 Forrester 公司的多篇调研报告指出，用户在色情网站上逗留的时间明显高于其他普通网站，通常色情网站的盈利会在 20% 左右，如果有什么刺激性新花样，其盈利甚至会高达 80%。[①] 多数网站的商业利润主要通过三种途径获得：为违法行为宣传赚取广告费；推销三无商品和提供相关服务；通过植入木马、病毒等方式窃取用户信息获得利润。

网络服务商、网络内容提供商和网络用户三者各自应承担的责任与义务的划分也一直是法律上的难点。由于历史文化传统以及法律制度的差异，各国对色情内容的认定各不相同。根据《刑法》的解释，所谓淫秽物品指的是具体描绘性行为或者露骨宣扬色情的书刊、影片、录像带、录音带、图片及其他淫秽物品。有关人体生理、医学知识的科学著作不是淫秽物品；包含色情内容的有艺术价值的文学、艺术作品也不视为淫秽物品。尽管以上文字表述清晰，但并未对何谓色情做出阐释，具体辨别和判定也并非轻而易举。在美国，色情内容（Pornography）通常被定义为"表现性内容的语言、声音或图片，目的是为了对观看者进行性刺激或挑逗"。但根据《第一修正案》的言论自由部分的阐述，色情内容是受到法律保护的，除了两个例外：儿童色情内容和淫秽内容。[②]《儿童在线保护法案》自颁布以来，引起主张公民言论自由的人士

---

① 郑东阳，阳淼. 大陆网络色情调查：利润丰厚屡禁不绝 扫黄面临公私权博弈［EB/OL］.（2010-09-09）［2016-09-12］http://news. ifeng.com/mainland/detail_2010_09/09/2471705_0.shtml.

② 琼斯. 新媒体百科全书［M］. 熊澄宇，范红，译. 北京：清华大学出版社，2007：356.

和主张保护未成年人的人士之间的持续论争，并未实际投入使用。2009 年 1 月 1 日，美国最高法院否决了司法部门的辩护，宣布该法案违宪，未来将不再有效。《儿童互联网保护法》也遭到美国图书馆协会和民间自由组织的抵制和反对，但最终通过了美国最高法院的违宪审查。

对网络内容进行分级和过滤也是国际上较为常用的一种防范未成年人接触色情内容的方法。美国《儿童互联网保护法》要求全国的公共图书馆使用相应的过滤软件屏蔽"属于淫秽或儿童色情的图像，并且防止未成年人获取对其有害的材料"。但目前已有的网页内容过滤实现途径（如使用过滤软件、利用浏览器中的分级审查系统、在防火墙中增加内容过滤功能等）各有优缺点，总体上不尽如人意。技术本身的机械性使其无法灵活处理各种具体问题，"反控制"技术又层出不穷。因此，除了技术手段，中国还采取了诸如专项行动、举报等各种措施，限制网络色情内容以及其他被判定为有害信息的传播。

与色情和淫秽内容相似，媒体暴力文化对青少年的负面影响也一直是热门话题。互联网与青少年暴力犯罪的关系则是人们争议的新焦点。简单地说，网络暴力即指网民利用互联网对他人进行谩骂、侮辱，损害他人名誉，或者侵犯个人隐私，甚至捏造事实对当事人进行诽谤。严重的网络暴力甚至延伸至现实生活当中，对当事人及其亲友的正常生活造成侵扰，致使其人身权利受损。

一般认为，以攻击、打斗、暴力、色情为主要内容的网络游戏有可能强化青少年的暴力倾向，某些所谓 PK 原则也容易使他们混淆对虚拟与现实的认知和判断。美国专家安德森指出，网络暴力比电视暴力还要危险，因为它提供了互动的情景，让人有机会亲身体验暴力的"快感"。[①]调查显示，在许多国家，现实中的校园暴力行为开始悄然转向网络暴力。美国疾病控制预防中心有统计数据显示，2000 年到 2005 年，美国 10 岁至 17 岁的青少年遭遇网络欺凌的案件较之前增加了一半。英国一份报告显示，12 岁至 15 岁的青少年中有 11% 的人曾遭遇过网上骚扰或欺凌。韩国国家青少年委员会 2006 年调查发现，高达 84.7% 的高中生因网络暴力感到不安。[②]

网络传播的匿名性为网民个人情绪的宣泄提供了技术上的保护和心理上的"安全感"，譬如称某社会名流是同性恋者，或将某女明星头像移动到裸体模特身上，这些诽谤信息和诽谤行为往往是以匿名方式进行的。以"人找人"为特点的"人肉搜索引擎机制"则经常越过私人领域的界限，而与"正义"的初衷相悖，演变成肆无忌惮的网络暴力。2015 年 5 月 10 日下午三点多，37 岁的王建在乌鲁木齐一家 4S 店门口因为一只流浪狗惊吓到孩子而将它打伤。四个小时不到，他的手机号码、职业信息、家庭和公司地址等个人信息全部被"人肉"在微博、朋友圈等社交平台上，他也陆续收到五千多条声讨短信，不断接到恐吓、斥责电话，这些严重影响到他和家人的生活。[③]以上例子显示出人肉搜索的强大威力，但以道德讨伐的名义行使法律的职责确实让人们深感忧虑，何况某些网络讨伐行为（如所谓"网络通缉令""网络悬赏令""网

① 杨晴川. 美国：娱乐软件分级防止网络暴力［EB/OL］.（2007-05-09）［2018-08-21］. http://www.ce.cn/xwzx/gjss/gdxw/200705/09/t20070509_11289638.shtml.

② 辛义，曾响. 网络暴力需从心而治［N］. 人民日报（海外版），2008-12-06（8）.

③ 张墨，何姿. 男子因孩子受惊吓打狗遭人肉，连收五千条短信亲朋也被骚扰［EB/OL］.（2015-05-18）［2018-01-12］. http://www.thepaper.cn/newsDetail_forward_1332285.

络追杀"等）本身已以独特的方式破坏了公共规则，触犯了道德底线。

对网络暴力的监管通常采取法律措施或技术手段。但我们也应认识到，网络暴力现象的产生还有其复杂的社会根源，既包括网民素质问题以及缺乏制度、道德约束，也缘于意见表达渠道缺失和社会不公。对网络暴力必须疏堵结合、综合防治，尤其应培养网民特别是广大青少年的道德自律意识，在全社会倡导文明的网络行为。

四、网络伦理原则

计算机和互联网的普及带来了一系列复杂的伦理问题，这"促使一些学者，例如摩尔（James H. Moor）提出在伦理思考能追赶上来之前，减慢计算机科技的发展"[①]。这显然是一种不切实际的幻想。另有学者基于对传统社会相对稳定性的主观认识判定：伦理规范生活，其实是一种错觉，伦理以及相应的原则与规范往往发端于现实生活中的冲突和失序，大多是利益相关群体在特定生活冲突的逼迫下不断反省、磋商的结果。简言之，伦理机制蕴含于具体的生活实践之中。我们需要克服技术决定论的局限性，以更有建设性的姿态去确立新的伦理价值和道德规范，构建适应时代变迁（也包括适应网络虚拟空间）的伦理学。

伦理原则体现了各种共同的或不同的价值观念。"准则使我们的生活在精神上变得有意义，而没有这一套准则，我们就会陷入精神上的无意义的生活。"[②]与更为具体的道德规范相比，伦理原则更为一般和抽象，但它构成了前者的基础。具体而言，伦理原则是处理人与人、人与社会、社会与社会利益关系的指导性原则，是调整人们相互关系的各种道德规范要求的最基本的出发点。它把价值观念付诸人类意志，从而成为人类行为所依据的"通行"（基本）标准。

西方学者基于西方社会认可的一般伦理价值观念，探讨了信息伦理的基本原则问题。美国学者斯平内洛（Richard A.Spniello）在《信息技术的伦理方面》一书中提出了计算机网络道德是非判断应当遵守的三条一般规范性原则，即自主原则、无害原则和知情同意原则。塞文森（Richard W. Severson）在其著作《信息伦理原则》中专门探讨了伦理原则问题，并分设专章阐述了他所倡导的四条信息伦理基本原则：（1）尊重知识产权；（2）尊重隐私；（3）公平参与；（4）无害。某些研究机构或职业协（学）会也提出和制定了具体的信息伦理准则或职业守则，丰富了信息伦理学的规范体系。如美国计算机伦理协会根据《圣经·旧约》摩西十诫提出了"计算机伦理十诫"，其具体内容为：

（1）你不应当用计算机去伤害别人；

（2）你不应当干扰别人的计算机工作；

（3）你不应当偷窥别人的文件；

（4）你不应当用计算机进行偷盗；

（5）你不应当用计算机做伪证；

（6）你不应当使用或拷贝没有付过钱的软件；

---

① 琼斯. 新媒体百科全书［M］. 熊澄宇，范红，译. 北京：清华大学出版社，2007：107.

② 克里斯蒂安，法克勒，罗特佐尔，等. 媒体伦理学［M］. 张晓辉，译. 北京：华夏出版社，2000：11.

（7）你不应当未经许可而使用别人的计算机资源，除非你得到了准许或者做出了补偿；

（8）你不应当盗用别人的智力成果；

（9）你应当考虑你所编制的程序的社会后果；

（10）你应当用深思熟虑和审慎的态度来使用计算机。

"计算机伦理十诫"试图体现传统伦理学中规范人类行为的"应当"这一范畴。①然而，正如巴格（Robert N. Barger）指出的那样，在当今伦理困境正变得越来越复杂的计算机和网络世界中，"找到一种简单的、每一个人都赞同的标准道德规范的希望是渺茫的"，尽管这并不意味着不值得去努力，或者即使努力也是无效的。最基本的网络伦理原则包括以下三条。

（一）无害（Nonmaleficence）原则

无害原则，即人们不应该利用计算机或互联网给他人造成直接或间接的损害。这也是美国计算机伦理协会所制定的"计算机伦理十诫"的第一条原则："你不应当用计算机去伤害别人。"无害原则其实是告诫人们不要作恶，因此通常其也被称为"最低道德标准"，"是网络生态伦理的底线伦理，评价网络行为的最初的道德检验"。根据无害原则，即使你的动机是"非恶意"的，但只要结果是有害的，你的行为就是不道德的。②

无害原则应是网络伦理的一条"金规"。"金"字是一种早期的英语惯用法，意思是"不可估量之价值"。所谓"金规"，源于《圣经·马太福音》，一般表述为："对待他人如像你愿他人待你一样。"另一种否定性的表述是："你不愿他人怎样待你，你也不要那样待人。"这条金规与中国孔子表述的"己所不欲，勿施于人"的精神实质上是一致的。但也存在不同意见，有人认为所谓"金规""在表述上不够确切，不能作为指导行为的规则"，因为它"并未真正告诉我们应该做些什么"，只是"提供了一种检验我们所做出的行为选择的方法"，"因而它既能被运用于道德的也可被运用于邪恶的环境"。"现在一般认为，'金规'必须与其他行为原则一起使用"③。无论如何，"金规"作为人类行为的第一原则已被广泛接受。作为网络伦理的基本原则，"无害"恰好体现了"金规"所表达的普世原则。

相对于无害原则这条"底线"，高一层级的标准应是行善。善恶问题是伦理学研究的中心问题，是伦理学范畴的核心，但评价善恶的标准包含着主体性因素，难以统一定义，而且是动态发展的。在网络虚拟空间中，判断善恶的标准似乎更为复杂和不明确。如果进行简单区分，则是那些维护网络安全、维护网络规范、提供网络服务的行为是善的；反之，如果利用互联网对他人和社会带来危害，则是恶的。简言之，网络中的行善原则要求相关利益群体在行使网络信息权利的同时应努力使他人受益。这体现了所谓利他主义的价值观，即利他为善，损他为恶。如果尺度放宽，利己并不损他不为恶，如果利己的同时也能利他，同样是善。无害原则和行善原则也符合传统的佛教教义。按照小乘佛教的观点，不伤害别人的行为是善的行为，但大

---

① "应当"通常更具争议性，因而人们通过制定"不应当"来界定"应当"的范围。

② 刘丹鹤. 赛博空间与际际互动［M］. 长沙：湖南人民出版社，2007：181-182.

③ 布宁，余纪元. 西方哲学英汉对照辞典［M］. 北京：人民出版社，2001：416；蒂洛，克拉斯曼. 伦理学与生活［M］. 程立显，刘建，译. 北京：世界图书出版社，2009：147.

乘佛教则认为，不伤害别人并不等于有利于众生，善的标准应该是有利于众生，使一切众生得到幸福和快乐。

（二）共享（Share）原则

自由和共享，正是互联网精神的终极体现，也是互联网文化的内在价值，无论是 Linux 掀起的开放源代码软件的新浪潮，还是与技术和市场相关的"摩尔定律"和"吉尔德定律"，乃至黑客文化的精髓，都与这一互联网精神紧密相连。网络浏览、"冲浪"和网络搜索引擎其实已淋漓尽致地体现了网络资源共享和免费原则。免费原则具有约定性，使用的是网络世界提供的默认值，但如果超出约定范围，这一原则就会受到限制。因此，坚持共享原则，也应遵循互利互惠原则、知情同意原则以及尊重知识产权。

与动物不同，人类具有社会属性，人类社会本是或本应相互依存、共同发展。互惠互利体现了某种双向性特征和平等意识，既强调道德主体的义务，也承诺其相应的权利。网络互惠互利原则表明，任何一个网络用户既是网络信息资源和网络服务的使用者与享受者，也应是网络信息的生产者和提供者。在权利和责任之间须达到某种平衡。

知情同意原则本是临床上处理医患关系的基本伦理准则之一，也称知情承诺原则。知情同意原则即人们在网络信息交换中，有权知道谁会得到这些数据以及如何使用它们。没有信息权利人的同意，他人无权擅自使用这些信息。知情同意原则由不可分割的两个部分组成，一是"知情"，二是"同意"。不知情的"同意"视为对个体自主权的侵犯。具体一些，知情同意是告知（信息披露）、表意能力（同意／决定能力）、自愿、理解和同意决定五个要素的统一体。网络知识产权的维护也适用知情同意原则。人们在网络信息交换中，有权知道是谁以及如何使用自己的信息，有权决定是否同意他人得到自己的数据。没有信息权利人的同意或默许，他人无权擅自使用这些信息。

资源共享原则赋予进入网络空间的人们以道义上的平等权，也有助于保护社会的创造活力以及促进社会公正。然而，我们注意到，随着互联网的迅猛发展和商业化程度的提高，网络原本的自由和共享精神日益受到威胁，虚拟现实与现实社会文化之间的冲突和矛盾也越来越大。诸多力量正迅速以法律、技术或商业规则来"驯服"因特网，创新将再次受到由上而下的束缚，逐渐为网络所有者、专利大户以及版权囤积者所控制。因此，重申和强调网络伦理的共享原则依然具有现实意义。

（三）自主（Autonomy）原则

自主原则也就是尊重自我与他人的平等价值和自主权利。自主性源自希腊文 auto（自身）、nomos（法则），可直译为"自我管辖"。这个术语的使用可追溯到马基雅维利，他认为这个词既有"不依赖"也有"自我立法"的意思。[①]

康德把"自主"这一概念应用于道德领域，并确立其为伦理学的核心概念。在他看来，自主性（在某些地方也写作"自律"）是与"他律"相对的，后者意味着人们的意志为外部因素，

---

① 布宁，余纪元. 西方哲学英汉对照辞典［M］. 北京：人民出版社，2001：95.

包括自身的欲望控制。康德认为，一个道德行为者是具有自主性的，并且具有理性的意志："我们每个人不用诉诸外在的权威，而只需运用自己的理性能力，就能够断定什么是对的，什么是错的。"[①]理性的人拥有双重的道德能力，即"有能力提出或更正以追求善的生活为旨归的理性规划……也有能力尊重他人的自决能力"[②]。因此，他认为道德与我们的行动后果无关（与后果论理论相对），而取决于我们的意图。他把拥有好的意图的人称为具有"善良意志"的人，并视善良意志为唯一的无条件的善。一句话："自主性是人类本性的尊严和每一种理性本性的基础。"[③]

网络虚拟空间被称为"域外空间"（extraterritorial space），是一个极为开放和多元的世界，其中个人拥有比物理空间相对更为充分的自由，但也可能变得无所顾忌或无所适从。要防止自由被误用和滥用，网络使用者要自觉遵循基本的道德标准，以每个个体的自律实现网络社会的自治。个体的自主（autonomy）、自决（self-determination）最终体现为高度的自律（self-discipline），其可以视为一种道德诉求和网络伦理学的终极目标（尽管，这是一个理想化的目标）。自主原则与其他原则共同构成网络伦理学的基本原则。

美国科幻作家威廉·吉布森（William Gibson）在其科幻小说《神经漫游者》中创造了赛博空间（Cyberspace）（1984年）；麻省理工学院教授米切尔（William J. Mitchell）（1999）则用数字化的砖石建构了崭新的所谓"比特之城"（City of Bits）；尼葛洛庞帝（1995）则直接宣称人类已进入"数字化生存"时代。的确，互联网已为人类开创了虚拟生活，在虚拟生活中人类能够自主地建构自身的生活。遗憾的是，这种网络空间的虚拟生活，在实现个体自由和解放的同时，也存在着自我放纵、沉溺乃至沦丧的危险，其结果是自主性的丧失和自我异化。因此，建构一种网络自我伦理极为必要，也是适应现代社会生活之需。这种自我伦理的出发点应是自主性、自我责任和自我创造，以摆脱自我的异化，从而增进在虚拟生活中的自我实现和自我幸福。

自我实现和自我幸福仍是道德伦理的终极指向，也应是网络自我伦理建构应遵守的基本原则。但要达到自我幸福，又必须遵守幸福的社会化原则和获得幸福能力的原则，也就是说自我的快乐不能有意、严重妨碍他人的快乐，当下的快乐也不应以减少今后的快乐为代价。幸福的社会化原则，其必要条件是自我能够体验到他人所感受到的快乐，反过来，他人也能够如此体验，这样的结果就会使个人欲望与社会欲望相连接，消除了个人为追求快乐而反社会的可能。值得指出的是，不妨碍他人的自我快乐并不必然意味着自我幸福，因此还必须满足第二条原则，即获得幸福能力的原则。无疑，这两个原则的落实是一个很复杂的过程，的确需要一种实践的明智。[④]

网络自我伦理的实践其实应是一种自我调适，可以通过自我选择、适度节制和虚实协调实现。其实这也是网络主体的一种自我保护。已有一些社会学家和心理学家开始讨论网络自我调适的机制，提出了许多自我行为指南和治疗方案。其中，维吉里亚·谢（Virginia Shea）提出的网际自我行为指南较有代表性：

① 所罗门. 大问题：简明哲学导论 [M]. 张卜天，译. 桂林：广西师范大学出版社，2004：284.

② 刘丹鹤. 赛博空间与网际互动 [M]. 长沙：湖南人民出版社，2007：183.

③ 康德语，转引自：布宁，余纪元. 西方哲学英汉对照辞典 [M]. 北京：人民出版社，2001：416.

④ 段伟文. 网络空间的伦理反思 [M]. 南京：江苏人民出版社，2002：134-135.

（1）记住人类；

（2）在虚拟生活中，遵守你在真实生活中所依照的标准；

（3）知晓你处于网络空间的何处；

（4）珍视他人的时间和带宽；

（5）令自己在线表现良好；

（6）共享专业知识；

（7）协助制止网络谎言及其纷争；

（8）尊重他人隐私；

（9）不要泛用你的权力；

（10）忘却他人的错误。

戴维·申克（David Shenk）则认为，人们已经被"信息烟尘"（data smog）所淹没，必须寻求一种新的平衡。他提出了回归有意义生活的一系列治疗方法，这些治疗方法也基本属于自我调适的策略。[①] 具体方法如下。

（1）自己充当过滤器：找到信息混乱之所在，然后将它们删除。

（2）自己充当编辑：限制自己的信息输出，不做乱扔信息垃圾者（information litterbug）。

（3）追求简洁：过新式的简单生活，让注意力更加集中。

（4）反区位化：走出网络亚文化群体的小圈子，参与广泛的文化际对话。

（5）不要撇开政府，助其改进工作。

自我调适的关键或许是适度放弃。其明智的认识或许在于，个体的幸福与快乐不仅仅局限于欲望的追求和消费，也不仅仅局限于网络，还有更为广阔的空间和选择余地。于是，我们应该"自主地"思考：放弃什么，获取什么。尽管这是人类所面临的永恒的难题。或许，这正是伦理学的价值所在。

第二节 互联网与法律

互联网带来了巨大的利益，同时也为各种侵权行为的发生提供了土壤。互联网带来的"自由"一旦被一些人滥用，则容易出现违反社会道德和法律的行为，而且这种行为变得更加简便易行，其后果也更加严重。其中名誉权、隐私权和知识产权侵权构成目前网络侵权行为的三种主要类型。

这三种权利的实质并没有改变，只是在网络传播过程中如何认定侵权变得更加复杂。这是因为侵权主体更加多元，行为更加多样，损害后果更加严重和责任界定更加困难。本节主要介绍互联网的发展对名誉权、隐私权、知识产权等带来的影响，并对原有相关法律的适用性问题进行分析。

---

① 申克. 信息烟尘［M］. 黄锫坚，朱付元，何芷江，译. 南昌：江西教育出版社，2001：175.

一、名誉权

名誉权是指公民、法人保持并维护自己名誉的权利，是人格权的一种。资料显示，2014 年部分一审民事案件增长情况中，名誉权案件增长达 27.9%[1]，20 世纪 90 年代名誉权案件上升期间，增长率最高的是 1999 年，也不过 17.78%。名誉权等人格权纠纷案件的增长与互联网密不可分，互联网已经成为名誉权等人格权纠纷的主战场。北京市海淀区人民法院受理的涉及媒体侵害人格权案件中，在 1998 年至 2005 年间，涉及传统媒体 144 件，涉及网络媒体 53 件；而在 2005 年至 2010 年间，涉及传统媒体 80 件，涉及网络媒体 206 件，由此可见互联网与名誉权案件之间的关系。[2]

互联网名誉权侵权案件频发与它自身的特点密不可分。网络虚拟性、匿名性的特点使侵权主体的认定较为复杂，传播方式的多元化使侵权行为也衍生出多元化的特点，传播速度快、范围广等特点扩大了不良信息的传播，增强了侵权行为的严重性。网民每天面临巨大的信息量，想在冗杂的信息中达到吸引网民的目的，新奇、刺激的信息无疑要比一般信息更能吸引网民。众多营销号为了赚取利润，依靠不实言论获得曝光率，也因此忽略了此种行为的法律后果。例如，2015 年邱少云之弟诉作业本侵犯邱少云名誉权案，2016 年黄晓明起诉微博用户袁某侵犯名誉权案。

与美国等国家相比，我国互联网虽然起步较晚但发展迅速，网民的文化水平还处在较低位置。CNNIC 第 39 次报告[3]显示，截至 2016 年 12 月，初中、高中 / 中专 / 技校学历的网民占比分别为 37.3%、26.2%，其中高中 / 中专 / 技校学历网民占比较 2015 年年底下降 3.0 个百分点。小学及以下学历人群占比较 2015 年年底提升了 2.2 个百分点，大学本科及以上学历的网民占比只有 11.5%，中国网民继续向低学历人群扩散。网民的学历构成在一定程度上反映出，当某一事件发生时，较少网民能够进行理性讨论，而在不理智情绪支配下侵权行为容易发生。

网络环境下更加要处理好名誉权保护与言论自由之间的关系。2013 年 9 月，崔永元与方舟子因转基因食品问题在微博上展开争论，随后升级为网络骂战而且愈演愈烈。2014 年 1 月 21 日，方舟子起诉崔永元侵犯其名誉权，崔永元随即提起反诉。法院在判决中认定，双方涉及转基因食品安全性的直接争论不构成侵权，但双方发布的恶意贬低对方人格的言论则超出了言论自由的界限。[4] 这也说明法律保护正常的言论自由，但是也是有限度的言论自由。

要知道一般侵权行为的构成要件包括：侵权行为、损害结果、主观故意，侵权行为与损害结果之间有因果关系。侵权行为主要包括侮辱、诽谤、披露隐私三种。由于目前不能针对隐私权独立提起诉讼，所以以侵犯名誉权的方式提起。名誉权侵权的损害结果具体表现为被侵权人社会评价的降低。而上述案件正是很好地把握了侵权行为与损害结果之间的因果关系，这对于网络信息侵犯名誉权案件的审理，具有一定的指导意义。

目前，我国保护名誉权的法律主要是《宪法》《民法通则》的司法解释，其中以民事为主，

---

[1] 姚丽萍，马亚宁. 2014 年司法成绩单 最高法受理案件 11 210 件 28 名省部级以上干部被查［EB/OL］.（2015-03-12）［2016-08-12］. http://xmwb.xinmin.cn/html/2015-03/12/content_2_1.htm.

[2] 魏永征. 全国名誉权案件去年增长创纪录意味着什么？［J］. 新闻记者，2015（4）.

[3] 参见 2016 年《第 39 次中国互联网络发展状况统计报告》.

[4]（2015）一中民终字第 07485 号.

从而保护公民和法人的名誉权。《出版管理条例》《电影管理条例》《广播电视管理条例》《报纸管理暂行规定》等都把"侮辱或者诽谤他人"的内容列为禁载禁播内容，并规定了相应的行政处罚办法。《刑法》规定了侮辱罪、诽谤罪、损害商家信誉与商品声誉罪等五个罪名，以刑罚的方式保护公民和法人的名誉权。

在法律落后于时代之时，最高人民法院往往以司法解释或司法解答的形式填补法律空白，指导司法实践。1993年《关于审理名誉权案件若干问题的解答》，1998年《关于审理名誉权案件若干问题的解释》和2001年《关于确定民事侵权精神损害赔偿责任若干问题的解释》等都在一定程度上加强了对名誉权的保护。

但是在对某些责任主体的认定方面，法律还有待完善，比如，关于网络服务提供者和公众人物。《侵权责任法》第三十六条第一款规定："网络用户、网络服务提供者利用网络侵害他人民事权益的，应当承担侵权责任。"这是网络用户和网络服务提供者针对自己行为承担侵权责任的一般规则。第三十六条第二款和第三款规定了网络服务提供者需要承担的连带责任，但在具体的行为认定上面仍然存在分歧。

关于公众人物的争议主要表现为公众人物名誉权与公众知情权之间的冲突。其中最典型的一个案例就是"《纽约时报》诉沙利文案"，该案中，法院确立了涉及政府官员名誉权诉讼的"实际恶意原则"。随后在1967年判决的"柯蒂斯出版公司诉巴茨案"和"美联社诉沃克案"这两起诉讼案件中，联邦最高法院将"实际恶意原则"的适用范围由政府官员扩展到公众人物。[①]

中国没有明确的"公众人物"概念，对它的定义主要在判决中体现。2002年范志毅诉《东方体育日报》侵害其名誉权，法院认为范志毅作为公众人物有着忍受轻微损害的义务。在此案中，法院首次提到"公众人物"的概念和公众人物的容忍义务。在2008年杨丽娟诉《南方周末》名誉权侵权案中，法院首次引入"自愿型公众人物"这一概念，认为杨丽娟及其父母主动联系媒体，接受采访，已经派生出公众知情权，[②]媒体继而进行深度报道，并没有侵犯杨丽娟的名誉权。

公众人物可以分为自愿型和非自愿型公众人物两类。自愿型公众人物包括政府官员、社会知名人士；非自愿型公众人物主要指由于某些事件的发生突然曝光于公众面前的人。目前，法律上没有关于公众人物类型的划分，司法实践多依赖法官的自由裁量。

2017年3月，《民法总则》通过第五次审议。新增加的第一百八十五条规定：侵害英雄烈士等的姓名、肖像、名誉、荣誉，损害社会公共利益的，应当承担民事责任。《民法总则》第十三条规定：自然人从出生时起到死亡时止，具有民事权利能力，依法享有民事权利，承担民事义务。在法理上，死者不是名誉权的主体，但在司法实践中，基本认定死者的人格利益受法律保护。

二、隐私权

隐私权最早见于美国学者萨谬尔·D.沃伦（Samuel D. Warren）和路易斯·D.布兰代斯

---

① 赵猛. 论公众人物名誉权的法律保护 [D]. 重庆：西南政法大学，2013.

② （2008）穗中法民一终字第3871号。

（Louis D. Brandeis）于 1980 年发表在《哈佛法学评论》的论文 *The Right to Privacy* 中。论文作者从侵权行为法的角度，确立了隐私权的存在依据，并把隐私权界定为"一种个人信息免受刺探的权利"。在 1928 年的奥尔姆斯泰德诉美国案（Olmstead v. United States）中，布兰迪大法官认为，公民有"不受打扰的权利"，这成为对隐私权的经典论断。

我国理论界对隐私权的探讨较晚，在对隐私权概念的阐述上也各有侧重，目前较有代表性的是王利明教授的观点，"隐私权是自然人享有的对其个人的及与公共利益无关的个人信息、私人活动和私有领域进行支配的一种人格权"①。

唐·彭伯在《大众传媒法》中指出在美国属于侵害隐私权的四种行为，主要包括盗用（appropriation）、侵扰（intrusion）、公布私人信息（publication of private information）、发表使公众对某人产生错误印象的材料（false light）。②目前在我国，侵犯隐私权的行为主要有侵入私人领域，以及在传播内容中公布、宣扬隐私。

互联网拓展了隐私权保护的空间，传统隐私权的权利客体主要是公民的基本信息、家庭住址、健康状况等。信息技术的发展拓展了网络用户的活动空间，网络隐私权的客体已经扩展到私人网络空间和网络行为。例如，社交媒体账户、网络交易账户、聊天记录、浏览记录、个人不对外公开的博客日志等。

互联网使隐私权的商业价值得以体现。传统隐私权属于精神性人格权，一般不涉及财产内容，侵权造成的损害主要表现为精神痛苦。在互联网环境下，经营者搜集、分析用户数据，预测市场需求，进行精准营销。有些媒体通过出卖名人隐私信息获得流量，赚取利润。

网络隐私权侵权方式具备多样性、隐蔽性和便捷性特点，影响更为严重。网络传播方式多元化的特点使侵权行为不再局限于闯入私人领域，Cookies 跟踪技术、植入病毒等途径都能窃取他人隐私，网络虚拟性的特点模糊了侵权主体，侵权证据更难找到。移动终端的普及使得侵权行为更加便利，个人隐私一旦在网上被披露，造成的危害更严重。

在立法层面，我国《宪法》第三十八条规定："中华人民共和国公民的人格尊严不受侵犯。禁止用任何方法对公民进行侮辱、诽谤和诬告陷害。"以人格尊严的形式保护公民隐私权不受侵犯。第三十九条和第四十条分别包含对公民私人居住空间和通信隐私的保护。

《民法通则》第一百条、一百零一条，最高人民法院《关于贯彻执行〈中华人民共和国民法通则〉若干问题的意见》第一百四十条第一款和 1993 年《关于审理名誉权案件若干问题的解答》采用间接保护的方式，以保护名誉权的方式保护隐私权。

《刑法修正案（九）》第二百五十三条之一规定了处罚非法向他人出售或者提供公民信息的侵犯公民个人信息罪，2009 年颁布的《侵权责任法》作为典型侵犯隐私权的救济法，第二条明确规定：侵害他人隐私权的，应该依照本法承担侵权责任。第三条表明公民在遭遇隐私权侵权时，有寻求救济的权利。第三十六条还规定了网络用户、网络服务提供者侵害他人民事权益的，应当承担侵权责任。此外，《未成年人保护法》《消费者权益保护法》等法律中都有对隐私权的规定，同样适用于网络隐私权的保护。

---

① 王利明. 人格权法新论 [M]. 长春：吉林人民出版社，1994：481.

② 彭伯. 大众传媒法 [M]. 张金玺，赵刚，译. 北京：中国人民大学出版社，2005：237.

在个人信息安全面临严重挑战的现在，2016 年 11 月 7 日通过的《网络安全法》和 2017 年 3 月 15 日通过的《民法总则》无疑具有重要意义。比如《网络安全法》第四十一条规定："网络运营者收集、使用个人信息，应当遵循合法、正当、必要的原则，公开收集、使用的规则，明示收集、使用信息的目的、方式和范围，并经被收集者同意。"《民法总则》第一百一十条规定自然人享有隐私权，明确了法律对公民隐私权的保护。

目前我国法律、行政法规、部门规章等都对隐私权予以了保护，形成了较为严密的隐私权保护体系，但仍然存在很多问题。

首先，隐私权作为一项独立的权利，将它作为名誉权进行保护的方式存在一定不足。"只是着眼于涉及私人信息的保护，而没有涉及私人活动和私人空间的保护。并且在私人信息中，也只是注意到那些与名誉有一定联系的信息，有些私人信息公开后并不会导致当事人社会评价的降低，但是足以使当事人陷于尴尬，当事人却难以得到法律救助。"[1]

其次，我国目前关于网络隐私权的侵权主体认定还有不明确的地方。除了网络用户和网络服务提供者，政府部门、用人单位等都可能产生侵权行为。而且法律法规对于网络隐私权的保护缺乏统一和严格的标准。

最后，网站在隐私权保护方面也有很多问题需要解决。华东政法大学的申琦经过对 49 家网站的内容进行分析之后得出结论：网站有关隐私保护的相关规定命名不统一，用户不能较为便捷地找到相关隐私保护政策；我国网站隐私保护政策均声明会收集用户信息，但对收集用户何种信息，以及如何使用工具搜集信息表述得并不明确；绝大多数网站都会与第三方共享用户隐私，较少网站明确表示不会出售用户信息；缺少对未成年人网络隐私的保护。[2]

三、知识产权

知识产权（Intellectual Property）也称智力成果权，是指基于创造性智力成果和工商业标记依法产生的权利的统称，主要包括发明专利、商标以及工业品外观设计等方面组成的工业产权和自然科学、社会科学以及文学艺术作品组成的版权（著作权）两部分。根据《中华人民共和国民法通则》的规定，知识产权包括著作权、专利权、商标权、发现权、发明权和其他科技成果权。2013 年 6 月 16 日，国际互联网协会发文指出，随着网络技术和操作平台的不断发展，如何协调在网络环境下衍生的各种知识产权问题已经成为网络管理者们所面临的重要挑战。

知识产权一般具有无形性、专有性和地域性等特征，但由于网络空间环境特殊的信息生产、存储、复制、传播条件以及网络传播的独特性，上述特征已发生了"变异"。譬如，以往的智力成果总要与特定的物质载体相结合，体现为商标标识、图书资料、录音录像带等"固化形态"，是无形的精神创造和有形的物质载体的有机统一。但传统的作品一旦以数字化形态在网络上传播和使用，其无形性更为突出，知识产权侵权的认定与保护的难度也更大。知识产权

---

① 魏永征. 新闻传播法教程［M］. 北京：中国人民大学出版社，2010：164.

② 申琦. 我国网站隐私保护政策研究：基于 49 家网站的内容分析［J］. 新闻大学，2015（4）.

地域性特征在网络虚拟空间中基本上也难以维系。在网上上传或下载任何信息，可以在瞬间跨越不同的知识产权立法区域，可以被不同法律环境中的主体所接受和使用。网络信息浩如烟海，跨国知识产权的侵权认定与保护在理论和实践上都存在困难。作为开放性的信息传播平台，互联网天然具备互利共享的特质，更强调知识产权的公共性和知识的社会效用，这与知识产权的专有性形成明显对峙。

按照传统的关于知识产权保护的法律观念，为了在版权持有人的利益和公众利益之间取得平衡，存在某种适度限制著作权的"合理使用"制度，其原则是在法律明文规定的情况下，允许人们无须征求版权所有者的同意，就可以自由使用受版权保护的部分内容。国际上对合理使用的判定大体依据"三步检验标准"，即必须限于某种特殊情况，不得与受保护的作品或者版权持有人的正常利益相抵触，不得损害作者的合法利益。根据《中华人民共和国著作权法》第二十二条第六款规定，合理使用是指"为学校课堂教学或者科学研究，翻译或者少量复制已经发表的作品，供教学或者科研人员使用，但不得出版发行"。概言之，"合理使用"应符合三个要件："合理使用"的作品应是已发表的作品；使用的目的是为了学校课堂教学或者科学研究；使用的方法仅限于翻译或者少量复制。智力成果以数字化形式传输、存储和使用，方便快捷，但复制便利，加之传播的跨地域性，致使著作权问题趋于复杂。实际上，用户从互联网上复制作品供自己使用，已经损害了著作权人的权益，原来的合理使用原则不再适用。不少国家的法律干脆将"私人复制"和"家庭复制"的"合理使用"变为"法定许可"，即允许复制，但应向版权所有者支付报酬。另外，"世界上普遍认为，需要进一步合理拓宽'复制或复制品'的概念，即明确复制将包括对作品进行单纯数字化处理"①。

著作权侵权属于知识产权侵权的范畴，互联网的发展带来的不仅是信息量的增长和传播范围的扩大，也增加了著作权侵权的方式。著作权是指著作权人对其文学、艺术和科学作品享有的控制，以及利用并排斥他人干涉的权利。著作权包括著作人身权和著作财产权。发表权、署名权、修改权和保护作品完整权构成著作人身权；著作财产权主要包括复制权、发行权、改编权、汇编权、信息网络传播权等。

目前，网络著作权侵权最典型的表现形式有以下几种。

1. 抄袭

抄袭是著作权侵权的主要表现形式。以文学作品为例，2016 年知名度较高的电视剧《锦绣未央》的原著作品被指抄袭两百多部其他作品。2017 年 1 月 4 日，11 位被侵权的作家诉《锦绣未央》案在北京市朝阳区法院立案。②

2. 非法转载

非法转载主要包括未经许可转载、转载不标明作者信息、修改部分或全部内容之后进行发布等。2011 年 8 月，网易新闻频道未经授权非法转载《经济参考报》稿件引发侵权诉讼，广州市天河区法院对网易采取强制执行措施，要求其向经济参考报社支付败诉赔偿金及迟延履行

---

① 张野. 怎样才能更好地保护网络知识产权来源［EB/OL］.（2008-07-24）［2016-08-13］. http://www.lrn.cn/.
② 周甜. 网文圈"纪委"：言情小说抄袭举报处［EB/OL］.（2017-01-10）［2018-08-13］. http://mp.weixin.qq.com/s/Um-f28XQH9MAW7o36ReBxIQ.

期间的债务利息合计 41 362 元。[①] 国内媒体如财新网和新京报发布多篇反侵权公告维护新闻作品著作权。

3. 未经著作权人许可擅自上传

1999 年 6 月 15 日，"北京在线"网站未经著作权人授权擅自在网站上登载相关著作权人作品，被王蒙、张洁、张抗抗等六位作家告上法庭，法院判决被告停止使用、公开道歉、赔偿经济损失。这起案件是国内首次因将他人作品上传到互联网而引起的著作权诉讼。新媒体的发展扩展了网络作品上传的空间，云盘是目前网络版权侵权的重灾区。大量盗版视频、音频、小说等内容被上传至各类云盘，供用户观看、下载和分享。

4. 超链接侵权

链接行为分为普通链接和深层链接。普通链接是指用户点击链接后跳转至被链接网页，这种情况下对于被链接网页一般不构成侵权。还有一种深层链接，用户点击链接后不发生跳转，直接在原有网站上进行观看。深层链接在法律条文和司法实践中争议很大，案件判决结果也存在不一致的情况。

除著作权之外，知识产权还包括商标权、专利权等相关权利。商标侵权是指未经商标专用权人的许可，在与商标专用权人相同或类似的商品上，使用相同或近似的商标的行为。商标侵权的表现方式主要有使用相同或类似商标，销售假冒商标的商品，伪造、擅自制造他人商标，等等。网络商标侵权行为同样具备侵权主体的复杂性与不确定性、侵权行为的多样性、证据获取不易等特点。比如，2016 年的"非诚勿扰"商标权再审案[②]、"TRUMP"商标纠纷案等。

国外对知识产权的法律保护由来已久。英国 1623 年颁布的《垄断法》是第一部现代意义的专利法，1709 年英国议会通过的《安娜女王法令》则是第一部现代意义的版权法。瑞士政府于 1886 年 9 月 9 日颁布的《保护文学和艺术作品伯尔尼公约》(*Berne Convention for the Protection of Literary and Artistic Works*，简称《伯尔尼公约》)是世界上第一个国际版权公约，自生效以来已进行过 7 次补充和修订。1992 年 7 月 1 日，中国决定加入该公约，同年 10 月 5 日，中国成为该公约的第 93 个成员国。《成立世界知识产权组织公约》(*The Convention Establishing the World Intellectual Property Organization*，简称"WIPO 公约"，1967 年签订)和 1993 年关贸总协定缔约方通过的《与贸易有关的知识产权（包括假冒商品贸易）协议（草案）》(简称"TRIPS"协议)是目前主要的两个承认知识产权的国际公约。1996 年 12 月，世界知识产权组织在瑞士召开"关于著作权及邻接权问题"的外交会议，通过了两个被新闻界称为"互联网条约"的《世界知识产权组织版权条约》(*WIPO Copyright Treaty*)和《世界知识产权组织表演和录音制品条约》(*WIPO Performance and Phonograms Treaty*)。《世界知识产权组织版权条约》第八条规定，在不损害《伯尔尼公约》相关条款的情形下，"文学艺术作品的作者应享有专有权利，以授权将其作品以有线或无线的方式向公众传播，包括将其作品向公众提供，使公众中的成员在其个人先定的时间和地点可获得这些作品"。这是对互联网传输方式赋予法律地位的原则性规

---

① 经济参考报. 网易败诉被强制执行刊登致歉声明［EB/OL］.（2014-08-13）［2018-08-13］. http://dz.jjckb.cn/www/pages/webpage2009/html/2014-08/13/content_94202.htm?div=-1.

②（2016）粤民再 447 号。

定。美国主张对数字化作品向公众传播问题的解决方案建立在发行权上，并分别于 1997 年、1998 年通过了《世界知识产权组织著作权条约实施法案》《数字千禧年著作权法案》等。日本国会于 1997 年 6 月 10 日通过著作权修正案，扩大了公开传播权的范围，并于 1998 年 1 月 1 日生效施行。1997 年 12 月，欧盟执委会针对信息社会著作权问题，为履行世界知识产权组织的"互联网条约"的新规则，提出《调和信息社会中特定著作权及著作邻接权指令》草案。该草案规定了复制权、公开传播权、发行权和对拷贝装置和著作权管理信息的保护。此外，由于网络传播的跨国界特征，相关法律适用性问题显得颇为棘手。①

我国对于网络知识产权保护和各类网络侵权问题也予以了相当关注。2000 年 11 月，最高人民法院出台了《关于审理涉及计算机网络著作权纠纷案件适用法律若干问题的解释》（2001 年 6 月发布）；2001 年 10 月，新修改的《著作权法》为加大著作权保护力度，明确规定了著作权人的信息网络传播权，并在第十四条中增加了对数据库的保护。上述立法和司法解释以及《商标权法》《专利权法》《民法通则》等相关法律中对商标权、专利权、人格权和身份权等权利的保护性规定构成了中国网络侵权法律制度的总体框架。2009 年 12 月 26 日，第 11 届全国人大常委会第 12 次会议高票表决通过的《侵权责任法》，对民事主体民事权益进行全方位、多层次、立体化保护，其中涉及对网络侵权的责任追究。

一些发达国家和地区的经验表明，著作权集体管理也是协调作者和社会大众关系并维护著作权人合法权益的有效途径。著作权集体管理是指著作权人、邻接权人或者其他权利所有人授权有关组织，代为集中管理著作权、邻接权的行为。著作权集体管理机构主要从事著作权代理、介绍或者信托活动，其主要职能包括：监督有关作品的使用情况，与作品使用者谈判、签约，发放使用许可，收取、分配使用费和追究侵权责任等。如美国的电影家协会（MPAA）、版权结算中心（CCC），英国的演出权利协会（PRS），日本的文艺著作权保护同盟等。截至 1998 年，德国有 11 家集体管理组织。中国第一部著作权法诞生于 1910 年，但自 1992 年中国音乐著作权协会成立起，中国的著作权集体管理制度才算起步。2000 年 8 月，国家版权局批准中国文字作品著作权协会成立，这表明中国的著作权集体管理机构得以进一步发展。修改后的《中华人民共和国著作权法》（2001 年 10 月）第八条规定："著作权人和与著作权有关的权利人可以授权著作权集体管理组织行使著作权或者与著作权有关的权利。著作权集体管理组织被授权后，可以以自己的名义为著作权人和与著作权有关的权利人主张权利，并可以作为当事人进行涉及著作权或者与著作权有关的权利的诉讼、仲裁活动。"至此，中国著作权集体管理制度具备了正式的法律依据。

1976 年，比尔·盖茨发表了一封致电脑爱好者的公开信。在信中他表示，他们花费了不少时间和金钱，开发了 ALTIR BASIC 程序，得到了用户肯定性的评价，但他同时抱怨电脑爱好者使用了软件却不付钱，这是窃取。他说："谁会从事专业的软件开发却分文无获？"1991 年，赫尔辛基大学的一名学生林纳斯·托凡尔兹（Linus Torvalds）开发了 Unix 的一个免费的可以自由修改的版本 Linux，并在互联网上发布了他的代码，任由互联网爱好者下载、拷贝和试用，他说这是他的爱好。比尔·盖茨和林纳斯·托凡尔兹的理念和行为形成鲜明对照，相映

---

① 彭兰. 网络传播概论［M］. 北京：中国人民大学出版社，2001：411-412.

成趣。前者遵循的是商业原则和私有财产神圣不可侵犯原则，后者体现了互联网自由共享的精神。自由软件运动（Free Software Movement）的领袖理查德·斯托曼（Richard Stallman）则把他们的思想核心概括为"思想共享，源码共享"。

诚然，私有财产值得我们尊重和保护，并自有其道德基础，但这也并非绝对和毫无限制。正如美国学者马坤所言："财产，仅仅是人的利益之一，对其绝对追求必然损害人的生活。"[①]知识产权能确保知识创造者的利益受到保护，鼓励公平交易，促进经济和社会发展，但推向极端也可能导致"知识垄断"，触犯公众利益，甚至阻碍科学技术和社会的进步。关键在于：如何"使私有财产自明的权利和共同善之间达到平衡"[②]。或许我们应对中国儒家文化所倡导的"中庸之道"的深刻含义与价值予以重新认识。这方面我们可以以知识共享组织（Creative Commons，简称CC）作为范例。它旨在"在默认的限制性规则日益增多的今天，构建一个合理、灵活的著作权体系"。

第三节　网络传播管理

互联网起源于美国的军事实验，阿帕网是其早期的形态，但这并不能掩盖其自由探索和创新的精神及其"反文化"特色。实际上，在20世纪70年代至20世纪80年代，互联网作为科技发展的前沿阵地，主要是一群电脑专家、技术人员以及计算机爱好者醉心的领域，尤其在20世纪80年代早期，由于美国国防部高级研究计划署退出了互联网，发展网络的核心力量越来越集中在一些技术精英和黑客手中。这些早期的开拓者，如利克里德（J. C. R. Lichlider）和泰勒（Robert Taylor），早就做过大胆的预测和构想：未来电脑网络的发展，将超越传统的、真实的生活空间（物理世界）……这个虚拟的电脑网络，将帮助未来的所有人，轻易地通过这个系统，自由地按意志建立其个人的社会联系。他们普遍认同的信条是，进入计算机网络应该是无限制的，所有的网上信息应该是自由的，网络不受任何权力机构的限制。约翰·巴罗在《网络空间独立宣言》中写道："工业世界的政府们……我们不欢迎你们，你们无权管辖我们的世界。"尼尔森（Theodor Holm Nelson）一言以蔽之："计算机的目的就是实现人类的自由。"

有关"虚拟社会"的构想与麦克卢汉的"全球村"理论有着异曲同工之妙。尼葛洛庞帝崇尚"数字化生存"，曼纽尔·卡斯特（Manuel Castells）宣称一种新文化正在成型——真实虚拟的文化。的确，互联网已延伸到全球的每一个角落，推动着社会结构的变迁。从某种角度而言，数字化和网络技术重构了人类的时空关系，展示了一种崭新的生存方式、生活态度和价值观。然而，时至今日，实践已证明：域外空间（Extra-territorial Space）与地球之城（Global Cities）并不能消除文化之间的冲突和数字化鸿沟的扩大；网络传播并没有使人类的心灵更为接近；在信息自由流动的同时，计算机病毒也在悄悄地扩散；在网络游戏市场不断扩大的同

---

① 斯皮内洛. 世纪道德：信息技术的伦理方面［M］. 刘钢，译. 北京：中央编译出版社，1999：235–236.

② 斯皮内洛. 世纪道德：信息技术的伦理方面［M］. 刘钢，译. 北京：中央编译出版社，1999：236.

时，"网瘾症"正在侵害青少年的身心健康；等等。目前，网络犯罪、信息系统安全、知识产权和个人隐私保护等都已成为全球性的问题。卡斯特也坦承："科技的症结在于科技是人类行为的折射，而我们并不十分善良。我们丑陋，科学就会呈现出来，造成各种恶果……摆在我们面前的问题是：今天我们拥有最为神奇的工具，它可以帮助我们，或是毁灭我们。现在我们选择的是后者。"①

也许我们不必如此悲观，对人类的理性和智慧应该抱有希望，而且我们无法拒绝网络时代的到来，只是需要保持必要的警醒：人类对于技术的运用可能导向不同的结果。虚拟空间并不是乌托邦世界，而是现实世界的拓展和延伸。互联网并不必然可以或应该摆脱包括政府在内的有效监管。其实，"管制和政府的力量仍然无所不在"，"真正的问题在于什么样的管制，而非是否有管制"②。

一、行政管理

行政管理（Administration Management）即政府行政机关按照法律规定的权限与程序对国家事务和社会公共事务的管理，又称公共行政。这其实是政府最基本的职能。但与传统社会不同，现代政府扮演的已不再（或不应）是全能型管制的角色，而是承认其管理的"有限性"，应着重发挥服务和协调的职能。而现代政府对互联网的管理也是如此，因此"少干预、重自律"成为国际社会管理网络内容的一个基本思路，其特点是以行业监管为主，政府强制为辅，实行政府与行业的协同管理。政府的职责主要集中在相关法律法规和政策的制定，而具体的操作规范则由相关的社会组织予以制定和实施。

以美国政府为例，其除了积极建构法律以保护青少年免受网络不良信息侵害之外，对网络传播其他方面的管制则持消极态度，主要是网络行业组织积极发挥其重要作用来规范网络传播。日本根据宪法对言论自由、学术自由、个人信息的保护规定，要求"尽量"减少政府对互联网媒体的直接干预，而以业界自我约束为主。因此，日本互联网行业颁布了名目繁多的行业规范，如《电子网络运营中的伦理纲领》《关于电子网络事业中有关伦理的自主指针》《互联网用户规则与方法集》等。欧盟在网络管理方面遵循三条原则，即表达自由原则、比例原则、尊重隐私原则。所谓比例原则是指公权力的行使与其所意欲实现的目的之间应该有合理的比例，即目的和手段之间应成正比，国家和政府的干预不能过度。对于如何规范网络信息，欧盟强调建立在行业自律基础上的合作：强调政府与业界的合作，鼓励业界建立道德及分级标准；强调政府与网络使用者的合作，使其了解上网风险和规避有害信息的方法。譬如，除了沿用现有的法律，英国政府认为对互联网的管理应通过社会的协作实现，特别是应发挥行业自律的作用。2004 年，欧盟建立了一个"安全互联网论坛"，广泛吸引了企业代表、法律强制机构、决策者，以及用户群体代表等社会各界的关注和参加。

根据各国互联网管理呈现的不同特点，《网络战争》一书对此进行了概括，即宽松管制

---

① 周燕. 虚拟世界哲学家：信息时代如何改变生活［N］. 北京青年报，2002-03-11.

② 桑斯坦. 网络共和国：网络社会中的民主问题［M］. 黄维明，译. 上海：上海人民出版社，2003：93–95.

模式——主张保护言论自由，对网上内容采取比较宽容的态度，典型的有美国；注重自律模式——主张一般不直接对网络进行管理，更多依靠网络参与者自律，以政府管理作为补充和保障，典型的有英国、加拿大和中国香港；严格控制模式。大多数发达国家采用前两种模式，对公权力直接介入网络内容管制持谨慎态度，而主要采取尊重网络使用者的柔性政策，如"网络内容分级制度"和"业务自律规范"等。

严格控制模式的重点在严格控制，要求采取必要措施维护本国或本民族的价值观，保护本国政权不受颠覆，保护本国和本民族文化传统，保护互联网的"纯洁性"，严厉打击网上色情、暴力、恐怖活动或虚假宣传。一般主张通过立法甚至控制计算机网络出入口信道的方式进行管制，典型的有新加坡、沙特阿拉伯。

"政府对数字传媒进行监管的力度不同，完全取决于国家形态、社会制度、经济实力、传播体制及科学文化发展水平的不同等因素。"[1]中国的网络传播管理体制基本上是传统的大众传媒管理体制的延续和发展，即以行政监管为主导的管理体制，这也是"社会和历史的逻辑"发展的结果。中国共产党和政府作为网络传播管理的主体始终发挥着核心作用：由党和政府制定网络传播的方针、政策以及法律法规，由党的直属部门以及政府机关根据党和政府的决策、政策以及相关法律法规对网络传播活动实施监督管理；技术保障、网络自律组织的建立等也都不能离开党和政府的领导与指导。这是由中国社会主义新闻事业的性质所决定的。中国共产党和政府并不是把网络传播当作一般性的社会公共事务，而更强调其意识形态的属性和政治宣传功能。即使是纯粹的商业性网站，虽然在管理上有所区别，但所传播的信息内容也不能超越党和政府的方针政策以及法律法规所限定的范围。

概言之，对于互联网这一新兴媒体，中国政府的态度是，"一方面积极推动新技术的发展，充分发挥互联网在现代化进程中的作用；另一方面，加强对互联网'有害、非法'信息的控制，防止负面影响的产生"[2]。套用官方的话语，即所谓"积极发展，加强管理，趋利避害，为我所用"。

网络传播涉及的领域广泛，形式多样。各类网站发展迅速，数量惊人。基于中国目前现存的行政管理体制以及法制建设水平，单一的部门难以对网络传播实施全方位的管理，因此网络传播管理所牵涉的党政部门众多。2004年11月18日，针对网络传播存在的各种问题，中共中央办公厅、国务院办公厅下发了《关于进一步加强互联网管理工作的意见》，对相关管理机构的职责进一步做了明确的规定和分工。

中共中央宣传部是中共中央主管意识形态方面工作的综合职能部门，对网络传播的监管是其本位，无疑当仁不让。中华人民共和国国务院（即中央人民政府）及其所属的各个部委及其他工作部门组成中央行政机关。与网络传播关系紧密的机构包括工业和信息化部、国务院新闻办公室、国家广播电视总局等机构。随着互联网的迅猛发展，我国开始重视对互联网的管理，互联网的监管职责逐渐集中到国务院新闻办公室。2010年，国家在原来国务院新闻办五局（即网络局，负责组织协商网上新闻工作，指导新闻网站的规划和建设）的基础上，增设一

---

① 闵大洪. 数字传媒概要［M］. 上海：复旦大学出版社，2003：224.

② 胡泳. 众声喧哗：网络时代的个人表达和公共讨论［M］. 桂林：广西师范大学出版社，2008：318.

个负责网络的九局，主要"承担网络文化建设和管理的有关指导、协调和督促等工作"。

中国互联网络信息中心（China Internet Network Information Center，简称 CNNIC）是经国务院主管部门批准组建的管理和服务机构（1997 年 6 月 3 日），行使国家互联网络信息中心的职责。作为中国信息社会重要的基础设施建设者、运行者和管理者，中国互联网络信息中心承担的主要职责包括：互联网地址资源注册管理、互联网调查与相关信息服务、目录数据库服务、互联网寻址技术研发、国际交流与政策调研、承担中国互联网协会政策与资源工作委员会秘书处的工作。

由于网络传播涉及面广，其不同的领域分别由原来分管不同媒体或不同职能的政府管理部门实施监管，形成了多个部门各司其职互相协作的综合性的行政管理体制。其优点是分工细致、监管严密，但需相互协调配合，所投入的物力和人力相应加大，也容易出现管理机构过多、职能交叉、互相推诿责任等弊端。

2011 年，国家互联网信息办公室（以下简称国信办）成立，成为互联网的主管部门，标志着互联网的监管朝专门化的方向迈进。2013 年 4 月，国信办成为互联网的主要监管机构，同时行政级别升为正部级，这意味着其职责范围与行政权力有所扩大和提升，也就意味着其管理权力的进一步集中。

2014 年，中央网络安全和信息化领导小组成立后，重组了国家互联网信息办公室，国务院赋予其全国的网络内容管理与执法监督的权力，而且它是中央网络安全和信息化领导小组的具体执行机构。[①] 这样就呈现出由国信办统揽，其他部门配合协作的新局面，有利于行政效率的提高。

政府的行政监管手段繁多，主要包括专项整治行动、举报制度、网吧管理、年检制度、实名制与备案、网站内部第三方监督机制、网评员引导网上舆论、网络监控以及实施行政处罚和司法追究等。

专项行动是指在某一阶段政府某一部门或多个部门联合行动，在全国范围内或部分地区对某一行业或某种违法乱纪行为进行专项整顿治理或打击。公安部门通常参与这样的行动。网络传播管理也借鉴了这种形式。譬如，2014 年全国"扫黄打非"工作小组、国家互联网信息办公室、工信部以及公安部联合组成的小组实施了针对互联网淫秽色情内容的"净网 2014"专项行动，关停和查处了部分网站。为了加强网站备案、IP 地址、域名等互联网基础管理，严格落实实名制，工信部于 2016 年组织开展互联网基础管理专项行动。

2004 年 6 月 10 日，由中国互联网协会互联网新闻信息服务工作委员会主办的互联网"违法和不良信息举报中心"网站在北京开通。任何公民在网上发现违法和不良信息，只要登录举报中心网站，说明相关信息所在网站的名称和页面位置，提供举报人的必要联系渠道，即可实施举报。相关的公众举报受理机构还有："网络违法犯罪举报网站""12321 网络不良与垃圾信息举报受理中心""12390 扫黄打非新闻出版版权联合举报中心"。

根据中国互联网协会互联网新闻信息服务工作委员会的定义：违法信息指的是违背《中华人民共和国宪法》和《全国人大常委会关于维护互联网安全的决定》《互联网信息服务管理

① 陈绚，杨秀. 新闻传播与媒介法治年度研究报告 2015［M］. 北京：中国人民大学出版社，2015：80.

办法》所明文严禁的信息以及其他法律法规明文禁止传播的各类信息。不良信息指的是违背社会主义精神文明建设要求、违背中华民族优良文化传统与习惯以及其他违背社会公德的各类信息，包括文字、图片、音视频等。据统计，2017 年 2 月，全国各地网信办、各网站举报部门受理违法和不良信息有效举报 255.7 万件，同比增长约 35.1%，环比下降 5.8%。（淫秽色情类有害信息举报较为集中，达 144.7 万件，占 56.6%；政治类有害信息举报占 23.1%。）①

此外，中国还建立了一支大约 3 万人的网络警察部队，全称"国际互联网安全监察专业警察"，其职责是打击在数秒内就能犯下的、几乎不留任何作案痕迹的网上犯罪。为了防止黑客入侵，堵控不良信息，公安部拟建全国监控系统，对国际互联网上的各种信息进行监控，及时发现需要过滤的国外信息站点，及时制止国内不良信息内容的传播，并且进行安全检查，对犯罪行为进行现场勘查、取证和鉴定。②2007 年 9 月 1 日，北京市推出的"首都网络 110 虚拟警察"，首先在新浪、搜狐等门户网站上岗，到同年 12 月底覆盖北京所有网站。北京另拟招收 4 000 名网络保安员，协助网监部门实行网络监控。③

二、法律法规、管理意见

英裔美国法理学家博登海默（Edgar Bodenheimer）有句名言："法律是人类最大的发明，其他发明使人类学会如何驾驭自然，法律使人类学会如何驾驭自己。"人类的历史经验也表明：法治是人类管理自身及其事务极为有效的方式。网络传播也应遵循这一规律。

网络传播的发展使人们越来越清醒地意识到：一方面，过去在现实空间中遇到的各种道德和法律问题，不可避免地会反映到网络空间中来；另一方面，网络空间又产生了许多现实空间中没有过的新的道德和法律问题。因此，各国政府都高度重视网络管理，陆续颁布了一系列有关计算机网络的法律法规。

早在 1978 年 8 月，美国佛罗里达州率先通过了《佛罗里达计算机犯罪法》，内容涉及侵犯知识产权、侵犯计算机装置和设备、侵犯计算机用户权益等问题。随后，美国共有 47 个州相继颁布了计算机犯罪法。1984 年，美国国会通过了《联邦禁止利用电子计算机犯罪法》。1987 年，美国国会通过一项方案，批准成立国家计算机安全技术中心，并制定了《计算机安全法》。隐私保护也是美国有关网络内容监管的法律的一个重点，如《隐私保护法》（1980）、《电子通信隐私法》（1986）和《联邦互联网隐私保护法》（1997）等。1996 年 2 月，美国总统签署了国会通过的《通信净化法》，明确规定互联网不得向未成年人传播有伤风化的文字及图像。但这一法案遭到美国公民自由联盟、出版界（包括网上刊物出版界）和电脑界一些组织的反对，声称它违反了关于言论自由的宪法修正案，从而引起了一场诉讼。1997 年美国最高法院判定这一法案违宪，该法案终于未能实行。不过，2000 年 4 月美国贸易委员会制定的《儿童网上

---

① 中国法院网. 2 月份全国网络举报部门受理有效举报 255.7 万件［EB/OL］.（2017-03-15）［2018-05-23］. http://www.chinacourt.org/article/detail/2017/03/id/2631552.shtml.

② 匡文波. 网络传播学概论［M］. 北京：高等教育出版社，2004：54-55.

③ 李永刚. 我们的防火墙：网络时代的表达与监管［M］. 桂林：广西师范大学出版社，2009：97.

保护法》却得到了实施。其中规定商业网站收集年龄在 13 岁以下少年的个人信息以及这些未成年人进入网上聊天室时必须得到其父母的同意。1996 年通过的《电信法》(*Communication Decency Act of* 1996，CDA)，其中第五篇"色情与暴力"的内容也是意在阻止互联网上淫秽色情内容对青少年的侵害。2001 年"9·11"事件以后，美国先后出台了《爱国者法》(2001)和《国土安全法》(2002)。

德国政府明确表示不能让互联网成为传播色情和宣扬新纳粹思想的场所，强调要防止互联网络受到"污染"，要求经营联网业务的企业承担义务，使青少年免受不良信息的危害。1997年 8 月，德国制定的《信息和通信服务规范法》，即《多媒体法》正式实施。这是世界上第一部对互联网空间的行为实施全面的法律规范的专门立法，法案确立了传播自由和责任并重的原则。该法对于网络服务商的责任提到了三点：(1)对自己提供的网上信息内容负全部责任；(2)对网上提供的来自他人的内容只是在一定条件下才负有责任；(3)对于仅仅提供了进入通道的网上信息不负责任。一般认为它将对世界各国的相关立法产生重要影响。

英国在 1996 年以前主要依据《黄色出版物法》《青少年保护法》《录像制品法》《禁止泛用电脑法》和《刑事司法与公共秩序修正法》惩处利用电脑和互联网络进行犯罪的行为。1996年 9 月 23 日，英国政府颁布了世界上第一个网络监管行业性法规《3R 安全规则》。"3R"分别指分级认定、举报告发、承担责任。此后英国又相继通过了《电子通信法案》(2000)、《电子签名法》(2000)和《反垃圾电子邮件法案》(2002)。上述法律共同构成了英国互联网治理的法制基础。

新加坡对互联网实行统一管理，高度重视立法和执法工作。1996 年，新加坡政府颁布了《分类许可证制度》和《互联网运行准则》，并将它们与《国内安全法》《煽动法》《广播法》等相关法律有机结合，严厉制止和打击任何个人、团体或国家利用网络危害新加坡国家安全和公共利益的行为。《互联网运行准则》规定，所有互联网服务供应商都为政府所有或有政府背景，并遵守媒体发展管理局制定的互联网操作准则。互联网中禁止出现以下内容：危及公共安全和国家防务的内容；动摇公众对执法部门的信心的内容；煽动或误导部分或全体公众的内容；引起人们痛恨和蔑视政府、激发对政府不满的内容；影响种族和宗教和谐的内容；对种族或宗教团体进行抹黑和讥讽的内容；在种族和宗教之间制造仇恨的内容；提倡异端宗教或邪教仪式的内容；色情及猥亵内容；大肆渲染暴力、低俗色情和恐怖手法的内容等。对于不履行义务或违法的供应商和网站，政府有权加以处罚，或者暂停营业执照，直至关闭网站。新加坡政府表示其"不会对互联网实行过度的控制"，而是实行"平衡的、轻度的"也就是"轻触式"的管理方式。

韩国是互联网普及率最高的国家之一。据韩国统计厅公布的统计资料显示，截至 2008 年年底，韩国家庭互联网普及率已超过 80%。为了加强对信息通信网的管理，政府的情报通信部2001 年出台了《关于保护个人信息和确立健全的信息通信秩序》的法规。这一法规明确规定了个人信息管理者的权限和责任，对向第三者泄漏个人信息者将予以重罚。与此同时，这一法规还将加强对淫秽、暴力、犯罪等非法信息流通的管理。

由于网络传播的国际性，各国政府越来越意识到，要有效地规范网上行为，尤其是打击网络犯罪，单靠一国立法远远不够。各国执法部门遇到的许多难题，只有通过国际条约来予以解决。为此，欧盟委员会于1996年10月通过了《互联网有害和违法信息通信》和《在新的电子信息服务环境中保护未成年人和人的尊严》绿皮书。绿皮书中规定网络主机服务商和检索服务商应对其主机及服务器上的违法与有害信息承担法律责任。欧盟委员会还建议对互联网信息建立评级制度，鼓励开发与采用过滤软件和评级系统，鼓励网民报告违法和有害网址。2001年11月，欧洲理事会的26个欧盟成员国以及美国、加拿大、日本和南非等30个国家的政府官员在布达佩斯共同签署了《网络犯罪公约》（Cyber-crime Convention）。这是第一部针对网络犯罪行为所制定的国际公约。《网络犯罪公约》为国际间网络犯罪的立法提供了参考，同时有利于促进国际间网络管理领域的有效合作。

目前，中国法治建设仍处于起步阶段，法律法规体系尚不完整，立法、司法乃至整个社会的法律框架、法治指导思想等都需要予以进一步调整和完善。尽管如此，中国已制定和颁布了相当数量的法律以及法规，包括不少与传播相关的法规。中国共产党和政府制定的方针政策，目前在中国也作为法的形式补充而存在，甚至在具体管理中处于主导性的地位。

针对网络传播这个具体领域，我国也已制定和颁布了相当数量的法规，并还将继续制定和颁布相关政策。这些都是中国政府依法管理网络传播的基础。

（一）立法基本情况

互联网并没有改变现实的社会秩序以及基本的社会关系。因此，互联网立法的前提是承认现行的法律原则都适用于互联网空间，也就是说与中国网络传播相关的法律法规不可能超越现行法律体系的基本原则，其规范要与中国现有的宪法、刑法、行政法等法律中与信息和新闻传播相关的基本规定相一致。

中国是较早、较全面对网络传播进行立法管理的国家，并且是"少数以独立的法律来控制网上言论的国家之一"。"公开网络倡议"（The OpenNet Initiative）称，中国"运行着世界上范围最大的、技术先进的、覆盖面最广的网络过滤系统"，这一系统由"同样复杂的法律法规体系"所支撑。[①] 有关学者认为："只要了解了中国对网络传播的法规限制，就足以了解一个国家可能对网络传播做出什么样的法规限制。"[②] 下面我们按时间顺序列出中国的与网络传播直接或间接相关的主要法律法规：

（1）《中华人民共和国计算机信息系统安全保护条例》，1994年2月18日，国务院发布；

（2）《关于对与国际联网的计算机信息系统进行备案工作的通知》，1996年1月29日，公安部发布；

（3）《中华人民共和国计算机信息网络国际联网管理暂行规定》，1996年2月1日，国务院发布，1997年5月20日修正；

（4）《计算机信息网络国际联网管理暂行规定实施办法》，1997年12月8日，国务院信息化工作领导小组审定；

（5）《中国公众多媒体通信管理办法》，邮电部制定，1997年12月11日起施行；

---

① 胡泳. 众声喧哗：网络时代的个人表达和公共讨论［M］. 桂林：广西师范大学出版社，2008：318.

② 屠忠俊，吴廷俊. 网络新闻传播导论［M］. 武汉：华中科技大学出版社，2002：380.

（6）《计算机信息网络国际联网安全保护管理办法》，公安部制定，1997年12月16日起施行；

（7）《计算机信息系统保密管理暂行规定》，国家保密局，1998年；

（8）《互联网络域名注册暂行管理办法》，国务院信息办负责解释，1997年5月30日；

（9）《中国互联网络域名注册实施细则》，1997年6月15日，中国互联网络信息中心发布；

（10）《电信网间互联管理暂行规定》，1999年9月7日，信息产业部发布；

（11）《计算机信息系统集成资质管理办法》，1999年12月12日发布，2000年1月1日实施，信息产业部负责解释；

（12）《互联网文化管理暂行规定》，2003年3月4日，文化部部务会议审议通过，2003年7月1日起施行；

（13）《经营性网站备案登记管理暂行办法》，2000年9月1日实施，北京市工商行政管理局负责解释；

（14）《经营性网站备案登记管理暂行办法实施细则》，2000年9月1日实施，北京市工商行政管理局发布；

（15）《中华人民共和国电信条例》，2000年9月25日，国务院发布；

（16）《互联网信息服务管理办法》，2000年9月25日，国务院发布；

（17）《互联网站从事登载新闻业务管理暂行规定》，2000年11月6日，国务院新闻办公室、信息产业部发布；

（18）《互联网电子公告服务管理规定》，2000年11月6日，信息产业部发布；

（19）《最高人民法院关于审理涉及计算机网络著作权纠纷案件适用法律若干问题的解释》，最高人民法院审判委员会通过，2000年12月21日起施行；

（20）《全国人民代表大会常务委员会关于维护互联网安全的决定》，2000年12月28日，第九届全国人民代表大会常务委员会第十九次会议通过；

（21）《互联网上网服务营业场所管理办法》，2001年4月3日，信息产业部、公安部、文化部、国家工商行政管理总局发布；

（22）《互联网出版管理暂行规定》，2001年12月24日，新闻出版总署第二十次署务会和2002年6月27日信息产业部第十次部务会审议通过，自2002年8月1日起施行；

（23）《互联网上网服务营业场所管理条例》，2002年8月14日，国务院第六十二次常务会议通过，2002年11月15日起施行；

（24）《互联网等信息网络传播视听管理办法》，2003年1月7日，国家广播电影电视总局局务会议审议通过，2003年2月10日起施行；

（25）《互联网文化管理暂行规定》，2003年3月4日，文化部部务会议审议通过，2003年7月1日起施行；

（26）《著作权行政处罚实施办法》，2003年7月16日，国家版权局局务会议审议通过，2003年9月1日起施行；

（27）《关于加强我国互联网络域名管理工作的公告》，2003年7月31日，中华人民共和国信息产业部颁布；

（28）《最高人民法院关于修改〈最高人民法院关于审理涉及计算机网络著作权纠纷案件适用法律若干问题的解释〉的决定》，2003 年 12 月 23 日，最高人民法院审判委员会第 1 302 次会议通过；

（29）《关于做好网吧等互联网上网服务营业场所专项整治工作的通知》，2004 年 2 月 25 日，国家工商行政管理总局颁布；

（30）《关于进一步加强移动通信网络不良信息传播治理的通知》，2004 年 9 月 26 日，中华人民共和国信息产业部颁布；

（31）《中国互联网络域名管理办法》，2004 年 11 月 5 日，中华人民共和国信息产业部令第 30 号颁布，2004 年 12 月 20 日起施行；

（32）《电子认证服务管理办法》，2005 年 2 月 8 日，中华人民共和国信息产业部令第 35 号颁布，2005 年 4 月 1 日起施行；

（33）《互联网 IP 地址备案管理办法》，2005 年 2 月 8 日，中华人民共和国信息产业部第十二次部务会议审议通过，2005 年 3 月 20 日起施行；

（34）《非经营性互联网信息服务备案管理办法》，信息产业部 2005 年 2 月 8 日发布，2005 年 3 月 20 日起施行；

（35）《互联网著作权行政保护办法》，2005 年 4 月 30 日，国家版权局和信息产业部颁布，2005 年 5 月 30 日起施行；

（36）《互联网新闻信息服务管理规定》，2005 年 9 月 25 日，国务院新闻办公室、信息产业部颁布；

（37）《互联网药品交易服务审批暂行规定》，2005 年 9 月 29 日，国食药监市〔2005〕480 号国家食品药品监督管理总局颁布，2005 年 12 月 1 日实施；

（38）《互联网电子邮件服务管理办法》，2006 年 2 月 20 日，中华人民共和国信息产业部第十五次部务会议审议通过，2006 年 3 月 30 日起施行；

（39）《2006 年度通信行业行风建设工作要点》，2006 年 4 月 29 日，经信息产业部通信行业行风建设工作会议讨论，并经行风建设指导小组全体成员审议通过；

（40）《信息网络传播权保护条例》，2006 年 5 月 10 日，国务院第一百三十五次常务会议通过，2006 年 7 月 1 日起施行；

（41）《关于加强互联网药品信息服务和互联网药品交易服务监督管理工作的通知》，2006 年 8 月 22 日，国食药监市〔2006〕429 号，国家食品药品监督管理总局颁布；

（42）《关于信息服务类用户申诉调查处理的实施细则》，2006 年 9 月 14 日，信息产业部电信管理局颁布；

（43）《最高人民法院关于修改〈最高人民法院关于审理涉及计算机网络著作权纠纷案件适用法律若干问题的解释〉的决定（二）》，2006 年 11 月 20 日，最高人民法院审判委员会第 1 406 次会议通过，2006 年 12 月 8 日起施行；

（44）《互联网视听节目服务管理规定》，2007 年 12 月 20 日，国家广播电影电视总局、中华人民共和国信息产业部审议通过，2008 年 1 月 31 日起施行；

（45）《互联网骨干网网间通信质量监督管理暂行办法》，2008 年 4 月 7 日，信息产业部颁布，2008 年 3 月 15 日起施行；

（46）《电子认证服务管理办法》，2009 年 2 月 28 日，中华人民共和国工业和信息化部第六次部务会议审议通过，2009 年 3 月 31 日起施行；

（47）《互联网网络安全信息通报实施办法》，2009 年 4 月 13 日，工信部颁布，2009 年 6 月 1 日起实施；

（48）《通信网络安全防护管理办法》，2009 年 12 月 29 日中华人民共和国工业和信息化部第八次部务会议审议通过，2010 年 3 月 1 日起施行；

（49）《即时通信工具公众信息服务发展管理暂行规定》（即"微信十条"），2014 年 8 月 7 日，国家互联网信息办公室发布；

（50）《关于审理利用信息网络侵害人身权益民事纠纷案件适用法律若干问题的规定》，2014 年 10 月 9 日，最高人民法院发布；

（51）《中华人民共和国刑法修正案（九）》，2015 年 8 月 29 日通过，2015 年 11 月 1 日施行；

（52）《互联网保险业务监管暂行办法（征求意见稿）》，这是国内首份针对互联网金融领域的监管文件，2015 年 12 月 10 日保监会公布；

（53）《互联网保险业务监管暂行办法》，中国保监会印发，2015 年 10 月 1 日起施行，施行期限为 3 年；

（54）《互联网信息搜索服务管理规定》，国家互联网信息办公室，2016 年 6 月 25 日发布；

（55）《移动互联网应用程序信息服务管理规定》，国家互联网信息办公室，2016 年 6 月 28 日发布，2016 年 8 月 1 日起施行。

地方立法：2007 年 12 月 20 日，广东省十届人大常委会第三十六次会议通过《广东省计算机信息系统安全保护条例（草案修改三稿）》。其中规定：在发生重大突发事件，危及国家安全、公共安全及社会稳定的紧急情况下，可以采取 24 小时内暂时停机、暂停联网、备份数据等措施。

以上的法律法规条目并非一份完备的目录，而且相关的法律法规还在继续制定中。就现存的这些法规来说，涉及的范围已极为广泛，而且涉及不同级别的机构和部门，既有立法权力机构（全国人民代表大会常务委员会），又有司法权力机构（最高人民法院审判委员会），还有行政机构。在行政权力机构中，既有国务院，又有国务院下属的部级政府机构及其办事机构，如信息产业部（现已并入工业和信息化部）、公安部、文化部、邮电部（后并入信息产业部）、国务院新闻办公室、工商行政管理局、国家版权局、国务院信息化工作领导小组办公室、国务院信息办等。由此可见，中国政府对互联网的管理是全方位的。其中 2000 年年底颁布的《全国人民代表大会常务委员会关于维护互联网安全的决定》，在整个信息传播领域里，属于最高位阶的专门法律文件之一。

（二）中国互联网管理基本框架的确立

中国政府对互联网和网络传播的法律法规监管经历了一个逐步认识和深化的过程。1994 年至 1999 年基本上属于初建阶段，主要涉及中国互联网管理的基本框架以及基础建设层面的内容，譬如，国际联网管理、域名注册管理、安全保护等。自 2000 年开始，随着网络媒体的发展以及商业门户网站的出现，相关行政法规显著增加，监管主体管理的重点转移到了网站管理以及网络传播内容上。其中，《中华人民共和国电信条例》《互联网信息服务管理办法》是2000 年出台的两个分量很重的法规。《互联网站从事登载新闻业务管理暂行规定》的出台标志着网络新闻传播有了明确的"规矩"。从此，网络传播管理体制基本确立，以后出台的不少相关法规涉及上网服务营业场所管理、互联网出版管理、互联网信息服务等，网络传播管理变得更为全面、严密、有序以及制度化。总而言之，通过这一系列法律法规的制定，"政府不仅全面控制了与互联网有关的基础设施建设，而且还通过专门的法规，使政府有关部门可以直接介入对网络准入的控制和网络内容的管制"①。

《中华人民共和国计算机信息系统安全保护条例》（1994 年）只是把因特网看作"计算机信息系统"的一部分。所谓计算机信息系统指的是"由计算机及其相关的和配套的设备、设施（含网络）构成的，按照一定的应用目标和规则对信息进行采集、加工、存储、传输、检索等处理的人机系统"。

1994 年 4 月 20 日，中国科学院互联网工程（NCFC）通过国际专线连入互联网，标志着中国开始引入互联网，当时中国显然还没有考虑和预计之后互联网大规模扩展到整个社会的前景，以及互联网商业化的迅速发展，其重点意在"维护国家事务、经济建设、国防建设、尖端科学技术等重要领域"，对互联网问题只进行了两处明确的专门规定："进行国际联网的计算机信息媒体进出境的，应当如实向海关申报……违反计算机信息系统国际联网备案制度的由公安机关处以警告或停机整顿。"

1996 年 2 月 1 日，国务院发布了《中华人民共和国计算机信息网络国际联网管理暂行规定》（1997 年 5 月 20 日修正）。这个暂行规定发布时，中国已建立起 4 个骨干网，分别是中国科学技术网（CSTNET，1994 年 4 月）、中国公用计算机互联网（CHINANET，1995 年 5 月）、中国教育和科研计算机网（CERNET，1995 年 11 月）、中国金桥信息网（CHINAGBN，1996 年 9 月）。其中CHINANET 和 CHINAGBN 向单位和个人开放互联网接入服务，属于进行商业经营的互联网络。

长期以来，中国一直处于信息流通相对封闭的状态，互联网的接入使中国面对一个国际化的、开放的、信息自由流动的环境。这对中国政府来说是一个全新的挑战，因此有必要及时对此做出反映，采取有效的管理措施。这一暂行规定起到了这样的作用。1997 年 12 月 8 日，根据暂行规定制定的《计算机信息网络国际联网管理暂行规定实施办法》公开发布，其对计算机信息网络国际联网管理做了更具体的规定。简单地说，暂行规定和实施办法建立了中国互联网管理的基本框架和规则，其基本特点是"严格控制国际出入口信道，通过互联网络带接入网络，以接入网络带网络用户"②。

所谓计算机信息网络国际联网（简称国际联网），指的是"中华人民共和国境内的计算机信息网络为实现信息的国际交流，同外国的计算机信息网络相连接"。

互联网络指的是"直接进行国际联网的计算机信息网络"，互联单位是指"负责互联网络运行的单位"。

接入网络指的是"通过接入互联网络进行国际联网的计算机网络"，接入单位是指"负责

① 胡泳. 众声喧哗：网络时代的个人表达和公共讨论 [M]. 桂林：广西师范大学出版社，2008：319.

② 屠忠俊，吴廷俊. 网络新闻传播导论 [M]. 武汉：华中科技大学出版社，2002：380.

接入网络运行的单位"。

用户指的是"通过接入网络进行国际联网的个人、法人和其他组织；个人用户是指具有联网账号的个人"。

国际出入口信道，指的是"国际联网所使用的物理信道"。

根据《中华人民共和国计算机信息网络国际联网管理暂行规定》，中国遵循的是"统筹规则、统一标准、分级管理、促进发展"的原则，由国务院信息化工作领导小组负责协调、解决有关国际联网工作中的重大问题，"领导小组办公室按照本规定制定具体办法，明确国际出入口信道提供单位、互联单位、接入单位和用户的权利、义务和责任，并负责对国际联网工作的检查监督"。

根据《中华人民共和国计算机信息网络国际联网管理暂行规定》第六条和《计算机信息网络国际联网管理暂行规定实施办法》第七条规定："计算机信息网络直接进行国际联网，必须使用邮电部国家公用电信网提供的国际出入信道。任何单位和个人不得自行建立或者使用其他信道进行国际联网。"这就是说有权直接进行国际联网的计算机信息网络只限于国家规定的"互联网络"。《计算机信息网络国际联网管理暂行规定实施办法》第十条规定："接入网络必须通过互联网络进行国际联网，不得以其他方式进行国际联网。"第十一条规定："对从事国际联网经营活动的接入单位实行国际联网经营许可证制度。"第十二条规定："个人、法人和其他组织用户使用的计算机或者计算机信息网络必须通过接入网络进行国际联网，不得以其他方式进行国际联网。""这样，所有的网络用户或网民都被编入一个分级的网络网籍，并由一个（管理上的一个，而不是物理信道数量上的一个）接口连入因特网，这就为实施各种可能的网络传播控制奠定了一个基础性的制度平台。"①

1998年，中国邮电部发布了《中国公众多媒体通信管理办法》，并于当年12月1日起执行。这一管理办法意在利用互联网技术，建立一个"面向国内用户提供多媒体通信与以中文为主体的信息服务，并为各类专用多媒体信息系统提供互联互通"的相对独立的、完全由中国自行控制的全国计算机互联网，即中国公众多媒体通信网（169）。

根据这一管理办法的第五条规定："中国公众多媒体通信网与国际计算机互联网分开设置。其用户具备规定条件的，经过鉴权、识别，可以接入国际计算机互联网并遵守《中华人民共和国计算机信息网络国际联网管理暂行规定》。中国公众多媒体通信网需要与国外通信网互联时，由中国电信通过双边或多边协议建立互联关系，并通过国家公用电信网的国际出入口局进行国际互联。"也就是说在"经过鉴权、识别"以后，169用户可以与CHINANET（163）互联实现国际联网。由于几乎所有的169用户都要求国际联网，因此原来设想建立国内相对独立的计算机互联网络的目标并没有真正实现。

《中国公众多媒体通信管理办法》初步明确了中国ISP（Internet Service Provider）的法律身份。该管理办法首先是对一系列概念做了解释和界定，包括公众多媒体通信、公众多媒体通信网、公众多媒体通信业务、公众多媒体通信接入服务经营者、公众多媒体信息源提供者、公众多媒体通信业务经营者。公众多媒体通信接入服务经营者指的是租用或建立必要的接入设施

① 屠忠俊，吴廷俊. 网络新闻传播导论［M］. 武汉：华中科技大学出版社，2002：380.

或接入能力，与中国电信签订协议，或受其委托，为用户接入中国公众多媒体通信网提供服务的单位，简称接入服务经营者，即 IAP（Internet Access Provider）。公众多媒体信息源提供者指的是建立多媒体信息库，采集、加工、存储多媒体信息，并通过公众多媒体通信网向用户提供多媒体信息服务的单位，简称信息源提供者，即 ICP（Internet Content Provider）。这两个概念都可以归入广义的 ISP。这样，ISP 这个概念与国际通用的含义略有区别，造成 ISP 与 IAP 这两个概念经常被"混用"。

简单地概括，ISP 的含义通常分为只向用户提供互联网接入服务（即通过电话线或者有线电视等介质将私人计算机或其他终端设备连入互联网的 IAP 和为用户提供全方位信息服务（即提供互联网信息搜索、整理加工等服务，如新浪、搜狐等）的 ICP 两种。

目前，中国互联网业务概括起来可以分为四个层次。

（1）互联网骨干网络业务。这些骨干网络可以被理解为一级 ISP（即拥有自己独立的国际出入口信道），或称为互联网络单位。这些骨干网可以分为经营性（如中国电信、中国联通等）和公益性（非经营性，如中国教育和科研计算机网等）两部分。

中国公用计算机互联网（CHINANET）、中国教育和科研计算机网（CERNET）、中国科学技术网（CSTNET）和中国金桥信息网（CHINAGBN）合起来被称为中国四大骨干网。据统计，在 ADSL 接入方式中，2004 年中国电信占市场份额的 71%、中国网通占市场份额的 25%。这两大运营商基本上垄断了中国整个 ADSL 接入市场，也成为中国宽带接入市场上举足轻重的运营商。2004 年，移动、电信、联通、网通四大基础电信运营商（均为大型国有企业）所占市场份额超过 98%。

（2）互联网接入服务业务（IAP），或者被称为"次级" ISP。截至 2004 年上半年，互联网接入业务运营商达到 982 家，其中跨省经营的 165 家，省内经营的 817 家。

ISP 与其最终用户之间是树形结构，ISP 可能有多级，从一级 ISP 向下再接多个二级 ISP，通过局域网、ISP 专线接入、拨号接入、无线接入等多种方式 ISP 呈放射状向下连接到最终用户。

（3）互联网信息服务，即 ICP。截至 2004 年上半年，互联网内容服务企业，达到 9 046 家。

（4）互联网应用服务，即 ASP（Application Service Provider），如各类电子商务、电子报关、远程教育、远程医疗、远程监控等，其应用范围很广。

（三）许可证制度和备案制度

《中华人民共和国电信条例》采用了国际电信联盟（ITU）对电信的权威定义：指利用有线、无线的电磁系统或者光电系统，传送、发射或者接收语音、文字、数据、图像以及其他任何形式信息的活动。《中华人民共和国电信条例》把电信业务分为基础电信业务和增值电信业务。基础电信业务，指的是提供公共网络基础设施、公共数据传送和基本话音通信服务的业务。增值电信业务指的是利用公共网络基础设施提供的电信与信息服务的业务。互联网接入服务（ISP）和互联网信息（内容）服务（ICP）的法律地位在此得到了明确定位，即均属于增值电信业务，二者统称为 ISP。根据《中华人民共和国电信条例》规定，国家对电信业务实行许可证制度。与《中华人民共和国电信条例》同一天（2000 年 9 月 25 日）发布的《互联网信息服务管理办法》（下面简称管理办法），是中国管理 ICP 的主要法规之一。根据管理办法的定义，互联网信息服务指的是通过互联网向上网用户提供信息的服务活动，分为经营性和非经营性两类。经营性互联网信息服务，是指通过互联网向上网用户有偿提供信息或者网页制作等的服务活动。非经营性互联网信息服务，是指通过互联网向上网用户无偿提供具有公开性、共享性信息的服务活动。国家对经营性互联网信息服务实行许可证制度，对非经营性互联网信息服务实行备案制度。未取得许可或者未履行备案的，不得从事互联网信息服务。

互联网电子公告服务实行专项申请或者专项备案。电子公告服务指的是在互联网上以电子布告牌、电子白板、电子论坛、网络聊天室、留言板等交互形式为上网用户提供信息发布条件的行为。电子公告英文简称为 BBS，在其上发布的信息俗称"帖子"。电子公告是网络传播的一种特殊传播形式，充分体现了网络传播的互动性特点。根据信息产业部发布的《互联网电子公告服务管理规定》（2000 年 11 月 6 日），从事互联网信息服务，拟开展电子公告服务的，应当在向省、自治区、直辖市电信管理机构或者信息产业部申请经营性互联网信息服务许可或者办理非经营性互联网信息服务备案时，提出专项申请或者专项备案。

2001 年 4 月 3 日，信息产业部、公安部、文化部、国家工商行政管理局联合颁布了《互联网上网服务营业场所管理办法》，这一管理办法后被作废。2002 年 8 月 14 日国务院第 62 次常务会议通过了《互联网上网服务营业场所管理条例》。根据管理条例规定，国家对互联网上网服务营业场所经营单位的经营活动实行许可制度。未经许可，任何组织和个人不得设立互联网上网服务营业场所，不得从事互联网上网服务经营活动。

根据管理条例第四条规定：县级以上人民政府文化行政部门负责互联网上网服务营业场所经营单位的设立审批，并负责对依法设立的互联网上网服务营业场所经营单位经营活动的监督管理；公安机关负责对互联网上网服务营业场所经营单位的信息网络安全、治安及消防安全的监督管理；工商行政管理部门负责对互联网上网服务营业场所经营单位登记注册和营业执照的管理，并依法查处无照经营活动；电信管理等其他有关部门在各自职责范围内，依照本条例和有关法律、行政法规的规定，对互联网上网服务营业场所经营单位分别实施有关监督管理。

根据 2003 年施行的《互联网等信息网络传播视听节目管理办法》，国家广播电影电视总局对视听节目的网络传播业务实行许可管理，通过信息网络向公众传播视听节目必须持有《信息网络传播视听节目许可证》。企业开办信息网络传播视听节目业务，须由地级以上广电、新闻、出版、文化等宣传单位作为业务主管部门，也就是说企业必须依托于某个传统媒体或者党政机构，接受其领导。这借鉴了设立报社、期刊社、图书出版社、音像出版社等出版单位的管理办法。根据《出版管理条例》第十一条规定，出版单位设立的条件之一，是有符合国务院出版行政部门认定的主办单位及其主管机关。

根据《互联网等信息网络传播视听节目管理办法》规定：用于通过信息网络向公众传播的新闻类视听节目限于境内广播电台、电视台、广播电视台等进行制作、播放的节目。禁止传播从网络或境外媒体上收录下来的境外节目。广播电台、电视台、广播电视台以外的机构开办娱乐类、专业类视听节目网络传播业务，一般只能传播广播电台、电视台、广播电视台制作、播出的节目，或者以广播电台、电视台、广播电视台制作、播出的节目作为节目素材进行编辑加工的节目。管理办法还要求取得《信息网络传播视听节目许可证》的机构，应建立健全节目审查、播出等管理制度，各级广播电视行政部门应通过监听监看、建立相应的公众监督举报制度等方式对信息网络传播视听节目进行监督管理。

从事登载新闻的网站即网络媒体也分为经营性和非经营性两类，并按上述有关法规实行许可证制度和备案制度。根据《互联网信息服务管理办法》规定，从事新闻、出版、教育、医疗保健、药品和医疗器械等互联网信息服务的网络媒体，在申请经营许可或履行备案手续前，应当依法经有关主管部门审核同意。对此国务院新闻办公室、信息产业部专门发布了《互联网站从事登载新闻业务管理暂行规定》（2000 年 11 月 6 日）（以下简称暂行规定）作为与管理办法相配套的法规予以具体规范，即对网络媒体实行审批制。所谓登载新闻，指的是"通过互联网发布和转载新闻"。

暂行规定中规定对传统媒体即新闻单位建立的网站和非新闻单位建立的综合性网站，实行不同的审批办法。

1. 新闻单位设立新闻网站审批规定

根据暂行规定，中央新闻单位、中央国家机关各部门新闻单位以及省、自治区、直辖市和省、自治区人民政府所在地的市直属新闻单位依法建立的互联网站（以下简称新闻网站），经批准可以从事登载新闻业务。其他新闻单位不单独建立新闻网站，经批准可以在新闻网站建立新闻网页从事登载新闻业务。具体程序如下：

中央新闻单位建立新闻网站从事登载新闻业务，报国务院新闻办公室审核批准；

中央国家机关各部门新闻单位建立新闻网站从事登载新闻业务，经主管部门审核同意，报国务院新闻办公室批准；

省、自治区、直辖市和省、自治区人民政府所在地的市直属新闻单位建立新闻网站从事登载新闻业务，经所在地省、自治区、直辖市人民政府新闻办公室审核同意，报国务院新闻办公室批准；

省、自治区、直辖市以下新闻单位在中央新闻单位或者省、自治区、直辖市直属新闻单位的新闻网站建立新闻网页从事登载新闻业务，报所在地省、自治区、直辖市人民政府新闻办公室审核批准，并报国务院新闻办公室备案。

2. 非新闻单位综合性互联网站登载新闻审批规定

根据暂行规定第七条规定：非新闻单位依法建立的综合性互联网站（以下简称综合性非新闻单位网站），具备本规定第九条所列条件的，经批准可以从事登载中央新闻单位、中央国家机关各部门新闻单位以及省、自治区、直辖市直属新闻单位发布的新闻的业务，但不得登载自行采写的新闻和其他来源的新闻。非新闻单位依法建立的其他互联网站，不得从事登载新闻业务。

根据暂行规定第八条规定，综合性非新闻单位网站从事登载新闻业务，应当经主办单位所在地省、自治区、直辖市人民政府新闻办公室审核同意，报国务院新闻办公室批准。

根据暂行规定第九条规定，综合性非新闻单位网站从事登载新闻业务应具备以下条件：

（1）有符合法律、法规规定的从事登载新闻业务的宗旨及规章制度；

（2）有必要的新闻编辑机构、资金、设备及场所；

（3）有具有相关新闻工作经验和中级以上新闻专业技术职务资格的专职新闻编辑负责人，并有相应数量的具有中级以上新闻专业技术职务资格的专职新闻编辑人员；

（4）有符合本规定第十一条规定的新闻信息来源。

根据暂行规定第十一条和第十二条规定：综合性非新闻单位网站从事登载中央新闻单位、中央国家机关各部门新闻单位以及省、自治区、直辖市直属新闻单位发布的新闻业务，应当同上述有关新闻单位签订协议，并将协议副本报主办单位所在地省、自治区、直辖市人民政府新闻办公室备案。综合性非新闻单位网站登载新闻时还应注明新闻来源和日期。

所谓"综合性非新闻单位网站"主要指那些商业性的门户网站，如新浪、搜狐、网易、雅虎等。这些门户网站在利用传统媒体新闻信息的同时，也采写一些自己的"独家新闻"，或者登载一些网友提供的新闻。为了增强新闻传播的竞争能力，这些门户网站从传统媒体吸引走了不少专业人才。暂行规定的出台，等于宣判这些网站自行采写和发布新闻为"非法"，而且一大批不具备登载新闻条件的商业性网站将被迫退出新闻传播领域。相比之下，官方新闻网站是这个规定的受益者，拥有新闻采访和发布的权利，在与商业网站竞争中占尽先机。

非新闻单位建立的网站都没有采编、发布新闻的资格，因此，非新闻单位网站只能转发新闻单位发布的新闻，不能发布自行采写的新闻。对非新闻单位网站转发新闻的来源限定在省级以上新闻单位，主要考虑到这些新闻单位是我国发布新闻的主体，其发布的新闻权威、准确、及时。个人网页不属于综合性非新闻单位网站，不得从事登载新闻业务。

（四）违法内容和有害信息的防范以及 ISP 的责任

中国对互联网信息传播活动管理的重点之一就是防范违法和有害的信息内容，几乎大部分有关互联网的法规、规章都包含禁止在互联网上制作、复制、发布、传播的内容的规定，以及规定了互联网服务提供商所应承担的责任。

1. 法规所禁止传播的内容

《计算机信息网络国际联网管理暂行规定实施办法》（1997 年 12 月 8 日国务院信息化工作领导小组审定）第十三条规定：从事国际联网业务的单位和个人，应当遵守国家有关法律、行政法规，严格执行保密制度，不得利用国际联网从事危害国家安全、泄露国家秘密等违法犯罪活动，不得制作、查阅、复制和传播妨碍社会治安和淫秽色情等信息。《计算机信息网络国际联网安全保护管理办法》（公安部制定，1997 年 12 月 16 日起施行）对有关网络传播活动中应予禁止的行为做了进一步规定。由国务院于 2000 年 9 月 25 日同时发布的《中华人民共和国电信条例》（第五十七条）、《互联网信息服务管理办法》（第十五条）以及稍后发布的《互联网站从事登载新闻业务管理暂行规定》（第十三条）等法规对网络传播应当予以禁止的内容做了更为详细、具体和严密的规定：

反对宪法所确定的基本原则；

危害国家安全，泄露国家秘密，颠覆国家政权，破坏国家统一；

损害国家荣誉和利益；

煽动民族仇恨、民族歧视，破坏民族团结；

破坏国家宗教政策，宣扬邪教和封建迷信；

散布谣言，扰乱社会秩序，破坏社会稳定；

散布淫秽、色情、赌博、暴力、凶杀、恐怖或者教唆犯罪；

侮辱或者诽谤他人，侵害他人合法权益；

含有法律、行政法规禁止的其他内容。

同样的或类似的文字表述也出现在《互联网电子公告服务管理规定》《互联网上网服务营业场所管理条例》（第十四条）和《互联网等信息网络传播视听管理办法》等法规中。因此有学者认为，以上这种表述是关于信息传播应予禁止行为的经典性的表述。

以上关于禁止传播内容的规定实际上与其他大众传播相关的行政法规里的内容是一致的。譬如国务院发布的《出版管理条例》（1997）、《广播电视管理条例》（1997）、《电影管理条例》（2001）、《音像制品管理条例》（2001），以及国家新闻出版署发布的《报纸管理暂行规定》（1990），其中关于禁载的规定，都与此基本相同。甚至1994年10月27日第八届全国人民代表大会常务委员会第十次会议通过的《中华人民共和国广告法》所禁止的内容也与此类似。譬如，国务院1997年8月11日发布的《广播电视管理条例》第三十二条规定："禁止制作、播放有下列内容的节目：（1）危害国家的统一、主权和领土完整的；（2）危害国家的安全、荣誉和利益的；（3）煽动民族分裂，破坏民族团结的；（4）泄露国家秘密的；（5）诽谤、侮辱他人的；（6）宣扬淫秽、迷信或者渲染暴力的；（7）法律、行政法规规定禁止的其他内容。"

根据《互联网等信息网络传播视听管理办法》第十九条规定，通过信息网络传播的视听节目除了禁止传播上述"经典性的表述"所涉内容外，还禁止传播下列节目内容：危害社会公德或者民族优秀文化；虚假的信息；从网络或境外媒体上收录下来的境外节目（此处的境外应理解为包括港澳台地区）。

鉴于网络传播的特性，如果要 ISP（包括 IAP 和 ICP）完全承担起信息内容的传播责任是很不合理的，因此这是一个法律难点。首先，如何界定上述禁止的内容本身也有一定的难度；其次，网上传播的信息内容并不是网站完全能够绝对控制的。"他们既不能等同于传统媒体的出版者、播放者，但又不是与内容截然无关的纯粹的运送传递者"，他们与网上信息内容之间起码存在着三种情况：一种是完全可以控制内容（他们自行发布的内容）；另一种是不能完全控制内容（主要是他人自行在网络上发布的内容，如在网上设立的个人网页、各种电子公告板以及网民的发言等，服务者一般不可能严格地进行事前检查，但可以对内容进行修改和删除甚至封闭）；还有一种是无法控制内容（如针对通过链接进入其他网站、网页的内容，从技术的角度来说，任何用户上网后都可以通过链接访问世界上任何一个公开的网站或网页）。

2. 法规规定 ISP 应承担的责任

根据《中华人民共和国电信条例》第六十三条规定：使用电信网络传输信息的内容及其后果由电信用户负责。第六十七条规定：违反本条例第五十七条（即所禁止传播的信息内容）、第五十八条的规定，构成犯罪的，依法追究刑事责任；尚不构成犯罪的，由公安机关、国家安全机关依照有关法律、行政法规的规定予以处罚。这两条条例确定了相关责任的基本原则。

针对网络传播的特殊性和复杂性，有关行政规定对 ISP 所应承担的具体责任显然也做了某些区别。

第一，互联网信息服务提供者自己制作、复制、发布、传播管理法规所禁止的内容，当然应该承担法律责任。根据《互联网信息服务管理办法》规定：构成犯罪的，依法追究刑事责任；尚不构成犯罪的，由公安机关、国家安全机关依照《中华人民共和国治安管理处罚条例》《计算机信息网络国际联网安全保护管理办法》等有关法律、行政法规的规定予以处罚；对经营性互联网信息服务提供者，由发证机关责令停业整顿直至吊销经营许可证，并通知企业登记机关；对非经营性互联网信息服务提供者，由备案机关责令暂时关闭网站直至关闭网站。

第二，根据《互联网信息服务管理办法》规定：互联网信息服务提供者如果发现其网站传输的信息明显属于本办法第十五条所列内容之一的，应当立即停止传输，保存有关记录，并向国家有关机关报告。根据管理办法第二十三条规定：如果违反此项义务，由省、自治区、直辖市电信管理机构责令改正；情节严重的，对经营性互联网信息服务提供者，由发证机关吊销经营许可证，对非经营性互联网信息服务提供者，由备案机关责令关闭网站。《中华人民共和国电信条例》和《互联网电子公告服务管理规定》也做了同样的规定。

《互联网信息服务管理办法》还规定了互联网 ISP 需承担的义务：从事新闻、出版以及电子公告等服务项目的互联网信息服务提供者应当记录提供的信息内容及其发布时间、互联网地址或者域名；互联网接入服务提供者应当记录上网用户的上网时间、用户账号、互联网地址或者域名、主叫电话号码等信息。互联网信息服务提供者和互联网接入服务提供者的记录备份应当保存 60 日，并在国家有关机关依法查询时，予以提供。如果 ISP 不履行此项义务，由省、自治区、直辖市电信管理机构责令改正；情节严重的，责令停业整顿或者暂时关闭网站。

根据《互联网上网服务营业场所管理条例》第二十三条规定：互联网上网服务营业场所经营单位应当对上网消费者的身份证等有效证件进行核对、登记，并记录有关上网信息。登记内容和记录备份保存时间不得少于 60 日，并在文化行政部门、公安机关依法查询时予以提供，登记内容和记录备份在保存期内不得修改或者删除。第十九条规定：互联网上网服务营业单位应当实施经营管理技术措施，建立场内巡查制度，发现上网消费者有本条例第十四条（指国家规定所禁止的信息内容）、第十五条、第十八条所列行为或者有其他违法行为的，应当立即予以制止并向文化行政部门、公安机关举报。如果互联网上网服务营业场所经营单位违反上述两项条款，由文化行政部门、公安机关依据各自职权给予警告，可以并处 15 000 元以下的罚款；情节严重的，责令停业整顿，直至由文化行政部门吊销《网络文化经营许可证》。

由上述规定可以发现，ISP 承担的责任和义务是比较重的，这样有助于行政治理效率的提升，但对 ISP 似乎有欠公平。因此，有关法学家也对此提出了不同的看法。

对于互联网服务提供者链接其他网站的内容，现行法规、规章没有做具体的规定。根据《互联网站从事登载新闻业务管理暂行规定》第十四条规定：互联网站链接境外新闻网站，登载境外新闻媒体和互联网站发布的新闻，必须另行报国务院新闻办公室批准。根据《互联网等信息网络传播视听管理办法》规定：境内互联网站不得向未持有《信息网络传播视听节目许可证》的境内网站以及传播视听节目的境外网站提供视听节目的链接服务。

除了对法规禁止的内容承担相关的责任，根据法规 ISP 还应承担其他义务和责任。譬如，根据《互联网信息服务管理办法》规定：互联网信息服务提供者应当在其网站主页的显著位置标明其经营许可编号或备案编号，违反此项规定，由省、自治区、直辖市电信管理机构责令改正，处 5 000 元以上 5 万以下罚款。《互联网电子公告服务管理规定》也对电子公告服务提供者做了相同的要求，并且要求在电子公告牌系统的显著位置刊载电子公告服务规则，并提示上网用户发布信息需要承担的法律责任。

中国有关网络传播的法律法规繁多，对网络传播有了较完善的监督，但总体上还缺乏整体感，某些条款对权利和义务的规定不够合理或者二者之间不够平衡，某些概念的界定也较为模糊，容易引起管理上的多头和混乱以及执行的难度。从法制建设的角度，制定一部更具权威性的统一的法律似乎很有必要。如何把网络传播技术互联和共享的价值观念、现代社会民主价值观、《中华人民共和国宪法》所规定的言论和出版自由价值观与网络传播法的价值观念协调起来，最大限度地发挥网络传播的优势，这是网络传播发展的关键，也是制定网络传播法律法规的意义之所在。鉴于"国内一直存在的由于民意不畅而造成的制度性的不稳定因素"而无从化解的状况，学者胡泳认为应着眼于建立一个"自我警报系统"，"办法之一是通过自由开放的媒体，鼓励社会的良性互动，加强政府与百姓的直接沟通，提供有效的渠道让公民参与国家事务"。因此，他主张"对网络言论表达的限制，应该明显低于对传统媒体的限制"[①]。

三、网络自律

强制性的他律，即行政管理和法律并不能完全解决网络传播的种种复杂问题，而且如果过度使用，也有损网络传播互联和共享的基本价值以及信息传播自由，阻碍网络资源的有效利用和开发。因此，自律作为一种软性手段成了必要的补充，甚至是更有效的方法，为世界各国所重视，因为以行业为主的协同监管具有较强的可操作性，还可以减少政府对行业的干预，降低管理成本。国家立法管制和民间机构配合治理的模式，正是许多国家尤其是西方国家互联网管理的基本特色。

中国的大众传播媒体作为党和政府的舆论工具，按照事业单位的模式运行，完全纳入党和政府统一领导的体制，这与西方以私营的或私营和公营双轨为主的传媒体制很不相同。因此，我国长期以来并没有提出自律的问题，似乎也无此必要。直到新闻事业逐步引入市场机制的因素以后，自律问题才引起政府和行业的重视。1991年，中华全国新闻工作者协会（中国记协）理事会正式通过了《中国新闻工作者职业道德准则》，1994年和1997年进行了两次修订。此外，中华全国报纸行业经营管理协会（中国报协）也于1999年制定了《中国报业自律公约》。2001年10月，中国颁布了《公民道德建设实施纲要》，其中有些内容是直接针对新闻界的。互联网引入中国以后，一系列政策、法律和法规被制定出来，它们是网络自律的重要依据。

所谓自律，指的是行为主体的自我约束、自我管理，使之符合社会或职业道德规范。但如果把道德规范的奉行理解为绝对自愿的行为，则是一种误解。作为一种预设机制，自律是迫于外界的（政府和社会）压力而采取的一种自我保护措施。这也是自律的作用总是相对弱的原因。

网络自律自然是网络伦理重要的组成部分，它可以唤起网络行业、网络媒体和使用者的道德感。自我约束和管理，在尊重知识产权和他人隐私、规范网络传播行为、维护网络信息秩序等方面发挥一定的作用。作为党、政府和人民的喉舌，作为舆论宣传工具，中国社会主义新闻事业必须坚持正确的舆论导向，政治自律也是媒体自律的一个重要内容，甚至是处于比道德自律更为重要的位置。网络媒体也不能例外。如果只限于道德自律，不能完整地解释中国网络媒体的自律行为。

---

① 胡泳. 众声喧哗：网络时代的个人表达和公共讨论 [M]. 桂林：广西师范大学出版社，2008：322-323.

（一）网络自律组织

除了自我传播，传播行为总是一种社会性的活动，网络传播也不例外。任何一个行业的自律无法只是依靠个人或者单一的媒体完成，需要建立自律组织以及相应的自律制度才能奏效。现代社会的行业自律形成了较为完备的自律制度，由自律规范的制定、实施以及裁定这些基本要素组成，这是保证自律得以有效实施的关键。

1. 国外网络自律组织

在美国，有 9 个著名的互联网信息安全行业组织，包括美国计算机协会（ACM）、信息系统审查与控制协会（ISACA）、计算机安全协会（CSI）、国际互联网协会（ISOC）、计算机应急响应协调中心（CERT/CC）、美国计算机职业者社会责任协会（CPSR）等。这些行业组织分别从信息安全的技术、教育培训、信息交流、从业资质认证、网络安全应急响应、从业人员社会责任等方面制定了许多详细的职业道德规范。

1996 年 9 月，英国网络服务提供商自发成立了半官方行业自律组织——网络观察基金会（IWF），其与网络提供者协会、伦敦网络协会两大 ISP 协会共同发表了一份《安全网络：分级、检举、责任》（3R）文件，作为运营商自律的基础。以此为起点，三家组织还制定了从业人员行为守则，主要内容包括 ISP 有责任确保内容的合法性；对外开设热线，接待公众投诉；设立内容分级和过滤系统，让用户自行选择需要的网络内容等。

亚洲国家中，日本的行业自律体系非常完善。电气通信业者协会、电信服务业提供商协会等行业组织，制定了一系列行业规范，如《Internet 网络事业者伦理准则》。日本强调行业自律与法治相结合，使网络参与者的自律成为解决网络问题的重要方式。

2001 年，新加坡由政府管理部门、互联网业界双方进行协商并在对用户意见进行调查的基础上，建立了一套行业自律规范——《行业内容操作守则》，在此基础上构建了一个互联网自律体系，鼓励互联网服务商制定自己的内容管理准则进行自我监管。这个守则虽然不具备法律强制性，但一旦采用就必须全盘接受，不得有所删改。该守则已被新加坡三家最主要的互联网接入服务商星枢网、太平洋网和新加坡网所采用，并被纳入与用户的合同中。

2. 国内网络自律组织

（1）中国互联网协会。中国互联网协会（Internet Society of China，简称 ISC）是全国性的网络自律组织。它成立于 2001 年 5 月 25 日，由中国国内从事互联网行业的网络运营商、服务提供商、设备制造商、系统集成商以及科研、教育机构等 70 多家互联网从业者共同发起成立。此后，各省也陆续成立了相应的互联网协会。中国互联网协会是服务于社会发展和经济建设的社会团体，是经信息产业部批准，民政部核准注册，受国家法律保护的独立法人组织。中国互联网协会的工作机构包括协会秘书处、学术工作委员会、计算机网络与信息安全委员会、互联网新闻信息服务工作委员会、推广与普及委员会、政策资源委员会、行业自律工作委员会等。行业自律工作委员会和互联网新闻信息服务工作委员会主要承担着推动网络传播行业自律的职责。

（2）中国广告协会互动网络委员会。为了规范和引导互联网广告的发展，中国广告协会互动网络委员会经国家工商行政管理总局和国家民政部的批准成立，并于 2007 年 6 月 13 日在国家工商行政管理总局举行了成立大会。互动网络委员会通过并签署了《中国互动网络广告行业自律守则》，这是中国互联网广告界第一部自律守则，旨在促进广告行业的自我约束，维护广告市场的秩序和互联网用户的合法权益，促进我国互联网广告行业健康和谐发展。

网络自律组织的建立并不意味着撇开党和政府对网络传播的管理，也无法超越法律法规所限定的规范。这是互联网行业自我管理以求发展的一种机制，也是党和政府宏观管理的策略之一。除了传统媒体延伸出来的新闻网站，各类商业性的网站不断涌现，也包括许多境外投资的网站，数量之巨是传统大众传媒无法比拟的。此外，网络传播的历史毕竟短暂，尚处于发展阶段，技术的更新变化迅速，网络传播特有的自由度和开放性等新特点也是全新的管理难点。因此，建立网络自律组织，使其利用自律手段对网络传播实施部分管理功能，以此补充行政管理和法律法规管理，就成了政府的一种策略性的选择。网络自律组织的建立有助于增强管理的效率和灵活性，降低管理成本，有利于开展国际互联网行业之间的合作。

根据《社会团体登记管理条例》的规定，诸如中国互联网协会这样的社会团体并不意味着其是绝对独立的组织，也需要接受主管部门的领导。这也就意味着这些社会团体总是直接或间接地在党和政府的领导下开展工作。根据中国互联网协会的管理章程，协会主要也是配合党和政府以及遵循相关的法律法规在行业内实施管理。

（二）自律规范

自律作为一种行业或个体自我管理的手段，其基本要素之一是确立适当的自律规范。中国互联网协会自成立以来，已形成了一系列自律规范，还将针对某些具体领域继续开展相关工作。现将部分自律规范罗列如下：

《中国互联网行业自律公约》。2001 年 7 月，中国互联网协会应业界部分从业机构的倡议，负责组织起草《中国互联网行业自律公约》。2002 年 3 月 26 日，人民网、新华网、千龙新闻网、新浪网、搜狐公司、263 网络集团等 131 家互联网行业从业单位共同正式签署并公布了该公约。这是迄今为止中国网络传播最为全面和权威的一份自律规范。

《互联网新闻信息服务自律公约》（2003 年 12 月）。

《互联网站禁止传播淫秽、色情等不良信息自律规范》（2004 年 6 月 10 日）。

《中国互联网协会互联网公共电子邮件服务规范》（2004 年 9 月 1 日）。

《互联网搜索引擎服务商抵制淫秽、色情等违法和不良信息自律规范》（2004 年 12 月 24 日）。

《中国无线信息服务行业诚信自律细则》（2004 年 12 月 30 日）。

《抵制恶意软件自律公约》（2006 年 12 月 27 日）。

《博客服务自律公约》（2007 年 8 月 21 日）。

《反网络病毒自律公约》（2009 年 7 月 7 日）。

《中国互联网行业版权自律宣言》（2010 年 1 月 20 日）。

除中国互联网协会以外，其他一些组织或网络媒体也先后推出了各自的自律规范。譬如：2001 年，中青网与中国青少年网络协会联合推出了《全国青少年网络文明公约》；2003 年 10 月，中国记协以及来自中央与地方网络媒体的全体代表共同签署了《中国网络媒体的社会责任——北京宣言》。还有个别网站自己推出了自律规范，譬如北京九五在线网络系统有限公司

（简称九五在线）发起的《九五在线自律宣言》。2005 年 6 月 16 日，中国软件行业协会游戏软件分会发起的《中国游戏行业自律公约》正式公布试行。

上述自律规范的主要内容是强调公平竞争和诚信原则、尊重他人的知识产权，以及抵制淫秽、色情、迷信等有害信息。这与国家的政策、法律和法规保持了高度一致，同时体现了政治规范和道德规范相结合的特色。不足之处是某些自律规范操作性较差，有关条款内容比较空泛，表达比较含混。譬如，"始终高举爱国主义旗帜""中华民族优秀文化传统和社会主义精神文明的道德准则""先进文化的重要阵地""互联网上网场所经营者要采取有效措施，营造健康文明的上网环境，引导上网人员特别是青少年健康上网"等。这些词语与表述较为抽象和空洞，很难作为操作的具体标准。由新浪、搜狐和网易三大商业门户网站发起的《中国无线信息服务行业诚信自律细则》等自律规范相比之下较为具体，可行性较强。这也许说明商业网站为了自身的商业利益更为重视自律和声誉，尽可能避免与国家的政策、法律和法规相冲突。

（三）网络媒体自律

中国共产党和中国政府通过对新闻媒体的资源配置实现对媒体的管理，其中最重要的是新闻媒体经营资格和新闻媒体主要管理人员两大资源的配置。按照 1997 年发布的《广播电视管理条例》第五条规定，国务院广播电视行政部门负责全国的广播电视管理工作；第六条规定，全国性广播电视行业的社会团体按照其章程，实行自律管理，并在国务院广播电视行政部门的指导下开展活动；第十条规定，广播电台、电视台由县、不设区的市以上人民政府广播电视行政部门设立，其中教育电视台可以由设区的市、自治州以上人民政府教育行政部门设立，其他任何单位和个人不得设立广播电台、电视台。国家禁止设立外资经营、中外合资经营和中外合作经营的广播电台、电视台。1997 年颁布的《出版管理条例》第十条规定，设立出版单位的最为重要的条件是"有符合国务院出版行政部门认定的主办单位及必要的上级主管机关"。因此，中国传统的新闻媒体几乎无一例外地纳入党政体制之中，上级政府和宣传主管部门（党委宣传部）对新闻媒体的领导层（新闻媒体的主要负责人由上级主管部门委派，并按行政级别的层次划分）和编辑方针拥有决定权，媒体必须绝对服从。也就是说，新闻媒体并不能只在法律法规规定的范围内开展活动，还必须有确定的上级领导单位以及共产党组织进行具体的领导和管理。新闻网站大多属于传统媒体的延伸，因此也自然纳入这一管理机制之中，有着高度的自律意识。

传统媒体这一套行之有效的内部管理机制并不能完全原封不动地搬到商业网站。商业网站大多是相对独立的经济实体，以营利为其主要目标。商业网站实施的是企业化管理，很少有商业网站有直接的上级主管部门，也没有几个网站内部设立党支部或党委。并且，中国的网站还有一个特殊的情况，即境外投资占据了商业网站的很大一部分。然而，这并不等于说商业网站因此就放弃自律。其实，从某种角度看，商业网站为了自己的生存发展和商业利益甚至比网络媒体更为自律，主动性更强。

2004 年 9 月 1 日，由中国互联网协会组织的中国互联网大会暨亚太数字科技博览会在北京举行，主题为"构建繁荣、诚信的互联网"。同年 9 月 15 日，三大门户网站（新浪、搜狐、网易）宣布，为积极响应 2004 年中国互联网大会"构建繁荣、诚信的互联网"和"坚决抵制网上有害信息"的号召，正式成立中国无线互联网行业"诚信自律同盟"，并发布成立宣言。2004 年 12 月 30 日，在中国互联网协会的协调下，诚信自律同盟发起成立了互联网协会无线信息服务专业委员会，并得到 30 家 ISP 的响应，成了中国互联网协会行业自律工作委员会的下属机构。

即使是 Yahoo（中文版）、Msn.com.cn、Google[①] 这样纯粹的境外网站和网络企业，根据中国社会环境和法律法规，其自律程度也是很高的，这也是他们能够进入中文网络市场的必要前提。2005 年 6 月 16 日，笔者曾对 Yahoo（中文版）新闻频道"头条汇总""网络媒体文摘""报刊要闻精选""产经中心""体育—娱乐特区""中国新闻""世界报道""军事新闻""体育新闻""财经新闻""科学新闻""汽车新闻""房产新闻""社会新闻""娱乐新闻""文化"等 20 多个新闻栏目 300 多条新闻进行了逐条点击查阅，发现其新闻来源无一例外转自中国不同的新闻媒体或新闻网站。这完全符合中国政府颁布的《互联网站从事登载新闻业务管理暂行规定》的要求。

（四）网络自律机制

建立网络自律组织，制定网络自律规范，是网络传播自律机制（Self-Regulatory Mechanism）的核心。根据各国网络自律实践的经验，分级和过滤（Rating and Filtering）、分区制（Zoning）、热线（Hotlines）等也是建立网络自律机制的重要组成部分。

分级从理论上来说是可行的，但在中国从未正式实施过。譬如，曾有学者提出参考西方标准对电影实行分级制，但至今也没有实现。社会上所存在的一种担忧在于，分级是否会变相地使色情内容的传播"合法化"。这种担忧既根植于根深蒂固的道德传统，也是意识形态障碍的体现。不过有关法学教授认为："即使是制作低劣的网上色情，我们也不必过多地进行干涉，要相信人本身的判断力，而且要尊重每个人的性观念。"[②]也许，随着网络传播的发展，分级的实现在中国还是有可能的。采用过滤等技术手段的控制一直是政府有关部门的工作职责，严格地说，这已不属于网络自律的范围。

热线举报是指互联网用户或服务商一旦发现非法或有害信息，可以通过 E-mail、电话、传真等方式与热线联系，予以举报。这是建立在广大用户基础上的自律方式，在许多国家得到普遍使用，也包括中国。中国互联网协会还计划逐步在网站上设立网上举报按钮，以便"使每一个网民都有权在网上监督网上信息和网站经营者的行为是否符合自律公约的规定"。

除了热线举报，根据中国政府的要求和中国互联网协会的推动，许多网站目前主要采取张贴规则以及处罚规定、实行管理员和版主制度、人员素质培训等自律管理方式。大多数网站在服务条款中把国家的有关法律法规、所禁止的内容以及注意事项等予以公布。新闻跟帖、BBS、聊天室等都制定了相应的管理规则。

由于曾长期实行计划经济体制以及高度集权的社会管理模式，中国缺少相对成熟的行业自

① 2010 年 3 月 23 日，Google 高级副总裁大卫·德拉蒙德宣布将搜索服务由中国内地转至香港。2010 年 4 月 3 日，名称"谷歌"被废弃使用，改回"Google 中国"。2010 年 6 月 30 日，在中国内地运营的 ICP 牌照过期，Google.cn 网站不再继续运营。

② 吴风. 网络传播学——一种形而上学的透视［M］. 北京：中国广播电视出版社，2004：267.

律的传统。网络传播目前也只是处于起步阶段，要真正建立起以"自我管理、自我规范、互相监督、共同发展"为核心的行业自律机制，还需要不断探索。譬如，如何建立更为权威公正的自律机构，如何制定更为科学明确的自律规范，如何实施有效的监督以及惩戒，如何增强网络服务商以及用户的自律意识，等等。

四、技术控制

技术控制也是世界各国加强互联网管理的有效手段之一。西方学者认为，利用技术手段对网络传播内容予以监管可以成为更有效的政策选择。此外，网络垃圾邮件、网络蠕虫病毒、恶意代码、恶意程序等这些影响网络安全的违法行为本身具有较高的信息技术水准，也必须通过技术手段来控制或解决。

网络传播内容监管技术主要采用分级技术、过滤技术、防火墙与访问控制技术、身份识别与鉴别技术、内容侦察与侦察控制技术等。目前，对色情等不良信息的防范，主要依靠分级系统（rating and classifications systems）和过滤软件（blocking/filtering software）来实现。麻省理工学院所属的 W3C（World Wide Web Consortium）设计了 PICS（Platform for Internet Content Selection，互联网内容选择平台）技术标准协议。严格地讲，PICS 并非一种分级过滤软件，只是一种对网上内容进行标记（label）的技术标准。它完整定义了网络分级所采用的检索方式，为分级提供了一个平台。基于 PICS 平台建立的分级系统和标准以 ICRA（Internet Content Rating Association）最为普及，此外还有 Safe for Kids、Safe Surf 等系统可供选择。ICRA 源自早期的由非营利组织 RSAC（Recreational Software Advisory Council）开发的 RSACi 系统，以网页内容分级研究及推广为其主要目标。具体地讲，类似 ICRA 这样的分级系统通常并不对内容提供分级，只是提供一套分级标准，让内容提供者自行"对号"。内容提供者自行分级的关键取决于 ICRA 的词库。目前，ICRA 网站上的词库共有七类（即分级标准），分别是裸体（nudity）、与性有关的材料（sexual material）、暴力（violence）、语言（language）、潜在的有害行为（potentially harmfully activities）、用户生成内容（user generated content）和语境（context）。网页作者或网站管理者可以经由浏览器到达 ICRA 在线评分系统，对他们的网页进行评分。1996 年，微软浏览器 Internet Explorer 3.0 便设置了 RSACi 的标准，Explorer 3.1 以后的版本已经整合了 ICRA 标准。

电脑巡视（Cyber Patrol）是美国过滤软件的代表，分为家庭版和教育版。Cyber Patrol 利用网址、关键字名单和分类法筛选大部分网络内容，并提供自动网页分析服务。其他过滤软件包括网络保姆（Net Nanny Parental Controls）、安全眼（Safe Eyes）、电脑保姆（CYBERsitter）等。1999 年 9 月，澳大利亚互联网协会公布了《网上业务规范草案》，要求网络服务提供商向用户提供必要的网上内容过滤软件。日本通产省与 NEC 公司共同开发过滤系统，过滤犯罪、色情与暴力网站，以保护青少年的身心健康。2008 年年初，日本已经开始将网络过滤软件应用到手机系统。2006 年 6 月，法国法律增加了"互联网服务供应商必须向用户介绍并推荐使用内容过滤软件"的条款。2009 年 4 月 22 日，德国政府批准五大网络服务商提供相应的网络过滤保护软件，并提请民众主动使用。中国使用过滤软件技术也不乏其例。据报道，2005 年 1

月 6 日，为了打击网上赌博活动，北京市公安局网监处会同市政府新闻办公室，部署联合打击网络赌博专项行动，要求各大门户网站（新浪、搜狐、网易、TOM、百度等十余家门户网站及其他大型网站）主动过滤"下注""盘口""赔率"等关键词，彻底切断通过搜索引擎寻找网上赌博途径的链条。

尽管世界各国大多重视使用技术手段对网络传播予以监控，但监控方式和重点并不完全相同，控制程度也存在很大差异。西方国家的法制管理体系大多较为成熟完备，对网络传播内容的管制相对适度，主要着眼于对未成年人的保护。缅甸、朝鲜等近乎完全封锁，新加坡等国家有限度封锁。中国的网络管理形成了独具特色的"既封又放"的模式。学者李永刚认为："经过数年持续不懈的努力，中国互联网内容监管技术已发展到了一个非常成熟的地位，通过多手段、多途径、多层次、分布式的处理，实现了国家级网关的 IP 地址阻断、主干路由器的内容监测、域名过滤、监控软件、内容发布过滤等功能。"其基本特点是由"被动防御向立体防控演进"①。

中国政府对互联网信息传播内容实施监管和防御的系统被统称为"国家防火墙"（The Great Firewall of China，简写 Great Firewall，缩写 GFW），一般译为"防火长城"。这个概念首先出现于 1999 年的一篇英文报道，后被西方学者普遍接受。一般情况下，防火长城主要指中国政府监控和过滤互联网内容的软硬件系统，由服务器和路由器等设备，加上相关的应用程序所构成，后被扩展成为国家在其管辖互联网内部的多套网络审查系统的总称，包括相关行政审查系统。2009 年 6 月，中国工业和信息化部要求境内生产销售的个人计算机应预装的绿坝，也被认为是防火长城的一部分。由于某些原因以及根据实际情况，这套旨在净化网络环境的绿坝软件后被推迟安装。除了拥有防火长城外，中国还有一套网络安全软件构架的金盾工程，这"很可能是一个比防火长城更严密的网络监控过滤系统"。

网络传播内容的监管主要针对危害国家安全、侵犯版权与个人隐私、通过网络进行违法活动以及向未成年人传播网络色情内容等行为。许多国家都有相关立法，并且在政府设有相关部门进行管理。在中国，公安部门、国安部门以及新闻宣传等部门联合承担相关行政权责，并辅以防火长城等技术手段对网络活动进行严密监控。只是过度使用技术手段进行控制，也会对商业或学术等方面的正常网络活动造成损害。譬如，2002 年 9 月，Google 和 Alta Vista 被封锁的短短数日，不少高校、研究机构、学术团体和外资企业产生抱怨，由于缺少强大而快捷的搜索引擎，他们的商务或研究工作受到了影响。②

互联网是现代高科技的产物。在许多国家，互联网的建设由政府发起和推动，使全社会受惠。政府同时也行使着管理的职能，保障其安全运行和健康发展。但互联网毕竟是一个具有开放性和全球性的信息平台，是信息社会的基础工程，在互联网上建立一个网站相对方便而廉价，何况除了传统的媒体网站和大型商业网站，还有成千上万各种类型的 ICP 或者个人网页，以及分散在世界各地的难以计数的 ICP。因此，技术控制是必要的，但也是有限度和相对的。

---

① 李永刚. 我们的防火墙——网络时代的表达与监管［M］. 桂林：广西师范大学出版社，2009：131.

② 吴风. 网络传播学——一种形而上学的透视［M］. 北京：中国广播电视出版社，2004：52.

五、网络治理

"治理"一词源于中世纪的拉丁文和古希腊语 govern 或 governance，意即操舵、驾驶、领路。网络治理，又称互联网治理或电子治理，是近年来引起广泛关注的世界性前沿问题。网络治理是一个宽泛的概念，不同利益群体基于不同视角可以予以不同的解释。譬如，计算机专家可能注重发展各种标准和应用，人权积极分子关心如何处理保护言论自由和隐私权这一对矛盾，而法律专家致力于法律管辖权和争议的解决等。联合国互联网治理工作组（Work Group on Internet Governance，WGIG）于 2004 年 11 月对网络管理给出的定义如下：各国政府、私营部门和民间社会在它们各自角色的范围内制定和执行旨在规范与发展互联网使用的共同原则、标准、规则、决策程序和方案。这个定义强调了政府、私营部门和民间社会共同参与互联网管理机制的理念，也即网络管理不等于政府单方面的监管，而是多个主体共同参与的管理，因而可以视网络管理为国际间各利益攸关方达成的初步共识。

互联网治理工作组由联合国发起成立。2004 年 11 月召开的互联网治理工作组第一次会议公布了联合国秘书长确定的 40 名专家名单，中国互联网协会理事长胡启恒院士是唯一来自中国的代表。2005 年 11 月，信息社会世界首脑峰会（WSIS）第二阶段会议在突尼斯召开。作为信息社会世界首脑峰会第二阶段会议的一个重要成果，与会各国政府要求联合国秘书长召集互联网治理论坛会议，以便给各国政府、私人部门和民间团体，就国际互联网治理问题提供一个进一步交流和磋商的平台。互联网治理论坛会议每年讨论的侧重点不尽相同，但都紧密围绕国际互联网治理这一中心议题展开，内容涉及互联网接入、互联网资源、互联网安全等重大问题。

国际互联网治理工作组的成立和互联网治理论坛的举行说明网络治理问题已引起了全世界的共同关注。由于互联网被认为是开放的网络结构，标准和协议开放透明，因而早期几乎没有任何监管，采取的是自愿参与、君子协定、广泛包容、自下而上、分散协同、合作治理、大体共识的治理方式。1996 年 2 月，著名黑客、"电子前线基金会"（EFF）创办人之一约翰·佩里·巴洛（John Perry Barlow）提出"虚拟空间独立宣言"，声称虚拟网络空间是创新、平等和公益的，它独立于现实空间，国家权力不能越界干预互联网。其主张迅即获得一大批网络用户的响应，人们期望这种新的信息传播技术冲破政府的控制和法律的制约。即使在 2003 年 12 月联合国在日内瓦召开的世界信息社会峰会（WSIS）第一阶段会议上，仍有不少人反对互联网治理，认为互联网与政府无关，也没有治理的必要。

由于互联网泡沫破灭的无情打击以及诸多网络社会问题的困扰，寄托了美好憧憬的网络社会的前景似乎并未如预期那样光明灿烂，尤其是进入 21 世纪以来，越来越多的人意识到互联网不是纯粹"自治"的虚拟空间，而是现实社会的一部分，需要必要的治理。世界信息社会峰会（WSIS）第一阶段会议的主流意见也认为，互联网关系到各个国家和人民的利益与安全，对其的治理必须要提到联合国框架下进行讨论。基于这样的认识，大会责成时任联合国秘书长的科菲·安南组建互联网治理工作组（WGIG）。不过，出席会议的国家领导和政府首脑也承认："各方对全球互联网管理过程和政策制定体制与机制存在不同的看法，认为互联网治理应以协调的方式加以处理，采取开放和具有包容性的办法，通过一种机制确保发展中国家和发达国家的各国政府、私营部门和民间团体的充分和积极参与。"①这些基本原则被写入峰会主要文件,即"原则宣言"和"行动计划"中,标志着国际互联网治理中首次有了联合国的声音。

国际互联网治理涉及面很广,是一个错综复杂的系统性课题。根据信息社会世界首脑峰会第二阶段会议通过的《信息社会突尼斯日程》的观点,"互联网的治理包括技术和公共政策两方面的问题,应有所有利益相关方、相关政府和国际组织的参与","涉及互联网公共政策问题的决策权属国家主权。各国有权力和责任处理与国际互联网相关的公共政策问题"。约万·库尔巴扎(Jovan Kurbalija)和爱德华多·戈德斯坦(Eduardo Gelbstein)所著的《互联网治理:问题、角色、分歧》一书认为,互联网治理至少涉及五大领域,即基础设施、法律、经济、发展、社会文化。互联网治理中最受关注的问题主要包括:IP地址和域名管理、根服务器系统的管理、多语种域名与网上内容、国家政策与规章制度、垃圾邮件等。这些涉及互联网基础设施及其安全、技术标准与服务的问题是互联网存在的基础和前提,极为重要,但互联网治理越来越难以脱离法律、经济和社会文化领域。鉴于互联网快速融入了人类生活,增加了现代社会的脆弱性,如何保持网络的可管理性问题变得日益重要,也早已成为国际社会的基本共识。

2014年,在乌镇召开的世界互联网大会,以"互联互通、共享共治"为主题,倡导让世界各国在争议中求共识、在共识中谋合作、在合作中创共赢。2015年的主题则为"互联互通、共享共治——共建网络空间命运共同体"。大会还发布《乌镇倡议》,提出推动网络国际治理,共同构建和平、安全、开放、合作的网络空间,建立多边、民主、透明的全球互联网治理体系。

然而,对于网络治理概念本身,或者说如何实施网络治理,各国仍存在分歧。不少国家认为,作为国家和公众利益的代表,政府应积极介入互联网管理,并与民间团体、私营部门紧密合作,共同促进互联网的安全和健康发展,但政府应多以保护者而不是管理者的角色出现,以便管理措施更易于推行。因而,美国和一些发达国家继续坚持由私营部门主导,反对政府的过度介入。他们普遍采取的措施包括立法管理、政策引导、行业自律和技术保护等。以中国、巴西、南非、印度等为代表的部分发展中国家则认为,应广义地看待互联网治理问题,它不仅包括对地址、域名、根服务器等互联网资源的管理,也涉及垃圾邮件、知识产权、不良信息管理等公共政策问题,因此需要各国政府的介入,互联网治理应纳入联合国框架,由政府发挥主导作用。

对此,时任中国互联网络信息中心主任的毛伟认为,互联网的治理是一个各利益相关方参与国际事务解决的过程,形成对单纯政府间对话和决策方式的重要补充,这种模式为我国传统管理模式提供了新的思路。他介绍说,互联网治理开始即由民间机构负责,尤其是那些关于技术协调和标准制定方面的国际组织。由相应的民间机构参与,既符合国际惯例,也便于争取国家利益。因此,"政府支持,民间运作"是中国参与国际互联网治理的有效模式。②张志安、吴涛在《国家治理视角下的互联网治理》中提到一种柔性治理的方式。政府要大胆放手,给予

① 钟忠. 中国互联网治理问题研究 [M]. 北京:金城出版社,2010:6.

② 孟伟松. 中国互联网络信息中心主任毛伟认为——互联网治理宜采取"政府支持、民间运作"模式 [N]. 人民邮电报,2007-04-10.

市场、社会在特定领域的治理主导权，同时政府、市场和社会共同参与互联网法律法规的制定，实现义务与权利的对称，在此过程中，防止政府权力的滥用也是我们必须要考虑的问题。[①]

其实，治理（或者说公共治理）模式的变革是20世纪90年代以来令人瞩目的全球性趋势。与传统政府单向度的管理模式相比，当代公共治理被视为一个上下互动的管理过程，更强调以多元的、民主的、协作的行政模式管理公共事务。简言之，公共治理是国家行政管理方式的新变化和新发展。[②] 网络治理当然也是这一"变化"和"发展"趋势的一部分。更重要的是，信息社会在某种程度上已对西方现代代议制民主构成巨大挑战，网络政治和数字民主的观念使公民的民主权利无法再简化为定期的选举和投票，互联网和手机等传播手段为公民直接参政议政提供了可能，电子民意测验已被普遍使用。因此，学者陈力川认为："治理形式上是对现行代议制民主的补充，实质上代表着一种趋势：对于一个民主的、富裕的、开放的社会，不能简单采用传统社会的治理方式，参与式民主正在成为一种新的尝试。"

思考题

1. 诽谤和侮辱有什么区别？新闻媒体应该如何避免名誉权侵权行为的发生？
2. 新媒体环境中如何避免侵犯他人隐私权？
3. 如何理解网络治理需要多方共同参与？
4. 目前我国关于网络治理的法律法规还有哪些不完备的地方？

[①] 张志安，吴涛. 国家治理视角下的互联网治理［J］. 新疆师范大学学报（哲学社会科学版），2015，36（5）.

[②] 英国著名治理专家格里·斯托克认为，治理主要围绕着以下五个方面的问题展开：第一，治理主要出自政府，但又不限于政府；第二，治理是在为社会和经济问题寻求解答，其过程中存在着界限和责任方面的模糊点；第三，治理涉及各个社会公共机构之间存在的权力依赖；第四，治理强调多样化的行为者的自主自治；第五，治理的能力并不在于政府下命令后运用其权威，而在于政府可动用新的工具和技术来监督和指引。

Chapter 6
第六章　网络传播时代的媒介理论

本章要点

■ 经典大众传播理论的应用与演变
■ 网络社会学的范围与重要议题
■ 媒介技术决定论的几种观点
■ 当下互联网发展的几大热点

尽管新媒体（包括互联网）研究方兴未艾，但与大众传播学相对完整的体系和新媒体日新月异的实践相比，它显得迟滞、理论基础薄弱、研究范式模糊、框架尚未成形，所获成果也有限。原因是显而易见的：这是一个极宽广、丰富、活跃的领域，交叉性强，更新变化快，所遇问题复杂多变，甚至前所未有。然而，研究的动力和活力却很强劲，前景广阔。在此，有必要对某些正在浮现的研究取向做简要勾勒，对某些"旧"理论的适用性问题进行探讨，以期"立此存照"，抛砖引玉。

第一节　经典大众传播理论的应用

迄今为止，新媒体和网络传播研究还是一个新的领域，理论积累尤其是理论独创性颇为有限。除了个别理论观点，如互动性、媒介融合和虚拟现实等"最有可能形成全新的互联网传播理论"[①]，其余研究大部分沿用了传播学，尤其是大众传播学，或者借鉴了其他学科的理论。因而，传统的传播学理论是否依然适用，或者说范式转换问题是众多学者热议的焦点之一。美国印第安纳大学新闻学院的美林·莫里斯（Merrill Morris）等人认为："如果我们继续忽略因特网及其发展潜力，那么传播学理论将变成没有什么用的东西。"[②]威廉·达顿（William Dutton）宣称，互联网研究带来两方面好处：一是发现某些旧有理论和框架不再适用，二是研究和理论得以进一步全球化，互联网既是工具，又成了不同领域、不同国家、不同文化传统的人共同讨论的焦点与话题，促进了不同国家和文化的交流。[③]尼葛洛庞帝则将大众传媒重新定义为"发送和接收个人化信息和娱乐的系统"[④]。国内也有学者认为，不仅某些传播学的基本概念、命题和模式需要重新阐释，还应考虑建立新的概念和命题。[⑤]尼古拉斯·加纳姆（Nicholas Garnham）则认为，数字化不意味着认识论的改变，基本的社会问题依然如旧，但互联网的使用为传播模式的研究提供了大量数据。祝建华也认为传播学关心的根本问题始终在那里，互联

① 鲁曙明，洪浚浩. 传播学［M］. 北京：中国人民大学出版社，2007：314.

② 刘吉，金吾伦，等. 千年警醒：信息化与知识经济［M］. 北京：社会科学文献出版社，1998：365.

③ 李金铨，祝建华，杜骏飞，等. 学术对谈：数码传播与传播研究的范式转移及全球化［J］传播与社会学刊，2007（2）.

④ 尼葛洛庞帝. 数字化生存［M］. 胡泳，范海燕，译. 海口：海南出版社，1996：15.

⑤ 崔保国. 信息社会的理论与模式［M］. 北京：高等教育出版社，1999：82.

网和新科技提供了测试这些问题的新途径。[①]

　　无论怎样，大众传播虽承受着"变形"之苦，目前仍继续在我们的社会生活中发挥着至关重要的作用。"新电子媒介"并没有完全取代传统的大众传播，同时也在部分行使着传统的大众传媒的基本功能，尽管"我们必须认识到数字化及整合所可能带来的许多革命性后果"。"就大部分趋势而言，新媒介很可能融入现有理论和研究的架构中。"[②]以往的大众传播理论重点探讨大众媒介如何影响受众，而现在则更需要探讨"网络用户如何选择和处理信息以及他们在网上的活动如何影响网络发展本身"[③]。

一、使用与满足理论

　　莫里斯（M. Morris）和奥根（C. Ogan）试图从受众视角去阐释作为大众传播的互联网。其中"使用与满足理论"（Uses and Gratifications）被他们视为对互联网研究有意义的四种传播学理论之一。这一理论源于哥伦比亚大学广播研究室的赫尔塔·赫索格（Herta Herzog）对广播节目的使用形态的考察（1944 年）。后续的研究包括伯纳德·R. 贝雷尔森（Bernard R.Berelson）1949年所做的"失去报纸意味着什么"的研究；施拉姆于 20 世纪 60 年代所进行的经典研究"儿童生活中的电视"；詹宁斯·布赖德和道尔夫·泽尔曼（Bryant，Zillmann）通过研究"个人的情绪是否影响其对电视节目的选择"所做的对此理论的经验测试；等等。这一理论以受众使用媒介的主动性作为前提，试图阐释受众使用和选择媒介内容的内在动机。传播学者 E. 卡茨等人致力于提出"使用与满足"理论的基本模式，将受众的媒介选择过程概括为"社会因素 + 心理因素→媒介期待→媒介接触→需要满足"的因果连锁过程。丹尼斯·麦奎尔等人通过对电视节目观看情况的研究，提出了"媒介—个人互动"模型，涵盖了某些最重要的媒介使用和满足因素，包括娱乐消遣、个人关系、个人主体性和监督（信息寻求模式）。使用与满足理论非常切合网络传播的交互特性，有助于对网民主动性与自主性等特征做出深入理解和阐释。研究者克里斯多夫·D. 亨特（Christopher D. Hunter）提出了用户对万维网的五种需要假设，即认知需要（cognitive needs）、情感需要（affective needs）、个人整合需要（personal integrative needs）、社会整合需要（social integrative needs）以及逃避需要（escape needs）。[④]运用使用与满足理论对网络传播予以研究，也有助于这一理论更为系统和日趋完整成熟。

　　在新媒介层出不穷的今天，也有观点认为使用与满足理论再也无法解释日益复杂的传媒生态。其实，使用与满足理论不失为一种简单实用的研究范式，只是由于新媒介的不断涌现，受众与媒介的关系更加复杂，理论研究需要进一步拓展。研究者陈文静认为，相比于前一阶段学界对"需求"概念的热捧，2010 年之后学界的研究主要围绕"动机"和"使用"两个概念。在研究议题方面，学界对使用与满足理论的研究也转向了各类新媒体产品的使用动机、新媒体

---

① 李金铨，祝建华，杜骏飞，等. 学术对谈：数码传播与传播研究的范式转移及全球化［J］. 传播与社会学刊，2007（2）.

② 麦奎尔. 麦奎尔大众传播理论［M］. 崔保国，李琨，译. 北京：清华大学出版社，2006：100，405.

③ 刘吉，金吾伦，等. 千年警醒：信息化与知识经济［M］. 北京：社会科学文献出版社，1998：366.

④ 刘吉，金吾伦，等. 千年警醒：信息化与知识经济［M］. 北京：社会科学文献出版社，1998：370.

用户的线上行为与线下参与等。在研究视野方面，研究回归受众立场，从对受众与媒介整体关系的宽泛研究走向受众细分化。

　　许多学者还尝试融合其他理论以创新使用与满足的理论框架。1985 年，麦库姆斯和韦弗提出将议程设置理论和使用与满足理论融合起来，更全面地研究受众与媒介的互动关系。祝建华将创新扩散理论和使用与满足理论融合，在 2004 年提出"新媒体权衡需求论"，认为当且仅当某种新媒体拥有传统媒体无法满足的受众的某个需求时，人们才会开始采纳并持续使用这种新媒体。与祝建华的观点类似，张明新在 2010 年提出将生态位理论中的"满足机会"（Gratification Opportunity）概念纳入使用与满足框架，这对研究受众对新旧媒介使用方面情况有一定启发。这些新的观点从不同角度考虑了媒介使用的条件，补充了受众在网络时代的新媒体使用动机，不断对使用与满足理论进行调适。

二、社会同在理论和社会网络分析

　　社会同在理论（Social Presence Theory）和社会网络分析（Social Networks or Network Analysis）是两个较有影响力的涉及新媒体使用的理论。社会同在理论源自 20 世纪 70 年代对家庭电话的研究，这一理论试图阐明个人在交流过程中对他人所产生的某种"同在的感觉"。早期的研究大多认为这种"感觉"与媒介本身的特性相关。譬如，与以电脑为中介的传播情境相比，面对面的交流可以获得较高的社会同在感（或译为社会临场感），或者说社会融入感。这是因为除了语言符号以外，面对面的人际交流同时使用诸如脸部表情、肢体动作等非语言符号。非语言符号愈全面，沟通者所感知到的社会同在感愈高，反之则愈低。以电脑为中介的传播由于缺少非语言符号，因而降低了沟通者在交流过程中所感受到的社会同在感，即不具人性化、情绪化与低度社会化。这一理论通常将媒介区分为"高度社会同在感"和"低度社会同在感"，以媒介的个人化／非个人化、社交／非社交、冷／热、敏感／不敏感等来区分个人在交流过程中所感受到的社会同在感的程度。近期的研究更关注人际交流的互动过程本身。社会网络分析是对社会网络的关系结构及其属性予以分析的一套规范和方法，又称为结构分析。这一理论包含社会网络结构、人与人之间的交流模式，以及交流量的大小和效果等关键要素。网络传播所形成的人际关系网络同样是一种社会网络，也可以使用这一理论和方法加以研究。

三、创新扩散理论

　　创新扩散理论（Diffusion of Innovations Theory）是新媒体使用和推广研究领域运用最为广泛的理论。这一理论由艾弗瑞特·M. 罗杰斯提出，是从传播媒介、农业推广和新药传播等三个不同途径的研究发展而来的。这是一项"对社会进程中创新（新的观念、实践、事物等）成果是怎样为人知晓并在社会系统中得到推广的研究"[①]，着重关注的是受众对创新成果的接受和

---

① 赛佛林，坦卡德. 传播理论：起源、方法与应用［M］. 郭镇之，等译. 北京：华夏出版社，2000：233-234.

采用情况。它把创新和扩散视为一个传播过程（多级传播模式），这个过程通常包括下列五个阶段，即认知、说服、决策、使用和确认。这一理论也被用来研究一个国家或地区互联网的普及过程和普及程度。

在某种程度上，创新扩散理论是对拉扎斯菲尔德等研究者提出的二级流动传播模式的修正，是一种多级传播模式。创新扩散是一个多方联动的动态过程，特别是在媒介兴盛的今天，信源、渠道众多，信息扩散不再遵循从媒介到意见领袖再到大众的简单过程，人们可以通过不同方式获取同一个信息。其中，社会网络结构，无论是现实的人际网络还是虚拟的社交网络，都在创新扩散中扮演着重要的角色。[①]

罗杰斯认为，影响创新扩散的要素有四种：创新要素、渠道要素、时间要素和流通过程中的社会系统要素。在互联网时代，这几大要素相较以往有了较大的变化：传播内容方面，注意力已经成为一种稀缺资源，创新要素不仅要保持相对优越性、兼容性、可靠性等基本特征，还要能以独特的方式吸引眼球，提高可感知性；传播渠道方面，罗杰斯认为："大众媒介与人际传播的结合是新观念传播和说服人们利用这些创新的最有效途径。"[②] 而在今天，便捷、多元、互动的新媒体已成为创新扩散的又一重要途径；传播时效方面，网络改变了时空限制，扩散速度迅速且影响广泛，等等。这些因素的改变使得传统的创新扩散理论面临新的挑战。

实际上，罗杰斯的创新扩散模式是一种自上而下的线性传播方式。在互联网的冲击下，原有理论不再适用于当前多方互动的扩散方式，有待将信源与渠道多元化、用户与信息即时互动等网络传播特点有效地纳入其中。

四、沉默的螺旋

"沉默的螺旋"（Spiral of Silence）最早由德国学者伊丽莎白·诺尔 - 纽曼（Elisabeth Noelle-Neumann）在 1974 年的一篇论文中提出。随后，她在《沉默的螺旋：舆论——我们社会的皮肤》（1980）中指出，个人具有准统计官能，能够感知社会意见气候，当自己的想法与大多数意见一致时，倾向于发出自己的声音；相反，如果自己的想法与大多数意见相左，往往会因为害怕受到社会孤立而选择沉默。于是优势意见越来越强势，劣势意见则越来越沉默，舆论便在这个螺旋式上升过程中诞生了。[③] 该理论首次把社会心理学引进传播领域，揭示了舆论的产生源于人们害怕被孤立的心理，是一种"社会控制的手段"，从侧面也反映了大众传播媒介的强大作用。

当前，学界在看待"沉默的螺旋"理论在网络传播中的适用性上存在分歧。大多数学者认为，"沉默的螺旋"在网络环境中虽然有所抑制，但这种现象依然存在，只是作用方式发生了改变。在网络环境中，由于身体缺场、身份虚构、匿名性等特征，人们害怕被孤立的社会条件减弱了，因而更敢于发声，沉默的大多数变得不再沉默。以往在现实的公共场合中容易被忽视

① 张竞文. 从接纳到再传播：网络社交媒体下创新扩散理论的继承与发展 [J]. 新闻春秋，2013（2）.
② 彭伟国，张文兰，蔡丽. 以创新推广理论突围信息技术与课程整合的高原期 [J]. 现代教育技术，2009，19（7）.
③ 郭庆光. 传播学教程 [M]. 北京：中国人民大学出版社，2011：200.

的少数派意见，在网络环境中由于放大作用更容易被看见并大范围传播。特别是网络意见领袖的存在，他们对少数派意见的公开支持可能使原本少数的意见凝聚起来，渐渐与优势意见势均力敌，甚至逆转成优势意见。

其实，只要舆论不息，压力则不止，"沉默的螺旋"也就不会消亡。网络世界在整体上看似言论开放，实际上内部形成了一个个小圈子。与现实社会相似，网络上的每个圈子也存在阶级分层的现象，里面充斥着对立，也会产生相对的优劣势群体。在圈子成员逐渐固定的情况下，个体害怕被孤立的心理本能发挥作用，在某些特殊时刻会被迫附和优势阶层以保持群体一致的舆论氛围。此外，个体对网络意见气候的感知程度、遭受网络群体压力的影响程度也会因意见发布平台、传播渠道、议题题材等有所差异。一般来说，争议性较强的道德议题、公开性与流动性较强的交流场景、行动组织化的网络群体中更容易产生"沉默的螺旋"。

五、"知沟"理论

由美国传播学者蒂奇纳（P.Tichenor）主持的"明尼苏达小组"于 1970 年提出的知沟理论（Knowledge Gap Theory）探讨的是随着大众传媒普及而出现的阶层分化问题。他们指出，社会经济状况较好的人比社会经济状况较差的人能更快地获取信息，因此，大众传媒传播的信息越多，二者之间的知识沟将呈现扩大而非缩小的趋势。那坦·卡茨曼（Natan Katzman）基于知识沟理论，进一步提出了"信息沟"（Information Divide）理论，试图从新传播技术发展的角度，回答如何防止和解决在信息社会中"信息获取"的"富者越富，穷者越穷"这一两极分化问题，以及由此带来的新的社会矛盾。1995 年，美国商业部电讯与信息局发表了《被互联网遗忘的角落：一项有关美国城乡信息穷人的调查报告》。该报告正式提出了"数字沟"（Digital Divide）这一概念，意在防止互联网造成"信息劣势阶层"，从而导致社会不平衡。不过在全球数字化进程中，由于人们对信息、网络技术应用程度不同以及创新能力上存在差别，"信息落差"和"贫富分化"问题依然存在。除了南北"数字鸿沟"，发达国家内部也存在不同程度的"数字鸿沟"。中国互联网络信息中心（CNNIC）历年发布的《中国互联网络发展状况统计报告》显示，中国互联网用户的地域分布很不平衡，城乡之间也存在较为明显的差异。香港城市大学祝建华教授在北京、广州和香港三地所做的抽样调查研究也初步证明了"数码沟"现象的存在，并指出"数码沟"与人的性别、年龄、受教育程度和职业等指标密切相关。数字鸿沟的具体表现包括：依赖性的自由、教育的非人格化、被算计的安全、社会分化的新标志，以及富者愈富贫者愈贫。[①] 为了缩小数字鸿沟，国际社会也做出了某种程度的努力和尝试，争取人们能够平等地享用现代通信和网络基础设施，拥有大体平等的教育机会。2000 年 7 月，世界经济论坛组织（WEF）向 8 国集团首脑会议提交了专题报告《从全球数字鸿沟到全球数字机遇》，这一举动可视为这种努力的体现和开端。

---

① 董璐. 传播学核心理论与概念［M］. 北京：北京大学出版社，2008：258.

六、信息环境的控制："把关人""议程设置功能"

把关人理论中"把关人"的概念由卡尔特·卢因（Kurt Lewin）在其 1947 年发表的《群体生活的渠道》里首次提出。后由怀特（D.M.White）引进新闻传播领域，指信息传播过程中的信息控制者，尤其是指在大众传播的媒介组织内承担信息采集、选择和加工等各个环节的制作者与传播者。

当前，传播环境的改变导致"把关人"的含义发生了微妙变化。传媒组织的"把关"，直接体现为对新闻素材"新闻价值"的判断。判断这种价值有两种标准：业务价值和市场价值。[①] 在传统媒体时代，受众没有太多选择，更多的是被动接受传者提供的信息。对网络消费者来说，信息繁杂，选择太多，他们需要新闻工作者每天为他们准备主要信息的目录，而且"很可能要求更多"[②]。这样，"把关人"的性质实际上发生了一定的改变。在把关人理论刚提出的时候，"把关人"意味着大众传播过程的单向控制，即传播方垄断信息传播。网络的出现使传播变得双向，传者不得不根据受众需求推送信息。在这种情况下，媒体的把关活动可能更侧重于遵循市场标准，按照吸引更多受众兴趣的标准来推送信息。可以说，在处理素材时对业务价值和市场价值的不同侧重，是传统把关人和新媒体把关人比较明显的不同。

基于网络去中心化的特性，通过新媒体技术赋权，网民使用媒介的自主性获得极大增强，信息传播控制则被削弱，由此引发了"网络时代是否存在把关人"的议论。美国密苏里新闻学院的学者布鲁克斯（Brain S. Brooks）认为，新闻工作者作为把关人角色的作用和媒介设置公众议程的作用将"减小"，但并不是消失。尽管受众接收信息的方式发生了改变，从接收"推送"到主动"拉出"，但无论是"推送"还是"拉出"，其选择的范围仍是由传者提供。受众的选择更多了，但时间、精力有限，需要有人为他们筛选出有价值的信息。从宏观层面看，传播本质是一种社会控制，把关活动最终还要受到传媒立场、国家宣传方针的影响，由此看来，"把关人"依然将长期存在。在网络传播环境下，把关过程的各个因素变得更为复杂，把关对象的虚拟化、把关手段的多元化、把关内容的冗杂混乱等，不仅使把关人的存在成为必然，而且对把关人和把关机制提出了更高的要求。

议程设置理论（Agenda Setting）最早可追溯到李普曼的《公众舆论》"拟态环境"一说。他认为媒介能够并倾向于主观建构现实，使人们难以分清由此在头脑中形成的图像与客观现实的区别，这说明媒介具有建构与重构现实的能力。1963 年，美国政治学家科恩（Bernard Cohen）对报纸威力做出一个著名的论断："报纸在告诉人们怎么想方面可能并不成功，可是在告诉读者想什么方面却是能够取得惊人的成功。"他揭示了媒体议程设置的本质内核，为这一理论的提出提供了铺垫。

1972 年，麦库姆斯（Maxwell Mccombs）和肖（Donald Shaw）在《舆论季刊》发表《大众传播的议程设置》一文，正式提出议程设置理论，认为大众传播具有为公众设置"议事日程"的功能，传媒的新闻报道和信息传达活动以赋予各种"议题"不同程度的显著性的方式，

---

① 彭兰. 网络传播学［M］. 北京：中国人民大学出版社，2009：373.

② 陈力丹. 大众传播理论如何面对网络传播［J］. 国际新闻界，1998（Z1）.

影响着人们对周围世界的"大事"及其重要性的判断。① 他们通过"查普尔希尔研究"和"夏洛特研究"对两次总统大选进行了民意调研，提出议程设置的两个层面：对象的显著性和对象属性的显著性，后者被称为"属性议程设置"，即"议程中的议程"。为了对议程设置理论进行进一步补充，麦库姆斯和肖等人从受众角度出发，于 1999 年提出"议程融合"假说（Agenda Melding），认为"在现代社会中，为了融入自己想要加入的群体，个人必须接触与该群体相关的媒体，使自己的议程与这一群体的议程一致"，强调大众媒体在现代社会的社会整合作用以及创造社群功能。②

与把关人作用类似，媒体的议程设置功能在网络传播时代有所弱化，但议程设置并不会一点点消亡，而是随着媒介环境的变化而呈现某些新特点和发展趋势，主要体现为：（1）影响媒体议程设置的中介因素增多，基于网络的多媒体属性，网站、APP 等媒介形态并存，设置渠道多元化；（2）网络存在多种群体、组织、社区，这意味着除了媒体以外还有多种多样的消息源，设置主体多元多层次；（3）网络议题与现实议题存在一定的错合，现实议题在网络中可能受到冷遇，而网络很"火"的事情出乎现实设置的预料，各种议题通过网络可能被放大、削弱或重构，设置关系更为复杂。

从近些年的网络热点事件来看，网络自发的议程设置功能发挥着日益重要的作用，设置的主动性逐渐向受众偏移。有学者认为议程设置正由"媒体告诉人们想什么议题"变为"人们告诉媒体他们关心什么议题"③。诚然，随着受众地位的提升及其信息需求的日益膨胀，媒体不得不根据市场的需求选择受众感兴趣或关注的议题，媒体议程设置有转向公众议程设置的倾向。但总体上看，传统媒体依然占据主要舆论场，就算是网络议题，往往也需要通过大众传媒的跟进与深入报道得以推动。媒体议题通过网络的放大发酵得以上升为更广阔的公共议题，同时媒体自身也会随着网络发展动态随时调整议题与议程。

在网络传播理论的研究中，对于"把关人""议程设置"理论或多或少存在着某种争议。一般认为，在网络传播环境中，传播控制的弱化和网民自主性的增强是不争的事实，但并不意味着"把关人"和"议程设置"功能绝对无效或完全不起作用，只是需要重新加以界定和思考。

第二节　网络社会学研究

媒介社会学，也称传媒社会学，是"运用社会学理论，分析传播过程，研究媒介和社会的相互作用、相互影响的规律的学科"。网络社会学是媒介社会学新的研究领域，致力于研究网络空间的社会结构和社会行为。其范围和议题至少包括三个方面：网络空间的群体特征和社会行为、网络生活世界和现实世界的交互影响、网络空间的社会问题和文化现象。

---

① 郭庆光. 传播学教程［M］. 北京：中国人民大学出版社，2011：214.

② 刘海龙. 大众传播理论：范式与流派［M］. 北京：中国人民大学出版社，2008：240.

③ 鲁曙明，洪浚浩. 传播学［M］. 北京：中国人民大学出版社，2007：30-54.

一、网络虚拟社区

虚拟社区（Virtual Community）无疑是网络传播研究的中心概念之一，也曾是一个有争议的话题，其中的两个关键问题在于：在线群组是否能够称得上是社区？在线社区究竟是强化了还是削弱了离线后人们的联系？[①] 其他重要议题还包括在线人际交流的特点、虚拟社区对社会生活的影响及其政治含义等。正如埃瑟·戴森所言："互联网的优势之一，是它使超越地理限制去营造社区成为可能。"这是因为网络传播突破了单一的大众传播模式，兼容了包括群体传播在内的多种传播形态，网络虚拟空间也是一个人际交往的空间。因而，尽管琼斯（Q. Jones）认为很多网站充其量只是"虚拟定居点"（virtual settlement），贝尼格（J. Beniger）也提出了假社区（Pseudo-Community）概念，但随着人们对网络空间的不断建构和深入探讨，虚拟社区这个概念已被社会和大多数学者所接受。

（一）社区与虚拟社区

社区（Community）是与社会（Society）相对应的社会学的核心概念，指的是生活在一定空间范围内的社会成员构成的群体。它是人类共同生活的相对紧密和相互依赖的形态，最初含有"适合人类本性的""原初的"意味[②]。德国社会学家 F. 腾尼斯（Ferdinand Tönnies）基于对工业文明的反思，从考察社区的起源着手，认为社区是一种基于血缘关系或自然情感的社会有机体。这是一个小规模的、有内聚力的、紧密团结在一起的共同体，体现了工业化之前的社会特性。他认为，人们以有机的方式，相互自愿地发生联系，彼此接受，建立起邻里关系、友谊或者亲情。其理想状态是人们因邻近、信任、合作、团结和感情而得以相互熟识，并共享归属感。[③]

工业革命以后，由于现代都市的勃兴和发展，城市社区也随之形成，成为人类居住的基本形式之一。它是指在城市的某个特定区域内的具有成员归属感的人群围绕日常生活模式而构成的相对独立的社会共同体。这些日常生活模式包括工作、购物、娱乐、人际交往等活动，相应地每个社区都有一定的机构、设施，如商店、学校、工厂、行政机构、医疗单位或宗教机构等，以社区的特定地域范围为其有效的"服务地区"。但伴随着城市化的进程，城市社区的数量持续增长，乃至演变成大城市区域，即一个或多个大城市，同时还涵盖周围的郊区。居民流动人口的增加、交通网络的构筑、大众传播的普及乃至社会生活整体的变迁，促使城市社区的经济基础、结构功能以及社会文化也随之变迁，如社会关系和社会活动的裂散、社区组织的扩大和科层化等。社区疆界不再如以往那么分明，社区之间在规范、价值观念以及行为模式上的差异程度已显著降低，许多区域性功能已被"大社会"的普遍统一的功能所取代，社区居民的社区认同感和归属感也有所削弱。

---

① 琼斯. 新媒体百科全书［M］. 熊澄宇，范红，译. 北京：清华大学出版社，2007：472.

② SCHAEFERS B. Art："Gemeinschaft"［M］//SCHAEFERS. Grundbegriffe der Soziologie. Opladen，2003：98-101.

③ KLAUS. Computervermittelte kommunikation im Internet［M］. Munich：Oldenbourg Wissenschaftsverlag GmbH，2006：156.

腾尼斯对社区的理解为后来众多社会学家的社区研究奠定了基础。受其影响，20 世纪初叶，美国的芝加哥学派围绕美国大城市芝加哥的都市化进程，以决定论视角，对城市生活方式的确切特性以及城市特有的社会结构和文化模式进行了深入研究。该派代表人物 R.E. 帕克有关社区本质特征的观点对社区研究产生了相当大的影响。1929 年，美国学者 R.S. 林德和 H.M. 林德夫妇出版了《中镇》一书，全面描述和解释了美国印第安纳州一个市镇的状况，包括居民的谋生、安家、利用闲暇、参加宗教活动等。他们开创了社区研究中以小镇为对象的全貌研究。20 世纪 50 年代以来，关于社区权力的研究已经成为美国社区研究的重要内容之一。现代城市生活研究还包括组合论、亚文化、社会网络等其他不同的视角。[①]

20 世纪 30 年代初，费孝通和燕京大学的同学在翻译美国社会学家帕克的论文时把"community"一词译成了"社区"。这一术语就此成为中国社会学的通用术语。源于人们对社区研究角度的差异，社区这一概念至今也没有统一（这也是虚拟社区这一概念难以被界定的重要原因）。1955 年，美国学者 G. A. 希莱里对 94 个社区的定义做了比较分析。他发现其中 69 个定义的表述包括地域、共同的纽带，以及社会交往三方面的含义，并认为这三者是构成社区的基本要素。据美籍华裔社会学家杨庆坤教授于 1981 年进行的统计，社区一词已有 140 多种不同的定义。由于视角差异，社区界定的理论也经历了从人文区位学、地理和社会实体论到同质说，再到综合说的发展过程。罗伯特·雷德菲尔德（Robert Redfield）认为社区具有四个基本特征：社会范畴的小规模；成员思想状态和行为的同质性；在广泛的需求范围和时间内自给自足；对自身特点的清醒认识。弗朗肯贝格（Frankenberg）提出，"由于在可完成的（经济、宗教等）事务中拥有共同的利益，社区成员与他人之间形成了共同的旨趣"。米纳（Minar）和格瑞尔（Greer）认为生活和劳作集中同一地理区域是社区的关键所在。华纳（Warner）则认为"社区更重要的是一个社会功能整体：社会结构作为一种特殊的有机体，把人们联系在一起"。由于生活在相同的规范和社会组织中，社区成员具有了某种归属感。[②]中国学者徐永祥教授把社区定义为"由一定数量居民组成的、具有内在互动关系与文化维系力的地域性的生活共同体"[③]。

上述对社区概念的界定，差不多都包含着特定的地域范围、紧密的社会关系与互动、共同利益与兴趣，以及价值观、认同与归属感等这样一些基本要素，即可把社区界定为生活在同一地理区域内、社会关系紧密、具有共同利益、归属感或价值观相近的社会群体。其中地理区域为其关键性要素。

虚拟社区（或称网络社区、虚拟社群）是与现实社区（Real Community）相对应的一个概念，存在于网络虚拟空间。这是借助社会学的概念并结合网络特性的一种命名。作为人类活动的另类空间，它具有相对的独立性和完整性。

有关网络虚拟社区的起源，学界说法不一。1978 年，克里森（Krison）和罗斯（Russ Lane）在美国芝加哥地区的一次计算机交流会上一见如故，并开始项目合作。由于他们居住在

① 波普诺. 社会学［M］. 李强，等译. 北京：中国人民大学出版社，1999：580-583.

② 拉波特，奥弗林. 社会文化人类学的关键概念［M］. 鲍雯妍，张亚辉，译. 北京：华夏出版社，2005：58-59.

③ 徐永祥. 社区发展论［M］. 上海：华东理工大学出版社，2000：78.

不同的地方，因此只能进行电话交流，但有些问题难以表达清楚，而芝加哥的暴风雨又成为他们经常见面的障碍。于是，两人借助当时刚上市的调制解调器（modem）将他们家里的两台苹果Ⅱ电脑通过电话线连接了起来，以便沟通和讨论问题。据说此即BBS（Bulleting-Board System）的雏形。BBS比万维网早出现15年，1978年沃德·克里斯滕森（Ward Christensen）和兰迪·佐伊斯（Randy Seuss）建立了第一个BBS，名为CBBS（Computer Bulletin Board System）。被称为"历史最悠久也是最有名的虚拟社区的一个典范"即"全球电子链接"（WELL，Whole Earth Lectronic Link），由斯图尔特·布兰德（Stewart Brand）和拉里·布里连特（Larry Brilliant）创建于1985年。它首次实现了"虚拟邻里关系"的交互式讨论和协商，并按话题性质予以分类组织（分成各种"小议题"）。网络研究者瑞恩高德（Rheingold）就是这一社区的参与者。1990年，WELL引进Cyberspace名称，虚拟社区开始进入世人的视野。另一个早期的虚拟社区Lambda Moo其实是MUD，但它提供了一个聊天论坛，人们之间的沟通就像是面对面的讨论。

瑞恩高德的《虚拟社区：电子边界的家园》（*The Virtual Community：Homesteading on the Electronic Frontier*）一书可以被视作早期虚拟社区研究以及以社会文化视角对互联网予以考察的经典文本。这本书主要基于他在WELL这个BBS里的经验，描绘了"前Netscape时代"人们的网络活动，并探讨了新闻组（Usenet）的社区构成和MUD里的认同表现等，同时提出一些理论框架：社会契约理论、互惠理论、礼物经济等。他认为，所谓"虚拟社区是指足够多的人参与并从网络中诞生的社会聚合体……足够长的公共讨论，和足够充分的人类感觉，就形成了网络空间的人际关系"①。这可能是有关虚拟社区最早的相对完整的定义。瑞恩高德等早期研究者都强调感情因素在虚拟社区的人际关系中的重要性，甚至有一些成员"在离线后也像在线时那样联系来往"②。离线活动也可以看作虚拟社区人际交往的一个有机组成部分。弗尼巴克（Fernback）和汤普森（Thompson）③指出，虚拟社区是一种在虚拟空间经由人一次次在某些特定环境中（如一次会议或在线聊天）互相接触及讨论相同兴趣主题所产生的社会关系。范·戴伊克认为，虚拟社区不是时间、空间、物理或物质环境有联系的人的聚合体（甚至连人和媒体也无法使他们聚在一起）……虚拟社区是由具有特定兴趣和相同活动领域的人们组成的。因此，这些虚拟社区被称为兴趣社区。④

20世纪90年代以后，伴随着万维网的出现，各种类型的虚拟社区如雨后春笋般地冒出，并且渗入了商业气息。因而，约翰·哈格尔三世（John Hagel Ⅲ）和阿瑟·阿姆斯特朗（Arthur G. Armstrong）在《网络利益》（1998）一书中认为，虚拟社区不只是一种自发和自治的组织（供人们分享兴趣和经验），同时也属于某种商业模式。虚拟社区"通过网络以在线方式来创造社会和商业价值"。他们还认为，虚拟社区的互动基础是为了满足人类基本的四大需求，分别为兴趣、人际关系、幻想和交易，这也是诱发人们参与虚拟社区的潜在因素。埃

① RHEINGOLD H. The virtual community：Homesteading on the electronic frontier［M］. Massachusetts：MIT Press, 1993：30.

② 琼斯. 新媒体百科全书［M］. 熊澄宇，范红，译. 北京：清华大学出版社，2007：472.

③ MISOCH. Online-Kommunikation［M］. Konstanz：UVK Verlagsgesellschaft mbH，2006：62.

④ DIJK. The network society［M］. California：SAGE Pulications Ltd.，2006：35.

瑟·戴森在其名著《2.0版数字化时代的生活设计》一书中，依据虚拟社区得以维系所需的成本以及该社区的目标，划分了"营利性社区"和"非营利性社区"这样两种基本类型。波特（Porter）认为："作为个体的聚合或者商业合作伙伴，他们围绕共同的兴趣在此互动，至少在一定程度上是由技术支持和（或）作为中介，以及通过协议或规范加以引导。"①

其实，诸如"兴趣""人际关系""互动"或者"规则"等也都是现实社区的基本要素。虚拟社区与现实社区的最大区别在于对地域空间的界定。所谓社区，是指基于居住在同一特定区域内的因互动而形成的"共同体"，因此一个人通常隶属于一个特定的社区。在网络空间里，这个特定的区域或场所是虚拟的，而且超越了地理上的阻隔和限制。因共同兴趣而形成人际交流的群体成员可以分散在各地甚至世界的每一个角落，而且一个人还可以任意地参与各种不同类型的社区。虚拟的场所并不是虚假的或虚无的，而是客观存在的，只是不存在一个具体的物理空间，也不需要身体在场。至此，我们可以把虚拟社区定义为具有共同兴趣及需要的人们，利用网络传播互动的特性构建的相对稳定的虚拟性的交流和活动空间。

（二）虚拟社区特征分析

如前所述，虚拟社区与现实社区类似，是根据人们共同的兴趣或需要构建起来的，包含特定的场所、人群或者组织规则。通过网络空间提供的特定平台，人们可以用各种网络传播手段（如讨论、通信、聊天等）进行交流和互动。但由于网络传播和网络空间的特殊性，虚拟社区具有某些明显不同于现实社区的特征。

学者们试图从不同角度揭示虚拟社区的基本特征。瑞恩高德的定义提到了"社会聚合体和人际关系"。杰西卡·利普耐克（Jessica Lipnack）和杰弗里·斯坦普斯（Jeffrey Stamps）（1997）指出了虚拟社区怎样越过空间、时间和组织进行工作。摩修维茨（Mowshowitz）强调虚拟社区的组织特性，并早在1986年提出了虚拟组织（Virtual Organization）这一概念。美国麻省理工学院心理学家雪莉·特克（Sherry Turkle）和中国台湾学者黄厚铭特别阐述了网络人际关系的匿名性特征。这也是许多人认为网络人际关系虚假或虚幻的理由。金姆（Kim）从经营角度做了归纳：清楚的目的与视图、灵活的小地方、成员角色（如基于成员生命周期设计社区行为：游客、新手、普通成员、领导者）、社区协调与领导（如社区领导），以及在线或离线事件。②有的研究者基于网络技术的特性以及根据身份虚拟与等级重建的理想化想象，把虚拟社区设想为某种内在的双向去中心化和反等级的社区。曼纽尔·卡斯特则把虚拟社区视为网络社会的基础。③巴拉苏布若门尼（V. Balasubramanian）和马哈詹（Mahajan）指出，虚拟社区具有四大基本特性，即人的聚合体、合理的成员、虚拟空间的相互作用和社会交流过程。④萨米纳·米索赫（Sabina Misoch）概括了虚拟社区九个方面的特征：（1）交互性；（2）参与者至

① PORTER C E.A typoloy of virtual communities：A muti-disciplinary foundation for future research［J］. Journal of computer-mediated communication，2004，10（1）：JCMC/011.

② KIM A J. Community building on the web：Secret strategies for successful online communities［M］. Addison-Wesley Longman Publishing Co.，Inc.，2000.

③ 卡斯特. 网络星河［M］. 郑波，武炜，译. 北京：社会科学文献出版社，2007：127-149.

④ 徐宏. 自由的狂欢场还是罪恶的源流地：网络社区的伦理问题研究［D］. 北京：中国人民大学，2008.

少1人以上；（3）成员身份在某一时段内相对稳定；（4）虚拟空间；（5）建立共同的规则和规范；（6）支持功能；（7）身份认同过程；（8）情感联系和稳定友谊的建立；（9）基于友好的使用界面。① 这些特征中有的与现实社区相似，有的则体现了虚拟社区的特殊性。某些特征其实是与网络传播共通的，或多或少在本书其他章节中已有所涉及，在此不予赘述。但以下几个特性我们有必要予以强调说明。

1. 虚拟性

虚拟性无疑是虚拟社区最鲜明的特征。如前所述，虚拟性是指虚拟社区并不存在于现实的物理空间或者具体的地域，而存在于特定的网络虚拟空间。社区成员的互动是以电子交互方式实现的。这是虚拟社区与现实社区最重要的区别，也是虚拟社区这一指称的实质性含义。由于网络传播超时空的特点，虚拟社区的成员之间的人际交往不受地域限制，只要有一台联网的计算机，成员就可以与世界上任何一个联网的其他成员进行实时的或异步的交流，这是现实社区人际交往难以比拟的优势。身体缺场、匿名性以及文本化（符号化）的交流方式也是虚拟社区虚拟性特征的体现。然而，尽管虚拟社区并不具备实体性、外在的可触摸性，以及可察觉的时空位置与形态，但它并非虚假社区，而是对现实社会的"模拟"，是另一种"客观存在"。网民在此可以"亲身体验"各种不同的"虚拟现实"，同时也能够"复制"现实社会的各种人类活动，譬如聊天、游戏、阅读、购物、选举。

2. 群聚性

虚拟社区不以地域为限，不存在某个特定的物理场所，社区成员之间以相近或相同的志趣聚合，建立起某种相对固定的社会关系。根据自身的兴趣、偏好或者价值取向，成员之间相互交换信息、传递知识或宣泄情感，从而产生情感上的联系以及对社区的归属感。因而虚拟社区也可称为"关系社区"，特别强调所谓"网缘"。"因网结缘"和"以网结缘"是其赖以构成的基本因素。因而与现实社区相比，虚拟社区更强调自由组合，不但超越时空，同时在一定程度上也超越身份和等级，其结构也通常表现为薄平化的网状与块状，不存在明确的权威中心和上下级等级关系。譬如天涯号称第一人文社区，猫扑以娱乐为主打，强国论坛以时政最为权威。天涯虚拟社区细分为不同版块，既有天涯时空、国际观察或经济论坛，也有散文故乡、旅游休闲等，每个社区或版块定位明确或有自己的意见领袖，成员也相对固定，网民可以根据自己的兴趣或其他需求加入不同的社区或版块，参与交流互动，从而培育认同感和归属感。

3. 流动性

尽管虚拟社区具有显著的群聚性，但与现实社区不同，其凝聚力全凭"点击率"和"人气"。虚拟社区的成员既不受职业、身份、居住地和性别的限制，也不存在户籍管理体制的束缚。它的魅力在于开放的平台、自由地聚集（尽管社区内部也有相应的规范）。因而虚拟社区群体流动频繁，成员之间的关系相对松散。网民可以相对固定于一个社区活动，也可以在不同的社区间自由"迁徙"。一般而言，低门槛、提供服务及准确的定位是吸引网民加入社区的基本因素。也有论者提到虚拟社区自治和共享的特点，或者其体现自由、平等和民主价值观的重要性。

---

① MISOCH. Online-Kommunikation［M］. Konstanz：UVK Verlagsgessellschaft mbH，2006：15.

　　各种类型的虚拟社区，构成了多姿多彩的"虚拟生活"。根据交流的时间性，虚拟社区可分为同步虚拟社区（如网络联机游戏）和异步虚拟社区（如 BBS）。早期的虚拟社区单指 BBS（可视为虚拟社区的雏形），后来陆续出现了新闻组、聊天室和即时通信等其他形态。博客兼容了论坛和个人网站的特点，是既开放又具有个人化特性的交互式传播空间。以六度关系为基础的比论坛更具活力的社交网站成为虚拟社区的主流。虚拟社区从 2D 向 3D 演化则将极大地增强其仿真性和参与感。每个用户以虚拟化身份进入虚拟世界（如国外的 Secondlife 或者国内的 HiPiHi、uWorld 等），可以与他人"面对面"地交流。

　　中文虚拟社区也同样由 BBS 和新闻组起步，以 1996 年创办于美国硅谷的"全球华人虚拟社区"ChinaRen 和 1998 年 3 月创办的大型个人社区网站"西祠胡同"为标志。前者以聊天室为核心，兼顾游戏开发、电子邮件、主页、日志等一系列以用户为中心的服务；后者成功发展了以讨论群组为主导的社区模式。在此后的 20 年间，特色各异的中文虚拟社区不断涌现：微博——UGC 分享社区，微信——IM·SNS 社区，优酷——视频内容社区，淘宝——购物交易型社区，百度贴吧——讨论型社区，腾讯游戏——游戏型社区，豆瓣——内容评价分享型社区，知乎——问答型社区。在这个过程中，曾经在固定互联网时代风靡一时的校内网和开心网，均未能实现向移动互联网的迁徙。

二、网络社会关系与网际互动

　　网络虚拟社区的浮现意味着互联网不只是简单的信息传播工具，也是人类活动的独特场所，是男女众生另类的"生活空间"。因此，瑞恩高德把虚拟社区定义为通过电脑公告牌等网络媒介长期交流所形成的一种社会聚合。美国麻省理工学院电脑科学实验室的高级研究员克拉克（D. Clark）也早已指出："把网络看成电脑之间的连接是不对的。相反，网络把使用电脑的人连接起来了。"[①]埃瑟·戴森在《2.0 版数字化时代的生活设计》一书中则简明地概括道："在网上的世界里，一个社区意味着人们生活、工作和娱乐的单位。"

　　网络人际交往是一种全新的虚拟的社会互动方式。某些学者使用网际互动这一概念，如祝建华的《网际互动中青年的社会动机因素分析》、刘丹鹤的《赛博空间与网际互动——从网络技术到人的生活世界》等。网络社会交往早期的一个典型事例发生在 1973 年。那年，阿帕网的节点延伸到了英国布莱顿的萨塞克斯大学，并进行了卫星传输信息包演示。当时参加会议的洛杉矶克莱罗克实验室负责人奥纳多·克莱罗克提前一天回到美国，但他发现自己的剃须刀丢在了布莱顿，于是他在阿帕网上通过一个叫"talk"的程序同另一个会议代表拉里·罗伯茨进行联系。第二天，他的剃须刀就被带回了洛杉矶。这一事件虽然不能被确认为文献记载的电子邮件交往，却是有记载的最早的在线"聊天"[②]。从早期的阿帕网到后来的互联网，随着网络技术的发展以及用户需求的增加，网络的人际交往功能得以增强，形式也日益多样化。很快，互联网成为人们进行社会交往活动的一个有别于物理空间的崭新平台。

----

① 郭良．网络创世纪：从阿帕网到互联网［M］．北京：中国人民大学出版社，1998：162．
② 诺顿．因特网：从神话到现实［M］．朱平，等译．南京：江苏人民出版社，2001：134．

网络人际交往的主要方式包括电子邮件（E-Mail）、文件传输协议（FTP）、电子公告板（BBS）、综合文件系统（Gopher）、连线导线系统（Hytelnet）、远程登录（Telnet）、万维网（WWW）、多人游戏（MUD）、新闻组（Newsgroup）、聊天室（Chat Room）、即时通信（IM）、博客（Blog）、移动电话（Mobile Phone）等。早期的网际互动只限于研究人员在实验中逐步发现网络人际交往的功能。而计算机技术的发展以及电子公告板（BBS）的出现，为更多人进行网际互动提供了可能。20世纪90年代以后，网络人际交往已成为网络用户线上活动的主要形式。聊天室是网上一个重要的交流空间，任何一个联入互联网、使用正确的聊天软件并且渴望谈论的人都可以享受其乐趣。即时通信可以建立类似聊天室的沟通方式，它囊括了E-mail几乎所有的功能，如文字、文件、图片的传输等，更关键的是它实现了信息的实时交互，如果再安装上麦克风与摄像头，还能够进行高质量的语音和视频聊天。不过网上聊天主要不是通过口头语言而是通过书面语言来进行的，与其他书面交流方式相比，网上聊天是实时的，具有很强的交互性。虚拟社区提供了网络人际互动理想化的环境，方兴未艾的社交网站（SNS）甚至承担了大部分传统社交的功能。目前，网络社交的范围已拓展到移动手机平台领域，借助其移动的特性以及无线网络的应用，手机已成为一种极为便捷的"移动社交"载体。网络用户借助以上这些方式搜索信息、下载资料与软件，以及上传文字与影像资料，同时与他人交谈、讨论、交换知识、分享感情。简言之，互联网早已超越了当初阿帕网的军事和技术目的，成为人类社会基本的交流工具。

网络人际交往是以计算机或移动电话为载体，通过互联网在虚拟空间中相互作用的交往行为和方式，"并且交互主体在网络上发生互动并在交往过程中构成一定的社会关系即网际关系；在此基础上，网际主体逐渐形成了网际群体、虚拟社区直到整个网络社会"[①]。与以往任何一种社会交往场合和形式不同，网络人际交往最大的特点即是虚拟性。虚拟性在此不仅意指场所或者空间的虚拟，也表现为身份的匿名性和"身体缺场"，互动双方不是面对面的亲身参与的沟通，而是以电脑（或移动手机等其他媒介）为媒介的交流，是以文字或多媒体符号为中介的文本互动。这种电子文本的表达形式被卡斯特命名为"orality"[②]。"orality"既不同于正式的书面语，也不同于我们日常生活中使用的口头语，而形成了自己独有的表达方式和语言风格，如使用不同的所谓聊天缩写和表情符号等。基于此，网络人际交往通常不受现实生活中的身份地位、职业、礼仪等交往规范的约束，以及种族、肤色等文化因素的限制，去除了面对面交往时的各种禁忌和顾虑，双方可以进行更为开放平等的互动。美国学者波斯特（Mark Poster）通过比较分析，总结出网络人际交往区别于"现实互动"的四个特点：（1）它们引入了游戏身份的新的可能性；（2）它们消除了性别提示，使人际交往无性别之差异；（3）它们动摇了业已存在的各种等级关系，并根据以前与它们不相干的标准重新确立了交往的等级关系；（4）最为重要的是，它们分散了主体，使主体在时间和空间上脱离了原位。[③]上述四点其实都是网络传播虚拟性的体现或结果。而一旦挣脱了现实世界和真实生活的束缚，人们就"变成一只轻盈

---

① 刘丹鹤. 赛博空间与网际互动 [M]. 长沙：湖南人民出版社，2007：64.

② 卡斯特. 网络社会的崛起 [M]. 夏铸九，王志弘，等译. 北京：社会科学文献出版社，2003：449.

③ 波斯特. 信息方式 [M]. 范静晔，译. 北京：商务印书馆，2000：157.

的蝴蝶。自由就是脱离现实空间……通过人与计算机系统的互动进入一个独立的微世界"①。去抑制性效应使得网络虚拟空间里的人际互动更有吸引力，同时也使人们易于陷入沉迷，或成为人们消极避世的方式。"现实中的身份以及伴随着的各种文化禁忌受到了史无前例的侵蚀甚至颠覆。"②

超越时空限制也是网络人际交往的显著特点。由于突破了国家、地域的界限，身处地球任何一个角落的人们可以产生紧密的联系，或进行异步的信息交流，或进行即时人际互动。这种人与人之间沟通方式的变革"是自古登堡（西方发明印刷机者）以来所发生的最根本的变化，这种相互联结的网络基本上是时空的破坏者，把距离和时间缩小到零"③。于是，人际交往的效率和自由度得以提高，范围也得以极大拓展，正可谓"远在天涯，近在咫尺"。网际互动不仅可以作为业已形成的包括家庭亲友关系在内的社会关系的补充，也可以"创造并维持新型社会关系"。网络用户可以通过互联网"寻找未来的伴侣，通过浏览网页打发时间，与住在附近的人们一起从事某项兴趣爱好，或在新地方结交新朋友"④，甚至可能在网上找到一个跟自己有着相同的古怪兴趣的同伴，不论他是美国的学生抑或非洲的农民。不但交往内容和交往对象具有高度灵活的选择性和多元性，网络人际交往也克服了日常生活中点对点的交往的局限性，实现了一对一、一对多、多对多或多对一多种交往方式。从理论上讲，一个网络用户可以在任何时间、任何地点跟任何人就任何内容进行交流。

由于网络人际交往的超时空性和虚拟性，交互双方只是借助语言符号和非语言符号互通、交流思想感情，而非面对面地人际交往，因而网络人际交往也被称为超人际的人际传播（Hyper-Personal Interaction、Hyper-Personal Communication）。这种超人际的人际传播呈现出"面具性"特点（经电子化传播放大而更具伪装性），交往活动类似假面舞会，网络虚拟空间成为"自我"充分表演的舞台，但同时也会产生只认符号（网名、昵称、表情符号等）不认"人"的烦恼，真真假假，虚实莫辨。身体和实体性的交流情境的缺失，身份认证的弱化，点对点的相对封闭的虚拟环境也可能导致心灵的疏远，感情的冷漠，或者精神世界的极度虚无。于是，网络虚拟生活真的成了"孤独的狂欢"⑤。因此，有论者认为以电脑为中介的人际交互是一种去人性化的交往。如果人际联系被人机互动所取代，将持续地导向"人类生活的机械化"以及人格的"技术化"⑥。持更极端观点的学者甚至担心虚拟生活"接管"我们的日常生活。他们相信这将使人们产生不同的性格，由此导致线下和线上交流的摩擦。

"物以类聚、人以群分"或者"异性相吸"正是人类交往的"吸引法则"。

1961年，美国学者西奥多·纽科姆（Newcomb）进行了一项大规模的"友谊研究"。在密歇根大学的学生中，他以测验和问卷得到的材料为基础，把一些不相识而各方面相似的人安排

① 段伟文. 网络空间的伦理反思［M］. 南京：江苏人民出版社，2002：162.

② 杨伯溆. 人性、因特网与全球传播的普世文化内涵［J］. 中国传媒报告，2004（4）.

③ 刘丹鹤. 赛博空间与网际互动［M］. 长沙：湖南人民出版社，2007：67.

④ 凯茨，莱斯. 互联网使用的社会影响［M］. 傅小兰，严正，译. 北京：商务印书馆，2007：285.

⑤ 吴伯凡. 孤独的狂欢［M］. 北京：中国人民大学出版社，1998：78.

⑥ MISOCH. Online-Kommunikation［M］. Konstanz：UVK Verlagsgesellschaft mbH，2006：143.

在同一间宿舍，把一些不相似的人安排到另一间宿舍。4 个月后调整宿舍时，纽科姆让学生们自由选择同屋者，结果他发现，那些相似的学生自由选择了同屋者，并成了朋友。事实上，人们相互之间在社会背景、个性特征、价值观念等方面相似的因素越多，相互间往往更加喜欢，吸引力更大。诸如民族背景、宗教、政治、社会阶级、教育水平、年龄、思想成熟的程度乃至肤色、智力水平等特点，都会影响"友谊模式"。这不限于大学生，也适用于儿童、老年人或者具有不同职业和不同文化背景的人。

尽管网络人际交往隐去了现实的身份地位、性别、年龄、学历、职业，以及气质、人格和容貌（尽管在决定是否继续在线交往尤其是离线接触时，一张照片可以起到一定的作用）等特征，人们只在"单一或很少几个维度"彼此了解[1]，但这些古老的法则依然有效。文化背景、身份认同、价值观、个性、兴趣爱好，以及工作、学习和生活等方面的相似性诸因素也仍是网络人际交往的"触媒"。相比而言，网络交往行为较少涉及物质层面或者功利性的动机，而更多地寻求情感（包括性心理）、娱乐、分享或者逃避等心理需求的满足。

网络情感交往的极端形式即是"网恋"。网恋不只是网络人际交往的结果，也是某些网民上网进行人际交往的动机之一。网恋是隐蔽性很强的一种交往方式（甚至是身处网络时代的人们难以避免的一种跟异性交往的方式）。有关专家认为，网恋本身不是坏事，关键是如何规避其中的风险和危害。但网恋究竟是什么呢？是"一根电话线，两颗寂寞心，三更半夜里，四目不相见，十指来传情"，是力比多的"残渣""病毒"或者"见光死"，是天荒地老、天昏地暗或者无疾而终？研究表明，"异地分居而彼此有大量往来邮件交流的人感觉最幸福"，"也许是在互联网上更多的自我表白，使实际生活中恋爱的男女双方更加亲密和开放"。不过，网上形成的关系不具有稳定性，网民之间"可以更多更快地交心"，但往往带有"幻想和理想化的成分"，是一种"拟实情感"。"角色扮演、欺诈骗术以及性别转换"已使互联网成为发展人际关系的"危险之地"[2]。

相比现实的人际交往，网络人际关系的确更为松散，建立的是一种速度快、成本低的弱联结。由于缺乏有效交往所依赖的规则，人与人之间的信任度变差。但也不可一概而论，网上关系有的脆弱而短暂，有的则认真持久。网上隐形的符号化交流一方面或许更容易使人对对方投以信任，向对方袒露自己真实的内心世界，坦诚而直接，但同时交往主体之间的联系比较间接、虚化、不易把握，互相猜疑在所难免，乃至产生安全焦虑，从而阻碍了持续的交流。因而网络人际交往一般表现为交往面广、速度快、密度频繁而持续度减少，人际关系的建立迅速而容易，但可能很快中止或淡化。与互联网本身的结构相似，网络社会人际交往也呈现出某种"散点式互联"的特征，但这并不排除某些双方因相互信任而继续（深度）交往的情况。一般来说，与别人发展亲密关系需要一定程度的亲近感和自我暴露[3]，这必须在交往双方的频繁交流后才能达成。网上交流的匿名性降低了自我暴露的风险（与"火车上的陌生人"现象相似），也易于建立某种程度的亲近感，因而为相对稳定持续的交往进行了铺垫。主动积极的网络人际

---

① 凯茨，莱斯. 互联网使用的社会影响 [M]. 傅小兰，严正，译. 北京：商务印书馆，2007：143.

② 华莱士. 互联网心理学 [M]. 谢影，等译. 北京：中国轻工业出版社，2001：168-173.

③ 华莱士. 互联网心理学 [M]. 谢影，等译. 北京：中国轻工业出版社，2001：168-173.

交往不但可以扩大人际交往范围，弥补现实生活中人际关系的不足或缺陷，也可以实现线上线下的相互转化。

三、社会化网络

社会化网络（Social Network）是指由许多节点相互联结构成的一种社会结构，节点通常指个人或组织，或称社会行动者（Social Actor）。所谓社会网络分析即是探究各节点（社会行动者）之间的社会关系，只是这项理论的具体应用不局限于传播学、人类学或社会学，已扩展到诸如社会语言学、地理学、社会心理学、通信研究、信息科学、组织研究、经济学以及生物学这样一些领域。

1954年，巴恩斯（J. A. Barnes）首先使用"社会化网恋"这个术语，借以系统化地呈现人类的关系模式，整合社会科学家的传统概念：有限制的群体（如部落、家庭）和社会分类（如性别、种族）。一般认为，20世纪60年代，美国著名社会心理学家米尔格伦（Stanley Milgram）提出了六度分隔理论（Six Degrees of Separation）。[①] 这是社会化网络重要的理论基础之一。这个理论的核心观点很简单，即："你和任何一个陌生人之间所间隔的人不会超过六个，也就是说，最多通过六个人你就能够认识任何一个陌生人。"六度分隔理论验证了社会个体之间普遍存在的弱联结，通过这一弱联结，人与人之间的距离立刻被拉近了。1998年，邓肯·瓦茨（Duncan Watts）和史蒂夫·斯特罗加茨（Steven Strogatz）在发表于《自然》杂志的论文中，试图从一圈节点出发，建立具有高度群集特性的网络模型，即所谓"小世界网络"（Small World Network）模式。这一圈中的每一个节点都与紧邻的节点有联系，而又通过一些随机选择的节点为距离较远的节点提供至关重要的相连捷径，于是所有节点的平均间隔大大降低。小世界网络具有两个基本特征：小型群体内拥有稠密的联系；大型网络是稀松地联结起来的。而"少数的人对于维系整个网络极其重要，因为当网络扩大，正是少数高度联结的个人使联结性和有效性得以平衡，小世界模式因此才会可能（实现）"[②]。小世界网络可以反映陌生人由彼此共同认识的人而联结的小世界现象。小世界网络与六度分隔理论遥相呼应，共同道出了"这个世界真小"的真相，即处于社会化网络中的陌生人由彼此相识的熟人而快捷地联结起来的奇妙现象。

尽管六度分隔理论早在20世纪60年代就已经被提出，但似乎始终隐而不显，直至社会化网络平台的浮现。社会化网络实际上是指社会化网络服务（Social Network Service，SNS），专指旨在帮助人们建立社会化网络的互联网应用服务。不过，SNS同时也指软件（Social Network Software）和网站（Social Network Site）。美国早期的校友录性质的网站 Classmate.com（1995

---

① 社会心理学家托马斯·布拉斯（Thomas Blass）在对斯坦利·米尔格伦的生平和作品研究后指出，米尔格伦本人从来没有提过"六度分隔"的说法。这一说法源自1991年约翰·格尔（John Guare）的同名戏剧 Six Degrees of Separation。更有意思的是这一理论的"雏形"来自1929年匈牙利小说家凯尔斯写的短篇小说《链条》："为了证明当今世界上的人关系十分紧密，这伙人中的一个成员建议搞个试验。他下了个赌注，说我们从世界上的几十亿人当中可以随便说出一个人，这人只需最多说出5个相互认识的人的名字，就能和指定的人拉上关系。"

② 舍基. 未来是湿的 [M]. 胡泳，沈满琳，译. 北京：中国人民大学出版社，2009：135.

年）和关注链接的网站 SixDegrees.com（1997 年）可以说是社会化网络网站（或简化为社交网站）的雏形。成立于 2003 年 3 月且自称"没投过一分钱广告"而全靠口碑推广的 Friendster 网站被称为社交网站的鼻祖，此后，大批模仿者纷纷涌现，在全球范围内掀起 SNS 网站浪潮。可惜 Friendster "起了个大早，赶了个晚集"，很快被后来者 Myspace 和 Facebook 超越。2004 年 2 月 4 日，哈佛大学的学生扎克伯格（Mark Zuckerberg）试图通过网络加强同学间的相互了解和互动，创办了仅限于哈佛大学学生使用的社交网站 The Facebook。出乎创办者预料，两个月内，The Facebook 的注册用户扩展至麻省理工学院、斯坦福大学、纽约大学和所有常春藤名校。Facebook 刹那间成为美国年轻人最为时髦的沟通方式，甚至被誉为继 Google 后最具伟大创意的网站。成立于 2006 年 6 月的 Twitte（中文称"推特"）以其"即时信息"的内容和"推"的形式风靡海外，成为相当火爆的 SNS 模式，并引起国内网站的争相模仿，如饭否网。国外著名的社交网站还有 Hi5、LinkedIn、Flickr 等，人人网（校内网）、开心网则是国内著名的社交网站。如果更宽泛一些，许多 Web2.0 网站均可归于社交网站，如视频分享、博客、播客等。

社会化网络网站的显著功能是"社交网络"功能，即社交关系的网络化。社交网站把现实生活中（线下）的社交圈搬到网上，并通过每个节点不断扩展人际关系网，营造社会型网络社区，构筑广泛的社会关系网。由于基于现实的社会关系，模拟或重建现实社会的人际关系网，因而社交网站突破了早期网络社区的"虚拟性"。譬如，校内网曾只对大学生开放，严格限制注册，实施相应的隐私保护机制，鼓励和提倡实名制和使用真实的头像。"网民活动从封闭社区向开放式社会网络的拓展"，从面具式的交往向人际关系的真实性回归，"在一定程度上反映了网民从社会归属需要到社会资本需要的需求上升"[①]。真实性打破了"物理实在"与"虚拟实在"之间的不可通约性，突显了社交网站的可贵价值。

不同于基于地缘、业缘或血缘关系而形成的现实社区，社会化网络是一种极具现实性的人缘文化。用户通过社交网站既可以巩固已有的人际关系，还可以扩展社会交往圈，如通过各种组件游戏或加好友的方式与好友保持联络，或通过"好友的好友"与"陌生人"建立关系，增加熟稔度，从而建立起"弱联结网络"。根据美国学者马克·格兰诺维特（Mark Granovetter）于 1973 年提出的弱联结优势理论，在网络维持资源有限的前提下，由于弱联结的成本低于强联结，因而弱联结的网络成员愈能扩大联结范围，其"效益"愈高，此即所谓"弱联结的强度"。基于熟人之间的人际交往只是复制自己的"强联结"关系，所获信息的重复性高，而通过"好友的好友"式关系网络扩展出来的"弱联结"或者直接基于陌生人而产生的"弱联结"关系有助于用户获取或分享更多非重复性的信息，从而给用户带来意外的机会和收获，如获取有价值的招聘信息或结交业内同行等。简言之，网民储备了大量的"弱联结"资源，有利于增进所谓"弱联结的强度"，也即获得了更多的桥接型的社会资本（bridging capital）。所谓社会资本不同于货币资本，它是蕴含于个体或团体之间的关联（社会网络、互惠性规范和由此产生的信任）的社会资源。桥接型资本是相对异质的群体之间的联系。[②] 因而，通过"弱联结的强度"，社会地位相对低的网民向上流动或发展事业的机会有可能陡然增加。

---

① 彭兰. 从社区到社会网络——一种互联网研究视野与方法的拓展 [J]. 国际新闻界，2009（5）.

② 与此相对，结合型资本则体现一个相对同质的群体内部联系与信任的加深。

除了真实可靠和低成本，社交网站去中心和扁平化的网络传播结构特征也更为突出。以相互信任为基础连接的每个"节点"（用户）都是信息传播的起点和终端，个人与个人之间、个人联结和汇聚的群体与群体之间，均以不同的自组织的方式建构而成，从而形成一个极富活力的跨越人际传播、组织社会和大众传播界限的巨大的社会关系网（被戏称为病毒式增长交友模式）。于是，大众传播的线性模式被彻底打破，每个用户既是信息的传播者又是信息的接受者甚至是信息的创造者，自主意识大为增强，能动性更为充分地得到体现。网络传播既利于构建和扩展人际关系网，或者制造广告口碑营销的极佳效果，但也导致谣言和流言散播的难以有效控制。

从网络传播和技术角度而言，社会化网络或社交网站其实是一个开放性的平台。它试图把即时通信、视频分享、博客、播客、RSS、网络游戏、网络社区乃至电子商务等众多互联网应用集于一身，构建成"一切媒介的媒介"[①]。它甚至正在超越媒体本身，把人类关系网络大规模地复制到互联网上，从而极大地改变既有的社会结构、社会价值和规范，以及我们的生活方式，其未来形态恐非目前所能设想。不过，早在1968年，两位网络先驱利克莱德（J. C. R. Licklider）和罗伯特·泰勒（Robert Taylor）已将计算机理解成沟通的利器。他们预言：未来计算机网络的发展，将超越传统的在真实的生活空间（物理世界）中，人类必须透过有限节点赖以建构社会网络的先天限制；这个虚拟的计算机网络，将帮助未来的所有人类，都能轻易地透过这个系统，自由（完全依其意志）建构其个人的社会联系[②]。

人类最终真的将同时拥有现实和虚拟这两个相对应的生活空间吗？

四、网络文化分析

"文化"是一个非常宽泛的概念，既包括精神层面，也包含物质层面，它既可以指代整个人类社会的文明，也可以描述一定时期和社会的文化现象。英国文化人类学家爱德华·伯内特·泰勒曾提出一个整合性的概念，他将"文化"等同于"文明"，即"包括全部的知识、信仰、艺术、道德、法律、风俗以及作为社会成员的人所掌握和接受的任何其他的才能与习惯的复合体"。后来其他学者对这个概念进行了补充，引入了"实物"这一因素。从狭义上看，"文化"指人类从事具体文化活动的实践及其产品，尤指音乐、文学、美术、电影等艺术活动。

大众媒介是联系社会的纽带，常常在潜移默化中影响和传承社会文化。同时大众媒介存在本身、媒介内容生产以及相关的活动等也是一种文化现象，而每一种新媒介的诞生与发展都会塑造新的文化景观。以计算机和互联网为核心的新一代媒介技术催生了网络文化，尽管目前学术界尚无统一的概念界定，但各类网络文化现象可谓层出不穷。网络文化的形式与内容伴随网络社会功能的变迁而不断演变、发展。

数字媒体技术演进基本经历了Web1.0、Web2.0和Web3.0三个阶段，技术进步不仅仅是纯粹的工具变革，还包含着丰富的文化内涵。可以说，网络文化是互联网技术与大众文化结合

---

① 莱文森. 数字麦克卢汉：信息化新纪元指南 [M]. 何道宽，译. 北京：社会科学文献出版社，2001：68.

② 吴齐殷. 电脑网络的社会冲击：以伦理议题为例 [J]. 应用伦理研究通讯，1998（5）.

所呈现的文化景观。我国网络文化发展至今大致可分为三个阶段：

（一）20 世纪 90 年代：发展初期

中国自 1994 年接入因特网便开始了网络化进程。该时期的技术核心是 HTML，电子邮件、BBS、新闻组、实时聊天、搜索引擎、门户网站等是这一时期主要的文化传播平台。信息传播的主导权掌握在传媒组织、机构一方，网民只能依赖网络技术被动地获取信息，活动被局限在封闭、单向的网络空间里。此时的网络文化正处于雏形阶段，一方面网民得益于技术进步可以方便地接收信息，另一方面也受限于技术主导，网民欠缺主动进行网络文化创造的意识。

（二）2000 年到 2009 年：成长期

该时期是交互技术的重要发展期，XML、RSS、P2P、Tag 是主要的网络技术，博客、播客、SNS、Wiki 等社会化平台为网民带来全新的网络情境体验。网民集生产者、传播者和接受者于一体，可以自由地参与网络文化的生产和传播，比如利用博客撰写和分享文章、在微博上记录日常见闻、在人人网上搜寻好友、在视频网站发布作品等。网民利用开放的技术平台实现知识共享，草根式表达自成一派，并成为网络舆论传播中的重要组成部分。

（三）2010 年至今：繁荣期

融合技术催生了一系列移动智能服务平台，信息传播渠道更为快捷、多元。除了论坛、微博等原有平台，微信、APP 应用、直播网站日益成为网络文化活跃的平台。该阶段形成了"以用户为中心"的社会化网络，构建起了大规模的参与式文化体系，比如自行创建微信公众号或独立运营 APP、创建个人账号在线直播、分享问答实现共享协作，网络文化生产呈现鲜明的个人色彩和自主性。尤其以"95 后""00 后"等为代表，他们以错综复杂的人际关系链搭建起各式各样的网络圈子。用户们在不同的圈子间游走转换，形成了独具特色的网络圈子文化，网络圈子文化一方面强化了群体成员的文化认同和情感共鸣，另一方面也演绎出独具一格的文化表征。①

网络传播突破了传统大众文化整合保守的壁垒，大众文化在新媒体时代迎来了开放自由乃至颠覆的可能。整体而言，网络文化呈现以下基本特征。

1. 多元性

作为网络传播的结构性特征，去中心化促进了信息传播和社会文化的个体化和多元化。互联网被看作"自由的技术"，其开放包容的技术特性允许多种创造和个性的存在，由此呈现出文化多元性的整体面貌。这种多元性体现在思想观点的抒发、符号形式的创造上，还体现在网络文化的参与主体复杂多样，以及各种文化现象相互交融上。

2. 草根性

作为网络文化的参与主体，广大网民的日常网上行为无时无刻不在塑造着网络社会的结

---

① 蔡骐. 社会化网络时代的媒介文化变迁 [J]. 新闻记者，2015（3）.

构，打造了一系列网络文化景观。因此，网络文化也就带上了鲜明的草根性。它代表了由互联网带来的平等，意味着话语权下移与身份的转变。网络上的信息容易得到网民的创造性解读，其所编织的一套网络话语实际上属于亚文化体系，它在多元文化并行的网络社会里更具有弹性生长空间。

3. 娱乐化

俄罗斯学者巴赫金的"狂欢理论"认为，狂欢节是属于"平民的节日生活"，节日中的人们表现出的是"生活在狂欢节上的表现"，人们在这场庆典中全情投入、不拘形迹，暂时摆脱了等级、规则等束缚而显示出一种无节制的庆祝状态。当下的娱乐化趋势在某种程度上印证了"狂欢理论"。在一场网络狂欢中，围观使人获得窥视的快感，评论容易获得制裁的快感，点赞使人获得认同的快感，每种行为都能得到一呼百应。

4. 快消性

网络文化是一种快餐式文化，花样繁多，来得快去得也快。各类媒介技术和平台频繁更迭，文化形式也层出不穷，网络文化现象发展总是遵循这样的轨迹：快速蹿红但热度难以持久，随着新事物兴起，很快沉寂直至被遗忘。网络时代人们的注意力短暂而分散，为了抵制网络快消性这一特点，最大程度吸引用户眼球成为网络世界的不二法则，网络新闻标题党、"网红"等就遵循的这样的行事法则。快消性带来的后果之一是信息过载，而短暂地追逐热点从另一方面也造成信息和注意力资源的不对称。

总之，网络文化是一种极富争议性的文化形态。一方面，互联网确实带来了更为丰富的创造和体验，但也产生了不可忽视的负面效应。比如，虚拟特性损害了人们对真实经验的感应功能；全民自由参与和自主狂欢背后的文化民粹主义倾向；为了流量而故意迎合某些浅薄粗俗的受众趣味；网络暴力、色情、犯罪、过度娱乐化；等等。其实，关于大众文化的争论一直存在，比如法兰克福学派的"文化工业"批判，以及在此之前关于通俗文化的种种论争。尽管随着新文化形态的产生，争论的问题也各有侧重，但争论的本质还是这一文化形态对人的精神层面的影响（人性）。因此，有学者将网络文化的弊端具体引申为"感性欲望的泛化、主体人格的异化和精神价值的消解"[①]。在这种忧虑下，如何规范和引导网络文化，加强对其建设与管理成了我们必须面对的严峻课题，如进行网络文化分级分类建设、适当把关营造绿色网络文化等都是值得我们考虑的措施。

第三节　媒介技术观

一、麦克卢汉的"复活"

20 世纪 60 年代，加拿大学者麦克卢汉（Marshall McLuhan）出版了《理解媒介：论人的

---

① 崔欣，孙瑞祥. 大众文化与传播研究 [M]. 天津：天津人民出版社，2005：50.

延伸》，以其离经叛道的思想观念、汪洋恣肆的文风和"只探索""不解释"的研究方法横空出世。他提出的诸如"媒介即信息""媒介是人的延伸"和"全球村"这样一些概念和命题引起学界轰动，风靡一时。1965 年，小说家和记者沃尔夫（Wolfe）在《纽约先驱论坛报》撰文指出，麦克卢汉听起来就像继"牛顿、达尔文、弗洛伊德、爱因斯坦和巴甫洛夫之后的一位最重要的思想家……是现时代的神人"。相反，反对者尤其是学院派的正统学者认为他不过是哗众取宠的角色或者"冒牌的预言家"。美国著名社会家默顿（Robert K. Merton）在听了麦克卢汉的一次演讲后愤怒地说："我不知道该从何说起，你说的每一句话都要打问号！"①

　　时至 20 世纪 70 年代末，麦克卢汉销声匿迹了。20 世纪 80 年代新闻学专业的学生几乎无人知道这位先知般的人物，他所创立的文化与技术研究中心（Center for Culture and Technology）也被多伦多大学校方关闭。他的学说被学界批为技术决定论而遭冷遇或摒弃，原因之一是他无法使技术探究与政治问题相结合，或者或多或少地与"他和财团与媒介之间的暧昧关系"②相关。然而，伴随着新媒体尤其是互联网的勃兴，在 20 世纪 90 年代中期，麦克卢汉又神奇地"复活"了。人们突然发现，他的预言正在实现，对于他的学说的价值和他对传播学的贡献应予以重新评估。尽管麦克卢汉在互联网诞生的前夜辞世，但"他是一位理解互联网的人物。他就是 20 世纪 60 年代的'互联网'。这个世界终于刚刚追上他。在他与全球接触的意义上他就是一个'互联网'……他在《连线》（Wired）杂志问世之前早就连线了"③。美国虚拟实在哲学家海姆（Michael Heim）甚至将他与海德格尔相提并论，认为两人是 20 世纪伟大的智者。④已经关闭的文化与技术研究中心以"麦克卢汉研究室"（McLuhan Studies Room）的名义重新开张，同时发行了一张《理解麦克卢汉》的光盘。1997 年，麦克卢汉的儿子艾瑞克（Eric）编辑出版了《麦克卢汉精粹》。1999 年，麦克卢汉的朋友和门生莱文森的《数字麦克卢汉》一书问世，使麦克卢汉的"复活"在一定程度上落到了实处。莱文森认为"对我们数字时代做出让步的书写就在麦克卢汉的书中"。麦克卢汉摇身一变，成了数字时代的"先知"。

　　麦克卢汉的"再发现"得益于"他的敬仰者对他的构想的再度传播"，同时也是因为他的思想适合"目前的技术环境"。⑤麦克卢汉的理论好比一张旧船票，"想要登上当今数字时代的新客船则必须补票"，但他的某些预测和探索尤其是对媒介技术的关注和肯定依然值得我们重视和研读。

　　麦克卢汉最著名的论断莫过于"媒介即讯息"（The Medium is the Message）。他指出："所谓媒介即讯息只不过是说：任何媒介（也就是人的任何延伸）对个人和社会产生的影响，都是由新尺度引起的。我们的任何一种延伸（或任何一种新的技术），都要使我们在我们的事务中引进一种新的尺度。"⑥在此对他的观点予以排列：人自我的延伸或每一种新的技术→新的尺度

① 莱文森. 数字麦克卢汉：信息化新纪元指南［M］. 何道宽，译. 北京：社会科学文献出版社，2001：18.

② 霍洛克斯. 麦克卢汉与虚拟实在［M］. 刘千立，译. 北京：北京大学出版社，2005：33-38.

③ 霍洛克斯. 麦克卢汉与虚拟实在［M］. 刘千立，译. 北京：北京大学出版社，2005：23.

④ 海姆. 从界面到网络空间——虚拟实在的形而上学［M］. 金吾伦，刘钢，译. 上海：上海科技教育出版社，2000：55-72.

⑤ 霍洛克斯. 麦克卢汉与虚拟实在［M］. 刘千立，译. 北京：北京大学出版社，2005：44.

⑥ MCLUHAN. Die magischen Kanäle［M］//Helmes, Günter. Werner（Hrsg.）：Texte zur Medientheorie, 2004：231-235.

→对个人和社会产生影响。这个"新的尺度"指什么？似乎比较含糊，他也没做具体解释。不过如果从他的行文中进行理解，应该指通过媒介（人的延伸）的发展，人的感觉和感知得以扩展。他说："技术的影响不是发生在意见和观念的平面上，而是要坚定地、不可抗拒地改变人的感觉比率和感知模式。"①麦克卢汉的"媒介即讯息"这一观点实际上强调的是媒介技术和形式的重要性（而非内容），以及对人和社会的巨大影响。这也是他被称为技术决定论者的缘由。30多年后，另一位数字时代的"先知"尼葛洛庞帝说过的一段话可以与麦氏的观点相映成趣。他认为，"网络真正的价值越来越和信息无关，而和社区有关，信息高速公路不只代表了使用国会图书馆中每本书的捷径，而且正创造着一个崭新的、全球性的社会结构"②。这正好是"媒介即讯息"的最新注解——网络即讯息。

　　莱文森对"媒介即讯息"这一观点进行了修正和补充，他指出"因特网是一切媒介的媒介"，"不仅过去的一切媒介是因特网的内容，而且使用因特网的人也是其内容。因为上网的人和其他媒介消费者不一样，无论他们在网上做什么，他们都是在创造内容"。由此他提出了自己的理论，即"人性化趋势"。他说："人是积极驾驭媒介的主人。不是在媒介中被发送出去，而是发号施令，创造媒介的内容。对别人已经创造出的内容，人们拥有空前的自主选择能力。我们的媒介演化理论也可以被叫作'人性化趋势'的理论。"③

　　"媒介是人的延伸"是麦克卢汉的另一个重要命题。他认为，任何媒介不外乎是人的感觉和感官的扩展和延伸，或者说媒体扩展了人的视觉、听觉和触觉。麦克卢汉研究者何道宽对此评述认为，麦克卢汉奇异的思想之一是从一个奇特的角度将人的延伸（即媒介）一分为二：电子媒介是中枢神经系统的延伸，其余一切媒介（尤其是机械媒介）是人体个别器官的延伸，比如印刷媒介就是视觉的延伸，广播则是人的听觉的延伸。中枢神经系统把人整合成一个统一的有机体，电子媒介亦然。其他的媒介则延伸人的一部分感官，使人的感官失去平衡，使人支离破碎、单向发展。电子时代的人再也不是被分割肢解、残缺不全的人。人类大家庭中的人再也不是被分割肢解、残缺不全的人。④由此可以衍生出麦克卢汉的另一个著名概念和理论——"全球村"（Global Village）。这是麦克卢汉对一种新的社会组织形式的构想，恰好与当今尼葛洛庞帝"崭新的、全球性的社会结构"或者卡斯特"网络社会"的构想暗合。麦克卢汉由此把电子媒介跟整个庞大的社会、政治和文化体系整合到了一起。按麦克卢汉隐含的逻辑，全球村无疑是媒介发展也即"人的延伸"的结果。电子媒介使信息传播实现了同步化，"空间距离和时间差异不复存在，整个地球在时空范围内已缩小为弹丸之地"。于是，人类社会演化成了"一个密切相互作用、无法静居独处的、紧密的小社区"⑤。在麦克卢汉看来，与媒介的演化发展相同，人类社会的发展形态也可分为三个阶段，即"部落化"→"非部落化"→"重新部落化"，

① MCLUHAN. Die magischen Kanäle［M］//Helmes, Günter. Werner（Hrsg.）：Texte zur Medientheorie, 2004：231-235.

② 尼葛洛庞帝. 数字化生存［M］. 胡泳, 范海燕, 译. 海口：海南出版社, 1996：214.

③ 莱文森. 数字麦克卢汉：信息化新纪元指南［M］. 何道宽, 译. 北京：社会科学文献出版社, 2001：7.

④ 何道宽. 人的延伸［M］. 成都：四川人民出版社, 1992：1-6.

⑤ 何道宽. 人的延伸［M］. 成都：四川人民出版社, 1992：1-6.

也即人的感官能力"统合"→"分化"→"再统合"。①信息传播的"同步化"导致了人的感官能力的"再统合",人类社会重新实现了"部落化",这便是"全球村"的内涵。不过,麦克卢汉在此着重强调的是人与人的关系以及把握世界的方式:一种是近距离的、整体和直观的(部落),另一种是疏远的、分离和局部的(非部落)。网络传播似乎正是全球村理念具体生动的展示。正如莱文森所说:"因特网完成了麦克卢汉的比喻,使地球村成为现实。"②

以受众参与程度为标准来区分"热媒介"与"冷媒介"也是麦克卢汉的"发明"。他列举的"热媒介"包括书籍、报刊、广播、无声电影、照片等。漫画、有声电影、电视等则是"冷媒介"。他认为,"热媒介是一种感觉延伸,它具有'高清晰度'。高清晰度是资料完备的状态"。"热媒介"具有"高清晰度",要求参与程度低;"冷媒介"清晰度低,要求参与程度高。麦克卢汉还认为,象形文字或会意文字之类是冷媒介,而拼音文字之类是热烈而爆发性的媒介。他还把这个主题延伸到国家和社会,认为油滑的城里人是热的,淳朴的乡下人是冷的;落后国家是冷的,发达国家是热的。就程序和价值的复原而言,过去的机械时代是热的,我们的电视时代是冷的。总体上,麦克卢汉对"热媒介"以及相应的文化和社会持一种否定的倾向,而对"冷媒介"以及相应的文化和社会持一种肯定的倾向。他认为,"热媒介有排斥性,冷媒介有包容性","专门化的技术产生非部落化的影响,非专门化的技术又产生重新部落化的后果"。如果他看到因特网的诞生,应会把其归入冷媒介的行列。不过麦克卢汉对"冷""热"媒介的这种区分比较含混,说服力也不够。

麦克卢汉的理论观点强调了媒介技术对人类社会的影响,极富启发性,影响甚巨。在当今这个所谓的网络时代,他的预见性在某种程度上得到了印证。他丰富的理论遗产被后来者继承、发展和批评,如维瑞立奥、鲍德里亚和莱文森等。作为一个电视时代的媒介理论家和英语文学博士出身的学者,他的思考无疑存在局限性乃至片面性,譬如他否定媒介内容的重要性,起码是有失偏颇的,但或许正因如此,他才拥有了独特的个人风格和片面的深刻。他摒弃西方学界占据主导的实证传统,以直觉和整体把握的方法去探索媒介和社会的奥秘,显示了敏锐而深邃的洞察力,因而与学界的主流不相和洽。再加上他"思想浩荡不羁,文字汪洋恣肆,用典艰深,征引庞杂,怎不令人叫苦不迭?"③或许与弗洛伊德类似,他可以被称为媒介思想家或者社会预言家,而不是严格意义上的社会科学家。但无论是他的媒介技术论,还是无意识理论,都是人类智慧的结晶,历久弥新。

麦克卢汉承继了欧陆知识分子的传统和风范,其思想贯穿着对西方现代文明(理性文明)的审视和反思。作为一个乐观的技术决定论者,他对所谓非部落化文明持否定批判的立场,这无疑是对当今人类社会的警醒。麦克卢汉的思想博大精深,等待着我们去进一步勘探和挖掘。

---

① 郭庆光. 传播学教程 [M]. 北京:中国人民大学出版社,1999:148-198.

② 莱文森. 数字麦克卢汉:信息化新纪元指南 [M]. 何道宽,译. 北京:社会科学文献出版社,2001:9.

③ 何道宽. 麦克卢汉精粹 [M]. 南京:南京大学出版社,2000:1-32.

二、普尔:"自由的技术"

伊契尔·德·索拉·普尔(Ithiel de Sola Pool)是社会科学领域的革命性人物。出于对政治的热衷,他在学术上的早期名誉来自对民主修辞符号的研究,如民主国家和极权国家的领导人政治话语分析等。后来他长期致力于媒介技术变革对社会与政治的前瞻性考察和突破性研究。

在中国,普尔最著名的是他的"媒介融合"研究。在其 1983 年的著作《自由的技术》中,他极力称颂了当时正在形成中的电子数字时代。他认为,多种技术的改进与廉价微处理器的发展将培育起更具多元化和竞争力的传播系统。"融合"作为传播系统的显著特征之一,日益成为媒介发展的趋势,它代表未来社会各种科技创新的成果,是电子时代的媒介技术模式。当前的数码电子科技促成了不同传播模式之间的融合,戏剧、新闻、演说等传统的思想交流方式越来越多地通过电子的形式来传递,在整合成一体化的盛大体系的同时,也使各个领域之间的界限变得非常模糊。此外,普尔还提及了媒介技术发展的几大趋势,包括公共网络的数字化和宽带化、用户端设备的复杂精细化与分布式网络、"小世界"等。

《自由的技术》实质上是围绕自由的媒介技术与政府媒介管制的关系这一主线展开论述的,出发点是美国宪法第一修正案。1791 年 12 月 15 日美国宪法第一修正案获得通过,成为美国权利法案中的一部分,其中明确规定:"国会不得制定关于下列事项的法律:确立国教或禁止信教自由;剥夺言论自由或出版自由;剥夺人民和平集会和向政府请愿申冤的权利。"从此,言论自由有了实质性的保护,也规定了言论主体(特别是出版自由与新闻自由)免受政府干涉的权利。

作为实现言论自由的最基础的保障,美国宪法第一修正案不断完善着自身的解释,在不同的媒介时期发挥着重要作用。普尔指出,技术在带来自由的同时,也增加了自身受管控的风险,加强媒介管制相当于限制言论的自由。媒介技术与管制政策总是相伴而生,如何最大程度减少对媒介技术的管制以实现自由最大化,是他最为关心的问题。

普尔认为美国的传播系统分为三个领域:一是包括报纸、书籍、小册子等在内的印刷媒介与讲坛、期刊、公共集会等早期传播形式;二是公共运营媒介(common carriers),譬如电话、电报、邮政系统以及当下的计算机网络等;三是包括收音机、电视在内的广播媒体(broadcasters)。[①]口语传播、街头演说等都是原始的传播手段,尽管体现了一定的言论自由,但是这种传播受到极大的时空限制,无法实现更宽泛普遍的自由。直至印刷术发明、印刷机大规模应用,人类传播媒介才出现了第一次伟大变革,成为现代民主的基础,电子媒介技术更是突破了传播的时空限制,进一步扩展了民主范围。在他看来,电脑、电话、广播、卫星等新媒体技术,跟印刷机一样,它们都是自由的技术。如果美国宪法第一修正案可以得到严格执行,那么自由的准则应该涵盖所有的媒介,传统媒介所享有的权利也理应为新媒介所享有,但事实上,新的媒介技术似乎并没有获得所有的法律豁免权。

在电子时代来临之前,即在主要依靠印刷媒介与公共运营媒介运作的(美国)社会里,"因为稀缺,所以需要管制"[②]是政府进行媒介控制的管理逻辑。当资源被控制在某些利益集团手

---

① POOL. Technologies of freedom [M]. Massachusetts:The Belknap Press Of Harvard University Press, 1983:2.

② POOL. Technologies of freedom [M]. Massachusetts:The Belknap Press Of Harvard University Press, 1983:245.

中，垄断或管制在某种意义上也就造成了资源的匮乏。普尔认为，资源管制是影响传播系统运行的一大瓶颈，也是通往自由的障碍。到了电子时代，媒介管制有了松动的理由：首先，随着电子数字技术的兴起，媒介资源空前丰富，"因为稀缺，所以需要管制"的媒介管制逻辑不再成立，垄断局面理应被打破；其次，越来越多的传播模式的融合，不同媒介形态之间的界限模糊，也增加了管制难度；最后，出于技术特性，电子媒介技术特别是互联网信息技术可以更巧妙地摆脱政府控制，带来更有弹性的、更自由的空间，也使全球资本、社会资源与观念市场得以重新配置。

与此同时，技术变革也是一把双刃剑，新媒介拓展了人们言论自由的空间，也增加了自身受管制的风险。媒介技术的发展也带来了自由的负效应——言论空间被谣言、鼓吹性话语、揭露性言论等危险言论所充斥。这种言论失序可能会侵害社会其他个人或群体的利益，甚至威胁当局统治。政府出于安全需要，或者说维护社会秩序稳定的需要，不得不对媒介进行更为严苛的管制。这一阶段的管制逻辑或许可以概括为"因为危险，所以需要管制"。

对新媒介技术的阴暗面所产生的焦虑，是当局采取管制措施的主要原因。作为对所感知的技术问题的响应，许多媒介公司被严格管控。美国联邦通信委员会（Federal Communications Commission，简称 FCC）是美国政府的一个独立机构，以控制无线电广播、电视、电信、卫星和电缆来协调国内和国际的通信。比如他们曾宣称有权控制广播公司可能或必须携带哪些广播站；电话账单被要求征税；公共网络连接计算机必须获得许可，而且根据《1934 年联邦通信法》，如果政府不相信其服务符合"公众便利、利益或必要性"，可被取消营业资格。[①] 普尔尖锐地指出这些管制的手法并不高明："政府对每一种通信媒介的功能研究都是拙劣地模仿对前一种媒介技术的管制模式……其根本原因恰恰在于政府的管制习惯跟不上技术发展，这不是因为新技术的对错，而是因为新技术和当前的管制习惯产生了冲突。因此，政府会愿意采取一种无须费时耗力的传统手法。"

他多次强调，并非技术使自由变得困难，恰恰相反，技术是实现自由的手段。威胁自由的不是这些技术，而是人类制定的政策或某些政治错误。当自由的传统与管控的需要产生冲突，如何在日益复杂的新媒介环境中制定合适的政策又不与自由的原则相悖，是电子时代所面临的最大挑战。普尔仍然对电子媒介的未来寄予了很高期待："现代通信手段的容易获取，低成本和分布式智能是我们怀抱希望的主要原因……政策制定者缺乏技术把握，以及他们倾向于通过习惯的官僚程序去解决冲突、隐私、知识产权和垄断等问题，是令人担忧的主要原因。但只要第一修正案得到法院的认真对待，自由就不会注定丧失。美国文化对多元主义和个人权利的承诺、电子技术的适应性和丰富性是我们感到乐观的原因。"[②]

当信息技术革命影响整个人类社会时，互联网治理已然成为全球性议题。如何看待带来自由的技术可能带来的副作用呢？麦奎尔认为互联网终究不是超现实的技术幻影，尽管是最自由的传播方法，也不能逃脱各种社会生活规则的作用，包括传播本身的规则（通过某种相互的

① POOL. Technologies of freedom［M］. Massachusetts：The Belknap Press of Harvard University Press，1983：3.

② POOL. Technologies of freedom［M］. Massachusetts：The Belknap Press of Harvard University Press，1983：251.

义务和期望，将参与者联结在一起），特别是来自经济和社会的压力。[①]普尔建议将传播系统纳入美国言论自由的政治传统中，他总结了十条"自由指导方针"，呼吁政策力量应该尽少插手媒介技术发展以确保自由不受威胁。凯瑞（1998）跟普尔有着同样的忧虑，他指出，"全球化、网络和计算机传播都不是由技术和历史决定的，这些新模式的最终决定权是由政治所把持的"[②]。我国学者胡泳则认为公共政策的干预是十分必要的，只是政策的议程需有网民参与制定，在其中自由而开放地使用互联网，应被视为任何人都可以享有的一种普遍性的权利。"最终，互联网也许会催生出一种新的规范方式，不那么具有强制性，而更多地相信个人自由和公民自治的力量。"[③]

三、卡斯特："信息技术范式"

21世纪是一个什么样的世纪？许多社会学家或未来学家曾对千禧之年发出了野心勃勃的展望，其中有一些已经演化成为现实：阿尔温·托夫勒坚信知识力量对未来的冲击，尼葛洛庞帝描绘了未来人类的"数字化生存"，约翰·奈斯比预测人类向信息社会转变的大趋势即将到来，曼纽尔·卡斯特（Manuel Castells）则宣告了网络社会的崛起。

作为世界著名的信息社会研究专家、城市社会学家，曼纽尔·卡斯特的研究领域包括都市社会、信息社会、传播与全球化研究。这位来自西班牙的社会学家早年以城市社会学研究闻名于世，后来他提出的信息社会理论更是令他声名远播，被誉为"信息时代的理论家"。据2000—2014年的社会科学引文索引（Social Sciences Citation Index，SSCI）调查显示，在文献被引用最多的社会学者排名中卡斯特位列第五，同时他也是许多文献所首要引用的传播学者，由此可见卡斯特的学术地位与影响力。

卡斯特对信息社会进行研究始于20世纪80年代。1980年年初他开始关注新技术在重构经济中的角色，1989年他提出"流动的空间"（Space of Flows）这一经典概念，阐述了方兴未艾的全球信息网络。同年，他的《信息化城市》出版，1994年他与霍尔合著《世界技术城市》，1996年后他又相继著成《网络社会的崛起》《认同的力量》《千禧之年》（"信息时代三部曲"）。进入21世纪，卡斯特仍然笔耕不辍，著有《互联网星系》（2001年）、《网络社会：一种跨文化的视角》（2004年）、《移动传播与社会》（2006年）、《网络愤怒与希望：互联网时代的社会运动》（2012年）。

"信息时代三部曲：经济、社会与文化"（The Information Age：Economy，Society and Culture）是卡斯特著作里具有里程碑意义的作品。这些作品凝聚了卡斯特12年的研究心血，在走访了超过35个国家，对不同社会形态做了大量的观察和资料考证后，他最终围绕全球信息化的技术经济建构、网络社会的兴起以及认同运动等中心议题进行全面性总结，这些总结性言论可以说是当之无愧的信息时代的先声。他以全球视角，思考技术变迁带来的人类社会

① 麦奎尔. 麦奎尔大众传播理论［M］. 崔保国，李琨，译. 北京：清华大学出版社，2006：116-117.
② 麦奎尔. 麦奎尔大众传播理论［M］. 崔保国，李琨，译. 北京：清华大学出版社，2006：116-117.
③ 胡泳. 互联网与"观念市场"［J］. 国际新闻界，2015，37（3）.

的结构性转化，考察了技术形态与经济、政治、文化等各种力量相互交织、互动的结果。书里还对信息化的生产方式与发展方式、网络的流动空间与虚拟文化、网络中的个人等问题进行了深入阐释，从宏观到微观，审视了信息技术革命主导下的新技术范式如何重塑人类生活场景。

信息技术革命及其范式是理解卡斯特网络社会理论的入口。革命，意味着历史进程中意外爆发又迅速发展的深刻质变。在卡斯特看来，技术革命"意指突然而意料之外的技术应用风潮，改变了生产和分配的过程，造成新产品出现的浪潮，并且决定性地改变了全球财富与权力的分配"[①]。在这个过程中，技术发挥作用有时甚至要花上一个世纪的时间，但对技术影响的考察应该放置在完整而庞大的历史序列中。诚如技术史学家 R. J. 福布斯所言，这是个缓慢的运动，但造成了物质进步和社会变动的深远变化，整体来看，若我们考虑到这些极端的日期，这些变化确实称得上是革命性的。卡斯特通过对两次工业革命的技术发展脉络进行总结，将其与当前的信息革命做对比后发现：尽管同为技术革命，但两者的技术特性却存在根本性的差异，也就是人类心智的运用方式不同。实际上，每次技术革命都依赖于信息与知识，以已有知识为基础来延伸，并在成熟的社会条件下孕育而出。然而信息技术革命与工业革命根本的不同在于，人类的心智成为一种直接的生产力，而不仅是生产体系中的决定性元素，从而信息技术革命开启了一种知识驱动的经济发展模式。卡斯特指出："当前技术革命的特性，并不是以知识与信息为核心，而是如何将这些知识与信息应用在知识生产与信息处理及沟通的设施上，这是创新与创新运用之间的一种积累性反馈回路。"[②]

当前的技术革命围绕信息技术组织起来，20 世纪 70 年代从创新氛围浓厚、新技术集结的美国硅谷兴起，在三十多年的时间里以互联网为首的技术风暴席卷了全球大多数地方，世界逐渐连接成为麦克卢汉预言的"地球村"。略去过于复杂的技术细节，卡斯特勾画了新技术体系产生和发展的轨迹：在世界上第一台计算机诞生之后（1946 年），电晶体的问世使机器编码成为可能（1947 年），积体电路的改进导致半导体成本下降，并在日常中能够被普遍使用（1957 年），微处理器的发明和完善提高了信息处理能力（1971 年），促进了微电脑即个人电脑（1981 年）的产生，软件的开发应用扩大了个人电脑的市场，电信的进步使电脑能在网络中运用，并促成了全球信息网的建立和移动网络的发展。总的来看，微电子学的发展和电信技术的进步是信息技术革命的驱动力，各种关键技术之间的综合效果在其中发挥了重要作用，即卡斯特所说的，新技术发展过程中存在着"信息技术革命的综合关系"[③]。

在技术转型的过程中，弗里曼和佩里兹（1992）率先提出了信息技术范式，但只是框定在经济发展范畴，并未做更深入的阐释。卡斯特则将目光放在了包括经济在内的整个社会过程中，将研究重点设定为信息技术革命的社会向度。在"信息时代三部曲"的第一部《网络社会的崛起》中，他归纳了信息技术革命范式的几个基础特性：一、信息作为原料，是处理信息的技术，而不仅是处理技术的信息，后者是先前技术革命的状况；二、新技术效果无处不在；

---

① 卡斯特. 网络社会的崛起 [M]. 夏铸九，王志弘，等译. 北京：社会科学文献出版社，2003：40.

② 卡斯特. 网络社会的崛起 [M]. 夏铸九，王志弘，等译. 北京：社会科学文献出版社，2003：36.

③ 卡斯特. 网络社会的崛起 [M]. 夏铸九，王志弘，等译. 北京：社会科学文献出版社，2003：52.

三、指涉了任何使用这些新技术的系统或关系的网络化逻辑；四、信息技术以弹性为基础，这在以不断变化与组织流动为特征的社会里是一种决定性的特性；五、特定的技术逐渐聚合为高度整合的系统，在此系统中，原本有所分别的旧技术轨迹，已经完全无法区别。[①] 卡斯特认为这些特性作为信息技术范式的核心构成了网络社会的物质基础，是信息时代的"技术—社会系统"的特征。作为一种全新的技术经济范式，信息技术范式建立起一种新的意识或文化形态，即信息主义，并引发了信息化资本主义的再结构和在全球范围内的扩散，最终导致新社会形态的浮现。

尽管信息技术革命的影响广泛而深刻，卡斯特还是留意到了那些被隔离在这场技术革命之外的地域。由于各个地区的发展条件不一，技术扩散在速度和范围上带有选择性，因此不同地区的技术创新扩散程度存在差异，呈现出区域性的技术鸿沟。卡斯特把这些"脱落"于新技术体系的地方称为"断了线的地区"（switch-off areas），认为它们"在文化与空间上都是断裂的：这种地方位于非洲的破落城镇，或是中国及印度贫困的农村，但也包括美国内地城市，或法国的'城郊'"[②]。他始终关注技术力量不均所造成的社会不平等现象，这种忧虑与警惕贯穿在他构建网络社会理论的过程中，也使其有别于其他对新技术抱有乐观态度的未来学家。

卡斯特对这场新技术革命寄予极高的厚望，其思想精华浓缩在了"信息时代三部曲"里。英国著名社会学家安东尼·吉登斯（Anthony Giddens）认为三部曲的第一部《网络社会的崛起》造诣之高"可与马克斯·韦伯的巨著《经济与社会》相媲美"，卡斯特的同僚彼得·霍尔（Peter Hall）称赞道："卡斯特成功的研究绝对可以和马克思相互比拟。"另外一些批评家们则认为卡斯特的论述里带有技术决定论的观点，认为其全球化和网络观念过于宏大而抽象，其中蕴含着技术必胜的信念。无论如何，著作等身又影响深远的卡斯特可以说是信息时代非常重要的学术符号之一。

四、技术决定论评析

对技术与社会关系的探讨之中，技术决定论是最具影响力、也是争议最多的一个理论流派。事实上，技术决定论并不是一个严谨的术语，由于人们对技术的理解存在差异，其定义和分类很容易引起混淆。

技术决定论主张技术具有自主性，技术发展是独立于其他因素影响之外的过程；技术在社会变迁中起决定性作用。该流派又包含着多种思潮，综合目前的研讨，主要有以下几种分类：就技术或社会的影响程度而言，有广义上的强弱之分，具体则有极端的技术决定论、极端的社会决定论、社会制约的技术决定论、技术影响的社会决定论等；就人们对待技术前景的态度，可分为技术乐观主义和技术悲观主义；就研究领域而言，媒介研究领域的媒介决定论则是讨论较多的分支；还有技术自主论、技术统治论等从其他角度发展出来的观点。总之，技术决定论是以技术为中心的多种观点和思潮的理论合集，至今尚未有权威统一的划分。严格来讲，技术

---

① 卡斯特. 网络社会的崛起 [M]. 夏铸九，王志弘，等译. 北京：社会科学文献出版社，2003：83.

② 卡斯特. 网络社会的崛起 [M]. 夏铸九，王志弘，等译. 北京：社会科学文献出版社，2003：38.

决定论界限模糊、形式多样，与技术统治论、技术乐观主义与悲观主义等观点并非从属关系，它们有所交集，又自成体系。在对如此庞杂的技术决定论进行评析之前，必须深入思量技术与社会之间的互动关系。

技术是否中立，是探讨技术与社会关系的首要问题。从人类学会制作和使用工具开始，技术便诞生了。从原始社会的石器制造、语言，文字和运算的运用，到近现代的各种工艺和生产方式浮现等，人类社会变迁的历史便是一部漫长的技术史。科学和技术虽然本质趋同，但有着不同的源流。一些说法认为技术是对科学的应用，但早期的科学和技术各自为营，技术或者说技艺更多的是依靠经验积累进行改善或发明，明显先于科学。也有技术学家认为科学与技术之间并没有那么泾渭分明，反而越来越相互依赖。科学讲究理性原则和实证方法，既然科学技术不分家，那么科学的客观中立或许可以延伸至技术的中立。

技术中立性之所以存在争议，主要是因为人们对技术的理解不一：技术可以看作人造物的客体、知识、一种过程、社会子系统、意志等，不同的角度和研讨情景下都会产生不尽相同的答案。从工具主义的立场看，科学或技术若是作为一种纯粹的工具，必然服务于一定的意图或目的。这样一来，科学或技术也就拥有着自然和社会的双重属性，在本身器物功用之外，还被赋予器物之外的用途和价值。马克思曾提出这样一个著名论断："手推磨产生的是封建主为首的社会，蒸汽磨产生的是工业资本家为首的社会。"也就是说，技术的用途超越了实用范畴，往往还承载着经济、政治、伦理、文化等价值。从更为宏观的层面看，具有变革性的技术所产生的历史影响是任何个人意图所无法掌控的，它远不止作为手段的用途，如技术自主论所主张的，技术成为似乎能够独立发展的力量。因此，技术史学家梅尔文·克兰兹伯格（Melvin Kranzberg）提出"克兰兹伯格第一定律"，直接给出了这个问题的答案："技术既无好坏，亦非中立。"

在确立了技术的非中立性后，我们还不能断定技术决定论就此成立，更重要的是进一步考察技术与社会的关系（这一关系内在地包含了人与技术、文化与技术等相对微观的关系）。在涉及关系层面的讨论时，技术的概念不一定是指具体的工具或器物、机器，它更可能指的是一个技术系统，一个集合多种技术搭建起来的有机体，或是抽象成一种理性力量。从技术的诞生说起，其的形成无疑是一个社会生产过程。随后，具体的社会条件为技术发展提供了不尽相同的路径，即美国学者纳尔逊和温特、意大利技术经济学家多西等人所讲的"技术轨道"。发展成熟之后，技术开始从各方面向社会施加自身的影响：马尔库塞从"科学—技术"的合理性着手，指出技术可被操纵成为一种新型的社会控制手段，使价值观念这些非科学事物在物质化现实中的作用受到削弱，成为纯粹的、腾空于现实生活的理想，现代社会变得单向度化；卡普、麦克卢汉、埃吕尔等人提出了技术是人的延伸，恩斯特·卡普的"器官投影说"认为机器是生命体器官的功能投射，麦克卢汉则侧重说明媒介对人感官功能的延伸；埃吕尔认为通过技术具有整合社会的作用，混乱的社会发展正变成更有秩序、更加合理和更加符合理性的社会。由此可见，技术与社会的关系犹如枝蔓缠绕，难分难解，所谓单向的决定论只是特定的历史情境下的误解，以至于荷兰学者比杰克曾说："单纯的社会关系只能在社会学家的想象中或者在狒狒那里才能找到……单纯的技术关系只能在狂热的科幻小说中才能找到。"①

　　既然技术与社会难以分离,但关于它们的论争总是走向二元论,于是克兰兹伯格直接质疑"技术决定论的困境可能在于问错了问题"。卡斯特也认同这个说法,指出新社会形式与过程的浮现并非是技术变迁的结果:"技术并未决定社会,而是技术具体化了社会;社会也并未决定技术发明,而是社会利用了技术。"②他认为技术与社会之间存在辩证互动的关系,它们之间不是谁决定了谁的问题,它们根本就是对方,即技术就是社会,"若无技术工具,社会也无法被了解或再现"。这就为技术与社会关系的争论提供了一个崭新的说法。

　　技术决定论者看待问题的思路通常从微观走向宏观,将具体技术带来的影响升至宏观层面,他们将技术作为中轴来解释这个世界的运行,在社会后果或影响层面大力渲染。与此相对,社会论者则更多着眼于技术产生和发展的过程,强调技术以外的因素,在这个过程中存在社会需求、协商、行动者网络等参与要素。20世纪后期,人们愈发注意到技术产生了负面效应却无法自行消解。于是后现代主义、后结构主义、女权主义等思潮蜂拥而至,掀起了技术反思的潮流,科学技术学转向技术的社会研究方向,很大程度上平息了此前人们对技术抱有的宗教式狂热。社会建构话语、技术的社会形成论等对技术决定论造成冲击,哲学、社会学、历史学、人类学等学科的介入为科学技术的研究提供了多种途径和研究视角,也催生了诸如科技社会学、技术伦理学、科技人类学等新的讨论方向,这些都是对技术决定论的修正和对科学技术学的补充。

　　技术决定论能成为20世纪70年代之前最具影响力的理论之一,从那个时代的自然和文化背景来看固然有其合理性。其实它也有承认社会因素的作用,只是重视程度不一,在看待社会变迁或影响时人们优先考虑技术因素。比如技术决定论的分支——媒介决定论(或称媒介技术决定论),相较技术决定论的其他思潮更多地承认社会作用,伊尼斯、麦克卢汉、莱文森等人一直被视为媒介技术决定论者,但更确切来说他们是波兹曼所说的"媒介环境学派"学者,不少国内学者建议应将两者进行区分。尽管技术决定论的影响后来因为受到崛起的社会论有所消退,但随着信息技术及其他新兴技术带来的巨大影响,关于"技术—社会"关系、新技术的社会影响等传统科学技术的问题又重新回到人们的视野,应注意到它们与技术决定论有所差别。

　　现在看来,技术决定论的片面性显而易见:它秉承的"技术至上"的世界观,过分强调技术发展导致社会变迁这一单一线索,忽视了社会环境的特殊性,甚少考虑人作为历史主体的价值和作用。普尔认为,传统的技术决定论最大的问题在于未能考虑事物在技术生命周期的不同阶段发生的方式的差异。③在看待技术决定论时,许多研究者执着于质疑和抨击技术决定论的正确性,但诚如黄锫坚所言:"技术决定论的意义,也许并不在于这个理论本身有多强的说服力,而在于它使历史学家和社会学家不再忽视技术在社会变革中扮演的角色,也使得某些研究者尝试着以技术为中轴来重新理解历史的发展过程。"④

① 西斯蒙多. 科学技术学导论[M]. 许为民,等译. 上海:上海科技教育出版社,2006:58.

② 卡斯特. 网络社会的崛起[M]. 夏铸九,王志弘,等译. 北京:社会科学文献出版社,2003:40.

③ POOL. Technologies of freedom[M]. Massachusetts:The Belknap Press of Harvard University Press,1983:5.

④ 黄锫坚. 技术决定论的多种面貌与技术概念的多重含义[J]. 自然辩证法研究,2000(6).

第四节 互联网热词研究

一、媒介融合

2003 年，AOL 时代华纳董事局主席史蒂夫·凯斯（Steve Case）曾在演说中说，每个十年都有与之相联系的词。20 世纪 80 年代，这个词是个人电脑。20 世纪 90 年代，这个词是互联网。而接下来的 10 年，关键词将是融合。媒介融合正是新媒体研究的焦点之一。

这一概念最早是由美国马萨诸塞州理工大学教授索拉·普尔提出的。他的《自由的技术》（1983）一书考察了媒体之间的日益相互依赖，以及这种相互融合的趋向对公共政策的意义。[①]他用"传播形态融合"（Convergence of Modes）这一概念描述各种媒体呈现多功能一体化的趋势。但另据考证，"convergence"一词与大众传播真正的"联姻"，源于 20 世纪 70 年代中叶计算机和网络的发展。法伯（Farber）和巴冉（Baran）1977 年发表了《计算和通信系统的聚合》（*The Convergence of Computing and Telecommunication Systems*）一文。1978 年，美国麻省理工学院（MIT）的媒体实验室的《媒体实验室：在麻省理工学院创造未来》（*The Media Lab: Inventing the Future at MIT*）一书出版。实验室创始人尼葛洛庞蒂用三个圆圈描述计算、印刷和广播三者的技术边界，认为三个圆圈的交叉处将会成为成长最快、创新最多的领域，并且这三个圆圈呈现出叠加和重合的发展趋势。[②]

其实，无论是普尔还是尼葛洛庞帝，当时均是基于信息与传播技术的发展（所谓 technological convergence）而衍生出对传统媒体之间或新媒体与传统媒体之间的融合趋势的预见性的推断。数字技术是媒介融合最基本的层面。数字技术的发展致使传播符号（文字、声音、图形、图像等）的相互转化和融合（所谓多媒体）易如反掌，同时，信息的处理、储存和传输变得极为简单，进而传输渠道、终端的多样化或融合也就显得顺理成章。在这一混合过程中，在很长一段时间里，多种终端很可能多元并存（电脑，或电视，或手机等）。网络和传统媒体融合趋势把媒介融合进一步推向深入，于是所谓"3C"（Computing, Communications, Content）之间的关系已很混杂乃至密不可分。因此，哥伦比亚大学新闻学院新闻学教授约翰·帕夫利克认为，融合指所有媒介"都向电子化和数字化这一形式靠拢"[③]。因而所有的媒介正在承受着"变形之苦"。其结果可能是出现某种混合媒体或超媒体，或者一种可谓是整合了所有媒体的"大媒体"（mega media）（Kebin Maney），但它不应只是单一的媒介，而是一个开放式的信息传播和人类活动平台。正如斯蒂夫·琼斯在主编的《新媒体百科全书》中指出，"融合正在引导着这样一种理想：通过某个单一的设备就能够接触到所有的媒介，虽然这种设备的性质仍是一个未定的问题"[④]。而就传输渠道和产业而言，以往泾渭分明的电信、广电、信息三大领域

[①] 琼斯. 新媒体百科全书［M］. 熊澄宇，范红，译. 北京：清华大学出版社，2007：94.

[②] 宋昭勋. 新闻传播学中 Convergence 一词溯源及内涵［J］. 现代传播，2006（1）.

[③] 帕夫利克. 新媒体技术：文化和商业前景［M］. 周勇，张平锋，景刚，译. 北京：清华大学出版社，2005：126.

[④] 琼斯. 新媒体百科全书［M］. 熊澄宇，范红，译. 北京：清华大学出版社，2007：94.

将被打破，所谓"三网融合"也随之成为可能，最终汇流成所谓"宽带通信系统"（Broadband Communication Systems）①。

电信业、广播电视业和出版业三大产业的融合已不仅仅是一个技术性问题，而必然导致媒介产业结构的重组，涉及服务、商业模式乃至整个社会运作方式的改变，同时其发展趋势也会受到社会政策和政治经济文化因素的制约。1997 年，欧洲委员会推出的绿皮书认为，产业融合指"产业联盟与合并、技术网络平台和市场等三个角度的重合"，并把媒介产业融合视为新的促进就业与经济增长的一个强有力的发动机。"美国联邦政府的政策，特别是 1996 年的《电信传播法案》（Telecommunications Act of 1996），开所有传播通信服务业自由竞争之先河，开创了一个数字化的时代，继而引发了大汇流。立法者认为，这个新的法案向人们展示了 21 世纪的传播蓝图。"②2000 年 1 月 10 日，当时世界上最大的互联网服务公司美国在线和最大的传媒公司时代华纳宣布合并，合并后的"美国在线 - 时代华纳公司"（AOL Time Warner Inc.）成为集电视、电影、杂志和因特网为一体的超级媒体公司，跻身于全球《财富》500 强行列。这一"天作之合"代表着传统媒体产业和网络产业的融合，同时也成为国际媒介产业融合发展的标志性事件。媒介产业融合与产业革命是全方位、跨行业、深层次、超国界的。

就本义而言，媒介融合其实是指"新闻业"的融合（英文 media 和 journalism 在相同的含义层面几乎是两个可以互换的概念）。美国新闻学会媒介研究中心主任安德鲁·纳切松（Andrew Nachison）把"融合媒介"定义为"印刷的、音频的、视频的、互动性数字媒体组织之间的战略的、操作的、文化的联盟"③，他强调的是媒介之间的合作和联盟。戴默（Lori Demo）等学者在向美国新闻与大众传播学教育学会提交的一篇题为《融合连续统一体：媒介新闻编辑部合作研究的一种模式》（The Convergence Continuum：A Model for Studying Collaboration between Media Newsrooms）的论文中，提出了"融合连续统一体"这个新概念，并且根据当时媒介发展的实际归纳出了"融合新闻"的几种模式，这依然是今天我们研究媒介融合方式有价值的参照。

（1）交互推广，指作为合作伙伴的媒介相互利用对方推广自己的内容，如电视介绍报纸的内容。

（2）克隆，指作为合作伙伴的媒介不加改动地刊播对方的内容。

（3）合竞，指作为合作伙伴的媒介之间既有合作也有竞争，如一家报社的记者编辑在某电视台的节目中对新闻进行解释和评论，某一媒介为自己的合作伙伴提供部分新闻内容等。作者认为合作的媒介之间依然存在着相互戒备，在电视上露面的报纸记者不会愿意透露那些构成报纸独家新闻报道的关键信息。

（4）内容分享，指作为合作伙伴的媒介定期相互交换线索和新闻信息，并在一些报道领域中进行合作，如选举报道、调查性报道等，彼此分享信息资源，甚至共同设计报道方案，但各

① 鲍德温，麦克沃依，斯坦菲尔德. 大汇流：整合媒介、信息与传播［M］. 龙耘，官希明，译. 北京：华夏出版社，1996：35.

② 鲍德温，麦克沃依，斯坦菲尔德. 大汇流：整合媒介、信息与传播［M］. 龙耘，官希明，译. 北京：华夏出版社，1996：1.

③ 蔡雯. 新闻传播的变化融合了什么？——从美国新闻传播的变化谈起［J］. 采写编，2006（2）.

媒介的新闻产品仍然是由各自的采编人员独立制作的。

（5）融合，指作为合作伙伴的媒介在新闻采集与新闻播发两个方面进行全方位的合作，他们的共同目标是利用不同媒介的优势最有效地报道新闻。多个媒介的记者编辑组成一个共同的报道小组，策划新闻报道并完成采编制作，并且决定哪一部分内容最适合在哪个媒介上播发①。

媒介融合因划分标准的差异可以有不同的分类，就其广义而言，它应包括所有媒体及其相关要素的结合、汇聚和交融，例如，媒介组织、功能、内容、传播手段，以及所有权、资本等诸多要素，其最高层面应是媒介形态的融合。媒介融合必将同时伴随或者推进商业形态、生产形态以及制度的变迁。"媒介融合是不可逆转的潮流"②，只是新的信息和传播技术还在发展，媒介融合仍处于动态变化的进程之中。对于媒介融合的研究也同样如此，可以从不同角度予以展开，也有待于人们持续地进行探索。至于是否可以将媒介融合界定为一门"正在搭建和完善"③的学科则大可不必过早下定论。

二、虚拟现实

虚拟现实是一项由数字图像处理、计算机图形学、人机交互技术、传感技术和人工智能等综合集成的技术。一个完整的虚拟现实系统通常由虚拟环境，以高性能计算机为核心的虚拟环境处理器，以头盔显示器为核心的视觉系统，以语音识别、声音合成与声音定位为核心的听觉系统，以方位跟踪器、数据手套和数据衣为主体的身体方位姿态跟踪设备，以及味觉、嗅觉、触觉与力觉反馈系统等功能单元构成。使用者一般通过虚拟头盔和营养舱以意识的形式进入类似于地球或宇宙的虚拟环境，这个虚拟环境其实是用计算机生成的逼真地模拟视觉、听觉、触觉等感觉的高级人机界面和三维虚拟空间，在此使用者可以实时、身临其境般地进行交互式体验。

虚拟现实，英文简称 VR（Virtual Reality）。著名物理学家钱学森先生按中国传统文化的语义称 VR 技术为"灵境"技术，但社会科学院的金吾伦教授对此提出异议。他认为"灵境"是一种意译，与原意相差较远。对把 VR 译为"虚拟现实"，他也认为不妥，因为"虚拟实在是一种效应上而不是事实上真实的事件或实体"（迈克尔·海姆），而在哲学和物理学文献中，reality 一词译为"实在"已无争议。因此，reality"只能译为实在而不能译为'现实'"④。北京大学的朱照宣、刘华杰和潘涛等指出 VR 是身临其境、临摹出来的"境"，而"灵"字不宜用作科技术语，因此主张译为"临境"；中山大学物理学教授关洪也认为"灵境"一词宗教气味太重，干脆译为"虚实"⑤。除此之外，还有"实境技术""人工实在""模拟现实"和"虚拟真

① 蔡雯. 从"超级记者"到"超级团队"——西方媒体"融合新闻"的实践和理论［J］. 中国记者，2007（1）.

② 王岚岚，淡凤. 聚焦媒介融合和公共新闻——密苏里新闻学院副院长 Brian Brooks 教授系列讲座［J］. 国际新闻界，2006（5）.

③ 柳絮青，殷畅. 关于国内"媒介融合"（Media Convergence）的研究评述——以对"中国期刊全文数据库"近 10 年有关文献的分析为依据［J］. 枣庄学院学报，2008（3）.

④ 金吾伦. 关于"virtual reality"的翻译［N］. 光明日报，1996-10-28（6）.

⑤ 康敏. 关于"virtual reality"概念问题的研究综述［J］. 自然辩证法研究，2002（2）.

实"等译名。其实译名的差异缘于英语和汉语的语义差别，也与每个译者的学科背景和理解有关。本书认为，虚拟实在这个概念尽管内涵丰富，但更适合学术讨论和哲学思辨，而诸如"临境"和"虚实"这样的由科技专家提出的译名尽管也各有其合理性，但毕竟不够普及。尽管VR 是一种高端的集成技术，但它的应用领域极为广泛，因此不如使用虚拟现实这样一个普及性更强、语义也更明晰的中文词汇。

虚拟现实最早源自仿真技术。1929 年，艾德温·林克（Edwin A.Link）发明了飞行模拟器，它能使乘坐者感觉如同坐在真的飞机上。1962 年，莫顿·海利希（Morton Heilig）发明了实感全景仿真机。1965 年，后来被誉为"计算机图形学之父"的美国麻省理工学院博士生伊万·萨瑟兰（Ivan Sutherland）在其博士论文《终极显示》（The Ultimate Display）中提出了感觉真实、交互真实的人机协作新理论，并设想采用头盔显示（Head-Mounled Display，简称HMD）装置来观看计算机产生的各种图像，这被看作研究虚拟现实技术的开端。1966 年，美国麻省理工学院的林肯实验室正式开始了头盔式显示器的研制工作，并于 1970 年研制出了第一个功能较齐全的 HMD 系统。20 世纪 80 年代初，虚拟现实技术的基本概念开始形成。1984年，虚拟环境视觉显示器被开发出来用于火星探测，探测器发回地面的数据被输入计算机，计算机就构造了火星表面的三维虚拟环境。

1986 年，弗内斯（Furness）提出了一个叫作"虚拟工作台"（Virtual Crew Station）的革命性概念。1987 年，《科学的美国》（Scientific American）杂志发表了福利（James D. Foley）教授的《先进的计算机界面》（Interfaces for Advanced Computing）一文，还发表了一篇报道数据手套的文章，引起了人们极大的兴趣。1989 年，美国 VPI 公司的拉尼尔（Jarn Lanier）首次正式提出"Virtual Reality"[①] 这一概念。

20 世纪 90 年代以后，随着计算机软硬件、人机交互技术以及相关技术的推进，虚拟现实技术系统得以不断改进完善。譬如，使用基于图像的绘制技术，以提高图形生成的速度；采用各种新的交互设备，如双手输入技术、三维力反馈设备等；采用增强现实（Augmented Reality）技术（它也被称为混合现实，这是一种将真实环境和虚拟现实的景象相结合的技术）；在互联网（包括高速互联网）环境下，充分利用各地资源优势，协同开发虚拟现实的应用，如美国大型军用交互仿真系统 NPSNet 及多人游戏 MUD 等；采用多通道人机交互技术，即采用人体多种自然交互手段向系统输入，如手势、语音、头部或身体动作等。这些包括虚拟屏幕和非接触式凌空操作在内的一系列新技术，将为人类提供包括光、声、力、嗅、味等全方位、多角度的真实感觉，并实现和谐、自然、以人为中心的人机交互方式。

虚拟现实也被称为"远程显现"（Tele-Presence，也译为遥现）或"合成环境"（Synthetic Environments）。这其实是一种逼真地模拟现实环境的人机界面，通过人机交互，使用者（通过感知觉，换言之，利用相关技术刺激各种感觉器官）可以产生"身临其境"的现场感。这种虚拟现实"能使人造事物像真实事物一样逼真，甚至比真实事物还要逼真"[②]。1993 年，伯

---

① 1973 年，美国计算机艺术家 Myron Krurger 提出人工现实（Artificial Reality）一词以及后来出现的虚拟环境（Virtual Environment，VE）概念，均具有虚拟现实（VR）的含义。

② 尼葛洛庞帝. 数字化生存［M］. 胡泳，范海燕，译. 海口：海南出版社，1996：140.

迪（Grigore Burdea）等学者提出了虚拟现实技术三角形，即"3I"特性，也就是交互性（interactivity）、沉浸感（illusion of immersion）和构想性（imagination）。美国技术哲学博士迈克尔·海姆概括了虚拟现实的 7 个主要特征，即仿真性（模拟性）、交互性、人工性、沉浸性、遥在、全身沉浸和网络通信。[①]

交互性是指使用者通过专门的输入和输出设备，运用人类的自然技能（如自身的语言、身体运动或动作等）实现对在模拟环境中的对象的实时操控，并能够获得相应的回应。在虚拟现实系统中，使用者不仅可以利用电脑键盘、鼠标进行交互，也能够通过特殊头盔、数据手套等传感设备进行交互。计算机可以根据使用者的头、手、眼、语言及身体的运动自动调整系统呈现的图像及声音。譬如用户直接用手去抓取或者移动模拟环境中的物体，不仅有抓的感觉，甚至可以感觉到物体的重量。沉浸感是指参与者借助交互设备和自身的感知系统对虚拟环境的投入程度。虚拟环境的逼真性使参与者在交互过程中产生现实幻觉或临场感，并沉浸其中。这种沉浸式体验是虚拟现实更为本质的特征，因而有沉浸式媒介（Immersive Media）一说。构想性强调虚拟现实技术对想象空间和认知范围的拓展。虚拟现实技术不仅可以模拟和再现真实存在的环境，也可以构造某些现实世界根本不存在的事物、情景或空间环境，譬如，人可以以另外的性别和物种出现，也可以自由地飞行。基于这一特性，某些学者称虚拟现实为放大人类心灵的工具。

除了"3I"，多感知性（multi-sensory）也是虚拟现实一个极为重要的特征。多感知性强调虚拟现实系统提供的多维感觉通道和全息性（multi perceives）。参与者通过全息传感和反应装置，可以在虚拟环境中获得视觉、听觉、触觉及嗅觉等多种感知，从而产生身临其境的感受。多感知性或者说全息性无疑是参与者全身心沉浸到虚拟现实的基本条件和技术基础。理想的虚拟现实技术应该具备人所具有的一切感知功能。限于技术条件（尤其是传感技术），目前虚拟现实技术所具备的感知功能仅限视觉、听觉、力觉、触觉、运动等数种。

虚拟现实系统是"一种典型的人机结合的复杂系统"，是支撑未来多维信息空间的关键技术[②]，其应用和交叉的领域极为广泛，几乎能够用以支持任何人类活动。早在 1993 年，有学者对全世界范围内已经进行的 805 项虚拟现实研究项目做了统计。结果表明：虚拟现实技术在娱乐、教育及艺术方面的应用占据主流（21.4%），其次是军事与航空（12.7%）、医学（6.13%）、机器人（6.21%）、商业（4.96%），另外在可视化计算、制造业等方面也占有相当的比重。虚拟现实技术也应用于大众传播领域，起规避风险、弥补缺失信息的作用，或者再造历史场景，提供互动式直观体验。譬如，某些突发新闻事件，抑或某些危险的新闻现场（如战争、火灾、水灾、地震和火山喷发等），甚至某些消逝已久的历史事件和历史人物，均可以通过虚拟现实技术予以重构；互动游戏、科幻影片或者科普电视节目更有赖于虚拟现实技术施展其独特的魅力。

---

① 海姆. 从界面到网络空间——虚拟实在的形而上学［M］. 金吾伦，刘刚，译. 上海：上海科技教育出版社，2000：113-119.

② 汪成为. 开放的复杂巨系统［M］. 杭州：浙江科技出版社，1996：183-184.

三、大数据

在计算机技术领域，大数据并不是一个全新的术语。早在 20 世纪 80 年代，阿尔文·托夫勒就将大数据盛赞为"第三次浪潮的华彩乐章"。但大数据的广泛应用却是近几年的事情。最早预见到大数据时代来临的是以企业管理咨询闻名的麦肯锡公司。2011 年 6 月，麦肯锡公司发布研究报告《大数据：下一个创新、竞争和生产力的前沿领域》，指出大数据具有无限的潜力，其运用预示着生产率增长和消费者盈余这一新浪潮的到来。随后，维克托·迈尔-舍恩伯格和肯尼斯·库克耶于 2012 年 12 月编著出版了《大数据时代》一书，开启了大数据研究的先河。

关于大数据的定义至今仍没有统一的说法。麦肯锡的大数据报告给出的定义是，规模超过现有数据库工具获取、存储、管理和分析能力的数据集，同时强调并不是超过某个特定数量级的数据集才是大数据。有学者认为大数据概念有广义和狭义之分，广义的大数据包括大数据技术及其应用、大数据工程和大数据科学，而狭义的大数据则"主要是指大数据技术及其应用，是指从各种各样类型的数据中，快速获得有价值信息的能力"[①]。我们认为，大数据是指数量繁多、格式复杂、难以用传统工具处理的数据信息。它意味着数据处理形式的革新，也体现了一种新的思维方式：从全面具象的数据信息中抽象出具有价值的意义，发掘那些以前所无法解析的数据的巨大潜能，从而改变人们的认知和世界的运行方式。

无论是将大数据看作规模庞大的数据集，还是处理复杂数据的技术和能力，它们都强调数据作为信息具有不可估量的价值。其中，"5V"是目前公认的大数据的基本特点，即体量巨大（volume）、类型繁多（variety）、存取速度快（velocity）、价值密度低（value）、真实（veracity）。维克托·迈尔-舍恩伯格在《大数据时代》中指出了大数据时代处理数据的三个侧重点：全体数据、混杂性、相关关系。这实际上是大数据的操作特点。与传统的"小数据"研究相对，大数据分析的对象是全体数据而非抽样数据。由于数量庞大、类型混杂，大数据分析在处理效率提高的同时出现错误也在所难免，精确性难以保证。在分析相关关系的基础上进行预测，是大数据的核心效用。

大数据之大，不仅指数据规模庞大，还指数据多源异构，需要进行全面处理和分析。分析与预测是大数据应用的两大功用。某种程度上，人们越来越倾向于将现象等同于数据，在分析的基础上给出预测。国内学者喻国明认为，对数据集进行多维度分析，找出关联因素，体现了数据"真实再现"的功能。牛津大学互联网中心教授拉尔夫·施罗德（Ralph Schroeder）认为，"数据提供了对于一个特殊现象相当全面的证明"[②]，但他也认为这个过程存在着简化主义倾向。预测被认为是大数据的核心功能，人们在庞杂的数据中挖掘可利用的信息，为决策做科学的铺垫。数据的预测功能在现实中得到了许多实践证明，比如利用搜索引擎的搜索记录进行词条统计和分析可以解释某一对象的行为或现象，以及进行购物网站上的价格走向预测；利用计算机，企业可以根据掌握的产品的全部数据、用户购买行为的相关数据来优化战略部署。总

---

① 钟瑛，张恒山. 大数据的缘起、冲击及其应对［J］. 现代传播，2013（7）.

② 格雷厄姆，达顿. 另一个地球：互联网＋社会［M］. 胡泳，等译，北京：电子工业出版社，2015：147.

之，行动是建立在对趋势预测的基础上的，预测则基于对数据做出忠于事实的观察分析。

随着与人工智能、云计算等新兴技术的结合，大数据发展势头愈加强劲，如今已经渗透进人类生产生活的各个领域。商业领域一直是大数据应用的重点，许多企业愈发认识到数据的价值，重视大数据与业务的结合。IBM 商业价值研究院在关于 2015 年中国制造业走向的报告中提出大数据将贯穿产业链始终，是企业重要的核心资产。可见，数据从一种纯粹的资源成了价值可被衡量的资产。大数据、云计算、移动互联网、物联网等新技术的共同作用，促使企业"以数据洞察为核心驱动力，贯穿参与者、产品与生产，实现跨界和全球化互联互通的协同，形成集制造和服务为一体的全球化价值网络"。在新闻传播领域，数据新闻是新闻业的一大重要趋势，可视化呈现与深入的数据洞察分析要求新闻工作者更新技能，用大数据思维来武装头脑。此外，大数据还在金融、医疗、交通、社交等领域有着广泛的应用。

值得注意的是，大数据开始逐渐从商业行为演进为国家科技战略行动。从 2012 年开始，英、美、日等许多国家开始着眼于大数据战略。我国虽然起步较晚，但正奋起疾追：2015 年全国两会期间，李克强总理提出要"推动移动互联网、云计算、大数据、物联网发展"；2015 年 9 月国务院发布了《关于促进大数据发展行动纲要》，这是我国促进大数据发展的第一份权威性、纲领性文件；同年 11 月，五中全会提出要实施国家大数据战略，首次将大数据提升为国家战略并写入"十三五"规划。如果说 2015 年是大数据政策顶层设计年，那么 2016 年则是大数据政策细化落地年，各部门、各地政府纷纷出台各自领域、地区的大数据建设方案。据 BDIC2017《中国大数据产业分析报告》显示，截至 2016 年年底，已有 21 个省市区明确出台了大数据产业规划，4 个省出台了相关发展措施。以京津、黔渝、长三角、珠三角等地为首，目前已形成大数据产业区域集聚效应。

总体来看，我国大数据发展仍处于起步阶段。其中存在不少问题，比如数据质量参差不齐、数据开放程度和深度循环利用程度不高、数据隐私与知识产权保护、数据人才缺口等，有待进一步解决。

四、"互联网 +"

2015 年 3 月 5 日，李克强总理在十二届全国人大第三次会议上的政府工作报告中首次提出了"互联网 +"行动计划，推动移动互联网、云计算、大数据、物联网等与现代制造业结合，促进电子商务、工业互联网和互联网金融健康发展，引导互联网企业拓展国际市场。同年 7 月，国务院发布《关于积极推进"互联网 +"行动的指导意见》，对"互联网 +"的具体实施范围予以指示，要求发展改革委员会、科技部、工业和信息化部、网信办等主要部门协同合作，在制造业、农业、能源、金融、便民服务、物流、电子商务、交通、生态、人工智能等方面贯彻落实"互联网 +"行动计划。

2016 年政府工作报告再提"互联网 +"，提出发挥大众创业、万众创新和"互联网 +"集众智、汇众力的乘数效应，是政府年度工作的重点之一。同年 7 月，国务院发布《国家信息化发展战略纲要》，旨在指导未来 10 年国家信息化发展，以信息化驱动现代化，建设网络强国。可见，在国家改革进入深水区，社会各行业融合转型的背景下，"互联网 +"被提至国家发展战略高度的定位将为各领域指引创新方向，使"互联网＋"成为驱动中国经济转型的引擎。

什么是"互联网＋"？2015年发布的《国务院关于积极推进"互联网＋"行动的指导意见》指出，"互联网＋"是把互联网的创新成果与经济社会各领域深度融合，推动技术进步、效率提升和组织变革，提升实体经济创新力和生产力，形成更广泛的以互联网为基础设施和创新要素的经济社会发展新形态。腾讯CEO马化腾则解释说，"互联网＋"战略就是利用互联网的平台，利用信息通信技术，把互联网和包括传统行业在内的各行各业结合起来，在新的领域创造一种新的生态。^①"互联网+"其实是一个整体概念，代表的是一种新经济形态，指的是利用互联网技术实现与传统产业的深度融合，达到优化生产要素、更新业务体系、完成产业结构升级，最终提升经济效益的目标。^②事实上，"互联网＋"已经深入传统的金融、医疗、交通、物流等各领域，比如"互联网＋银行"带来了"支付宝"，"互联网＋交通"催生了"滴滴打车"，互联网技术所带来的新常态和新样式已经成为中国经济提升的动力与引擎。

"互联网＋"对传媒产业有着非常重大的影响和意义。网络的快速发展对传媒产业带来巨大的冲击。有学者指出，目前传统媒体正经历断崖式的下滑，报纸、广播、电视等载体的发行量、收听和收视率早已不容乐观，因此，与新媒体的"融合"成为传统媒体最后一根稻草。许多传统媒体力图通过抢占微博、微信、移动客户端乃至H5等新技术阵地，尝试以各种形式实现与新媒体的融合，但综观改革成果，媒体融合之路仍停留在媒介介质表层形态上，出现比较严重的同质化问题，传媒转型实际上已经进入瓶颈期。互联网打破了信息不对称的困境，去中心化的技术优势使得人们能够在网络构建的虚拟空间中自由交往。互联网的更新迭代尤其是移动互联网的发展推进正在重构传媒生态，"以我为主"的单向传播模式转变为"以用户为中心"的双向互动格局，受众由被动接受转变为主动筛选获取。求快、求新、求变的互联网能够快速捕捉受众注意力并将其转化为流量，最终实现商业变现，传统意义的传媒模式已经被全然颠覆，受众的阅读习惯、信息获取方式也随之改变。^③

在此背景下，"互联网＋"使传媒业焕发出新的活力：一方面，"互联网＋媒体"将成为未来媒体融合发展的一大趋势。新传播技术背景下，"互联网＋"带来的是生产关系的重构，是一种新的商业模式，代表着全新的生产生活方式，将作为一种新常态融入社会变革。另一方面，"互联网＋"并不仅仅止于互联网与传统产业的简单融合，而是更深层意义上的颠覆式改造。"互联网＋工业"打造工业4.0，"互联网＋农业"开启智慧物联，"互联网＋传媒"为传媒产业提供了新的发展契机，成为媒体业升级创新的重要途径。"互联网＋传媒"意味着传统媒体借势革新，成功融合转型，最关键的是真正实现"互联网化"，即利用大数据、物联网、云计算等高新技术，树立新媒体产品观，以用户为导向，以市场作为参考，充分利用互联网思维重塑传媒产业生态。

---

① 官建文，李黎丹."互联网＋"：重新构造的力量［J］. 现代传播，2015，37（6）.
② 黄楚新."互联网＋媒体"——融合时代的传媒发展路径［J］. 新闻与传播研究，2015，22（9）.
③ 黄楚新."互联网＋媒体"——融合时代的传媒发展路径［J］. 新闻与传播研究，2015，22（9）.

思考题

1. 请以某一经典大众传播理论为例，简述其在新媒介时代的发展和变化。
2. 简评麦克卢汉媒介理论的意义及其局限。
3. 如何看待网络技术对社会现实的影响？
4. 什么是媒介融合？试述媒介融合的发展现状。
5. "互联网＋"将塑造起怎样的传媒生态？

参考文献

中文文献

A

艾媒咨询，2016年APP与微信公众号市场研究报告［EB/OL］.（2016-11-29）［2017-09-21］. http://www.iimedia.cn/46539.html.

B

百度百家号"文创资讯"，2016年中国电视产业发展五大潮流［EB/OL］.（2016-11-29）［2017-09-21］. https://baijiahao.baidu.com/s?id=1555225515953199.

鲍德温，麦克沃依，斯坦菲尔德. 大汇流：整合媒介、信息与传播［M］. 龙耘，官希明，译. 北京：华夏出版社，1996.

波普诺. 社会学［M］. 李强，等译. 北京：中国人民大学出版社，1999.

波斯特. 信息方式［M］. 范静晔，译. 北京：商务印书馆，2000.

伯顿. 媒体与社会——批判的视角［M］. 史安斌，译. 北京：清华大学出版社，2005.

布鲁. 经济思想史［M］. 焦国华，韩红，译. 北京：机械工业出版社，2003.

布宁，余纪元. 西方哲学英汉对照辞典［M］. 北京：人民出版社，2001.

C

蔡骐. 社会化网络时代的媒介文化变迁［J］. 新闻记者，2015（3）：36-41.

蔡雯. 从"超级记者"到"超级团队"——西方媒体"融合新闻"的实践和理论［J］. 中国记者，2007（1）：80-82.

蔡雯. 从面向"受众"到面对"用户"——试论传媒业态变化对新闻编辑的影响［J］. 国际新闻界，2011.

蔡雯. 新闻传播的变化融合了什么？——从美国新闻传播的变化谈起［J］. 采. 写. 编，2006（2）：57-59.

曹慧丹. 网络传播中的意见领袖研究［D］. 长沙：湖南师范大学，2015.

常晋芳. 网络哲学引论［M］. 广州：广东人民出版社，2005.

巢乃鹏. 网络受众心理行为研究［M］. 北京：新华出版社，2002.

陈洁. BBS：中国公共领域的曙光［J］. 中国青年研究. 1999（5）.

陈力丹，易正林. 传播学关键词［M］. 北京：北京师范大学出版社. 2009.

陈力丹. 大众传播理论如何面对网络传播［J］. 国际新闻界，1998（5）.

陈力丹. 大众传播理论如何面对网络传播［J］. 国际新闻界，1998（Z1）：84-90.

陈然，莫茜. 网络意见领袖的来源、类型及其特征［J］. 新闻爱好者，2011（24）：6-7.

陈绚，杨秀. 新闻传播与媒介法治年度研究报告2015［M］. 北京：中国人民大学出版社，2015.

成思思. 论我国网络环境下公民隐私权的法律保护［D］. 湘潭：湘潭大学，2013.

程曼丽，乔云霞. 新闻传播学辞典［M］. 北京：新华出版社，2013.

崔保国. 信息社会的理论与模式［M］. 北京：高等教育出版社，1999：82.

崔保国. 中国传媒产业发展报告2016［M］. 北京：社会科学文献出版社，2016.

崔保国. 中国传媒产业发展报告2017［M］. 北京：社会科学文献出版社，2017.

崔欣，孙瑞祥. 大众文化与传播研究［M］. 天津：天津人民出版社，2005.

D

德弗勒，丹尼斯. 大众传播通论［M］. 颜建军，王怡红，等译. 北京：华夏出版社，1989.

蒂洛，克拉斯曼. 伦理学与生活［M］. 程立显，刘建，等译. 北京：世界图书出版社，2007.

董璐. 传播学核心理论与概念［M］. 北京：北京大学出版社，2008.

杜盖伊. 做文化研究：索尼随身听的故事［M］. 霍炜，译. 北京：商务印书馆，1997.

段伟文. 网络空间的伦理反思［M］. 南京：江苏人民出版社，2002.

F

菲德勒. 媒介形态变化：认识新媒介［M］. 明安香，译. 北京：华夏出版社，1997.

凤凰卫视. 美国参议院废除互联网隐私条例［EB/OL］.（2017-03-25）［2017-08-13］. http://news.ifeng.
　　com/a/20170325/50835462_0.shtml.

G

甘惜分. 新闻学大辞典［M］. 郑州：河南人民出版社，1993.

格雷厄姆，达顿. 另一个地球：互联网+社会［M］. 胡泳，等译. 北京：电子工业出版社，2015.

顾洁. "受众参与"：一种超越"用户生产"的新闻实践———从BBC的实践看一种发展中的新闻样态和
　　类型［J］. 新闻与写作. 2013（9）.

官建文，李黎丹. "互联网+"：重新构造的力量［J］. 现代传播（中国传媒大学学报），2015，37（6）.

郭良，卜卫. 青少年互联网使用状况及影响的调查报告［EB/OL］.（2001-04-01）［2016-08-09］. http://
　　www.cycnet.com/ce/itre/index_. htm.

郭良. 社科院调查报告：网民使用最多的是网络新闻［N］. 2005-08-02.

郭良. 网络创世纪：从阿帕网到互联网［M］. 北京：中国人民大学出版社，1998.

郭庆光. 传播学教程［M］. 北京：中国人民大学出版社，2011.

郭全中. 2016年中国传媒资本运作发展特点［M］//崔保国. 中国传媒产业发展报告2017，北京：社会科
　　学文献出版社，2017.

H

哈贝马斯. 公共领域的结构转型［M］. 曹卫东，王晓珏，刘北城，等译. 南京：学林出版社，1999.

哈艳秋. 中国新闻传播史研究［M］. 北京：中国广播电视出版社，2005.

海姆. 从界面到网络空间——虚拟实在的形而上学［M］. 金吾伦，刘刚，译. 上海：上海科技教育出版社，1993.

豪. 众包：大众力量缘何推动商业未来［M］. 牛文静，译. 北京：中信出版社，2011.

禾水. 网络游戏是"刀"还是"鸦片"［J］. 互联网周刊，2005（11）.

何道宽. 麦克卢汉精粹［M］. 南京：南京大学出版社，2000.

何道宽. 人的延伸［M］. 成都：四川人民出版社，1992.

何慧炯. 互联网络与民主的前景［M］// 鲍宗豪. 数字化与人文精神. 上海：上海三联书店，2003.

赫斯蒙德夫. 文化产业［M］. 菲娜，译. 北京：中国人民大学出版社，2007.

胡泳. 互联网与"观念市场"［J］. 国际新闻界，2015，37（3）.

胡泳. 众声喧哗：网络时代的个人表达和公共讨论［M］. 桂林：广西师范大学出版社，2008.

华莱士. 互联网心理学［M］. 谢影，等译. 北京：中国轻工业出版社，2001.

环球网，百家号火力全开：2017年给内容生产者分成100亿［EB/OL］.（2016-11-23）［2017-09-21］. http://tech.huanqiu.com/news/2016-11/9722070.html.

黄楚新. "互联网＋媒体"——融合时代的传媒发展路径［J］. 新闻与传播研究，2015，22（9）.

黄慧. 网络："芙蓉姐姐"蹿红的温床［J］. 北方传媒研究，2005（4）.

黄镭坚. 技术决定论的多种面貌与技术概念的多重含义［J］. 自然辩证法研究，2000（6）.

黄少安. 产权经济学导论［M］. 济南：山东人民出版社，1997.

黄升民，丁俊杰. 媒介经营与产业化研究［M］. 北京：北京广播学院出版社，1997.

霍尔. 文化身份与族裔散居［M］// 罗钢，刘象愚. 文化研究读本，北京：中国社会科学出版社，2000.

霍洛克斯. 麦克卢汉与虚拟实在［M］. 刘千立，译. 北京：北京大学出版社，2005.

J

蒋凯警，谢璇. 国内电视综艺节目发展报告2016［EB/OL］.（2017-01-09）［2017-09-12］. http://mt.sohu.com/it/d20170109/123851466_465245.shtml.

金吾伦. 关于"Virtual Reality"的翻译［N］. 光明日报，1996-10-28（6）.

金耀基. 金耀基自选集［M］. 上海：上海教育出版社，2002.

经济参考报. 网易败诉被强制执行刊登致歉声明［EB/OL］.（2014-08-13）［2018-08-13］. http://dz.jjckb.cn/www/pages/webpage2009/html/2014-08/13/content_94202.htm?div=-1

K

卡斯特. 网络社会的崛起［M］. 夏铸九，王志弘，等译. 北京：社会科学文献出版社，2000.

卡斯特. 网络星河［M］. 郑波，武炜，译. 北京：社会科学文献出版社，2007.

凯茨，莱斯. 互联网使用的社会影响［M］. 傅小兰，严正，译. 北京：商务印书馆，2007.

康敏. 关于"Virtual Reality"概念问题的研究综述［J］. 自然辩证法研究，2002（2）.

克里斯蒂安，法克勒，罗特佐尔，等. 媒体伦理学［M］. 北京：华夏出版社，1998.

匡文波. 网络传播学概论［M］. 北京：高等教育出版社，2004.

L

拉波特，奥弗林. 社会文化人类学的关键概念［M］. 鲍雯妍，张亚辉，译. 北京：华夏出版社，2005.

拉克斯. 网络与民主［M］//冈特利特. 网络研究：数字化时代媒介研究的重新定向. 新华出版社，
　2000.

莱文森. 数字麦克卢汉：信息化新纪元指南［M］. 何道宽，译. 北京：社会科学文献出版社，2001.

勒庞. 乌合之众：大众心理研究［M］. 冯克利，译. 北京：中央编译出版社，2000.

李钢，王旭辉. 网络文化［M］. 北京：人民邮电出版社，2005.

李河. 得乐园·失乐园［M］. 北京：中国人民大学出版社，1997.

李金铨，祝建华，杜骏飞，等. 学术对谈：数码传播与传播研究的范式转移及全球化［J］. 传播与社会
　学刊. 2007（2）.

李景鹏. 从管制型政府向服务型政府的转变［J］. 新视野，2004（5）.

李君如. 中国民主政治形式和政治体制改革［N］. 文汇报，2006-9-24.

李凯，邓智文，严建援. 搜索引擎营销研究综述及展望［J］. 外国经济与管理，2014（10）.

李良荣，等. 历史的选择——中国新闻改革30年［M］. 武汉：武汉大学出版社，2009.

李林蓉. 高职院校文化创意产业人才培养模式研究［J］. 四川旅游学院学报，2014（5）.

李娜. 欧美公共广播电视危机与变迁研究［M］. 北京：中国传媒大学出版社，2009.

李欣. 西方传媒新秩序［M］. 广州：南方日报出版社，2008.

李永刚. 我们的防火墙：网络时代的表达与监管［M］. 桂林：广西师范大学出版社，2009.

利贝卡普. 产权的缔约分析［M］. 陈宇东，等译. 北京：中国社会科学出版社，2001.

刘丹鹤. 赛博空间与网际互动［M］. 长沙：湖南人民出版社，2007.

刘钢. "网络结社"初探［M］//鲍宗豪. 数字化与人文精神. 上海：上海三联书店，2003.

刘海龙. 大众传播理论：范式与流派［M］. 北京：中国人民大学出版社，2008.

刘宏. 迈向公民社会：《中国民间组织30年》作者专访［N］. 2009-07-18.

刘吉，金吾伦，等. 千年警醒：信息化与知识经济［M］. 北京：社会科学文献出版社，1998.

刘文富. 网络政治［M］. 北京：商务印书馆，2002.

刘文良，等. 中国政府职能转变问题报告［M］. 北京：中国发展出版社，2003.

刘艺群. 从邮政民营化看日本经济复苏中的改革动向［J］，当代亚太，2007（3）.

刘颖杰，赵学伟. 关于网络自我认同危机［J］. 广西青年干部学院学报，2005（1）.

柳絮青，殷畅. 关于国内"媒介融合"（Media Convergence）的研究评述——以对"中国期刊全文数据库"
　近10年有关文献的分析为依据［J］. 枣庄学院学报，2008（3）.

龙一春. 日本传媒体制创新［M］. 广州：南方日报出版社，2006.

卢现祥. 西方新制度经济学［M］. 北京：中国发展出版社，2003.

鲁曙明，洪浚浩. 传播学［M］. 北京：中国人民大学出版社，2007.

陆道夫. 文本/受众/体验：约翰·菲斯克媒介文化研究［M］. 北京：北京邮电大学出版社，2008.

罗厚如. 论公民直接立法权 [J]. 法律科学，1996（2）.

M

迈尔斯. 社会心理学 [M]. 侯玉波，乐国安，张智勇，等译. 北京：人民邮电出版社，2005.

麦奎尔. 麦奎尔大众传播理论 [M]. 崔保国，李琨，译. 北京：清华大学出版社，2006.

麦奎尔. 受众分析 [M]. 刘燕南，李颖，杨振荣，译. 北京：中国人民大学出版社，2006.

曼德尔. 即将来临的互联网大萧条 [M]. 李斯，李燕鸿，译. 北京：光明日报出版社，2001.

孟伟松. 中国互联网络信息中心主任毛伟认为——互联网治理宜采取"政府支持、民间运作"模式 [N]. 人民邮电报，2007-04-10.

闵大洪. 党与党报网站 [EB/OL]. （2006-01-09）[2018-12-11]. academic.mediachina.net.

闵大洪. 数字传媒概要 [M]. 上海：复旦大学出版社，2003.

默多克. 大众媒介的政治经济学 [J]. 章戈浩，译. 新闻与传播评论，2004（1）.

N

南国农. 信息技术教育与创新人才培养上 [J]. 电化教育研究. 2001（8）.

尼葛洛庞帝. 数字化生存 [M]. 胡泳，范海燕，等译. 海口：海南出版社，1995.

年度虚假新闻研究课题组，白红义，江海伦，等. 2016年虚假新闻研究报告 [J]. 新闻记者，2017（1）.

诺顿. 因特网：从神话到现实 [M]. 朱平，等译. 南京：江苏人民出版社，2001.

诺尔诺曼. 沉默的螺旋 [M]. 北京：北京大学出版社. 1984.

O

欧阳友权. 网络传播与社会文化 [M]. 北京：高等教育出版社，2005.

P

帕夫利克. 新媒体技术：文化和商业前景 [M]. 周勇，张平锋，景刚，译. 北京：清华大学出版社，1998.

彭伯. 大众传媒法 [M]. 张金玺，赵刚，译. 北京：中国人民大学出版社，2005.

彭兰. 从社区到社会网络——一种互联网研究视野与方法的拓展 [J]. 国际新闻界，2009（5）.

彭兰. 网络传播概论 [M]. 北京：中国人民大学出版社，2001.

彭丽琼，李代彬，黄琴. 网络"舆论场"与网络监督、监管刍议 [J]. 中国经济与管理科学，2009（6）.

彭伟国，张文兰，蔡丽. 以创新推广理论突围信息技术与课程整合的高原期 [J]. 现代教育技术，2009，19（7）.

彭晓芸，贺卫方. 中国公众参与的网络依赖症 [N]. 南都周刊，2007-07-06.

普特曼. 企业的经济性质 [M]. 孙经纬，译. 上海：上海财经大学出版社，2000.

Q

仇玉平. 民间社团之乱：中国国情研究会全面清理内幕 [J]. 法制与新闻，2004（5）.

齐立强. 新媒体条件下公共领域在中国的前景［J］. 湖南大众传媒职业技术学院学报，2005（3）.

企鹅智酷. 微信2017用户研究和商业机会洞察［EB/OL］.（2017-04-24）［2017-09-21］. http://tech. qq.com/a/20170424/004233.htm#p=1.

琼斯. 新媒体百科全书［M］. 熊澄宇，范红，译. 北京：清华大学出版社，2007.

R

人民网，今日头条进军短视频领域，投10亿元补贴创作者［EB/OL］.（2016-09-21）［2017-09-21］. http://it.people.com.cn/nl/2016/0921/c1009-28729312.html.

人民网，全球纸媒广告萎缩加速报纸行业向数字化转型［EB/OL］.（2016-10-25）［2017-08-10］. http:// world.people.com.cn/nl/2016/1025/c100228806767.html.

人民网. 最高法公布8起利用信息网络侵害人身权益典型案例【5】［EB/OL］.（2014-10-09）［2016-12-12］. http://lega.people.com.cn/n/2014/1009/c42510-25796066-5.html SABCDEFGHIJKLMNOPQRSTUVWXYZ.

S

萨默瓦，波特. 跨文化传播［M］. 闵惠泉，王纬，徐培喜，等译. 北京：中国人民大学出版社，2004.

赛佛林，坦卡德. 传播理论：起源、方法与应用［M］. 郭镇之，等译. 北京：华夏出版社，2000.

桑斯坦. 网络共和国：网络社会中的民主问题［M］. 黄维明，译. 上海人民出版社，2003.

沙莲香. 传播学：以人为主体的图像世界之谜［M］. 北京：中国人民大学出版社，1990：247.

舍基. 未来是湿的［M］. 胡泳，沈满琳，译. 北京：中国人民大学出版社，2008：135.

申克. 信息烟尘［M］. 黄锫坚，朱付元，何芷江，译. 南昌：江西教育出版社，2001.

申琦. 我国网站隐私保护政策研究：基于49家网站的内容分析［J］. 新闻大学，2015（4）.

沈路涛，周玮. 七成多网民认为：玩网络游戏并非丧志［N］. 新华每日电讯，2004-02-21（2）.

斯皮内洛. 世纪道德——信息技术的伦理方面［M］. 刘钢，译. 北京：中央编译出版社，1995.

斯通［A.R.Stone］，转引自：段伟文. 网络空间的伦理反思［M］. 南京：江苏人民出版社，2002：18.

宋石男. 互联网与公共领域构建——以Web2.0时代的网络意见领袖为例［J］. 四川大学学报（哲学社会科学版），2010（3）：70-74.

宋昭勋. 新闻传播学中Convergence一词溯源及内涵［J］. 现代传播（中国传媒大学学报），2006（1）.

苏宏元. 段润. Web2.0时代网络深度报道的特征分析［J］. 现代传播. 2010（3）.

苏钥机，李月莲. 媒体理论［M］//鲁曙明，洪浚浩. 传播学. 北京：中国人民大学出版社，2007.

孙玉奎. 简介美国的1996年电信法［J］. 邮电设计技术，1996（11）.

所罗门. 大问题：简明哲学导论［M］. 张卜天，译. 桂林：广西师范大学出版社，2002.

T

唐绪军. 中国新媒体发展报告2017［M］. 北京：社会科学文献出版社，2017.

陶东风. 大众文化教程［M］. 桂林：广西师范大学出版社，2008.

陶建钟. 组织性：网络政治参与的新趋向——以某艺员杭州受阻事件为例［J］. 中国青年研究，2005（7）.

腾讯网. 2016腾讯娱乐白皮书［EB/OL］.（2016-02-28）［2017-08-21］. http://ent.qq.com/zt2016/

whitePaper/home_pc.htm.

腾讯网. UC订阅号启动"W+"量子计划,将投入10亿基金鼓励创作者[EB/OL].(2016-12-01)
　　[2017-09-21]. http://tech.qq.com/a/20161201/028040.html.

腾讯网. 内容创业新风向:企鹅智酷发布2017自媒体趋势报告[EB/OL].(2017-02-21)[2017-09-21].
　　http://tech.qq.com/a/20170221/007017.htm#p=29.

屠忠俊,吴廷俊. 网络新闻传播导论[M]. 武汉:华中科技大学出版社,2002.

W

汪成为. 开放的复杂巨系统[M]. 杭州:浙江科技出版社,1996.

汪晖. 公共领域[J]. 读书,1995(6).

汪凯. 媒体、民意与公共政策[M]. 上海:复旦大学出版社,2005.

汪向东. 中国网情报告[M]. 北京:新星出版社,2009.

王琨茸. 众包众筹新闻社会化媒体时代的新闻生产新模式研究[D]. 北京:北京交通大学,2015.

王岚岚,淡凤. 聚焦媒介融合和公共新闻——密苏里新闻学院副院长Brian Brooks教授系列讲座[J]. 国
　　际新闻界,2006(5).

王利明. 人格权法新论[M]. 长春:吉林人民出版社,1994.

王少磊. 网络传播与社会发展[M]. 北京:新华出版社,2006.

王绍光,何建宇. 中国的社团革命——勾勒中国人的结社的全景图[J]. 浙江学刊,2004(11).

王怡. 网络民意与"失控的陪审团"[J]. 新闻周刊,2004(1).

魏绝华. 众筹新闻的发展及其在中国的可行性分析[D]. 济南:山东师范大学,2015.

魏永征. 全国名誉权案件去年增长创纪录意味着什么?[J]. 新闻记者,2015(4).

魏永征. 新闻传播法教程[M]. 北京:中国人民大学出版社,2010.

吴伯凡. 孤独的狂欢[M]. 北京:中国人民大学出版社,1998.

吴畅畅. 从非典看媒体生态系统[EB/OL].(2003-05-13)[2017-08-21]. http://www.cjr.com.cn.

吴风. 网络传播学——一种形而上学的透视[M]. 北京:中国广播电视出版社,2004.

吴江. 未来十年中国电子政府的发展和对策[EB/OL].(2004-03-26). http://www.ciia.org.cn/ 03/26/2004.

吴齐殷. 电脑网络的社会冲击:以伦理议题为例[J]. 应用伦理研究通讯,1998(5).

X

西斯蒙多. 科学技术学导论[M]. 许为民,等译. 上海:上海科技教育出版社,2006.

辛义,曾响. 网络暴力需从心而治[N]. 人民日报(海外版),2008-12-06(8).

新华网. 中国报业2016年发展报告呈现出报业"断崖式"经营下滑[EB/OL]. http://www.xmtnews.com/
　　p/3405.html.

新华网. 做大做强数字经济,拓展经济发展新空间[EB/OL].(2016-10-06)[2017-09-21]. http://news.
　　xinhuanet.com/politics/2016-10/09/c_1119682204.htm.

熊澄宇. 2009中国新媒体传播学年会主题发言[C]. 2009.

徐宏. 自由的狂欢场还是罪恶的源流地:网络社区的伦理问题研究[D]. 北京:中国人民大学,2008.

徐钱立．社交媒体聚合——Web2.0时代新闻网站理念［J］．新闻实践，2013（12）．

徐永祥．社区发展论［M］．上海：华东理工大学出版社，2000．

薛红玉．网络新闻编辑的发展和创新策略研究［D］．北京：北京邮电大学，2010．

Y

杨保军．后新闻传播时代的开启［J］．现代传播，2008（6）．

杨伯溆．人性、因特网与全球传播的普世文化内涵［J］．中国传媒报告，2004（4）．

杨公朴．产业经济学［M］．上海：复旦大学出版社，2005：23．

杨晴川．美国：娱乐软件分级防止网络暴力［EB/OL］．（2007-05-09）［2018-08-21］．news.xinhuanet.com.

杨晓哲，任友群．数字化时代的STEM教育与创客教育［J］．开放教育研究，2005（5）．

姚丽萍，马亚宁．2014年司法成绩单 最高法受理案件11 210件 28名省部级以上干部被查［EB/OL］．（2015-03-12）［2016-08-12］．http://xmwb.xinmin.cn/html/2015-03/12/content_2_1.htm.

尤宏斌．网络传播的社会学视角［J］．上海大学学报，2004（11）．

Z

张楚．网络法学［M］．北京：高等教育出版社，2003．

张桂霞．网络舆论主体的群体极化倾向分析［J］．青岛科技大学学报（社会科学版），2005（12）．

张国良，廖圣清．上海市民与媒介生态调查报告（之一）［J］．新闻记者，2000（7）．

张华荣．精神劳动与精神生产论版［M］．北京：经济科学出版社，2002．

张金杰．经济全球化中的国际资本流动［M］．北京：经济科学出版社，2000．

张竞文．从接纳到再传播：网络社交媒体下创新扩散理论的继承与发展［J］．新闻春秋，2013（2）．

张梅贞．网络公关［M］．武汉：武汉大学出版社，2012．

张墨，何姿．男子因孩子受惊吓打狗遭人肉，连收五千条短信亲朋也被骚扰［EB/OL］．（2015-05-18）［2018-01-12］．http://www.thepaper.cn/newsDetail_forward_1332285.

张野．怎样才能更好的保护网络知识产权来源［EB/OL］．（2008-07-24）［2016-08-13］．http://www.lrn.cn/.

张志安，吴涛．国家治理视角下的互联网治理［J］．新疆师范大学学报（哲学社会科学版），2015，36（5）．

章敬平．拐点——决定未来中国的12个月［M］．北京：新世界出版，2004：135．

赵猛．论公众人物名誉权的法律保护［D］．重庆：西南政法大学，2013．

赵赛坡．数据新闻不是济世良药，只是一片阿斯（司）匹林［EB/OL］．（2015-01-07）［2017-09-10］．http://www.tmtpost.com/184480.html.

郑东阳，阳淼．大陆网络色情调查：利润丰厚屡禁不绝 扫黄面临公私权博弈［EB/OL］．（2010-09-09）［2016-09-12］．http://news.ifeng.com/mainland/detail_2010_09/09/2471705_0.shtml.

植草益．信息通信业的产业融合［J］．中国工业经济，2001（2）．

中国法院网．2月份全国网络举报部门受理有效举报255.7万件［EB/OL］．（2017-03-10）［2018-05-23］．http://www.chinacourt.org/article/detail/2017/03/id/2631552.shtml.

中国日报网．G20会议通过了全球首个由多国领导人共同签署的数字经济政策文件，G20数字经济发展与合作倡议［EB/OL］．（2016-09-28）［2017-09-21］．http://china.chinadaily.com.cn/2016-09/28/

content_26926631.htm.

中国社会科学网. 中国新闻出版研究院公布第十三次全国国民阅读调查 [EB/OL]. （2016-04-10）[2017-08-11]. /http://www.cssn.cn/dybg/dyba_wh/201604/t20160419_2973544.shtml.

中国政府网. 李克强为何盯住"提速降费"不放？[EB/OL]. （2017-02-25）[2017-09-21]. http://www.gov.cn/premier/2017-02/25/content_5170967.htm.

中文互联网数据资讯中心. 艺恩：2016年中国视频行业付费市场研究报告 [EB/OL]. （2017-01-17）[2017-09-21]. http://www.1991t. com/archives/562535.html.

钟瑛，张恒山. 大数据的缘起、冲击及其应对 [J]. 现代传播（中国传媒大学学报），2013，35（7）.

钟瑛. 网络传播伦理 [M]. 北京：清华大学出版社，2005.

钟忠. 中国互联网治理问题研究 [M]. 北京：金城出版社，2010.

周甜. 网文圈"纪委"：言情小说抄袭举报处 [EB/OL]. （2017-01-10）[2018-08-13]. http://mp.weixin.qq.com/s/Umf28XQH9MAW7o36ReBxIQ.

周婷婷. 媒介融合与融合新闻 2015年普利策新闻奖观察 [J]. 新闻记者. 2015（6）.

周燕. 虚拟世界哲学家：信息时代如何改变生活 [N]. 北京青年报，2002-03-11.

朱智贤. 心理学大词典 [M]. 北京：北京师范大学出版社，1989.

外文文献

B

BECK. Computervermittelte kommunikation im internet [M]. Munich：Oldenbourg Wissenschaftsverlag GmbH，2006.

BORCHERT，M. The challenge of cyberspace：Internet access and persons with disabilities. In：B. Ebo （Ed.），Cyberghetto or Cybertopia：Race，class，and gender on the Internet. Westport，CT [M]. Prager Publishers.

D

DIJK. The network society [M]. California：SAGE Pulications Ltd.，2006：35.

G

GERADINE FABRIKANT. Cooperation Counts [N]. New York Times，1997-12-15.

GOFFMAN，ERVING. Das individum in oeffentlichen Austausch. mikrostudien zur oeffentlichen ordnung [M]. Frankfurt am Main：Suhrkamp. 1974：226.

K

KLAUS. Computervermittelte kommunikation im Internet [M]. Munich：Oldenbourg Wissenschaftsverlag GmbH，2006.

L

LESSIG, LAWRENCE. Code: version 2.0 ［M］New York: Basic Books, 2006.

M

MORAHAN-MARTIN, J. SCHUMACHER. Incidence and correlates of pathological internet use among College Students ［J］. Computers and Human Behavior, 2000, 16（1）: 13-29.

MARSHALL MCLUHAN. Die magischen Kanäle ［M］//Helmes, Günter/Köster, Werner（Hrsg.）: Texte zur Medientheorie, 2004（1964）.

N

NOWAK, JOHN E., ROTUNDA, RONALD D. Constitutional Law（5th ed.）［M］. St. Paul, Minn.: West, 1995.

P

PAUL J. DEUTSCHMANN, WAYNE A, et al. Diffusion of knowledge of the maior news story ［J］. Journalism Quarterly, 1960.

Pool I D S. Technologies of freedom ［M］. Massachusetts: The Belknap Press Of Harvard University Press. 1983.

R

RHEINGOLD H. The Virtual Community: homesteading on the electronic frontier ［M］. Massachusetts: MIT Press, 1993.

S

SABINA MISOCH. Online-Kommunikation ［M］. Konstanz: UVK Verlagsgessellschaft mbH, 2006.

SCHAEFERS B. Art. : "Gemeinschaft" ［M］//Schaefers, B.（Hg.）: Grundbegriffe der Soziologie, Opladen, 2003.

后　记

　　这本《网络传播学》可以视作本人早年撰写的《网络传播学导论》(中国社会科学出版社)的增订和完善。《网络传播学导论》出版于2010年，而且早已脱销，尽管在我看来其基本框架仍然有效，但相对于网络传播研究和新媒体行业日新月异的变化，内容毕竟已较为陈旧，因此推出此书就有了充分理由。

　　鉴于本人行政事务繁杂，时间精力有限，特地邀请了对此领域深有研究的于小川博士与我一起完成此项任务。我的几位研究生也一起参与了此书部分的资料补充和撰写工作。具体分工如下：

　　第一章　传播技术的演进（苏宏元、刘烨）

　　第二章　网络传播的特征与受众分析（苏宏元、刘烨、孙青）

　　第三章　媒介产业及其融合发展（于小川）

　　第四章　网络传播系统的社会功能（苏宏元、舒培钰）

　　第五章　网络伦理、法律与传播管理（苏宏元、孙青）

　　第六章　网络传播时代的媒介理论（苏宏元、伍素文）

　　安俊停对全书做了文字修订。

　　必须说明的是，本书并非《网络传播学导论》的翻版。除了调整全书结构，我们还对每一章内容进行较大幅度的补充或更新，我们还增补了网络经济、网络教育以及媒介技术等方面的内容，算是弥补了原书的缺憾。

　　感谢王润珏博士在本书成稿过程中给予的支持，她对我国媒介产业发展制度安排的洞见敏锐而准确。

　　感谢中国传媒大学出版社诸位朋友的热情和耐心。由于撰稿进度缓慢，交稿日期一再推迟，在此深表歉意。

苏宏元

2018年1月于广州大学城